《资治通鉴》与管理智慧

李志远　著

中原出版传媒集团
中原传媒股份公司
大象出版社
·郑州·

图书在版编目(CIP)数据

《资治通鉴》与管理智慧 / 李志远著. — 郑州 ：
大象出版社，2022. 1
ISBN 978-7-5711-1070-3

Ⅰ. ①资… Ⅱ. ①李… Ⅲ. ①《资治通鉴》-关系-
管理学 Ⅳ. ①K204. 3②C93

中国版本图书馆 CIP 数据核字(2021)第 109687 号

《资治通鉴》与管理智慧

《ZIZHI TONGJIAN》 YU GUANLI ZHIHUI

李志远 著

出 版 人 汪林中
责任编辑 宋 伟
责任校对 耿新超 陶媛媛 张英方 马 宁 倪玉秀
装帧设计 张 帆

出版发行 大象出版社(郑州市郑东新区祥盛街 27 号 邮政编码 450016)
发行科 0371-63863551 总编室 0371-65597936
网 址 www. daxiang. cn
印 刷 郑州市毛庄印刷有限公司
经 销 各地新华书店经销
开 本 890 mm×1240 mm 1/32
印 张 14. 625
字 数 389 千字
版 次 2022 年 1 月第 1 版 2022 年 1 月第 1 次印刷
定 价 49. 00 元
若发现印、装质量问题，影响阅读，请与承印厂联系调换。
印厂地址 郑州市惠济区新城办事处毛庄村南
邮政编码 450044 电话 0371-63784396

序

历史总是惊人地相似，不论从国家治理的宏观角度还是从个人生存的微观角度，我们遇到的问题和历史并无太大差别。所以陈寅恪说“读史早知今日事”。用通俗的话说就是：“如果你看不清当下，就读读历史，因为历史上曾经发生过。如果你看不懂历史，请看看当下，因为历史正在重演。”可见，历史留下的每一块碎片，都能够从不同角度给我们今天的生活以启发。那么什么是历史？我比较认同梁启超的说法：“史者何？记述人类社会赓续活动之体相，校其总成绩，求得其因果关系，以为现代一般人活动之资鉴者也。”由此观之，历史不但记录人类社会曾经发生的事件，而且探求事件发生的原因，并力图总结前人在应对这些事件时的经验教训，以便为后人提供借鉴和参考。正因为历史有这样的功用和价值，唐太宗才会发出“以史为镜，可以知兴替”的感慨。而在浩如烟海的历史著作中，最能体现这种经世致用价值的，莫过于司马温公的《资治通鉴》。

《资治通鉴》是北宋著名历史学家司马光及其助手刘攽、刘恕、范祖禹等采集大量史料，耗时十九年编纂而成的一部编年体通史，记载了上起周威烈王二十三年（前 403），下讫后周世宗显德六年（959）共十六个王朝计 1362 年的历史，成书 294 卷，共 300 余万字。书中描绘了战国至五代期间的历史发展脉络，探讨了秦、汉、晋、隋、唐等统一王朝和战国七雄、魏蜀吴三国、十六国、南北朝、五代十国等几十个政权的盛衰之由，生动刻画了众多帝王将相的为政治国、待人处世之道，以及他们在历史旋涡中的生死悲欢。其编写的初衷和方向就是“鉴前世之兴衰，考当今之得失，嘉善矜恶，取是舍非”，“穷探治乱之迹，上助圣明之鉴”。所以选材“专取关国家盛衰，系生民休戚，善可为法，恶可为戒者”，成一部政治通史。宋神宗以该书“鉴于往事，有资于治道”，故赐名“资治通鉴”。

《资治通鉴》的经世致用价值究竟体现在哪里？宋元之际史学家胡三省和清代大家曾国藩给出的评语最为妥帖。胡三省说：“为人君而不知《通鉴》，则欲治而不知自治之源，恶乱而不知防乱之术；为人臣而不知《通鉴》，则上无以事君，下无以治民；为人子而不知《通鉴》，则谋身必至于辱先，做事不足以垂后。”曾国藩说：“窃以为先哲经世之书，莫善于司马温公《资治通鉴》，其论古皆折衷至当，开拓心胸；能窃物之理，执圣之权；又好叙兵事所以得失之由，脉络分明；又好详名公巨卿所以兴家败家之故，使士大夫怵然知戒，实六经以外不刊之典也。”可见，《资治通鉴》包罗万象、博大精深，不仅适合统治者阅读，也适合社会各阶层人士学习，大家对照自身状况各取所需而已。读此书，可助人知兴亡之事，悉安危之道，树为人之本，立报国之志，通晓善恶，明辨是非，及如何事上治下、避祸防乱，当真可以从中汲取无穷的智慧，扎扎实实提高个人素质。这也是此书值得一读再读的原因。无怪乎一代伟人毛泽东读此书达十七遍，以至于书页残破，仍爱不释卷，且言“每读一遍都受益匪浅，一部难得的好书”，并屡屡向各级干部推荐。

然而，此书规模宏大、内容庞杂，专家学者尚不易卒读，一般人想要通览全书并汲取其中精华更非易事。司马光亦自言：“修《通鉴》成，惟王胜之借一读，他人读未尽一纸，已欠伸思睡。”那么，普通人该如何阅读此书？有没有捷径可循呢？这就涉及读书方法的问题。这里举两个关于孙权读书的例子。孙权劝吕蒙读书时曾说：“孤岂欲卿治经为博士邪！但当涉猎，见往事耳。”吴国使臣赵咨回答魏文帝关于孙权有无学问的提问时说：“虽有余闲，博览书传，历史籍，采奇异，不效书生寻章摘句而已。”可见孙权深得读书的要领，即“见往事”“采奇异”。我们读《资治通鉴》这部大书，也应该借鉴这种方法，将书中经世致用的精华部分提取出来，其余价值不大的平淡叙述则可忽略不记，这样就能大大压缩阅读的篇幅。另外，智慧是分类别的，思维也有不同的模式和板块，《资治通鉴》中有大量不同类别的智慧和思维体现，但由于编年体史书以时间为经的叙事特点，这些不同类别的智慧和思维散落在各个章节，读来拖沓繁复不利于形成完整的思维体系，也不便于同一类别的智慧和思维相互对照辉映。就好比进商场购物，如果商品不是按品种进行区域划分，而是按进货顺序摆放陈列，那逛起来就会晕头转向，难以选择。解决这个问题最好的办法就是：把不同进货时间的商品按照品种规格进行分类，并注明每一件商品的属性，然后打造成一个个精品专柜。借鉴这个思路，笔者做了一件开创性的工作，即专门把《资治通鉴》中有关“穷探治乱之迹，上助圣明之鉴”的精华部分提取出来，然后再按照不同的智慧类别和思维模式进行分类组合，并对每一个条目进行点评，编成这部《〈资治通鉴〉与管理智慧》，以便读者用最高的效率、最便捷的方法，从这部“天地间必不可无之书”中系统地学习和感悟领导艺术和管理之道，从而通晓“自治之源”，增强“防乱之术”。

本书的另一个特点是原汁原味。现在市场上出版的关于《资治通鉴》的书籍，除原著外大体分为两类。一类是对原著进行删减的精简版，结构和体例与原著相同，都是按照编年体的顺序进行排列，但在选材上更侧重于体现历史的连贯性，而对实用价值的考量较少。另一类是对原著的解读，这类书籍基本上都是作者按照自己的思路和理解，对这部巨著的一个或几个侧面进行自说自话的概括和总结。但这种写法容易使没有看过原著的读者产生一头雾水、不知所云的感觉。而且没有原文的呈现,读者不但无法领略和体会原著的思想之美、语言之美,也无法进行独立的思考,更无法对作者的观点提出异议或产生共鸣。而《资治通鉴》最吸引人、最有价值的地方,恰恰在于原文以简洁洗练的语言所叙述的一个个鲜活的故事,以及这些故事可以在读者脑海中折射出思想火花。鉴于此,本书在编写体例上,采取原原本本照搬精华段落的做法,先附以文言原文,然后白话叙述,最后再加以点评。这样读者在阅读时,看到的都是货真价实的"一手货",既可以进行最本源的思考,又可以对作者的观点进行臧否,别是一种快意。

正如"一千个人眼中就有一千个哈姆雷特"一样,面对《资治通鉴》这样一部"读者如饮河之鼠,各充其量而已"的历史巨著,本书在案例选择和题材分类上,挂一漏万之处一定在所难免。点评和白话部分,由于本人水平有限,错误舛谬之处一定也很多,恳请大家批评指正。

目录

第一辑　领导素质

第二辑　领导艺术与管理之道

第三辑　治国理念(管理理念)

第一辑

领导素质

一、天赋

刘邦天授

原文:楚王景驹在留,沛公往从之。张良亦聚少年百余人欲往从景驹,道遇沛公,遂属焉;沛公拜良为厩将。良数以太公兵法说沛公;沛公善之,常用其策;良为他人言,皆不省。良曰:“沛公殆天授!”故遂留不去。

（**第八卷　秦纪三**）

秦朝末年,爆发了陈胜、吴广起义。但起义不到半年,义军的主力部队就被秦朝大将章邯击败。陈胜本人在逃亡途中被车夫庄贾杀害。其部下秦嘉于是立楚国王室的后裔景驹为楚王,继续抗秦。楚王景驹屯驻在留地时,刘邦前去投靠他,路上遇到张良,刘邦就让张良掌管车马后勤。张良多次用《太公兵法》的谋略向刘邦献策,刘邦一听就懂,而且经常采纳他的计策。但张良对别人讲述《太公兵法》时,别人都听不懂。张良看出了刘邦的与众不同,感慨道:“这是上天赐给我们的天子!”于是就留在刘邦身边不走了。

点评:有些人的才能和素质来自天赋,非学而成,即使后天努力也很难达到。

石勒自知

原文:赵主勒大飨群臣,谓徐光曰:“朕可方自古何等主?”对曰:“陛下神武谋略过于汉高,后世无可比者。”勒笑曰:“人岂不自知!卿言太过。朕若遇汉高祖,当北面事之,与韩、彭比肩;若遇光武,当并驱中原,未知鹿死谁手。大丈夫行事,宜礌礌落落,如日月皎然,终不效曹孟德、司马仲达欺人孤儿、寡妇,狐媚以取天下也。”群臣皆顿首称万岁。

勒虽不学,好使诸生读书而听之,时以其意论古今得失,闻者莫不悦服。尝使人读《汉书》,闻郦食其劝立六国后,惊曰:“此法当失,何以遂得天下?”及闻留侯谏,乃曰:“赖有此耳。”

(第九十五卷　晋纪十七)

十六国时,后赵国主石勒有一次大宴群臣,酒喝到高兴时,就问大臣徐光:“我可以和古代哪位君主相比?”徐光奉承道:“您神武盖世,文韬武略都超过了汉高祖,后世无人能及。”石勒听罢哈哈大笑,说道:“人贵有自知之明,你有点言过其实了。朕如果遇到汉高祖,应当对他俯首称臣,与韩信、彭越等人比肩而立。如果遇上光武帝刘秀,当会与他并驾齐驱,逐鹿中原,且不知鹿死谁手。朕是介于二刘之间的人物啊!大丈夫做事,应当光明磊落,如日月般皎洁清白,天下人都能看到,万不可像曹操和司马懿那样,欺负人家孤儿寡妇,用阴谋手段夺取天下。”群臣听罢,无不拜服。

石勒从小没上过学,也没多少文化,但却喜欢让人读书给自己听,听完之后就根据自己的理解纵论其中得失,且见解独到,令闻者心悦诚服。有一次他让人读《汉书》,听到郦食其劝刘邦册立六国后裔,很是吃惊,以为这是相当失策的做法,会妨碍刘邦夺取天下。等到听到被张良谏阻,才点头称善。

点评：石勒算得上是一位英明的君主，不被吹捧冲昏头脑，很有自知之明。而且性格磊落雄豪，充满英雄气概，又天生聪慧，心智通透，所以开创帝业绝非仅靠运气。

奇才英器，不必华夏

原文：秦主兴以秃发傉(nù)檀外内多难，欲因而取之，使尚书郎韦宗往觇之。傉檀与宗论当世大略，纵横无穷。宗退，叹曰："奇才英器，不必华夏，明智敏识，不必读书，吾乃今知九州之外，《五经》之表，复自有人也。"

（第一百一十四卷　晋纪三十六）

十六国时，后秦王姚兴打算攻打南凉国，先派尚书郎韦宗出访南凉，查探南凉虚实。南凉国主秃发傉檀与韦宗畅谈天下大事，辩才无碍，思路纵横。韦宗辞别后，感叹道："奇才英器，未必都在华夏；智慧见识，也不一定只能从书本得来。我今天才知道在华夏九州和儒家经典之外，仍大有人在。"回国向姚兴复命，认为秃发傉檀诡诈多智，不可打他的主意。姚兴不听，派遣大军攻打南凉，结果大败而归。

点评：人获取知识的途径有两种，一是从书本得来，二是从生活实践得来。人生和社会都是大课堂，蕴藏着大学问。有很多天纵之才，并没有多少文化背景，却能师法天地万物、人生百态，历经磨砺、千锤百炼而成精品。这种人，比起学院派来，在胸襟、气度、眼界、格局上往往更胜一筹，思想更务实，对问题的看法也更接近本质。这就是所谓的时势造英雄。风云变幻的历史就像一只排山倒海、出神入化的艺术巨手，总是能塑造出属于自己的时代骄子。

快刀斩乱麻

原文：东魏以丞相欢之子洋为骠骑大将军、开府仪同三司，封太原公。洋内明决而外如不慧，兄弟及众人皆嗤鄙之；独欢异之，谓长史薛琡(chù)曰："此儿识虑过吾。"幼时，欢尝欲观诸子意识，使各治乱丝，洋独抽刀斩之，曰："乱者必斩！"又各配兵四出，使都督彭乐帅甲骑伪攻之，兄澄等皆怖桡，洋独勒众与乐相格，乐免胄言情，犹擒之以献。

（第一百五十七卷　梁纪十三）

北齐的开国皇帝文宣帝高洋，是东魏权臣高欢的次子。他表面看起来有些愚钝，但实际上内心却英明果决。高洋小的时候，有一次高欢打算观察一下几个儿子的应变能力，于是就发给他们每人一团乱麻，看他们谁能够最先整理完毕。当其他孩子还在手忙脚乱整理的时候，高洋已经抽出佩刀一刀砍断了乱麻，一边砍还一边说："乱的东西一定要砍断。"又有一次，高欢想试试几个儿子的胆魄和带兵打仗的能力，就给他们各自配备了兵力，并让大将彭乐率领一支全副武装的骑兵与他们对阵。高欢的其他几个儿子都吓得不知所措，唯独高洋指挥手下与彭乐交战，彭乐卸掉甲胄跟高欢汇报情况的时候，高洋还穷追猛打生擒了彭乐，并把他作为战俘献给了高欢。高欢因此认为他与众不同，曾对部下说道："这孩子的见识和谋略都超过我。"

点评：高洋内怀英睿，大智若愚。从"快刀斩乱麻"的典故，即可看出其果决的性格和处理乱局的能力，从模拟打仗的过程也可看出其过人的胆略，这些都是成大事者必备的素质。

二、头脑

（一）眼界格局

项羽烹韩生

原文：韩生说项羽曰："关中阻山带河，四塞之地，地肥饶，可都以霸。"项羽见秦宫室皆已烧残破，又心思东归，曰："富贵不归故乡，如衣绣夜行，谁知之者！"韩生退曰："人言楚人沐猴而冠耳，果然！"项羽闻之，烹韩生。

（第九卷　汉纪一）

项羽率军进入咸阳后，烧杀抢掠，不但杀了秦王子婴，还一把火烧了阿房宫。破坏发泄完之后，就打算离开关中荣归故里。谋士韩生劝说项羽道："关中土地肥沃，而且四面山河，地势险要，是开国建都、成就霸业的好地方，我们就留在这里开创伟业吧。"项羽看到秦宫已经被自己烧成一片废墟，又一心想着回家乡炫耀，就说："富贵了不回故乡，就像穿着华丽的新衣在夜间行走，谁能知道呢？"韩生退下去后跟人说："人们都说楚人就像猕猴戴上人的帽子，徒有其表，果不其然！"项羽听到后，就煮杀了韩生。

点评：俗话说，心有多大，舞台就有多大。项羽格局太小，缺乏战略眼光，宁肯放弃关中的王霸之资，也要满足荣归故里的虚荣心，而且为人刚愎残

暴,所以失败是必然的。

拓跋晃与民争利

原文:魏太子晃监国,颇信任左右,又营园田,收其利,高允谏曰:“天地无私,故能覆载;王者无私,故能容养。今殿下国之储贰,万方所则;而营立私田,畜养鸡犬,乃至酤贩市廛,与民争利,谤声流布,不可追掩。夫天下者,殿下之天下,富有四海,何求而无,乃与贩夫、贩妇竞此尺寸之利乎!昔虢之将亡,神赐之土田,汉灵帝私立府藏,皆有颠覆之祸;前鉴若此,甚可畏也。武王爱周、邵、齐、毕,所以王天下;殷纣爱飞廉、恶来,所以丧其国。今东宫俊乂不少,顷来侍御左右者,恐非在朝之选。愿殿下斥去佞邪,亲近忠良;所在田园,分给贫下;贩卖之物,以时收散;如此,则休声日至,谤议可除矣。”不听。

(第一百二十六卷　宋纪八)

北魏太武帝攻打北燕时,令太子拓跋晃总理朝政。其间,拓跋晃信任近侍,又经营农庄田产,牟取暴利。大臣高允因此劝谏他说:帝王应该胸怀天下,引导治理万民。何必治私产,与贩夫、贩妇争夺蝇头小利。还举了虢国和汉灵帝因贪婪鄙陋招致灭亡的例子。另外劝说太子应该像周武王那样亲近贤臣,不应像商纣王一样宠爱恶人,这样国家才能长治久安。最后建议拓跋晃把田园私产分给穷苦的老百姓,并斥退奸佞小人,亲近敦厚君子。太子却不听。

点评:《诗经》有云:“溥天之下,莫非王土;率土之滨,莫非王臣。”贵为太子,富有四海,却热衷于聚敛私财,与贩夫走卒争利。这是贪心和欲望没有止境的表现,也是格局太小、见识鄙陋的表现,不足以使民心归附,臣属

慕服。另外,“近朱者赤,近墨者黑”,当政者只有“亲贤臣,远小人”,品德和才干才会提升,才能减少决策失误。

（二）智谋权略

孟光论智

原文:大司农河南孟光问太子读书及情性好尚于秘书郎郤(què)正,正曰:“奉亲虔恭,夙夜匪懈,有古世子之风;接待群僚,举动出于仁恕。”光曰:“如君所道,皆家户所有耳;吾今所问,欲知其权略智谋何如也。”正曰:“世子之道,在于承志竭欢,既不得妄有施为;智谋藏于胸怀,权略应时而发,此之有无,焉可豫知也!”光知正慎宜,不为放谈,乃曰:“吾好直言,无所回避。今天下未定,智意为先,智意自然,不可力强致也。储君读书,宁当效吾等竭力博识以待访问,如博士探策讲试以求爵位邪！当务其急者。”正深谓光言为然。

(第七十四卷　魏纪六)

三国时期,蜀国的大司农孟光想了解太子刘禅的智慧谋略,就向秘书郎郤正侧面打听太子的言行举止,郤正说刘禅在侍奉双亲和接待群臣上都表现得非常仁孝宽厚。孟光说这些都是普通人都具备的素质,没什么特别的,他只想问太子的智谋权略如何。郤正不敢直说,就找了一堆冠冕堂皇的借口,说什么太子的本分在于孝顺父母,让父母高兴,智谋方面则应该韬光养晦,深藏不露。孟光一听就明白了,对郤正说:我喜欢实话实说,如今天下未定,作为君主,排在第一位的素质就是谋略,但这是天生的禀赋,不可强求,后天弥补的途径只能是读书。但太子读书,不应该像学者一样寻章摘句、皓首穷经,而应该在经世致用方面多下功夫。郤正深以为然。

点评:这是关于君主素质的探讨。作为君主,如果仅是行为中规中矩而缺乏智谋权略,则沦为平庸。尤其是身处乱世的君主,对内需驾驭群臣,对外需抗衡敌国。如果没有好的权略,则国家衰亡是难以避免的。所以杰出的君主,不唯有美好的品德,更需有盖世的才华。郤正所论太子应韬光养晦、深藏不露的说法也是正确的,但这里却是回避话题、顾左右而言其他的托词。

(三)英明睿智

晋武帝免佞臣

原文:帝与右将军皇甫陶论事,陶与帝争言,散骑常侍郑徽表请罪之。帝曰:"忠谠之言,唯患不闻,徽越职妄奏,岂朕之意。"遂免徽官。

(第七十九卷 晋纪一)

晋武帝司马炎有一次和右将军皇甫陶讨论政事,俩人说着说着就争论起来。散骑常侍郑徽上奏请求治皇甫陶的罪。晋武帝说:"忠诚正直的言论,平常想听都听不到。郑徽却越权禀奏,岂是朕的本意。"于是下令免去郑徽的官职。

点评:像郑徽这种借机谄媚的臣子比比皆是,而晋武帝能够正确对待谏诤之事,拒绝谄媚,堪称英明。另外,打击一个谄媚之臣,就堵塞了这类小人

的进身之路。

唐太宗禁讦人细事

原文：秋，八月，丙子，上谓群臣曰："朕开直言之路，以利国也，而比来上封事者多讦人细事，自今复有为是者，朕当以谗人罪之。"

（第一百九十四卷　唐纪十）

唐太宗李世民有一次对大臣们说："朕广开言路，是为了国家的利益，可是最近有很多上书奏事的人却去攻击别人的隐私琐事，以后再有这样做的，以谗佞小人论处。"

点评：唐太宗很清醒，判断小人的标准把握得很到位，所以才能不被奸佞谗言所迷惑。试想，整天揭发别人隐私的人哪有什么君子？

唐太宗怒斥丘行恭

原文：鄠尉游文芝告代州都督刘兰成谋反，戊申，兰成坐腰斩。右武候将军丘行恭探兰成心肝食之；上闻而让之曰："兰成谋反，国有常刑，何至如此！若以为忠孝，则太子诸王先食之矣，岂至卿邪！"行恭惭而拜谢。

（第一百九十六卷　唐纪十二）

唐太宗时期，代州都督刘兰成被人告发谋反，朝廷对刘兰成处以腰斩之刑。右武候将军丘行恭为了表示对刘兰成的痛恨，取出他的心和肝吃了。唐太宗听说后非常不高兴，责备丘行恭说："刘兰成谋反，自有国家的法律惩处,用得着你这样吗！如果这种做法能表现忠孝,也应该是太子和各位亲王先吃,哪能轮得上你呢?”丘行恭听完满面羞惭地退了下去。

点评:丘行恭以这种灭绝人性的方式向朝廷献媚,恰恰暴露出其残忍邪恶的小人嘴脸。唐太宗作为一代英主,对丘行恭的人品和用心看得清清楚楚。所以才对其极度反感,并严加训斥,以堵塞类似奸徒的非分之想。

唐太宗论君主之难

原文:丁未,上曰:“人主惟有一心,而攻之者甚众。或以勇力,或以辩口,或以谄谀,或以奸诈,或以嗜欲,辐凑攻之,各求自售,以取宠禄。人主少懈,而受其一,则危亡随之,此其所以难也。”

(第一百九十六卷　唐纪十二)

唐太宗有一次跟人说起做君主之难,他说:各种各样的人为了博取功名利禄,都对君主进行攻心。有的展示勇力,有的展示才辩,有的阿谀奉承,有的奸险欺诈,有的投其所好,形形色色,不一而足。君主只有一颗心,而攻心的人却来自四面八方,试图从各个角度突破。君主稍一松懈,接受了其中某一类人,则危亡马上就会到来。这就是做君主的难和累啊!

点评:俗话说“学会文武艺,货卖帝王家”。世人为了求得荣华富贵,有机会接近君主时,都会拿出自己的看家本领,使出浑身解数,以期搞定拥有无限资源的君主,这当中不乏各种类型的小人。而小人一旦受宠得势,就会给国家带来不可估量的损失,所以做君主的必须具备明察秋毫的鉴别力,能够透过人的表象看到其本质,不被各种伎俩和花样迷惑。但做到这一点谈何容易！君主不但要天生睿智,还要善于学习,不断从理论和实践

中汲取经验和智慧。所以历史上平庸的君主多,英明的君主少。

善听弦外音

原文:癸未,以司农卿李纬为户部尚书。时房玄龄留守京师,有自京师来者,上问:“玄龄何言?”对曰:“玄龄闻李纬拜尚书,但云李纬美髭鬓。”帝遽改除纬洛州刺史。

(第一百九十八卷　唐纪十四)

有一年,唐太宗去终南山翠微宫避暑,让房玄龄留守京城。其间,太宗任命司农寺卿李纬为户部尚书。不久,有京城来的官员向太宗汇报工作,太宗问:“房玄龄最近说了什么没有?”来人回答:“房玄龄听说陛下拜李纬为户部尚书,只说了句李纬的胡须长得很漂亮,是个美髯公。”太宗听完二话没说,立刻将李纬改为洛州刺史。

点评:唐太宗聪明绝顶,从房玄龄一句偏离主题的闲话中即听出了李纬不能胜任的弦外之音。这种七窍玲珑、心细如发的英明着实令人敬畏。

(四)明察秋毫

齐威王召即墨大夫

原文:齐威王召即墨大夫,语之曰:“自子之居即墨也,毁言日至。然吾使人视即墨,田野辟,人民给,官无事,东方以宁;是子不事吾左右以求助也。”封之万家。召阿大夫,语之曰:“自子守阿,誉言日至。吾使人视阿,田野不辟,人民贫馁。昔日赵攻鄄,子不救;卫取薛陵,子不知;是子厚币事吾左右以求誉也!”是日,烹阿大夫及左右尝誉者。于是群臣耸惧,莫敢饰诈,务尽其情,齐国大治,强于天下。

(第一卷　周纪一)

齐威王九年,齐威王接受谏言,打算励精图治,壮大齐国。首先从整肃朝廷纲纪抓起,他当时抓了两个典型,一个即墨大夫,一个阿地大夫。他召见即墨大夫,对他说:“你到即墨任职以来,诋毁你的声音从来就没有停止过。可是我派人去视察,却发现即墨田地整齐、百姓安居乐业,一片太平景象。于是我知道这是你没有打点我的左右近侍,让他们替你说好话的缘故。”于是重赏了即墨大夫。接着他又召见阿地大夫,对他说:“自从你镇守阿地以来,天天都有人说你的好话。可是我派人去视察,却发现阿地田地荒芜、民不聊生。以前赵国攻打鄄城你不救援,卫国夺取薛陵你不知道。像你这样的官员居然还有人替你说好话,我就知道是你用重金收买了我的左右近侍,让他们替你美言。”于是立即下令煮死了阿地大夫和曾经替他说好话的人。群臣莫不胆战心惊,再也没有人敢弄虚作假,都力求说实话办实事,齐国因此大治,成为当时天下最强盛的国家。

点评:没有调查就没有发言权。君主要想了解真实情况,不能仅仅听信左右的言词,还应该深入一线去做实地调查,这样才能防止身边人弄虚作假,蒙蔽视听。而且一旦发现臣子间相互勾结,欺君罔上,必须严肃处理,以儆效尤。臣子知道君主明察秋毫、眼里不揉沙子,也就不敢再胡作非为了。

汉昭帝明以照奸

原文：旦遣孙纵之等前后十余辈，多赍金宝、走马赂遗盖主、桀、弘羊等。桀等又诈令人为燕王上书，言："光出都肄郎、羽林，道上称跸，太官先置。"又引"苏武使匈奴二十年不降，乃为典属国；大将军长史敞无功，为搜粟都尉；又擅调益莫府校尉。光专权自恣，疑有非常。臣旦愿归符玺，入宿卫，察奸臣变。"候司光出沐日奏之。桀欲从中下其事，弘羊当与诸大臣共执退光。书奏，帝不肯下。明旦，光闻之，止画室中不入。上问："大将军安在？"左将军桀对曰："以燕王告其罪，故不敢入。"有诏："召大将军。"光入，免冠、顿首谢。上曰："将军冠！朕知是书诈也，将军无罪。"光曰："陛下何以知之？"上曰："将军之广明都郎，近耳；调校尉以来，未能十日，燕王何以得知之！且将军为非，不须校尉。"是时帝年十四，尚书、左右皆惊。而上书者果亡，捕之甚急。桀等惧，白上："小事不足遂。"上不听。后桀党与有谮光者，上辄怒曰："大将军忠臣，先帝所属以辅朕身，敢有毁者坐之！"自是桀等不敢复言。

（第二十三卷　汉纪十五）

汉武帝的太子刘据，因巫蛊之祸兵败自杀。汉武帝的三子燕王刘旦得知讯息后，以为自己年长可以继太子位。没想到汉武帝驾崩前，却把皇位传给了幼子刘弗陵，即汉昭帝，并命大将军霍光为首辅大臣。刘旦心怀不满，便打算谋反。第一次刘旦联络宗室子弟刘泽等人准备起兵叛乱，还没行动即被抓获。汉昭帝顾念手足之情，原谅了刘旦，而将刘泽等人处死。两年后，刘旦贼心不死，又一次勾结霍光的政敌盖长公主、上官桀、桑弘羊等人，再次准备谋反。但是他们畏惧霍光的势力和能力，于是决定先扳倒霍光这块绊脚石，然后再废黜汉昭帝。于是上官桀命人伪造燕王上书弹劾霍光，说霍光专横跋扈、为所欲为，去校阅郎官和羽林军的排场比皇帝还大,而且擅自增调大将军府的校尉,这样恐怕会对朝廷不利,建议对霍光进行调查。上官桀故意等到霍光休假不在朝中时把这封奏章呈给汉昭帝,本以为汉昭帝会让他们去查办,这样他们就可以名正言顺地逮捕霍光。没想到汉昭帝却扣着奏章不发,也不表态。直到第二天上朝,才召霍光上殿觐见。霍光早已听说此事,进殿后吓得摘下帽子,叩头请罪。汉昭帝却说:“将军请戴上帽子,不要害怕,我知道这道奏章是假的,你并没有罪。”霍光奇怪地问:“陛下是怎么知道的?”汉昭帝说:“将军校阅郎官是最近的事,增调校尉的事也才不到十天,燕王离得那么远,怎么能知道这些呢!况且将军打算谋反,也不需要增调校尉。”当时汉昭帝才十四岁,左右大臣都被他的英明惊呆了。汉昭帝下令紧急追捕呈递奏章的人,却发现那个人已经逃跑了。上官桀等人心中害怕,便对汉昭帝说:“这些都是小事,用不着抓住不放。”汉昭帝不听。后来上官桀的同党中又有人中伤霍光,汉昭帝怒斥道:“大将军是忠臣,先帝托付他来辅佐我,以后有人胆敢再诬蔑大将军,我就治他的罪!”从此以后,上官桀等人再也不敢攻击霍光了。之后,刘旦又与上官桀等人密谋发动武装政变,结果事情败露,上官桀等人全部被处死,盖长公主和刘旦自杀。

点评:少年汉昭帝聪明绝顶。第一是看人奇准,认定霍光是忠臣,就给予绝对的信任和保护,有这个前提在,不管上官桀等人如何陷害都损害不了霍光分毫。第二是处理问题的时机拿捏得恰到好处,霍光不在时故意将奏章扣压不发,等霍光上朝能够自辩时才晓谕众人、说出真相,真是少年老成、章法严谨。第三是善于推究事理,从奏章中一眼就看出时间差这个漏洞,从而认定奏章是假的,并分析霍光谋反根本用不着增调校尉,从而断定霍光不可能谋反,令群臣非常震惊钦佩,也令上官桀等人不敢再轻举妄动。可见,明察秋毫是领导最应该具备的优秀素质,但也是最难修炼的。李德裕认为:君主的德行,莫过于明察秋毫。如果能做到这一点,任何奸邪狡诈都无法蒙蔽他。汉昭帝就是这样一位君主,这一点历代很多

皇帝都不如他。

汉章帝信用班超

原文：帝拜班超为将兵长史，以徐干为军司马，别遣卫侯李邑护送乌孙使者。邑到于阗，值龟兹攻疏勒，恐惧不敢前，因上书陈西域之功不可成，又盛毁超："拥爱妻，抱爱子，安乐外国，无内顾心。"超闻之叹曰："身非曾参而有三至之谗，恐见疑于当时矣！"遂去其妻。帝知超忠，乃切责邑曰："纵超拥爱妻，抱爱子，思归之士千余人，何能尽与超同心乎！"令邑诣超受节度，诏："若邑任在外者，便留与从事。"超即遣邑将乌孙侍子还京师。徐干谓超曰："邑前亲毁君，欲败西域，今何不缘诏书留之，更遣他吏送侍子乎？"超曰："是何言之陋也！以邑毁超，故今遣之。内省不疚，何恤人言！快意留之，非忠臣也。"

（第四十六卷　汉纪三十八）

班超是东汉著名的军事家、外交家，在汉明帝时期奉命出使西域，目的是把北匈奴控制下的西域夺回来，切断西域对北匈奴的援助，重新恢复丝绸之路。在之后长达三十一年的时间里，班超凭借过人的谋略和勇气使西域五十多个国家归顺了汉朝，从而重新打通了丝绸之路，为东西方文化和商业交流做出了重大贡献，全面促进了汉朝和西域各民族间的团结和融合。

汉章帝即位后，班超提出了"以夷制夷"的策略，准备全面收复西域。并上书汉章帝借助西域大国乌孙国的力量共同经营西域。汉章帝采纳了他的建议，并与乌孙互通使者。卫侯李邑护送乌孙使者回国，走到于阗时，正赶上北匈奴的盟友龟兹国攻打东汉的属国疏勒国，他吓得不敢再往前走，想返回去又怕朝廷怪罪，就上书说在西域的经营不会成功，还大肆诋毁班超，说班超在西域拥妻抱子，只顾享乐，根本就没有为国家考虑。班超听到消息后害怕自己被朝廷猜疑，于是将妻子送走。汉章帝知道班超忠心耿耿，便严厉斥责李邑说："如果班超如你所说，那为什么那么多将士愿意忍着思乡之苦跟随他呢？"汉章帝为了安抚班超，命李邑到班超麾下效命，并下令班超可以长期把李邑留在身边差遣。但班超却让李邑返回京城复命。军司马徐干对班超说："李邑那样诋毁你，想要破坏我们的事业，你为什么不趁机把他留下呢？"班超说："你说的这是什么话啊！我问心无愧，何必在乎别人的议论。为了报复李邑而把他留下，不是忠臣和君子所为。"

点评：李邑为了开脱自己而诋毁班超，是典型的小人。好在汉章帝明辨是非，通过将士对班超的拥戴断定班超的为人和忠心。可见，考察一个人，不要听信个别人尤其是利益相关者的评价，因为那有可能是谗毁之言或虚誉之辞，而要看他周边的人包括朋友、同事、上下级对他的态度。汉章帝让李邑去班超麾下效力是为了笼络班超而使用的权术。而班超没有留下李邑进行报复，一是向汉章帝和众人显示自己的坦荡无私，二是不愿与小人为伍，以远离是非。

孙亮辨奸

原文：夏，四月，吴主临正殿，大赦，始亲政事。孙綝表奏，多见难问，又科兵子弟十八已下、十五已上三千余人，选大将子弟年少有勇力者，使将之，日于苑中教习，曰："吾立此军，欲与之俱长。"又数出中书视大帝时旧事，问左右侍臣曰："先帝数有特制，今大将军问事，但令我书可邪？"尝食生梅，使黄门至中藏取蜜，蜜中有鼠矢；召问藏吏，藏吏叩头。吴主曰："黄门从尔求蜜邪？"吏曰："向求，实不敢与。"黄门不服。吴主令破鼠矢，矢中燥，因大笑，谓左右曰："若矢先在蜜中，中外当俱湿；今外湿里燥，此必黄门所为也。"诘之，果服；左右莫不惊悚。

（第七十七卷　魏纪九）

吴王孙亮是孙权少子，十岁登基，十五岁亲政。当时权臣孙𬘭把持朝政，孙亮对他的专横跋扈非常不满，多次对他的奏章提出质疑。孙亮建立了一支少年军，每日进行操练，并声称要与这支亲军共同成长。他还多次阅览孙权的旧事，并问左右侍从："先帝经常亲自书写诏书，可是大将军孙𬘭为什么只让我在奏章上签字呢？"有一次他让一个小黄门去库里取蜂蜜。小黄门取来蜂蜜，孙亮发现蜜中有老鼠屎，剖开老鼠屎发现里面是干的，于是就对左右说，如果鼠屎早在蜜中，那么里外应该都是湿的，现在却是外湿内干，肯定是黄门刚刚放进去的。他责问黄门，黄门果然服罪。左右侍从无不对他的英明感到惊讶害怕。

点评：由此段可看出孙亮聪察刚毅、明察秋毫。他本来是一个帝王的好苗子，如果在正常的环境中历练成长，假以时日一定会成为一位了不起的君王。但不幸的是乱臣孙𬘭当道，肆意弄权、欺凌幼主。而他又太年轻气盛，不懂韬光养晦、隐藏锋芒，最终因年少冲动而害了自己。先是被孙𬘭发动兵变废黜，继而被即位的琅琊王孙休逼迫自杀。

源贺被诬

原文：十一月，魏以尚书西平王源贺为冀州刺史，更赐爵陇西王。贺上言："今北虏游魂，南寇负险，疆埸之间，犹须防戍。臣愚以为，自非大逆、赤手杀人，其坐赃盗及过误应入死者，皆可原宥，谪使守边；则是已断之体受更生之恩，徭役之家蒙休息之惠。"魏高宗从之。久之，谓群臣曰："吾用贺言,一岁所活不少,增戍兵亦多。卿等人人如贺,朕何忧哉!”会武邑人石华告贺谋反,有司以闻,帝曰:“贺竭诚事国,朕为卿等保之,无此,明矣。”命精加讯验;华果引诬,帝诛之,因谓左右曰:“以贺忠诚,犹不免诬谤,不及贺者可无慎哉!”

（第一百二十八卷　宋纪十）

北魏冀州刺史源贺向文成帝上书说:“如今南北边境都不太平,所以我们应该加强防守。我认为除谋反和死刑重犯以外,其他的罪人都可以发配到边境上戍守。这样既能使这些罪人蒙受朝廷的恩典,也可以使百姓减轻赋税徭役。”文成帝欣然采纳了他的意见。很久之后,文成帝对群臣说:“我采纳源贺的建议,一年之内不但救活了许多人,而且还使边境的兵力增加了不少。如果你们都能像源贺这样,朕还有什么可忧虑的呢?”正赶上有一个叫石华的人控告源贺谋反,文成帝听到后对人说:“源贺竭尽忠诚效力国家,怎么可能谋反呢?朕向你们担保,绝对不会有这样的事情。”后来经过查验,果然是石华诬告。文成帝诛杀了石华后对左右说:“源贺这样的忠诚,我对他又如此信任,尚且不免被人诬蔑诽谤,那些各方面不及源贺的人,更应该小心谨慎啊!”

点评:作为领导,要有透过现象看本质、洞察真伪的能力,要善于通过下属的言行来断定他的人品、识别他的内心,更要善于对个例总结反思,由此及彼思考问题,并不失时机引导告诫下属。

（五）善于反思

唐太宗论弓矢

原文：壬申，上谓太子少师萧瑀曰："朕少好弓矢，得良弓十数，自谓无以加，近以示弓工，乃曰'皆非良材'。朕问其故，工曰：'木心不直，则脉理皆邪，弓虽劲而发矢不直。'朕始寤向者辨之未精也。朕以弓矢定四方，识之犹未能尽，况天下之务，其能遍知乎！"乃命京官五品以上更宿中书内省，数延见，问以民间疾苦，政事得失。

（第一百九十二卷　唐纪八）

有一次，唐太宗和大臣萧瑀闲谈时说："我从小就喜欢弓箭，这些年也收藏了一些自认为不错的良弓。可是最近拿出来让弓匠看，他却说没有一张弓的材质过关。我问他为什么这样说，他说做弓的木料中心部位不直，则整张弓的脉纹肌理都是斜的，这样弓的力量虽然强劲，但射出去的箭却不走直线。听了弓匠的话我才意识到以前对弓箭的认知存在误区。我是靠弓箭平定天下的，尚且不能了解弓箭的全部属性。那对于众多且繁杂的天下事物，我又怎么能够遍知其中的道理呢。"于是唐太宗命令五品以上的官员，轮流在中书省值班，并多次召见他们，向他们询问政治得失和民间疾苦。

点评：仁德的君主对于关乎国计民生的问题总是怀有急切的忧思，国家有自然灾害，首先就开始反思自己为政的得失，殚精竭虑地分析原因，心急如焚地寻求答案，希望国家能够得到大治，人民能够丰衣足食，体现了强烈的道德感、使命感和责任感。唐太宗对治国理政可谓是殚精竭虑、念兹在兹,从日常生活中的一些小事就能联想到治国之道,并对自己进行反思。这段对话给人的启示是:第一,对于不是自己专业领域的事,即使有一些造诣,也不要自以为是、妄自尊大,须知天外有天,人外有人。第二,人的认知能力有限,在自以为精通的领域中尚且有很多事情搞不明白,何况是陌生领域呢。所以作为领导不一定要事事精通,但一定要善于用人,用专业的人做专业的事。另外,要保持谦虚好学不耻下问的品质,沉下心来多听多看多思多问,多深入一线,多了解情况,如此才能掌握事实、贴近真相,从而做出正确的决策。相反,想当然、自以为是等不良作风,则会贻害无穷。

(六)大智若愚

孔颖达论道

原文:乙酉,上问给事中孔颖达曰:“《论语》‘以能问于不能,以多问于寡,有若无,实若虚。’何谓也?”颖达具释其义以对;且曰:“非独匹夫如是,帝王亦然。帝王内蕴神明,外当玄默,故《易》称‘以蒙养正,以明夷莅众。’若位居尊极,炫耀聪明,以才陵人,饰非拒谏,则下情不通,取亡之道也。”上深善其言。

(第一百九十三卷　唐纪九)

有一次,唐太宗问大臣孔颖达:“《论语》说‘有才能的人向没有才能的人请教,知识多的人向知识少的人请教;明明学问很高却像没有学问一样,满腹经纶却像一无所知一样’,这是什么意思?”孔颖达完整地向太宗解释了这段话的含义,并且说:“不仅普通人要这样,帝王也应当如此。帝王内心明察秋毫，外表却应当沉静默然。所以《易经》说‘以貌似蒙昧的外表来涵养正道，用内在的智慧来治理民众’。假如身居至高无上的地位，却喜欢炫耀聪明，依仗自己的才干盛气凌人，文过饰非，拒绝纳谏，就会造成下情无法上达，这是自取灭亡之道啊。”太宗非常赞许他的话。

点评：这段话很好地阐释了智慧型领导和刚愎自用型领导的区别。智慧型领导，常常虚怀若谷，大智若愚，神明内蕴，返璞归真，放低姿态以容纳万物，不动声色却视听八荒，以貌似愚钝的外表来开启引导众人之智，从而达到预期目的，汉文帝就是这样的典范。而刚愎自用型领导，炫耀争胜之心炽盛，表演作秀欲望强烈，自视才高，目空一切，万方有罪，不在朕躬。这样的领导必将众叛亲离，成为孤家寡人，隋炀帝就是这样的君主。

三、胸襟

（一）胸襟气度

刘邦赦季布

原文：初，楚人季布为项籍将，数窘辱帝。项籍灭，帝购求布千金；敢有舍匿，罪三族。布乃髡钳为奴，自卖于鲁朱家。朱家心知其季布也，买置田舍；身之洛阳见滕公，说曰：“季布何罪！臣各为其主用，职耳；项氏臣岂可尽诛邪？今上始得天下，而以私怨求一人，何示不广也！且以季布之贤，汉求之急,此不北走胡,南走越耳。夫忌壮士以资敌国,此伍子胥所以鞭荆平之墓也。君何不从容为上言之!"滕公待间,言于上,如朱家指。上乃赦布,召拜郎中,朱家遂不复见之。

(第十一卷　汉纪三)

楚汉相争时,项羽手下的大将季布曾经数次让汉高祖刘邦受到窘困和羞辱。项羽自杀后,刘邦悬赏千金捉拿季布,并下令说,敢有窝藏季布的,罪连三族。季布于是把自己打扮成奴隶,逃亡到了鲁地的朱家。朱家人识破了他的身份,但什么也没说,把他安顿好后,就动身去洛阳拜见刘邦的近臣滕公夏侯婴。朱家人对夏侯婴说:"两国相争,各为其主,季布有什么错呢,难道皇上要把项羽的旧部全都杀掉吗?况且皇上刚刚取得天下,正应该向广大臣民展示博大的胸襟和恢宏的气度,为什么要这么计较私人恩怨,来暴露自己胸襟的狭隘呢?以季布的才干,如果朝廷把他逼急了,他不是向北投奔胡人,就是向南投奔百越,这是用我国的人才去资助敌国啊!希望您能够把我的这些话转述给皇上。"于是夏侯婴就找机会向刘邦进言,刘邦恍然大悟,不但赦免了季布,还授予了他官职。朱家人从此也不再见季布,就像什么也没发生过一样。

点评:各为其主本没有错,非私人恩怨何必计较。汉高祖豁达大度,深明大义,凡是有道理的意见,一般都会采纳,很少意气用事,不仅赦免敌将,而且还加以任用。其理智宽容少有人及,这也是他能得天下的重要原因。朱家乃侠义之家,大家风范令人景仰。

刘秀烧文书

原文:耿纯言于秀曰:"久守钜鹿,士众疲弊;不如及大兵精锐,进攻邯郸,若王郎已诛,钜鹿不战自服矣。”秀从之。夏,四月,留将军邓满守钜鹿;进军邯郸,连战,破之,郎乃使其谏大夫杜威请降。威雅称郎实成帝遗体,秀曰:“设使成帝复生,天下不可得,况诈子舆者乎!”威请求万户侯,秀曰:“顾得全身可矣!”威怒而去。秀急攻之,二十余日;五月,甲辰,郎少傅李立开门内汉兵,遂拔邯郸。郎夜亡走,王霸追斩之。秀收郎文书,得吏民与郎交关谤毁者数千章;秀不省,会诸将军烧之,曰:“令反侧子自安!”

（第三十九卷　汉纪三十一）

王莽新朝后期,国内爆发了大规模的农民起义。其中势力最大的是绿林军和赤眉军。公元23年,绿林军拥立皇族后裔刘玄即位,是为更始帝。王莽政权被推翻后,各路义军乘机逐鹿中原,争夺天下。更始帝即命刘秀以破虏将军行大司马事持节北进,经略河北。当时河北有一个算命先生叫王郎,诈称自己是汉成帝之子,在当地豪强地主的支持下在邯郸称帝。于是刘秀带兵讨伐王郎,结果前期由于立足未稳,兵力不足,遭到惨败,被王郎追得节节败退,几乎全军覆没。当时刘秀手下很多人都认为刘秀必败无疑,所以与王郎暗通款曲,给王郎写信献媚表达忠心。后来刘秀得到信都太守任光的支持,反攻王郎,连下二十余县,又联合其他郡县和更始帝派来的援军围攻巨鹿。巨鹿城久攻不下,这时大将耿纯向刘秀建议说:“我们长期围困巨鹿,官兵就会疲惫。不如趁大军士气正盛时进攻邯郸,如果王郎被杀,那么巨鹿就会不战而降。”刘秀听从了他的意见。于是留下将军邓满继续围困巨鹿。他自己则亲率大军进攻邯郸,最终攻破邯郸,斩杀王郎。进入邯郸城后,刘秀没收了王郎的所有文书,发现自己手下很多官吏都和王郎有书信来往,诋毁自己的奏章有数千封之多。刘秀看都不看,集合全体将领当众烧毁了文书,并说:“使背叛的人安心。”

点评:所谓“射人先射马,擒贼先擒王”。攻城也一样,先攻占都城,就抢占了先机,就会令天下震恐,敌心涣散,再攻取其他地方就会势如破竹,这

就像先控制心脏再控制四肢的道理一样。历史上这样的战例很多,唐取隋,明成祖取南京,清取明,都是如此。刘秀烧毁文书,是为了在特殊时期安定凝聚人心,显示了他宽广的胸襟和高明的领导艺术。曹操也曾在官渡之战后烧毁脚踏两只船的将士写给袁绍的书信。

刘秀封朱鲔

原文:诸将围洛阳数月,朱鲔坚守不下。帝以廷尉岑彭尝为鲔校尉,令往说之。鲔在城上;彭在城下,为陈成败。鲔曰:"大司徒被害时,鲔与其谋,又谏更始无遣萧王北伐,诚自知罪深,不敢降!"彭还,具言于帝。帝曰:"举大事者不忌小怨。鲔今若降,官爵可保,况诛罚乎! 河水在此,吾不食言!"彭复往告鲔,鲔从城上下索曰:"必信,可乘此上。"彭趣索欲上,鲔见其诚,即许降。辛卯,朱鲔面缚,与岑彭俱诣河阳。帝解其缚,召见之,复令彭夜送鲔归城。明旦,与苏茂等悉其众出降。拜鲔为平狄将军,封扶沟侯;后为少府,传封累世。

(第四十卷　汉纪三十二)

在反王莽起义中,绿林军为加强对义军的统一领导,准备立一位皇室宗亲为皇帝。当时刘秀和哥哥刘縯以及另一位宗室刘玄都在绿林军中。刘縯因出众的谋略、过人的胆魄以及赫赫的战功成为最热门的候选人。但绿林军主要将领惧怕刘縯的英明,怕以后不好控制,就决定立懦弱的刘玄为帝,这里面就包括朱鲔。公元 23 年,刘玄被绿林军立为皇帝,即更始帝。刘縯被任命为大司徒,封汉信侯。之后,由于刘縯的威名越来越盛,更始帝害怕刘縯威胁到自己的皇位,就在李轶、朱鲔的劝说下,杀了刘縯。更始帝准备派刘秀北上经略河北时,朱鲔明确表示反对,认为刘秀一旦离开了绿林军,就会不可控制。刘秀到河北后,更始帝派朱鲔驻守洛阳,防备刘秀。刘秀平定了河北后，就率大军围困洛阳，双方僵持数月。于是刘秀就派朱鲔的旧将岑彭去劝降朱鲔。岑彭在城下向朱鲔陈说利弊。朱鲔说："大司徒刘缜被害时，我参与了谋划，更始帝派萧王刘秀北伐时，我也进行了劝阻。我自知罪孽深重，不敢投降。"岑彭返回，将朱鲔的话禀报了刘秀。刘秀说："干大事的人不计较小怨。朱鲔如果现在投降，可以保全官爵，更不要说免于诛罚了！我以黄河水为证，决不食言！"岑彭又把刘秀这些话告诉了朱鲔，朱鲔就把自己反绑起来，和岑彭一起来见刘秀。刘秀亲自解开了他的绳索，安慰他，让他回去率部投降。朱鲔投降后，刘秀拜朱鲔为平狄将军，封扶沟侯。朱鲔后来官至少府，封爵世代相传。

点评：做大事的人不计较私人恩怨，如果总想着冤冤相报，怎能成就事业？只有审时度势，从现实利益出发，有效整合资源，才能在残酷的竞争中胜出。况且各为其主并无过错，要理性看待，不能感情用事。

孙策美誉归张昭

原文：策以张纮为正议校尉，彭城张昭为长史，常令一人居守，一人从征讨，及广陵秦松、陈端等亦参与谋谟。策待昭以师友之礼，文武之事，一以委昭。昭每得北方士大夫书疏，专归美于昭，策闻之，欢笑曰："昔管子相齐，一则仲父，二则仲父，而桓公为霸者宗。今子布贤，我能用之，其功名独不在我乎！"

（第六十一卷　汉纪五十三）

三国时，孙策任命张昭为长史，对他非常尊重，以师友之礼待之，把军国大事全部委托给他。张昭也不负孙策的重托，把江东事务打理得井井有条。因此北方士大夫都把孙策在江东取得的成就归功于张昭。孙策听说后，不但不以为意，还高兴地说："从前管仲在齐国为相，齐桓公称他为仲父，无论办什么事都言必称仲父，终成五霸之首。如今张昭贤明，我能任用他，他的功业和名声难道不归我所有吗！"

点评：孙策可谓是气度恢宏的君主，深明驾驭臣下之道。下属贤明能干，不正说明自己用人有方吗？况且下属建立的功勋不都是在为自己服务吗？可是有一些器小易盈的君主，却总是嫉恨下属的才干，生怕下属做出成绩抢了自己的风头，想方设法要把功劳和声誉据为己有，有的甚至不惜给下属使绊子或设局陷害。而自己有了过错，却千方百计推给别人，以表明自己的英明正确。这些都是没出息的行为，终究成不了大器。

曹操厚待陈宫家人

原文：操曰："奈卿老母何？"宫曰："宫闻以孝治天下者不害人之亲，老母存否，在明公，不在宫也。"操曰："奈卿妻子何？"宫曰："宫闻施仁政于天下者不绝人之祀，妻子存否，在明公，不在宫也。"操未复言。宫请就刑，遂出，不顾，操为之泣涕，并布、顺皆缢杀之，传首许市。操召陈宫之母，养之终其身，嫁宫女，抚视其家，皆厚于初。

（第六十二卷　汉纪五十四）

当初兖州刺史刘岱在讨伐青州黄巾军时战死，名士陈宫说服兖州官吏鲍信等迎曹操为兖州牧。后曹操杀害九江太守边让等名士，令陈宫心生不满。后曹操东征徐州刺史陶谦，留张邈、陈宫留守陈留和东郡。陈宫于是游说张邈背叛曹操，迎吕布入兖州，从此成为吕布的谋士。后来曹操打败吕布，并活捉了吕布和陈宫。曹操爱惜陈宫的才华，本欲让他再度在自己手下做事，但陈宫死意已决，不为所动。曹操又想用亲情打动他，令他回心转意，就对他说："你死了，你的老母亲怎么办？"陈宫说："我听说，以孝道治理天下的人，不使别人的双亲受伤害，我老母能否活着，在于明公您，而不在于我陈宫。"曹操又说："你死了，你的妻子儿女怎么办？"陈宫说："我听说施仁政于天下的人，不使别人绝嗣，我的妻子儿女能否活着，取决于明公您，而不取决于我陈宫。"曹操无奈，只好含泪杀了陈宫。后来曹操一直赡养陈宫的母亲到去世，又找了个好人家，把他的女儿也嫁了出去。曹操对陈宫家属的关怀照顾，比当初陈宫跟随自己时还要多。

点评：陈宫很了解曹操的为人，所以回答问题时大义凛然，慷慨豪迈，两句话就将了曹操的军。而曹操也确实胸襟宽广，很看重节操和道义。通过善待陈宫家眷，不但了结了与陈宫的昔日之情，也为天下做出了忠孝仁义的表率，很有人格魅力。

曹操大义释叛将

原文：初，操在兖州，以徐翕、毛晖为将。及兖州乱，翕、晖皆叛。兖州既定，翕、晖亡命投霸。操语刘备，令霸送二首，霸谓备曰："霸所以能自立者，以不为此也。霸受主公生全之恩，不敢违命；然王霸之君，可以义告，愿将军为之辞。"备以霸言白操，操叹息谓霸曰："此古人之事，而君能行之，孤之愿也。"皆以翕、晖为郡守。

（第六十二卷　汉纪五十四）

三国时，有个叫臧霸的人在开阳一代聚众屯兵，自成一方霸主。后来臧霸帮助吕布对付曹操。吕布战败被杀后，臧霸逃到民间隐藏起来，曹操悬赏将他捉拿，又派他去招降吕布手下其他将领，并将他们全部任用为官。曹操在兖州时，曾经任命徐翕、毛晖做部将。等到陈宫发动兖州叛乱时，徐翕和毛晖都叛变了曹操。兖州平定后，这两个人逃亡到臧霸那里，请求臧霸收留。曹操让刘备转告臧霸，让他把二人的首级送来。臧霸对刘备说："我之所以能够自立，正是因为不做这种不仁不义的事情。我受主公不杀之恩，不敢抗命。但是像主公这样成就霸业的君主，是可以用大义来说服的，希望将军替我说说情。"刘备向曹操转述了臧霸的话，曹操明白了臧霸的想法，叹息着对他说："这是古人的侠义事迹，而你能这样做，正是我的愿望。"于是，曹操不再追究徐翕、毛晖之罪，并任命他们为郡太守。

点评：臧霸是草莽豪杰，讲究义气，不肯出卖朋友；而曹操是胸怀大志的英雄，理解并看重臧霸的义气，同时也为了团结乱世中一切可以团结的力量，所以不但不再追究部下的背叛和臧霸的抗命，反而对他们全部委以重任。如此的胸襟和气度，怎不令人倾倒，无怪乎天下才智之士多乐意为其奔走效力。

大人虎变

原文：后赵王勒悉召武乡耆旧诣襄国，与之共坐欢饮。初，勒微时，与李阳邻居，数争沤麻池相殴，阳由是独不敢来。勒曰："阳，壮士也；沤麻，布衣之恨；孤方兼容天下，岂仇匹夫乎！"遽召与饮，引阳臂曰："孤往日厌卿老拳，卿亦饱孤毒手。"因拜参军都尉。以武乡比丰、沛，复之三世。

（第九十一卷　晋纪十三）

初，裕名微位薄，轻狡无行，盛流皆不与相知，惟王谧独奇贵之，谓裕曰："卿当为一代英雄。"裕尝与刁逵樗蒲，不时输直，逵缚之马枊。谧见之，责逵而释之，代之还直。由是裕深憾逵而德谧。

（第一百一十三卷　晋纪三十五）

十六国时期，后赵的开国皇帝石勒当了皇帝后，不忘故里的故友旧交，把他们全部召到都城，与自己开怀畅饮。该来的人都来了，唯独有一个叫李阳的人没来。原来，李阳曾经是石勒旧时的邻居，两人多次因为争夺沤麻的池子而殴斗。李阳怕石勒心怀旧怨杀了他，所以吓得不敢前来。石勒见李阳没来，笑着说："我现在贵为帝王，心怀包容天下之志，怎么会在意平民时结下的恩怨呢？"于是石勒急召李阳前来。李阳来后，石勒挽着他的胳膊说："我过去没少挨你的老拳，你也饱尝我的毒手。"于是封李阳为参军都尉。石勒向汉高祖学习，免除了自己故里武乡三代人的赋税和徭役。

再举一个相反的例子。南朝宋的开国皇帝刘裕，没有发达前地位低下、品行不端，上层社会的人都不愿与他交往。只有一个叫王谧的人认为他相貌甚伟，将来必成大器，所以对他很是看重爱护。有一次刘裕和一个叫刁奎的人赌博，输了钱还不起，刁奎就把他绑在拴马桩上羞辱逼债。王谧看见后，救下刘裕并替他还了钱。从此，刘裕便深恨刁奎而感激王谧。后来东晋权臣桓玄逼迫晋安帝禅位，刘裕起兵讨伐，当时刁奎替桓玄镇守豫州，于是刘裕趁机杀了刁奎全家。

点评：石勒这个人很有人情味儿，富贵而不忘出身，显达而恩泽故里，尤其对李阳的态度，彰显了其宽广的胸襟和王者的气度。诚然，胸怀天下的英雄，怎么会和一介平民去计较旧时的恩怨呢？而对于刘裕睚眦必报的行为，梁朝人萧方说：龙困沙滩被虾戏，虎落平阳被犬欺。平民时结下的怨恨，当了帝王怎么还要报复呢？这样显得心胸多么狭窄啊！

人大都是世俗的，世道人心向来如此，也很少有人能独具慧眼，识英雄于微末之间。所以要想受人尊重，首先要让自己变得强大。别人看重你是因为你的身份、地位、财富、才学、人品等等，是你身上具有的价值。如果你一无所有，却一味奢求别人的尊重不也太虚妄了吗？所以假如有一天你通过自己的努力发达了，一定不要因为别人曾经对你的态度而耿耿于怀、

睚眦必报,因为这是现实和人性。普通人尚应如此,贵为帝王更应该展示宽广的胸襟,不与常人一般见识。历史上汉高祖刘邦和后赵明帝石勒发达后对待旧仇的态度,值得贫贱出身的人学习。

慕容垂愠怒旧僚吏

原文:慕容垂见燕公卿大夫及故时僚吏,有愠色。高弼言于垂曰:“大王凭祖宗积累之资,负英杰高世之略,遭值迍厄,棲集外邦。今虽家国倾覆,安知其不为兴运之始邪!愚谓国之旧人,宜恢江海之量,有以慰结其心,以立覆篑之基,成九仞之功,奈何以一怒捐之,愚窃为大王不取也!”垂悦,从之。

(第一百零二卷　晋纪二十四)

十六国时,前燕皇族慕容垂遭太傅慕容评忌恨,逃往前秦,前秦攻灭前燕后,慕容垂回归故里,见到前燕旧时的公卿官吏,心怀怨恨,面有怒色。大臣高弼劝谏说:“大王才华盖世,却遭受厄运,滞留外邦。如今国家虽然倾覆,但谁知道这不是中兴之运的开始呢!我认为对国家的旧臣,应该具有江海那样恢宏的器量,这样才能凝聚他们的心,以奠定光复的基础,成就伟大的功业。为什么要因为一时的愤怒而抛弃他们呢,我认为大王的态度不足取。”慕容垂听后非常高兴,采纳了他的意见。后来慕容垂历尽磨难,终于复国成功,建立后燕。

点评:俗话说:“单丝不成线,孤木不成林。”“一个好汉三个帮。”要想成就一番事业,必须倚仗众人的力量,孤家寡人、单枪匹马是难以成事的。所以作为领袖要有海纳百川的胸襟,兼容并包的气度。这样才能使众人归心,为我所用。

王清石聘江南

原文：六月，己巳，魏遣兼员外散骑常侍卢昶、兼员外散骑侍郎王清石来聘。昶，度世之子也。清石世仕江南，魏主谓清石曰："卿勿以南人自嫌。彼有知识，欲见则见，欲言则言。凡使人以和为贵，勿迭相矜夸，见于辞色，失将命之体也。"

（第一百三十九卷　齐纪五）

北魏派大臣王清石去南朝访问。王家世代在江南做官，孝文帝怕王清石有顾虑，就对他说："你不要因为是南方人就畏手畏脚，如果南朝有认识的人，想见就见，想说就说。作为使者要以和为贵，不要总是在言辞态度上表现出矜夸之色，这样就失去出访的意义了。"

点评：孝文帝非常大气，既然指派某人出使就是对他的信任，既然信任他就应该打开他的心扉，让他放开手脚去工作，以显示大国风度，为国家争取尊严和荣誉。

陆贽谏德宗

原文：上问陆贽："近有卑官自山北来者，率非良士。有邢建者，论说贼势，语最张皇，察其事情，颇似窥觇，今已于一所安置。如此之类，更有数人，若不追寻，恐成奸计。卿试思之，如何为便？"贽上奏，以为今盗据宫阙，有冒涉险远来赴行在者，当量加恩赏，岂得复猜虑拘囚！

（第二百三十卷　唐纪四十六）

唐德宗李适是唐朝第九位皇帝。朔方节度使李怀光叛乱时，唐德宗被迫出走梁州，翰林学士陆贽一路相随。后来有从前线来的官吏奏报叛军的形势，唐德宗却怀疑他们是间谍，让陆贽进行追查。陆贽上奏认为，这些人冒着危险长途跋涉而来，应该对他们进行抚慰奖赏，怎么能再猜疑他们呢！

点评：作为万民主宰的君主应该有海纳百川的胸襟，承载万物的气度，以博大胸怀来化育臣民。如果以猜疑戒备为明，以精明苛求为慧，就显得器量格局太过狭小了。制定政策应抓大放小，考虑大局和方向，如果斤斤计较于一人一事，眼界就太浅了。以机巧对机巧，则机巧永无穷尽，即使耗心劳神，也难以治理。以仁德对机巧，则机巧绝难大行其道。以简驭繁则为道，以繁驭简则为术，以道治国实强于以术治国。仁厚的君主无为而治就可使天下归心，苛刻的君主机关算尽也难逃众叛亲离。顺应人心者可成大事，违逆人心者功业难成，自负才高刚愎自用者必败，亲厚臣民凝聚下属者必胜。一个人浑身是铁能打几根钉，善于发挥众智方可独领风骚。

杨行密雅量容人

原文：行密驰射武伎，皆非所长，而宽简有智略，善抚御将士，与同甘苦，推心待物，无所猜忌。尝早出，从者断马鞦，取其金，行密知而不问，他日，复早出如故，人服其度量。

（第二百五十九卷　唐纪七十五）

五代十国时期吴国的奠基人杨行密，并不擅长骑马射箭等武艺，但是他为人宽厚简朴，智慧谋略过人，善于安抚驾御将士，能够和他们同甘共苦，待人接物推心置腹，没有任何猜忌。有一天他早上外出，随从偷偷剪断了马车上的皮带,拿走了上面的金子,杨行密知道了也不过问。后来,他仍然像以前一样早上外出,就像什么也没发生过一样,人们都很佩服他的度量。

点评:领导的职责不是单打独斗,而是为下面的人搭建平台,充分挖掘团队的整体战斗力。所以他不一定要有很强的专业技能,但一定要有较强的领导力,如心胸宽广、亲和力强、善于用人等,这样才能够凝聚人心,使各类专业人才甘愿为其所用。

领导在遇到无关原则的小问题时,要权衡利弊得失。如无必要深究,可以选择睁一只眼闭一只眼,不必事事都明察秋毫。难得糊涂,是中国式智慧。

周世宗促属国修甲兵

原文:唐主遣其子纪公从善与钟谟俱入贡,上问谟曰:"江南亦治兵,修守备乎?"对曰:"既臣事大国,不敢复尔。"上曰:"不然。向时则为仇敌,今日则为一家,吾与汝国大义已定,保无他虞;然人生难期,至于后世,则事不可知。归语汝主:可及吾时完城郭,缮甲兵,据守要害,为子孙计。"谟归,以告唐主。唐主乃城金陵,凡诸州城之不完者葺之,戍兵少者益之。

臣光曰:或问臣,五代帝王,唐庄宗、周世宗皆称英武,二主孰贤?臣应之曰:夫天子所以统治万国,讨其不服,抚其微弱,行其号令,壹其法度,敦明信义,以兼爱兆民者也。庄宗既灭梁,海内震动,湖南马氏遣子希范入贡,庄宗曰:"比闻马氏之业,终为高郁所夺。今有儿如此,郁岂能得之哉?"郁,马氏之良佐也。希范兄希声闻庄宗言,卒矫其父命而杀之。此乃市道商贾之所为,岂帝王体哉!盖庄宗善战者也,故能以弱晋胜强梁,既得之,曾不数年,外内离叛,置身无所。诚由知用兵之术,不知为天下之道故也。世宗以信令御群臣,以正义责诸国,王环以不降受赏,刘仁赡以坚守蒙褒，严续以尽忠获存，蜀兵以反覆就诛，冯道以失节被弃，张美以私恩见疏；江南未服，则亲犯矢石，期于必克，既服，则爱之如子，推诚尽言，为之远虑。其宏规大度，岂得与庄宗同日语哉！《书》曰：“无偏无党，王道荡荡。”又曰：“大邦畏其力，小邦怀其德。”世宗近之矣。

（第二百九十四卷　后周纪五）

五代后期，周世宗柴荣三次攻打南唐，南唐国主李璟无法抵御，只得向后周上表称臣。后来，南唐国主派遣他的儿子李从善与大臣钟谟一起入朝进贡。周世宗问钟谟：“江南还在操练兵马，修整武备吗？”钟谟回答说：“现在我们已经臣服于大国，不敢这样了。”周世宗说：“这种想法不对。虽然现阶段我们君臣名分已定，保证不会有其他变故。但世事难料，后世有很多事情不可预见。不如趁我还活着的时候，加固城郭，修缮武器，以防后世不测。”钟谟回国复命，南唐主便加强了国防的力量。

对此，司马光说：有人问我，五代帝王之中，唐庄宗和周世宗谁更英明？我的回答是：天子用法度和信义统领万民，那么来对比一下唐庄宗和周世宗的作为。唐庄宗灭后梁以后，楚王马殷派儿子马希范入朝进贡，唐庄宗却挑拨他说，听说你们的大臣高郁有篡逆之心。马希范回去对哥哥马希声说了唐庄宗的话，马希声就伪造父亲的命令杀了高郁。高郁是马氏优秀的辅佐之臣，对马氏忠心耿耿，只因为唐庄宗的一句话，就白白丢了性命，死得是多么可惜啊！唐庄宗的这种做法完全像一个市井小人，哪里有一点儿帝王的风度。所以说唐庄宗只是个善于打仗的人，根本就不懂治理天下之道。无怪乎他能以弱小的后晋战胜强大的后梁，但没过几年就众叛亲离，没有了安身之地。反观周世宗，以信义驾驭群臣，以正义督责各国，奖赏有气节的忠贞之士，贬斥丧失节操的反复小人。南唐没有归附，就御驾亲征，不达目的决不罢休。归附以后，就推心置腹，为之作长远打算。这样博大的胸襟，岂是唐庄宗可比。《尚书》有言：“不偏狭不结党，为王之道宽广浩荡。”周世宗就是这样的君主啊！

点评：后周世宗做事坦荡大气，格局宏大高远。南唐不归顺就奋力讨伐，一旦臣服而为属国，就将其视为一体，毫不猜忌，推心置腹，设身处地为对方着想。这实在是着眼于大局，依靠信用驾驭天下之“道”。对待群臣也一样，首先自己立身严正，然后推行正义正气正道来引导风气教化人心。这样有为的君主，别说在五代，即使放到整个中国历史的长河中，也是出类拔萃的。后周世宗曾有言“朕当以十年开拓天下，十年养百姓，十年致太平！”其雄心壮志令人钦仰。可惜天不假年，在位不足六年即离世，空留壮志未酬之遗恨，令后人感叹不已。反观唐庄宗，以讹传讹搬弄是非，害得属国君臣反目、忠臣遇害，这是连市井百姓都不屑为之的举动，哪里是大国君主应该具备的风度啊！

（二）通达开明

光武帝征隐士

原文：是岁，诏征处士太原周党、会稽严光等至京师。党入见，伏而不谒，自陈愿守所志。博士范升奏曰：“伏见太原周党、东海王良、山阳王成等，蒙受厚恩，使者三聘，乃肯就车；及陛见帝廷，党不以礼屈，伏而不谒，偃蹇骄悍，同时俱逝。党等文不能演义，武不能死君，钓采华名，庶几三公之位。臣愿与坐云台之下，考试图国之道。不如臣言，伏虚妄之罪；而敢私窃虚名，夸上求高，皆大不敬！”书奏，诏曰：“自古明王、圣主，必有不宾之士，伯夷、叔齐不食周粟，太原周党不受朕禄，亦各有志焉。其赐帛四十匹，罢之。”

（第四十一卷　汉纪三十三）

建武五年(29),光武帝刘秀下诏征召太原人周党、会稽人严光等隐士到洛阳,希望他们出山辅佐自己。周党晋见刘秀时,只是稍微低了下身子,既不叩头拜谒,也不通报姓名,态度极为无礼,并对刘秀说自己只想隐居山林,不愿过问世事。周党的态度激怒了博士范升,范升上奏说:周党等隐士,承蒙陛下的厚恩,却举止粗野、傲慢无礼。这些人文不能治国,武不能安邦,却沽名钓誉,期望谋求高位。我愿意和他们辩论治国之道,看看他们是否有真才实学。如果他们胆敢盗窃虚名、心怀叵测,就应以“大不敬”之罪论处。刘秀看了奏章后却说:“自古以来,不管多么英明的帝王、圣贤的君主,都会遇到不宾服的士人,伯夷、叔齐死不食周粟,太原人周党不接受我的俸禄,属人各有志,不可强求。不如赐给他绢帛四十匹,送他回故乡吧。”

点评:刘秀的话显示了其开明宽容的胸襟。不宾之士不仅无损于君主的圣明,反而可以成就其雅量包容的美誉。严光即严子陵,少年时与光武帝刘秀为同窗好友。刘秀称帝后,多次延聘严光,但其隐姓埋名,隐居于富春山耕读垂钓。后人把他垂钓的地方命名为“严子陵钓台”。范仲淹《严先生祠堂记》有云“云山苍苍,江水泱泱。先生之风,山高水长”。这篇文章也使严子陵以高风亮节的形象名垂青史。

石勒变通

原文:后赵王勒用法甚严,讳“胡”尤峻,宫殿既成,初有门户之禁。有醉胡乘马,突入止车门。勒大怒,责宫门小执法冯翥。翥惶惧忘讳,对曰:“向有醉胡,乘马驰入,甚呵御之,而不可与语。”勒笑曰:“胡人正自难与言。”恕而不罪。

(第九十一卷　晋纪十三)

后赵王勒以参军樊坦为章武内史，勒见其衣冠弊坏，问之。坦率然对曰："顷为羯贼所掠，资财荡尽。"勒笑曰："羯贼乃尔无道邪！今当相偿。"坦大惧，叩头泣谢。勒赐车马、衣服、装钱三百万而遣之。

（第九十二卷　晋纪十四）

后赵石勒用法非常严苛。他是羯族，属胡人，所以特别忌讳"胡"字。有一次，一个胡人喝醉了酒，骑着马突然闯入宫门。石勒大怒，斥责守卫宫门的官吏冯翥。冯翥战战兢兢，忘了禁忌，语无伦次地对石勒说："刚才有一个胡人喝醉了酒，骑着马硬闯进来，我虽极力阻止，但实在没有办法和他交流。"石勒笑着说："胡人本来就难以理喻。"没有怪罪冯翥。

石勒任命参军樊坦为章武内史，见他衣帽破旧，就询问原因。樊坦没多想，顺嘴就说："前段时间遇到羯族贼寇抢劫，财物被洗劫一空。"石勒笑着说："羯族贼寇这么不讲道理吗？现在我补偿你。"樊坦此时才反应过来，吓得流着泪叩头谢罪。石勒并没有计较，反而赐给他车马、衣服、装钱三百万，然后才派他上任。

点评：羯是当时的"五胡"之一，石勒是羯族人，所以特别忌讳"胡"字，更不愿听到别人议论羯族的缺点。这两件逸事说明石勒并不是一个一味严苛残暴、不通情理的人，他是深知本民族粗野少文的特点的。以上两件事显得很有幽默感和人情味儿，也可见石勒的人格魅力。

唐太宗厚葬兄弟

原文：诏追封故太子建成为息王，谥曰隐；齐王元吉为剌王，以礼改葬。葬日，上哭之于宜秋门，甚哀。魏徵、王珪表请陪送至墓所，上许之，命宫府旧僚皆送葬。

（第一百九十二卷　唐纪八）

玄武门政变，秦王李世民杀了自己的哥哥太子李建成和弟弟齐王李元吉。李世民即位后，追封李建成为息王，谥号为隐；赐李元吉谥号为刺，用皇家的丧礼重新安葬他们。安葬那天，唐太宗大哭了一场，显得十分哀伤。李建成原来的下属魏徵、王珪请求陪送灵车到墓地，唐太宗答应了他们的请求，并命令原来太子东宫和齐王府的旧僚属都去送葬。

点评：唐太宗在玄武门诛杀兄弟后又举行葬礼并哀哭，不管是假仁义也好真性情也罢，总之在面子上做得比较合乎情理，在舆论上也尽量争取更多人的理解和同情。命令包括魏徵、王珪等原东宫和齐王府的旧僚属去送葬，则显得十分开明大度且具有人情味儿。

（三）君明臣直

任座直言

原文：使乐羊伐中山，克之；以封其子击。文侯问于群臣曰："我何如主？"皆曰："仁君。"任座曰："君得中山，不以封君之弟而以封君之子，何谓仁君？"文侯怒，任座趋出。次问翟璜，对曰："仁君。"文侯曰："何以知之？"对曰："臣闻君仁则臣直。向者任座之言直，臣是以知之。"文侯悦，使翟璜召任座而反之，亲下堂迎之，以为上客。

（第一卷　周纪一）

魏文侯派乐羊打下了中山国,把它封给了自己的儿子。这件事过去不久,魏文侯问群臣自己是什么样的君主。大家都交口称赞他是仁德之君。只有任座说:“您得了中山国,不用来封赏您的弟弟,却把它给了您的儿子,怎么能说是仁德之君呢?”魏文侯大怒,任座吓得赶紧溜了。魏文侯平息了一会儿心情,又问翟璜同样的问题,翟璜说:“您确实是仁德之君。”魏文侯问:“怎么能判断呢?”翟璜给了一个经典的回答:“臣听说,君主仁德,他的臣子就耿直。刚才任座的话非常率直,因此我断定您就是仁德之君。”魏文侯听罢大喜,赶紧让翟璜把任座追回来,把他奉为上宾。

点评:君主仁德、圣明、有容人的度量,才有耿直的臣子敢说逆耳之言。看一个团队的文化是否健康,就看这个团队中有没有敢说逆耳之言的人以及领导对他的态度。

强项令董宣

原文:陈留董宣为雒阳令。湖阳公主苍头白日杀人,因匿主家,吏不能得。及主出行,以奴骖乘,宣于夏门亭候之,驻车叩马,以刀画地,大言数主之失;叱奴下车,因格杀之。主即还宫诉帝,帝大怒,召宣,欲棰杀之。宣叩头曰:“愿乞一言而死。”帝曰:“欲何言?”宣曰:“陛下圣德中兴,而纵奴杀人,将何以治天下乎?臣不须棰,请得自杀!”即以头击楹,流血被面。帝令小黄门持之。使宣叩头谢主,宣不从;强使顿之,宣两手据地,终不肯俯。主曰:“文叔为白衣时,藏亡匿死,吏不敢至门;今为天子,威不能行一令乎?”帝笑曰:“天子不与白衣同!”因敕:“强项令出!”赐钱三十万;宣悉以班诸吏。由是能搏击豪强,京师莫不震栗。

(第四十三卷　汉纪三十五)

湖阳公主是光武帝刘秀的大姐,她的奴仆大白天杀了人,害怕官府缉拿,就躲到了公主家中。当时的雒阳令叫董宣,为人刚直不阿,嫉恶如仇,决心要将这个恶奴绳之以法。有一次公主带着这个恶奴乘车出行,以为没人敢把他怎么样。没想到董宣早就得到了消息,就在半路等着。等车到了,董宣直接命人把车拦住,然后以刀划地,大声列举公主的过错,然后喝令那个恶奴下车,并将他就地正法。公主又惊又怕,跑到宫里向刘秀告状。刘秀闻言大怒,召董宣晋见,准备打死他。董宣叩头说:"请让我说句话再死。"刘秀说:"你想说什么?"董宣说:"陛下中兴汉室,却放纵奴仆杀人,以后还怎么治理天下?不用您打死我,请让我自杀吧!"说完就一头撞在了柱子上,顿时血流满面。刘秀赶紧让太监拉住他,让他向公主磕头谢罪,这事就算了。董宣认为自己没错,坚决不服从。刘秀就让人强行按住他的脑袋让他磕头。董宣两手撑着地,梗着脖子,就是不肯低头。公主生气地对刘秀说:"你以前当平民的时候,窝藏逃犯,连官府都不敢上门缉拿,现在当了皇帝,怎么反而连一个县令都奈何不了。"刘秀笑着说:"做了天子不能跟平民时候一样啊!"就封了董宣一个"强项令",并赏了他三十万钱。董宣把这些钱全部分给了手下。从此,京城的豪强无不震恐。

点评:董宣真的是太刚直强硬了,敢于截留公主的车驾,并数落公主,抓人立杀,这得需要多大的胆量。在朝堂之上更是出言顶撞光武帝,并以自杀抗议,死不低头认错,这又需要何等的勇气。难得的是,光武帝开明宽容,醒悟后只是让董宣给公主磕头道歉,以便维护一下皇室的尊严。但面对董宣的倔强和公主煽风点火的责怪却并不恼怒,反而笑着向公主解释,并封董宣"强项令",整件事真令人忍俊不禁。光武帝事后对董宣的赏赐,是为了保护正直臣子的忠心。

魏徵之谏

原文：闰月，乙卯，上宴近臣于丹霄殿，长孙无忌曰："王珪、魏徵，昔为仇雠，不谓今日得此同宴。"上曰："徵、珪尽心所事，故我用之。然徵每谏，我不从，我与之言辄不应，何也？"魏徵对曰："臣以事为不可，故谏；陛下不从而臣应之，则事遂施行，故不敢应。"上曰："且应而复谏，庸何伤！"对曰："昔舜戒群臣：'尔无面从，退有后言。'臣心知其非而口应陛下，乃面从也，岂稷、契事舜之意邪！"上大笑曰："人言魏徵举止疏慢，我视之更觉妩媚，正为此耳！"徵起，拜谢曰："陛下开臣使言，故臣得尽其愚；若陛下拒而不受，臣何敢数犯颜色乎！"

（第一百九十四卷　唐纪十）

唐太宗有一次在皇宫宴请亲近的大臣，长孙无忌说："王珪、魏徵二人，以前是太子李建成的部下，与陛下为敌，没想到今日却能坐在一起畅饮。"唐太宗说："正因为他们二人能尽心竭力地侍奉原来的太子，我才重用他们。可是魏徵每次进谏，如果我不听从，他就不跟我说话，这是为什么呢？"魏徵回答说："我认为事情不可行，所以才加以谏阻；陛下不听从谏阻而我这个时候还跟陛下说话，那么事情便会得到施行，所以不敢说话。"唐太宗说："暂且说话，过后再进谏不行吗？"魏徵回答说："过去舜帝告诫群臣：'不要当面顺从，背后另说一套。'如果我明知道不对却回应陛下，正是当面顺从，这不是有违舜帝的训诫吗？"唐太宗大笑着说："人们都说魏徵举止轻疏傲慢，我却更觉得他妩媚可爱，正是因为这个原因啊！"魏徵起身拜谢道："陛下让我畅所欲言，所以我才得以尽愚智；如果陛下拒不接受进谏，我又怎么敢屡次犯颜强谏呢！"

点评：唐太宗善于识人，从魏徵、王珪忠于故主而判断他们品德高尚并加以重用,事实证明他的判断非常正确。魏徵进谏之所以那么耿直倔强,一是因为人品端正,二是他决心成就唐太宗的圣明来报答其知遇之恩,三是因为唐太宗有容人纳谏之雅量。其中第三条起着决定性的作用,否则就没有著名的魏徵之谏,也不会有君明臣直的千古佳话。

四、情义

(一)骨肉亲情

汉明帝友善兄弟

原文:春,正月,东平王苍与诸王俱来朝,月余,还国。帝临送归宫,凄然怀思,乃遣使手诏赐东平国中傅曰:“辞别之后,独坐不乐,因就车归,伏轼而吟,瞻望永怀,实劳我心。诵及《采菽》,以增叹息。日者问东平王:‘处家何等最乐?’王言:‘为善最乐。’其言甚大,副是要腹矣。今送列侯印十九枚,诸王子年五岁已上能趋拜者,皆令带之。”

(第四十五卷　汉纪三十七)

永平十一年(68),汉明帝的同母弟东平王刘苍和诸位亲王进京朝见。在京城待了一个多月后,陆续返回封国。汉明帝亲自为刘苍送行,返回皇宫后,自己独坐,心中凄凉,更加思念刘苍,于是亲手写了一封诏书,派遣使者送到东平国。诏书大意是:“分别之后,我独自一人坐着,心中闷闷不乐，便乘车而归。我伏在车前的横木上低吟，眺望远方，长久思念，这真让我内心劳苦不堪。不由得吟咏起《诗经·采菽》，却更增加了我的惆怅。前几天我问东平王：‘待在家里做什么事最快乐？’东平王说：‘行善最乐。’这句话格局很大，正与他的胸怀相符。现在送去十九枚列侯印，东平王凡是年满五岁并能行拜礼的儿子们都佩带上。”

点评：《诗经·采菽》是一首记述周天子接见诸侯盛况的诗篇，展现了诸侯朝见周天子的画面。汉明帝深受儒家文化熏陶，特别注重礼仪亲情。东平王是汉明帝的同母弟弟，德才兼备，深受汉明帝亲厚敬爱。此段表现了他对东平王的深切思念，反映出兄弟间亲密无间的手足之情，感人至深。

汉明帝谒原陵

原文：春，正月，上当谒原陵，夜，梦先帝、太后如平生欢，既寤，悲不能寐；即案历，明旦日吉，遂率百官上陵。其日，降甘露于陵树，帝令百官采取以荐。会毕，帝从席前伏御床，视太后镜奁中物，感动悲涕，令易脂泽装具；左右皆泣，莫能仰视。

（第四十五卷　汉纪三十七）

永平十七年(74)正月，汉明帝正准备去拜祭原陵，还没有成行，有一天夜里突然梦见先帝刘秀和母亲阴太后，一家人就像从前一样在一起欢聚。醒来后，汉明帝心里非常难过，再也睡不着了，便起身查看历书，发现第二天就是吉日，于是就率领百官前去祭陵。祭陵当天，天降甘露，洒满了原陵的树枝。汉明帝命令百官采集甘露呈于陵前。祭拜仪式结束后，汉明帝俯下身子观看母亲梳妆匣中的用品，悲不自胜，涕泪横流，命人重新更换化妆品和用具。左右随从全都流下了眼泪,不忍抬头看他。

点评:孝敬父母乃伦常之本,汉朝更是提倡以孝道治国。对父母的感情,即使贵为天子和普通庶民也没有两样。在父母面前,无论你年龄多大、地位多高,也永远都是孩子。

唐太宗生日

原文:癸未,上谓长孙无忌等曰:“今日吾生日,世俗皆为乐,在朕翻成伤感。今君临天下,富有四海,而承欢膝下,永不可得,此子路所以有负米之恨也。《诗》云:‘哀哀父母,生我劬劳。’奈何以劬劳之日更为宴乐乎!”因泣数行下,左右皆悲。

(第一百九十八卷　唐纪十四)

唐太宗有一次生日时,对长孙无忌等人说:“今天是我的生日,一般人在生日这天都很快乐,我却有些伤感。如今我君临天下,富有四海,却永远也不能在父母膝下了,这就是为什么子路在双亲死后,会遗憾再也无法为他们背米的原因。《诗经》说:‘可怜我的父母,生我养我太过辛劳。’既如此,为什么还要在父母辛劳的日子里欢宴呢?”说完泪流满面,左右的人都被感染得难过起来。

点评:自己的生日就是母亲的受难日。所以在庆祝生日的时候,不要忘了父母含辛茹苦的养育之恩。所谓“孝子爱日”,就是要珍惜在父母膝前尽孝的时光。“子欲养而亲不待”是人生最大的遗憾。

（二）君臣真情

光武帝爱将

原文：都护将军贾复与五校战于真定，复伤创甚；王大惊曰："我所以不令贾复别将者，为其轻敌也。果然，失吾名将！闻其妇有孕，生女邪，我子娶之；生男邪，我女嫁之；不令其忧妻子也。"复病寻愈，追及王于蓟，相见甚欢。

（第四十卷　汉纪三十二）

胶东刚侯贾复薨。复从征伐，未尝丧败，数与诸将溃围解急，身被十二创。帝以复敢深入，希令远征，而壮其勇节，常自从之，故复少方面之勋。诸将每论功伐，复未尝有言。帝辄曰："贾君之功，我自知之。"

（第四十四卷　汉纪三十六）

有一次贾复同敌人交战，身负重伤。刘秀听说后，大惊失色，说："我之所以不让贾复单独出战，就是因为他太轻敌。如今果然损伤了我一员名将！听说他妻子怀了身孕，将来无论生下男女，我都会和他结为儿女亲家，不让他为妻子儿女的前途担忧。"不久，贾复的伤势痊愈，追上了刘秀的大军，两人相见甚欢。

贾复勇冠三军，从未打过败仗，多次冲锋陷阵，身上伤痕累累。刘秀因为贾复作战过于勇猛，生怕他有闪失，所以很少命他远征，常常让他跟在自己身边。因此贾复鲜有独当一面的功劳。每当众将争论战功时，贾复总是闭口不言。刘秀便对众人说："贾君的功劳，我自己心里清楚。"

点评：刘秀真心惜才，生怕爱将折损，所以常用行政手段予以保护。但又

顾念贾复的感受,常常主动维护其尊严。贾复受伤,刘秀痛惜之情溢于言表,而且马上安排其子女家属的将来以解其后顾之忧,对将领的爱护从事前防范到身后事周到安排,如此真情流露,怎不令人生死追随。

光武帝痛悼祭遵

原文:春,正月,颍阳成侯祭遵薨于军;诏冯异并将其营。遵为人,廉约小心,克己奉公,赏赐尽与士卒;约束严整,所在吏民不知有军。取士皆用儒术,对酒设乐,必雅歌投壶。临终,遗戒薄葬;问以家事,终无所言。帝愍悼之尤甚,遵丧至河南,车驾素服临之,望哭哀恸;还,幸城门,阅过丧车,涕泣不能已;丧礼成,复亲祠以太牢。诏大长秋、谒者、河南尹护丧事,大司农给费。至葬,车驾复临之;既葬,又临其坟,存见夫人、室家。其后朝会,帝每叹曰:“安得忧国奉公如祭征虏者乎!”卫尉铫期曰:“陛下至仁,哀念祭遵不已,群臣各怀惭惧。”帝乃止。

(第四十二卷　汉纪三十四)

颍阳成侯祭遵为人廉洁奉公,管理军队严明,他本人则推崇儒术。祭遵临终要求一定要薄葬,有人问他家事如何安排时,他却始终闭口不言。祭遵去世后,刘秀异常哀痛,令多位高官共同主持丧事,费用全部由国家承担,并身穿丧服亲自到灵前吊唁,哭得涕泪横流,不能自已。下葬时,亲自到场,下葬后,又到墓前致哀。以后朝会时,刘秀经常怀念祭遵,常叹息着说:“去哪里再找到像祭遵这样忧国奉公的人啊!”卫尉铫期说:“陛下至仁至性,哀悼怀念祭遵不已,令群臣心怀惭愧,惶恐不安。”刘秀这才不再提起祭遵。

点评:从祭遵身后事的安排,可以看出刘秀对优秀下属逝去的无法克制的

哀痛，这种深情缅怀与尊崇，正反映出刘秀惜才如命、真情待人的品格，具有很强的感染力。那么多英才俊杰愿意生死追随刘秀，正是被他这种至情至性的人格魅力所感染。

孙权痛失吕蒙

原文：吕蒙未及受封而疾发，权迎置于所馆之侧，所以治护者万方。时有加针，权为之惨戚。欲数见其颜色，又恐劳动，常穿壁瞻之，见小能下食，则喜顾左右，不然则咄唶，夜不能寐。病中瘳，为下赦令，群臣毕贺，已而，竟卒，年四十二。权哀痛殊甚，为置守冢三百家。

（第六十八卷　汉纪六十）

吕蒙白衣渡江奇袭荆州后，还没来得及接受封赏便疾病发作，孙权把他接来，安置在内殿，想尽一切办法为他治病。医生给吕蒙针灸，孙权便替他难过，多次想去看望他，又怕他劳累，只好在墙壁上凿了个小孔暗中观看，发现吕蒙能吃下些东西，就高兴地环视左右；如果吕蒙不进饮食，便长吁短叹，夜不能寐。吕蒙的病稍有好转，孙权便下赦令庆祝。然而，吕蒙最终也没有好起来，于四十二岁英年早逝。孙权悲痛异常，命令三百户人家为他守墓。

点评：人才是国家最宝贵的财富，可以给国家创造巨大的价值，尤其是在国事多艰的用人之际。吕蒙奇袭荆州，为吴国建立了不朽的功勋，其盖世才华令孙权倍加爱惜和倚重，对吕蒙健康的关心也是发自内心的至诚。

苻坚思遇待王猛

原文：六月，秦清河武侯王猛寝疾，秦王坚亲为之祈南、北郊及宗庙、社稷，分遣侍臣遍祷河、岳诸神。猛疾少瘳，为之赦殊死以下。猛上疏曰：“不图陛下以臣之命而亏天地之德，开辟已来，未之有也。臣闻报德莫如尽言，谨以垂没之命，窃献遗款。伏惟陛下，威烈振乎八荒，声教光乎六合，九州百郡，十居其七，平燕定蜀，有如拾芥。夫善作者不必善成，善始者不必善终，是以古先哲王，知功业之不易，战战兢兢，如临深谷。伏惟陛下，追踪前圣，天下幸甚。”坚览之悲恸。秋，七月，坚亲至猛第视疾，访以后事。猛曰：“晋虽僻处江南，然正朔相承，上下安和，臣没之后，愿勿以晋为图。鲜卑、西羌，我之仇敌，终为人患，宜渐除之，以便社稷。”言终而卒。坚比敛，三临哭，谓太子宏曰：“天不欲使吾平壹六合邪，何夺吾景略之速也？”葬之如汉霍光故事。

（第一百零三卷　晋纪二十五）

前秦清河武侯王猛，在前秦任职十八年，以自己杰出的文韬武略，为前秦的强盛做出了重大贡献，也与苻坚结下了深厚的君臣情谊。王猛死后，被后世誉为“功盖诸葛第一人”。

建元十一年（375）六月，王猛病重不起，苻坚亲自为他到宗庙祈求神灵保佑，又派大臣到黄河、五岳向天地诸神祈祷，甚至还特意为他下了大赦令。王猛上表谢恩，同时提醒苻坚守成不易，一定要怀着如履薄冰之心，使前秦开创的事业善始善终。七月，苻坚亲自到王猛的府第探视病情，并向他询问后事。王猛说，东晋被天下人视为华夏正统，千万不要去打它的主意。鲜卑、西羌才是我们真正的敌人，如果对他们姑息放纵，他们日后一定会成为我们的祸患，从现在起，应该逐步除掉他们，才能使社稷安定。王猛说完就死了。苻坚异常悲痛，亲自将王猛入殓，并三次前往灵前痛哭。苻坚对太子苻宏说："难道上天不想让我统一天下吗，为什么这么快就夺走了我的王景略呢？"并命令有关部门按照汉朝安葬霍光的规格安葬了王猛。

点评：苻坚为挽救王猛的生命可谓是费尽心力，药石无用，甚至开始求助于鬼神，足见君臣感情之深，国事倚仗之重。王猛为前秦真正做到了"鞠躬尽瘁，死而后已"。上疏的殷殷嘱托，临终的谆谆告诫，无不反映出他对国事的殚精竭虑和远见卓识。不幸的是，他所担心的最后全都变成了现实。后来苻坚亲帅百万大军伐晋，结果被东晋军队击败，仓皇逃回北方，这就是著名的"淝水之战"。之后，前秦国力衰退，前燕降将鲜卑贵族慕容垂乘机脱离前秦，恢复燕国故地，建立后燕。羌人降将姚苌占据渭北，建立后秦，并多次与前秦交战后俘获苻坚并将其杀害。

宇文泰酹酒祭知音

原文：魏大行台度支尚书、司农卿苏绰，性忠俭，常以丧乱未平为己任，纪纲庶政；丞相泰推心任之，人莫能间。或出游，常预署空纸以授绰；有须处分，随事施行，及还，启知而已。绰常谓"为国之道，当爱人如慈父，训人如严师"。每与公卿论议，自昼达夜，事无巨细，若指诸掌，积劳成疾而卒。泰深痛惜之，谓公卿曰："苏尚书平生廉让，吾欲全其素志，恐悠悠之徒有所未达；如厚加赠谥，又乖宿昔相知之心；何为而可？"尚书令史麻瑶越次进曰："俭约，所以彰其美也。"泰从之。归葬武功，载以布车一乘，泰与群公步送出同州郭外。泰于车后酹酒言曰："尚书平生为事，妻子、兄弟所不知者，吾皆知之。唯尔知吾心，吾知尔志，方与共定天下，遽舍吾去，奈何！"因举声恸哭，不觉卮落于手。

（第一百五十九卷　梁纪十五）

西魏名臣苏绰，极富才华，品德高尚，对西魏前期的制度建设起到了重要作用。丞相宇文泰(西魏实际掌权者)对他推心置腹、信任有加。这种信任到了什么程度呢？比如说宇文泰要外出，怕苏绰办事不方便，就提前在一些白纸上签好名交给苏绰，让苏绰相机行事。苏绰最终积劳成疾而死。宇文泰对他的死非常悲痛，但还是尊重他薄葬的遗愿，用白布罩着他的遗体放在一辆车上，送回老家武功安葬。宇文泰和群臣步行护送灵车出城，一边走一边把酒洒向大地，悲恸地说："你平生所做的事情，许多连家人都不知道，但是我都清楚。这个世上唯有你我之间最为知心，我正准备和你共同平定天下，你却突然离我而去，这可让我怎么办啊！"说完放声痛哭，酒杯也不自觉地掉落地上。

点评：志同道合、相知相重的君臣向来可遇而不可求，所以更显得弥足珍贵。宇文泰与苏绰外托君臣之名，实则有手足之情，彼此推心置腹，倾心相交，毫无芥蒂，引为知己。所以宇文泰才对苏绰之死痛惜不已，一方面是痛失栋梁辅弼之臣，另一方面是追忆生平真挚之谊。其悼词情深义重，发自肺腑，毫无矫揉造作之感，令人扼腕唏嘘，不觉泪下。

太宗思如晦

原文：蔡成公杜如晦疾笃，上遣太子问疾，又自临视之。甲申，薨。上每得佳物，辄思如晦，遣使赐其家。久之，语及如晦，必流涕，谓房玄龄曰："公与如晦同佐朕，今独见公，不见如晦矣！"

(第一百九十三卷　唐纪九)

蔡成公杜如晦病重，唐太宗不但派太子前去问候，还亲自去他家中探望。杜如晦去世后，唐太宗每次得到好东西，都会想起杜如晦，于是就派人把东西送到他家里。很久之后，一提到杜如晦，他还会流下眼泪。有一次唐太宗对房玄龄说："以前你和如晦一同辅佐朕，现在只能见到你，却再也见不到如晦了！"

点评：人非草木，孰能无情？生离死别尤令人伤感。重情重义、怀念故人是人性中美好的情感。睹物思人、见此思彼更平添诸多感慨，追思逝者也是对生者的慰藉。

以人为镜

原文：郑文贞公魏徵寝疾，上遣使者问讯，赐以药饵，相望于道。又遣中郎将李安俨宿其第，动静以闻。上复与太子同至其第，指衡山公主欲以妻其子叔玉。戊辰，徵薨，命百官九品以上皆赴丧，给羽葆鼓吹，陪葬昭陵。其妻裴氏曰："徵平生俭素，今葬以一品羽仪，非亡者之志。"悉辞不受，以布车载柩而葬。上登苑西楼，望哭尽哀。上自制碑文，并为书石。上思徵不已，谓侍臣曰："人以铜为镜，可以正衣冠，以古为镜，可以见兴替，以人为镜，可以知得失。魏徵没，朕亡一镜矣！"

（第一百九十六卷 唐纪十二）

郑文贞公魏徵病重，唐太宗殷殷关切，全力救治，魏徵去世后，又礼遇有加，备极哀荣。唐太宗思念魏徵不能自已，对左右侍臣说："把铜做成镜子，可以帮人整理仪表；把历史当成镜子，可以借鉴历代兴衰；把人当成镜子，可以知道自己的得失。如今魏徵死了，朕等于失去了一面镜子啊！"

点评：良臣敢于匡正君主的过失，使君主在迷茫时找到方向，犹疑时确立目标。良臣既是君主的一面镜子，也是君主的探路手杖和指路明灯，所以

明君视其为至宝,须臾不离身边。魏徵对于唐太宗的意义怎么讲都不过分,可以说是亦臣亦师,对贞观朝的贡献更是无与伦比。所以唐太宗才给予其隆重的礼遇和优待,并对其离世表示深深的痛惜和缅怀,尤其最后关于三面镜子的比喻,更是饱含哲理,堪称千古名言。

周世宗不避禁忌

原文:丙戌,枢密使兼侍中韩忠正公郑仁诲卒。上临其丧,近臣奏称岁道非便,上曰:"君臣义重,何日时之有!"往哭尽哀。

（第二百九十二卷　后周纪三）

后周枢密使郑仁诲去世,周世宗打算亲自去灵前吊唁,有侍臣说日子不吉利,周世宗说:"君臣之间义气深重,还讲究什么日子不日子。"于是周世宗前去哀哭了一场。

点评:与周世宗真挚的感情相比,那些所谓的迷信禁忌显得无足轻重,流露真性情,不冷漠矫情,才更显人格魅力。

（三）故旧恩情

汉高祖还乡

原文:上还,过沛,留,置酒沛宫,悉召故人、父老、诸母、子弟佐酒,道旧故为笑乐。酒酣,上自为歌,起舞,慷慨伤怀,泣数行下,谓沛父兄曰:"游子悲故乡。朕自沛公以诛暴逆，遂有天下；其以沛为朕汤沐邑，复其民，世世无有所与。”乐饮十余日，乃去。

（第十二卷　汉纪四）

汉高祖征讨黥布凯旋而归，路过自己的家乡沛县，就停留下来，把乡里所有的亲朋故旧全部招来，共叙旧情，欢乐畅饮。酒到酣处，汉高祖起舞高歌，想起自己波澜壮阔的一生，不禁慷慨感怀，热泪盈眶，对家乡的父老说：“游子悲故乡。我是以沛公的名义起兵夺得天下的，为了报答养育成就我的这片故土，以后世代免除沛县百姓的赋役。”

点评：人在得志后不忘出处、恩泽故里，这些都是美好的品德。相反，一朝得志便轻狂傲慢、不可一世、跋扈乡里，则是没有德性的浅薄鄙陋之人。随着地位的升高而人情味儿愈加浓郁的人，更能彰显人格魅力。

唐高祖礼遇故人

原文：上每视事，自称名，引贵臣同榻而坐。刘文静谏曰：“昔王导有言：‘若太阳俯同万物，使群生何以仰照！’今贵贱失位，非常久之道。”上曰：“昔汉光武与严子陵共寝，子陵加足于帝腹。今诸公皆名德旧齿，平生亲友，宿昔之欢，何可忘也。公勿以为嫌！”

（第一百八十五卷　唐纪一）

唐高祖李渊初登皇位时，每次上朝，都自称名字而不称皇帝的尊号，还让那些亲贵的大臣与他同榻而坐。大臣刘文静劝谏道：“东晋王导曾说：‘假如太阳放低姿态与万物混同，那么众生还怎么承仰它的光辉呢？’您现在这样做，是使贵贱失去了自己的本位，不是长远之道。”唐高祖回答:"以前光武帝刘秀和他的同学严子陵同榻而眠,严子陵把脚压到了光武帝的肚子上,光武帝都不以为意。今天诸位大臣都是我过去的知交好友,往日欢乐的友情,怎么能忘记啊!您不要以此为意。"

点评:唐高祖初得天下,以谦逊自抑的姿态礼遇故旧,以示不忘根本。其胸襟雅量和品德修养与那些得志便猖狂的器小易盈之辈不可同日而语,这样的举动更能凝聚和赢得人心。

(四)温暖人情

汉宣帝闵惜朱邑

原文:大司农朱邑卒。上以其循吏,闵惜之,诏赐其子黄金百斤,以奉其祭祀。

(第二十六卷　汉纪十八)

西汉大司农朱邑,奉公守法,正直清廉。虽身居高位,生活却十分节俭,把自己的俸禄都用来接济穷困的亲戚和朋友,家里没有余财。他死后,汉宣帝非常痛惜,下诏赐给他儿子黄金一百斤,以作祭祀之用。

点评:对于朋友、下属以及身边的人,当他们有困难时一定要伸出帮扶援助之手。尤其作为一个团队的领导,对因克己奉公而身陷窘境的人,更应关怀备至、存恤有加,多做雪中送炭的事以温暖人心。这是道义,也是责任。

五、性格

（一）果敢坚毅

文宣帝拟废太子

原文：太子殷，自幼温裕开朗，礼士好学，关览时政，甚有美名。帝尝嫌太子“得汉家性质，不似我”，欲废之。帝登金凤台召太子，使手刃囚，太子恻然有难色，再三，不断其首。帝大怒，亲以马鞭撞之，太子由是气悸语吃，精神昏扰。帝因酣宴，屡云：“太子性懦，社稷事重，终当传位常山。”太子少傅魏收谓杨愔曰：“太子，国之根本，不可动摇。至尊三爵之后，每言传位常山，令臣下疑贰。若其实也，当决行之。此言非所以为戏，恐徒使国家不安。”愔以收言白帝，帝乃止。

（第一百六十七卷　陈纪一）

北齐文宣帝的太子高殷，性格温和文弱，文宣帝嫌他不像自己那么杀伐决断，就想废了他。一次，文宣帝让太子亲手杀一名囚犯，太子害怕，砍了好几次，都没有砍下囚犯的头。文宣帝大怒，用马鞭打太子，太子受到了惊吓，从此神志有些不清，说话也口吃了。文宣帝就更不喜欢他了，多次酒后发牢骚说：“太子性格懦弱，恐怕承担不了社稷大业，看来我还是应该把皇位传给常山王。”常山王是太子的弟弟高演。太子少傅魏收对宰相杨愔说：“太子乃国之根本，不可动摇。皇上经常酒后说要把皇位传给常山王,这种话可不是当儿戏随便说的,否则会令一些怀有二心的臣子产生非分之想,增加国家的不安定因素。”杨愔把魏收的话告诉了文宣帝,文宣帝才不再说了。文宣帝死后,太子即位,却被常山王高演废为济南王,并将其杀害。高演即位为齐孝昭帝。

点评:善良懦弱的人是当不了皇帝的。因为朝廷集中了天下所有的权势和荣耀,也是人性贪婪的欲望尽情释放的场所。在这里尔虞我诈、弱肉强食是生存的常态。身为帝王如果没有过人的智慧、强大的心理素质以及杀伐决断的能力是很难驾驭那些智力超群并经常与皇帝勾心斗角的臣子的。所以文宣帝的担忧不无道理。唐太宗也曾感叹:“生男孩如狼,还担心他像羊一样。”另外君主在对待重大问题上要谨言慎行,不能口无遮拦,信口开河,以免造成舆情误解或被别有用心之人利用,从而引发不必要的争端甚至祸乱。

(二)深沉厚重

宇文邕言必有中

原文:鲁公幼有器质,特为世宗所亲爱,朝廷大事,多与之参议;性深沉,有远识,非因顾问,终不辄言。世宗每叹曰:“夫人不言,言必有中。”壬寅,鲁公即皇帝位。大赦。

(第一百六十八卷　陈纪二)

北周第三位皇帝宇文邕是北周世宗宇文毓的异母弟,从小就器宇格局不凡。世宗特别喜欢他,经常与他商量朝廷大事。宇文邕性格深沉,见识宏远，如果世宗不询问他，他自始至终都不多说一句话。世宗常常感叹地说："这孩子要么不说话，一说话就必定能切中要害。"公元560年，宇文邕即皇帝位，下令大赦天下。

点评：夸夸其谈、喋喋不休者，给人以轻浮浅薄的感觉，且言多必失，漏洞百出。而胸怀韬略、深沉厚重者，往往端庄自持，鲜有废话，但思想深刻、见解精辟，每发议论必切中要害。观察一个人的深度，从其日常言行即可看出。

（三）理智平和

燕太子丹怨秦

原文：燕太子丹怨王，欲报之，以问其傅鞠武。鞠武请西约三晋，南连齐、楚，北媾匈奴以图秦。太子曰："太傅之计，旷日弥久，令人心惛然，恐不能须也。"顷之，将军樊於期得罪，亡之燕；太子受而舍之。鞠武谏曰："夫以秦王之暴而积怒于燕，足为寒心，又况闻樊将军之所在乎！是谓委肉当饿虎之蹊也。愿太子疾遣樊将军入匈奴！"太子曰："樊将军穷困于天下，归身于丹，是固丹命卒之时也，愿更虑之！"鞠武曰："夫行危以求安，造祸以为福，计浅而怨深，连结一人之后交，不顾国家之大害，所谓资怨而助祸矣。"太子不听。

（第六卷　秦纪一）

燕太子丹小的时候在赵国做人质，而秦王嬴政的父亲异人也在赵国做人质，所以嬴政生于赵国长于赵国。燕太子丹与嬴政在赵国相遇，两个少年成了好友。后来嬴政做了秦王，燕太子丹又去秦国做人质，嬴政对他非常不友好,所以太子丹怀着怨恨逃回燕国。

燕太子丹逃回燕国后,就打算报复嬴政。为此他向太傅鞠武征求意见,鞠武给他的建议是与其他五国和匈奴联合,共同对付秦国。但太子丹嫌这个计划实现起来太过遥远,想走急功近利的捷径,就招揽刺客荆轲去刺杀秦王。另外,秦国将领樊於期在秦国犯了罪,逃亡到燕国。太子丹收留了他。对此,鞠武劝谏道:秦王本来就对燕国不满,你再把樊於期留在燕国,这不是等于把肉扔在恶虎往来的道路上吗?赶紧把樊於期送到匈奴去。太子丹不听,认为收留樊於期既可以报复秦王,又是仁义之举。鞠武感叹道:做这么危险的事情却想要平安,制造祸端却希望福运高照,思虑短浅导致积怨加深,为了一个不相干的人而不顾国家的安危,祸事怎么能够避免呢?

点评:燕太子丹不顾国家安危大局,不懂忍辱负重,一味推崇私恩、发泄私愤,完全是意气用事,不具备政治家的素质。处理国家事务不走内政外交的正道,而去走其他旁门左道,一定行之不远。以暗杀的方式解决两国之间的争端轻率而冒险,属下流行为,无论当时成功与否都改变不了双方的实力和命运,只会挑起怨恨,召致亡国之祸。荆轲虽勇气可嘉,但也只是快意恩仇的侠客罢了,对国家事务毫无认知能力,属匹夫之勇。因此,司马光说:燕太子丹为了泄愤去冒犯强大的秦国,做事轻率,谋虑浅薄,加速了燕国的灭亡。治理国家应遵循正道,任用人才、确立法度、爱护百姓、友结邻邦。放着正道不走,却运用行刺,结果导致国破身亡,真是令人痛惜!

另外看问题不能光看表象,而应该看实质。做事情不但要考虑后果,还要符合道义。荆轲对当时的大势和国与国之间的关系毫无清晰认识,只是为了报答太子丹的礼遇之恩,不顾灭族的后果。想要用一把匕首强燕弱秦,不是太愚蠢了吗?所以扬雄说:以君子的标准来看,荆轲类似于盗贼之类,他不是为"义"而死。

李存勖谏助刘仁恭

原文:刘仁恭求救于河东,前后百余辈;李克用恨仁恭返覆,竟未之许,其子存勖谏曰:“今天下之势,归朱温者什七八,虽强大如魏博、镇、定莫不附之。自河以北,能为温患者独我与幽、沧耳,今幽、沧为温所困,我不与之并力拒之,非我之利也。夫为天下者不顾小怨,且彼尝困我而我救其急,以德怀之,乃一举而名实附也。此乃吾复振之时,不可失也。”克用以为然,与将佐谋召幽州兵与攻潞州,曰:“于彼可以解围,于我可以拓境。”乃许仁恭和,召其兵。仁恭遣都指挥使李溥将兵三万诣晋阳,克用遣其将周德威、李嗣昭将兵与之共攻潞州。

（第二百六十五卷　唐纪八十一）

五代时期的刘仁恭,原是卢龙节度使李匡威的部下,后投靠晋王李克用,在李克用的援助下攻占幽州,并被李克用举荐为新的卢龙节度使。后来李克用多次向刘仁恭征兵,都被拒绝。李克用大怒,率军攻打刘仁恭,结果大败而归。刘仁恭则趁机摆脱了李克用的控制,转而投奔梁王朱温。刘仁恭又与朱温交恶,朱温大举进攻刘仁恭之子刘守文据守的沧州,刘仁恭率领幽州的军队前去救援,但屡战屡败,不得已只好频繁派使者向李克用求救。但是李克用痛恨刘仁恭是个反复无常的小人,对其求援置之不理。李克用的儿子李存勖劝他说:“现在天下的藩镇除我们和刘仁恭外,大部分都归附了朱温,如果我们两家不联起手来对付朱温的话,对我们自身也不利。心怀天下的人不必在意那些小的恩怨,我们如果能以德报怨,更能显示我们的胸襟。这是我们重新崛起的机会,千万不能错过。”李克用恍然大悟,马上召集将领们开会,对他们说:“与刘仁恭合作,一方面可以替他解围,另一方面可以扩大我们的疆土。”于是他采取“围魏救赵”之计,与刘仁恭共同攻打朱温控制的潞州。

点评：举大事者不计小怨，以天下为度者不计私仇。君主在处理国与国之间的关系时，要冷静权衡各种利害关系，一切以国家利益为出发点，杜绝意气用事、感情用事。要做到能屈能伸，不以私人情绪影响国策，以共赢思维寻求解决问题的最佳方案，这是一个成熟政治家所应具备的素质。另外，以德报怨，不但可以感化对手，还可以为自己赢得声誉和人心。

（四）霸气自信

渭水之盟

原文：癸未，颉利可汗进至渭水便桥之北，遣其腹心执失思力入见，以观虚实。思力盛称"颉利与突利二可汗将兵百万，今至矣"。上让之曰："吾与汝可汗面结和亲，赠遗金帛，前后无算。汝可汗自负盟约，引兵深入，于我无愧！汝虽戎狄，亦有人心，何得全忘大恩，自夸强盛！我今先斩汝矣！"思力惧而请命。萧瑀、封德彝请礼遣之。上曰："我今遣还，虏谓我畏之，愈肆凭陵。"乃囚思力于门下省。

上自出玄武门，与高士廉、房玄龄等六骑径诣渭水上，与颉利隔水而语，责以负约。突厥大惊，皆下马罗拜。俄而诸军继至，旌甲蔽野，颉利见执失思力不返，而上挺身轻出，军容甚盛，有惧色。上麾诸军使却而布陈，独留与颉利语。萧瑀以上轻敌，叩马固谏，上曰："吾筹之已熟，非卿所知。突厥所以敢倾国而来，直抵郊甸者，以我国内有难，朕新即位，谓我不能抗御故也。我若示之以弱，闭门拒守，虏必放兵大掠，不可复制。故朕轻骑独出，示若轻之；又震曜军容，使之必战；出虏不意，使之失图。虏入我地既深，必有惧心，故与战则克，与和则固矣。制服突厥，在此一举。卿第观之！”是日，颉利来请和，诏许之。上即日还宫。乙酉，又幸城西，斩白马，与颉利盟于便桥之上。突厥引兵退。

（第一百九十一卷　唐纪七）

李世民发动玄武门政变，不久后登基。得知唐朝出现内乱的突厥颉利可汗认为有机可乘，遂率领十万精兵南下侵唐。突厥军队抵达渭水河畔，兵锋直指长安。随后颉利可汗派使者拜见唐太宗，顺便观察长安的虚实。使者见了唐太宗，大肆夸耀突厥的军威。唐太宗大怒，斥责他说：“我前不久刚跟你们可汗订立了友好盟约，并送给你们大量金银布帛，没想到你们这么快就背弃盟约，来侵犯我大唐。你们这些戎狄之人难道没长人心吗？我今天先把你杀了！”使者请求饶命，大臣们也劝说唐太宗，两国交战不斩来使。唐太宗说：“如果现在放使者回去，会助长突厥的气焰。”于是就把使者囚禁起来。

随后唐太宗率领高士廉、房玄龄等六人骑马来到渭水河畔，与颉利可汗隔岸对话，斥责他背弃盟约。不一会儿，唐朝的军队也陆续赶到，盔甲鲜明，旌旗蔽日，颉利可汗才开始害怕。唐太宗命各军集结待命，自己仍独自与颉利交谈。大臣萧瑀担心唐太宗的安全，勒住唐太宗的马再三劝他回去。唐太宗说：“突厥之所以敢侵犯我大唐，是认为我们刚刚发生了变故，无力抵抗他们。如果我们现在向他们示弱，他们就会纵兵劫掠，使我们陷入被动。我之所以单人独骑与他之盟，就是要表现出轻视他们的样子。刚才向他们炫耀兵威，也是为了向他们展示必战的决心。如此，突厥必定会产生戒惧之心，主动前来请和，你就等着吧。”当天，颉利可汗果真前来求和。唐太宗答应了他的请求。两日后，双方在渭水边的便桥订立盟约，随后突厥便撤军而去。

点评：唐太宗是一代英主，岂能容忍突厥使者的狂妄恫吓。唐太宗当即严厉斥责并扣留使者，不但打击其嚣张气焰，也震慑了颉利可汗，使其不敢轻举妄动。渭水之盟，更显示了唐太宗睥睨天下的雄姿和唯我独尊的霸气，令颉利可汗垂首臣服。这表象的背后是缜密的思维和精准的判断，并非鲁莽轻敌妄自尊大。

六、品质

（一）谦虚自省

汉文帝避祈福

原文：春，诏广增诸祀坛场、珪币，且曰："吾闻祠官祝厘，皆归福于朕躬，不为百姓，朕甚愧之。夫以朕之不德，而专飨独美其福，百姓不与焉，是重吾不德也。其令祠官致敬，无有所祈！"

（第十五卷　汉纪七）

汉文帝下诏广增祭祀的场所，增加祭祀的用品，并且说："我听说祠官在祭祀祈福时，只为我一人祈福，而没有提及百姓。我对此深感惭愧，这是在加重我的失德啊！以后祠官不要再专门为我个人祈福了！"

点评：汉文帝是一个品德堪称完美的帝王，善良宽厚、谦虚自省、善于克制个人私欲（如罢修露台），心怀黎民和社稷，所以才能开创出"文景之治"

的盛世。

唐太宗评《圣德论》

原文：戊辰，秘书少监虞世南上《圣德论》，上赐手诏，称："卿论太高。朕何敢拟上古，但比近世差胜耳。然卿适睹其始，未知其终。若朕能慎终如始，则此论可传；如或不然，恐徒使后世笑卿也！"

（第一百九十四卷　唐纪十）

虞世南写了一篇叫《圣德论》的文章呈献给唐太宗，称颂唐太宗功德。唐太宗看后说："你的评价太高了。我怎么敢跟古代的圣贤帝王相比，只是比近代的略强些罢了。况且你仅仅是看到我现在的样子，还不知道我以后会怎样。我如果能始终如一，则你的《圣德论》还可以流传。如若不然，恐怕后世之人会取笑你的谄媚啊！"

点评：唐太宗这段话展现了谦虚谨慎、不骄不躁的优秀品质。说话预留后路，恰恰反映出其不忘初心、如履薄冰的心态。以这种心态做事，大抵可以善始善终。

（二）宽厚仁爱

向雄为钟会收尸

原文：钟会兄毓尝密言于晋公曰："会挟术难保，不可专任。"及会反，毓已卒，晋公思钟繇之勋与毓之贤，特原毓子峻、辿(chān)，官爵如故。会功曹向雄收葬会尸，晋公召而责之曰："往者王经之死，卿哭于东市而我不问，钟会躬为叛逆，又辄收葬，若复相容，当如王法何！"雄曰："昔先王掩骼埋胔(zì)，仁流朽骨，当时岂先卜其功罪而后收葬哉！今王诛既加，于法已备，雄感义收葬，教亦无阙。法立于上，教弘于下，以此训物，不亦可乎，何必使雄背死违生，以立于世！明公仇对枯骨，捐之中野，岂仁贤之度哉！"晋公悦，与宴谈而遣之。

（第七十八卷　魏纪十）

三国末期魏国名将钟会，才华横溢却野心勃勃。其兄钟毓曾对司马昭说："我弟弟钟会喜欢玩弄权术，您不可不防。"等到钟会在成都作乱，钟毓已经去世了。司马昭想起钟会之父钟繇和钟毓的贤德，特别赦免了钟毓的两个儿子。钟会的部下向雄替钟会收尸，司马昭责备他说："钟会大逆不道，你竟敢给他收尸，你就不怕王法吗？"向雄说："古代仁德的帝王提倡掩埋暴露的尸骨，恩泽惠及朽骨，哪里会计较死者有没有罪。现在您杀了他，已经履行了法律程序，我出于大义收葬他，是为了弘扬仁德的教化。如今法度、教化两不缺失，以此来作为社会的表率难道不好吗？何必让我违背自己做人的原则而苟活于世呢？您把仇恨发泄到死人身上，这难道是仁者的气度吗？"司马昭听完很高兴，跟向雄一起宴饮交谈，然后才把他送走。

点评：钟毓忠诚而明智，得以避免牵连之祸。法度与教化是治世的两种手段，都是为了塑造人的思想，约束人的行为。法度用来惩戒罪恶，教化用来教人向善。二者相辅相成，不可偏废。如果光有法度没有教化就会流于残暴，光有教化没有法度又会失去威慑，所以运用法律时要本着光明正大的原则，不能过分苛刻，否则就会使法律沦为发泄私愤的工具。弘扬教化时要彰显恩德，有海纳百川的包容气度，这才是王者

之道。

什翼犍宽厚

原文：什翼犍性宽厚，郎中令许谦盗绢二匹，什翼犍知而匿之，谓左长史燕凤曰："吾不忍视谦之面，卿慎勿泄。若谦惭而自杀，是吾以财杀士也。"尝讨西部叛者，流矢中目；既而获射者，群臣欲脔割之，什翼犍曰："彼各为其主斗耳，何罪！"遂释之。

（第一百零一卷　晋纪二十三）

北魏道武帝拓跋珪的祖父、代国君主拓跋什翼犍性情宽厚。有一次郎中令许谦偷了两匹绢，拓跋什翼犍知道后就把此事隐瞒下来，并对左长史燕凤说："我不忍直视许谦，生怕他因惭愧而自杀，如果这样，我就是因财物而杀人了。"以前他在讨伐西部叛乱的时候，被流箭射中了眼睛。后来抓获了射箭者，群臣要把他凌迟处死，什翼犍说："不过是各为其主，他没有罪！"于是就放了那个人。

点评：拓跋什翼犍宽厚仁爱、通情达理，是一位胸襟广阔、格局高远的君主。

孝文帝至孝

原文：初，太后忌帝英敏，恐不利于己，欲废之，盛寒，闭于空室，绝其食三日；召咸阳王禧，将立之。太尉东阳王丕、尚书右仆射穆泰、尚书李冲固谏，乃止，帝初无憾意，唯深德丕等。泰，崇之玄孙也。

又有宦者谮帝于太后，太后杖帝数十；帝默然受之，不自申理；及太后殂，亦不复追问。

（第一百三十七卷　齐纪三）

北魏冯太后是文成帝拓跋濬的皇后，献文帝拓跋弘的嫡母，孝文帝拓跋宏的祖母。文成帝死后，冯太后临朝听政，定策诛杀了权臣乙浑，政局稳定后归政于献文帝。献文帝亲政后励精图治，力图摆脱冯太后的控制并诛杀其情夫李奕，激化了双方的矛盾。延兴六年(476)，冯太后秘密下毒害死了年仅二十三岁的献文帝，立孝文帝。当时孝文帝年仅十岁，冯太后再次临朝称制达十四年，于四十九岁去世。少年孝文帝非常聪明，冯太后对此很是忌惮，生怕他做出不利于自己的事情，于是就打算废了他，另立皇帝。在寒冬腊月的时候，冯太后将孝文帝囚禁在一间空屋子里，三天不给他东西吃。后来太尉东阳王拓跋丕等朝廷重臣坚决谏阻，冯太后才罢手。但孝文帝对冯太后自始至终毫无恨意，只是深深地感激拓跋丕等人。

后来，又有一名宦官向冯太后诬陷孝文帝，冯太后因此打了孝文帝几十大棍。孝文帝默默承受，也不做辩解，冯太后去世后，他也没有再追究那名宦官。

点评：孝文帝善良宽容、至纯至孝，对人记恩忘过、以德报怨，有超常的忍耐力和承受力，是一位品德近乎完美的帝王。

亡国之君

原文：帝给赐陈叔宝甚厚，数得引见，班同三品；每预宴，恐致伤心，为不奏吴音。后监守者奏言：“叔宝云，‘既无秩位，每预朝集，愿得一官号。’”帝曰："叔宝全无心肝！"监者又言："叔宝常醉，罕有醒时。"帝问："饮酒几何！"对曰："与其子弟日饮一石。"帝大惊，使节其酒，既而曰："任其性；不尔，何以过日！"帝以陈氏子弟既多，恐其在京城为非，乃分置边州，给田业使为生，岁时赐衣服以安全之。

（第一百七十七卷　隋纪一）

丁亥，封刘禅为安乐公，子孙及群臣封侯者五十余人。晋王与禅宴，为之作故蜀技，旁人皆为之感怆，而禅喜笑自若。王谓贾充曰："人之无情，乃至于此；虽使诸葛亮在，不能辅之久全，况姜维邪！"他日，王问禅曰："颇思蜀否？"禅曰："此间乐，不思蜀也。"郤正闻之，谓禅曰："若王后问，宜泣而答曰：'先人坟墓，远在岷、蜀，乃心西悲，无日不思。'因闭其目。"会王复问，禅对如前，王曰："何乃似郤正语邪！"禅惊视曰："诚如尊命。"左右皆笑。

（第七十八卷　魏纪十）

陈叔宝，史称陈后主，是南朝最后一位皇帝。他在位期间沉湎酒色，荒废朝政。隋文帝以隋代周后，派晋王杨广率大军南下伐陈，攻破陈朝都城建康，将陈叔宝掳至长安，陈朝灭亡。陈叔宝到了长安后，隋文帝对他十分优待，不但赐给他大量财物，还多次接见他。每次有陈后主参加的宴会，隋文帝都不让演奏吴地的音乐，生怕引起他伤心。监护陈后主的官吏对隋文帝说："陈叔宝每天喝得烂醉如泥，不省人事。"隋文帝问："他每天喝多少酒？"回答说："和身边的人每天喝一石。"隋文帝感到震惊，下令禁止陈后主饮酒，后来又说："随他去吧，不然他怎么打发日子呢！"隋文帝担心陈氏子弟在京师惹祸，就把他们全部迁徙到边远地区，分给他们田产，让他们自食其力，四时还赐衣服。

曹魏灭蜀汉后，刘禅被迁往洛阳居住，受封为安乐公。晋王司马昭宴请刘禅的时候，让人表演蜀国的歌舞，旁边的人都有些悲伤，可刘禅却谈笑自若，毫不介意。司马昭对大臣贾充说："没想到刘禅这么没心没肺，这种人即使诸葛亮活着也难保他无虞,何况是姜维呢!”又有一次,司马昭问刘禅:“你思念蜀国吗?”刘禅回答:“这里这么快乐,还思念什么蜀国呀!”这就是成语“乐不思蜀”的来历。蜀国大臣郤正听说这件事后,对刘禅说:“以后晋王要是再问你这个问题,你就哭着回答:‘祖先的坟墓都远在蜀地,我经常为此感到悲痛,怎么能不思念呢!’说完后就痛苦地闭上眼睛。”隔了几天,司马昭又问刘禅思不思念蜀国,刘禅就按照郤正教的说法回答,司马昭说:“这有点像郤正说的话啊!”刘禅吃惊地睁大眼睛问:“您怎么知道?”周围的人全笑了。

点评:隋文帝很有人情味儿,悲悯厚道,仁慈善良,很能设身处地为他人着想,展示了出身贵族的君主良好的人格修养。相反,晋王司马昭为了展示胜利者的优越感和得意之情,屡次戏弄刺激刘禅,就显得很不厚道。

刘禅作为亡国之君,寄人篱下却毫不感到悲哀和耻辱,反而悠然自得、乐不思蜀,其无情麻木、没心没肺令人叹息。鲁迅所说的“哀其不幸,怒其不争”,用来形容刘禅这样的人真是恰如其分。也有人说刘禅这是大智若愚的韬晦之计,意在蒙蔽司马昭,以保全性命。但综合刘禅一生的作为来看,这种说法站不住脚。

唐太宗诏毋得笞囚背

原文:上读《明堂针灸书》,云“人五藏之系,咸附于背”。戊寅,诏自今毋得笞囚背。

(第一百九十三卷　唐纪九)

唐太宗阅读医书时,看到书上说人的五脏经络都在后背上,于是就下诏令以后不要鞭打囚犯的后背。

点评：作为君主要心地光明，富有人道主义精神，充满仁爱之德和悲悯情怀，内心阴险恶毒者岂可领导万民？

唐太宗骊山打猎

原文：癸卯，上幸骊山温汤；甲辰，猎于骊山。上登山，见围有断处，顾谓左右曰："吾见其不整而不刑，则堕军法；刑之，则是吾登高临下以求人之过也。"乃托以道险，引辔入谷以避之。

（第一百九十六卷　唐纪十二）

唐太宗在骊山打猎，上山后，看到围场的墙有坍塌之处，就对左右随从说："我发现问题不作处罚，则有违军法；进行处罚，又像是故意居高临下挑人的毛病。"于是他借口道路险峻，牵着马进入山谷来回避此事。

点评：这件事情体现了唐太宗的恕道，以及不愿给人留下吹毛求疵、精细苛察印象的心理。另外，进退两难时采取回避的态度或绕开矛盾的焦点不失为一种解决方法。

（三）端严庄重

曹丕戏于禁

原文：于禁须发皓白，形容憔悴，见帝，泣涕顿首。帝慰谕以荀林父、孟明视故事,拜安远将军,令北诣邺谒高陵。帝使豫于陵屋画关羽战克、庞德愤怒、禁降伏之状。禁见,惭恚发病死。

(第六十九卷　魏纪一)

关羽围攻樊城时,曹魏将领于禁前去救援,结果被关羽擒获,于禁手下的将领庞德不屈被杀。后来关羽被孙权擒杀,于禁又归降了吴国。刘备因关羽被杀发兵讨伐吴国,孙权怕魏国同时出兵夹击自己,于是派使臣向魏国称臣,并送还于禁等人。

于禁回到魏国,形容憔悴,须发皆白,见到魏文帝曹丕,痛哭流涕,不能自已。文帝以春秋时期晋国荀林父、秦国孟明视的事迹来安慰开导他,让他去邺城拜谒曹操的陵墓,但却事先派人在陵园屋子里的墙上画上关羽得胜、庞德发怒、于禁投降等画面。于禁看到这些画,又是惭愧,又是愤恨,发病而死。

点评:国法应严,君主应端。臣子犯了罪,可以用国法处置,但作为君主去戏弄侮辱臣子,就太不成体统了,这是典型的为王不尊。司马光对此议论说:于禁作为统兵将领,兵败却不能以身殉国,为了保命而投降敌人,回到魏国后,魏文帝本可以杀了他,也可以废了他,但却在陵屋里作画羞辱他,这就不是君主所为了。曹丕当面拿荀林父和孟明视的故事劝解于禁,却在背后捅刀子,实在是太阴险和虚伪了,这样的胸襟气度怎能跟晋景公和秦穆公相比呢?

慕容备德虚言赏赐

原文:南燕主备德宴群臣于延贤堂,酒酣,谓群臣曰:“朕可方自古何等主?”青州刺史鞠仲曰:“陛下中兴圣主,少康、光武之俦。”备德顾左右赐仲帛千匹；仲以所赐多，辞之。备德曰："卿知调朕，朕不知调卿邪！卿所对非实，故朕亦以虚言赏卿耳。"韩范进曰："天子无戏言，今日之论，君臣俱失。"备德大悦，赐范绢五十匹。

（第一百一十二卷　晋纪三十四）

南燕国主慕容备德有一次大宴群臣，酒酣耳热之际，就问大臣们自己可以和古时哪位君主相比，青州刺史鞠仲回答道："陛下是中兴之主，和夏朝的少康帝、东汉的光武帝一样。"慕容备德听完，下令赏赐鞠仲一千匹绢帛。鞠仲觉得太多，连忙推辞。慕容备德却说："你能跟我开玩笑，我就不能跟你玩笑吗？你说的不是实话，所以我也拿空话来赏赐你。"这时，大臣韩范进言道："君无戏言，今天的谈话，君主与臣下都有失体统。"慕容备德听了很高兴，赏赐给韩范五十匹绢帛。

点评：俗话说：君无戏言。君主身负国家重任，首先要在公众中树立庄重的形象，使人敬畏。其次要一诺千金，言出如山，这样才能取信于人，并树立良好的形象。即使臣下谄媚欺罔、言语失当，也不能以牙还牙、随意调笑。否则上下嘲谑，君不像君，臣不像臣，岂不有失体统？所以作为君主，一定要谨言慎行。

（四）一诺千金

魏文侯罢猎

原文：文侯与群臣饮酒，乐，而天雨，命驾将适野。左右曰："今日饮酒乐，天又雨，君将安之？"文侯曰："吾与虞人期猎，虽乐，岂可无一会期哉！"乃往,身自罢之。

(第一卷　周纪一)

战国时,魏国的开国君主魏文侯有一次与群臣饮酒,正喝到高兴时,外面突然下起了大雨。魏文侯停止了宴饮,命令侍从准备车驾赶往山野之中。侍臣们问道:"今天酒喝得正高兴,天又下着大雨,您去山野之中干吗呢?"魏文侯说:"我与掌管山泽的官吏约好一起打猎,虽然现在喝酒很快乐,但是岂能不去赴约呢!"于是他亲自赶到约会地点,告诉对方不打猎了。

点评:孔子曰:"自古皆有死,民无信不立。"意思是说人没有信用就没有立足之地。人是群居动物,人与人相处,得到别人的信任十分重要。否则,纵使你有非凡的本领、过人的天赋,也会寸步难行。所以无论贵为君主还是山野匹夫,都应把信誉当成安身立命之本。

唐太宗守约

原文:丙辰,上闻太子奉迎将至,从飞骑三千人驰入临渝关,道逢太子。上之发定州也,指所御褐袍谓太子曰:"俟见汝,乃易此袍耳。"在辽左,虽盛暑流汗,弗之易。及秋,穿败,左右请易之,上曰:"军士衣多弊,吾独御新衣,可乎?"至是,太子进新衣,乃易之。

(第一百九十八卷　唐纪十四)

公元644年七月,唐朝征伐高丽。第二年二月,唐太宗从洛阳出发亲自东征,三月至定州。唐太宗从定州出发时,曾指着身上的战袍对太子说:"在回来见到你之前,我绝不换下这身衣服。"在征战途中,无论天多热，唐太宗始终穿着这套战袍。后来穿破了，侍臣请求唐太宗换新的，唐太宗说："将士们都穿着破旧的衣服，唯独我穿上新衣，这样合适吗？"等到班师回朝，太子带着新衣服在半路迎接。唐太宗见到太子，才换下旧衣。

点评：这个故事第一展现了唐太宗一诺千金的品质，第二展现了唐太宗与将士同甘共苦的精神，其不愧为领导者以身作则、言出必践的典范。领导者只有具备这种充满正向激励的品质和精神，才能时刻引领和鼓舞身边的人昂扬奋发、砥砺前行。

（五）考虑他人

唐太宗观舞

原文：春，正月，更名《破阵乐》曰《七德舞》。癸巳，宴三品已上及州牧、蛮夷酋长于玄武门，奏《七德》《九功》之舞。太常卿萧瑀上言："《七德舞》形容圣功，有所未尽，请写刘武周、薛仁果、窦建德、王世充等擒获之状。"上曰："彼皆一时英雄，今朝廷之臣往往尝北面事之，若睹其故主屈辱之状，能不伤其心乎！"瑀谢曰："此非臣愚虑所及。"魏徵欲上偃武修文，每侍宴，见《七德舞》辄俯首不视，见《九功舞》则谛观之。

（第一百九十四卷　唐纪十）

唐太宗把表现自己武功的《秦王破阵乐》改名为《七德舞》。有一次，唐太宗大宴群臣，命人演奏《七德舞》和表现他文德的《九功舞》。太常卿萧瑀上书说："《七德舞》展现了陛下的盛大功业，但还不够完美，应该把刘武周、薛仁果、窦建德、王世充等人被擒获的场景编进来。”唐太宗说：“他们也都是一时的英雄，何必去折辱他们呢。现在朝廷上有很多大臣都曾是他们的部下，如果看到他们过去的主公屈辱的样子，能不感到伤心吗？”萧瑀赶紧拜谢，说自己没考虑到这些。魏徵想让唐太宗偃武修文，每次陪唐太宗宴饮，见到演奏《七德舞》就低头不看，见到演奏《九功舞》才仔细地观看。

点评：萧瑀的建议有谄媚之嫌。好在唐太宗非常清醒理智，一是英雄相惜，不愿羞辱曾经的对手以满足自己身为胜利者的虚荣心，二是尊重降臣的感受，不想让大家伤心难堪，应该说是很善于替他人考虑了。如果作为领袖一味地自矜功伐、自我陶醉，却公然践踏他人的尊严，就显得太轻浮浅薄了。

唐太宗穷究张玄素隐事

原文：玄素少为刑部令史，上尝对朝臣问之曰：“卿在隋何官？”对曰：“县尉。”又问：“未为尉时何官？”对曰：“流外。”又问：“何曹？”玄素耻之，出阁殆不能步，色如死灰。谏议大夫褚遂良上疏，以为：“君能礼其臣，乃能尽其力。玄素虽出寒微，陛下重其才，擢至三品，翼赞皇储，岂可复对群臣穷其门户！弃宿昔之恩，成一朝之耻，使之郁结于怀，何以责其伏节死义乎！”上曰：“朕亦悔此问，卿疏深会我心。”遂良，亮之子也。孙伏伽与玄素在隋皆为令史，伏伽或于广坐自陈往事，一无所隐。

（第一百九十五卷　唐纪十一）

张玄素年轻时做过隋朝的刑部令史，官卑职轻。唐太宗有一次当着满朝文武大臣的面穷究他的出身，一直问到他最小的官职从哪儿做起。

张玄素被问得颜面皆无，面如死灰。谏议大夫褚遂良给唐太宗上疏说：“君主对臣子以礼相待，臣子才能竭尽全力侍奉君主。您既然欣赏张玄素的才干，对他委以重任，为何还要当众穷究他的出身呢？您这样做，让他蒙受羞耻，内心不安，还怎么要求他死心塌地效忠呢？”唐太宗说：“我也后悔问这些话了。”另一个大臣孙伏伽也做过隋朝的令史，但对于往事毫不避讳，经常在公共场合主动说起。

点评：人的性格不同，对事物的感受和理解也不同。有的人细腻敏感，自尊心极强，有的人大大咧咧，对什么都无所谓。领导应根据下属的不同性格区别对待。但无论对哪种人，都应尊重对方的隐私，顾及对方的颜面，不能为了满足自己的好奇心而不顾别人的感受，一味令人难堪。这既是做领导应具备的素质，也是做人应注意的修养。

七、仪表风度

更始帝不君

原文：时长安唯未央宫被焚，其余宫室、供帐、仓库、官府皆按堵如故，市里不改于旧。更始居长乐宫，升前殿，郎吏以次列庭中；更始羞怍，俯首刮席，不敢视。诸将后至者，更始问：“虏掠得几何？”左右侍官皆宫省久吏，惊愕相视。

（**第三十九卷　汉纪三十一**）

绿林军攻陷长安，斩杀王莽后，更始帝刘玄从洛阳迁都长安。当时长安虽然刚经过战乱，但只有未央宫被焚烧，其他一切如常，跟原来没什么两样。刘玄登上大殿接受百官朝拜，但却羞羞惭惭不敢抬头看人，只是低下头用手刮坐席。看见有后到的将领，忽然没头没脑地冒出一句："抢了多少东西？"左右侍奉的都是宫中旧吏，闻言都相顾愕然。

点评：作为领袖，一定要有非凡的气度，器宇要轩昂，内心要充满自信和霸气，举止要从容得体，如此才能镇得住场子，威慑得了人心。切忌羞缩惭怍、举止失态、语无伦次、不知所措。从刘玄的表现看，他虽被众将拥立为更始帝，但气度格局有限，终究难成大器。

司马炎争世子

原文：初，晋王娶王肃之女，生炎及攸，以攸继景王后。攸性孝友，多才艺；清和平允，名闻过于炎，晋王爱之，常曰："天下者，景王之天下也，吾摄居相位，百年之后，大业宜归攸。"炎立发委地，手垂过膝，尝从容问裴秀曰："人有相否？"因以异相示之。秀由是归心。羊琇与炎善，为炎画策，察时政所宜损益，皆令炎豫记之，以备晋王访问。晋王欲以攸为世子，山涛曰："废长立少，违礼不祥。"贾充曰："中抚军有君人之德，不可易也。"何曾、裴秀曰："中抚军聪明神武，有超世之才，人望既茂，天表如此，固非人臣之相也。"晋王由是意定，丙午，立炎为世子。

（第七十八卷　魏纪十）

由于景王司马师没有儿子，所以晋王司马昭将次子司马攸过继给他。司马攸德才兼备，晋王很喜欢他，经常说死后要将大位传给他。晋王的长子司马炎听后非常焦虑，认为王位应该由他来继承。司马炎相貌奇伟，双手过膝,头发垂下来可以拖到地面。有一次,他跟大臣裴秀说:“人的相貌可以决定命运吗?”说完让裴秀看自己奇异的相貌。裴秀一见心折,就倾心归附了他。司马炎还暗中结纳了一批晋王宠信的高官,如羊琇、山涛、贾充、何曾等,这些人都争相替他说好话。有的从立长不立幼的礼义上游说,有的从德行才华上游说,何曾、裴秀更是直言司马炎天生就是帝王的仪表,压根就不是人臣的相貌,最后晋王终于下定决心立司马炎为世子。

点评:人的仪表风度非常重要,尤其是初次见面之人,给对方的第一印象主要来源于外貌和言谈举止。所以注重仪表、风度和气质是人生中的一门重要功课。

《史记》有言:“众口铄金,积毁销骨。”舆论的作用是相当强大的。司马炎为争世子之位,广结司马昭宠信依赖的重臣。大家众口一词替他说话,基本上就可以左右决策了。

八、精英教育

疏广谏监护太子事

原文:太子外祖父平恩侯许伯,以为太子少,白使其弟中郎将舜监护太子家。上以问广,广对曰:“太子,国储副君,师友必于天下英俊,不宜独亲外家许氏。且太子自有太傅、少傅,官属已备,今复使舜护太子家,示陋,非所以广太子德于天下也。”上善其言,以语魏相,相免冠谢曰:“此非臣等所能及。”广由是见器重。

（第二十五卷　汉纪十七）

汉宣帝的长子刘奭八岁即被立为太子。太子的外祖父许广汉认为太子年少,想让他弟弟中郎将许舜监护太子家。汉宣帝向大臣疏广征询意见,疏广说:“太子是国家的储君,其师友必须由天下的英才俊杰来担任,不应该只和外祖父一家亲近。而且太子已经有太傅和少傅了,官员齐备,如果再让许舜去监护太子家,就显得见识浅陋,格局狭小了。这怎么能向天下人展示太子美好的品德呢?”汉宣帝非常赞赏疏广的话,并把这些话说给丞相魏相听。魏相说:“疏广的见识不是我们这些臣子能比得上的。”汉宣帝从此更加器重疏广。

点评:太子作为国家未来的统治者,其学识、思维和眼界都应该是一流的,所以从小就应该接受最精英、最顶级的教育,其老师也应从全国范围内选择贤才,而不能仅仅局限于亲支近派。另外太子宫作为一个独立机构,应按照国家规定行使其职能,不能由亲属越俎代庖。许广汉和疏广对太子截然不同的教育理念,反映出双方认知水平的差距。

郝处俊谏毋使皇子角胜

原文:甲寅,上御翔鸾阁,观大酺。分音乐为东西朋,使雍王贤主东朋,周王显主西朋,角胜为乐,郝处俊谏曰:“二王春秋尚少,志趣未定,当推梨让枣,相亲如一。今分二朋,递相夸竞,俳优小人,言辞无度,恐其交争胜负,讥诮失礼,非所以崇礼义,劝敦睦也。”上瞿然曰:“卿远识,非众人所及也。”遽止之。

（第二百零二卷　唐纪十八）

唐高宗有一次参加聚会宴饮，把乐队分成东西两组，让两个儿子各主持一组进行比赛。大臣郝处俊劝谏道："两位王子年纪还小，志趣品性还没定型，应当学习古人'推梨让枣'的事迹，培养谦让友爱的品格。现在却让他们分成两组去竞争，这些歌舞艺人说话没有分寸，在争夺胜负的过程中，难免会出现互相讥讽、举止失礼的情况，这不是崇尚礼义、劝勉友好和睦的办法。"唐高宗猛然醒悟道："你的卓越见识，不是众人所能比的。"于是他马上下令停止比赛。

点评：培养子女的品质应从点滴做起，使其耳濡目染道德，潜移默化性情。如果放任子女攀比争胜的心态，就会淡化其孝悌礼敬的品德，甚至发展到伤了和气、失了体统的地步。这不是皇家贵族所应该做出的行为，而是暴发户不懂节制、不虑长远的粗疏之举。

九、不良素质

（一）刻薄寡恩

陈胜王

原文：初，陈涉既为王，其故人皆往依之。妻之父亦往焉，陈王以众宾待之，长揖不拜。妻之父怒曰："怙乱僭号，而傲长者，不能久矣！"不辞而去。陈王跪谢，遂不为顾。客出入愈益发舒，言陈王故情。或说陈王曰：

“客愚无知,颛妄言,轻威。”陈王斩之。诸故人皆自引去,由是无亲陈王者。陈王以朱防为中正,胡武为司过,主司群臣。诸将徇地至,令之不是,辄系而罪之。以苛察为忠;其所不善者,弗下吏,辄自治之。诸将以其故不亲附,此其所以败也。

(第八卷　秦纪三)

陈胜起义后,自立为楚王,于是他过去的亲戚朋友都纷纷去投靠他。陈胜的岳父也去了,但陈胜见了他,只是拱了拱手,却不行大礼。他岳父非常生气,骂道:“你不过是趁着叛乱当了所谓的王,却如此傲慢无礼,怎能长久!”说完掉头就走了。陈胜的一位故人口无遮拦,经常谈论陈胜没有富贵前的往事,陈胜觉得有损他的威严,就把那个人杀了。从此,陈胜的故友全都离他而去,陈胜身边再也没有亲近的人了。陈胜又命人专门监管群臣的过失,凡是不听他命令的,就收捕治罪。他认为那些苛察告密的人才是忠臣,对和他关系不好的人,则随意进行处罚。陈胜的做法,冷了众将的心,于是大家都不再亲近依附他,这也是陈胜失败的主要原因。

点评:陈胜属于器小易盈、得志忘本之人,缺乏人格魅力和亲和力,加之刻薄寡恩、忘功记过、刚愎自用、任意诛罚,所以才导致众叛亲离。说白了,还是德不配位惹得祸。

蔡邕之死

原文:初,蔡邕徙朔方,会赦得还。五原太守王智,甫之弟也,奏邕谤讪朝廷;邕遂亡命江海,积十二年。董卓闻其名而辟之,称疾不就。卓怒,詈曰:“我能族人!”邕惧而应命,到,署祭酒,甚见敬重,举高第,三日之间,周历三台，迁为侍中。

（第五十九卷　汉纪五十一）

卓之死也，左中郎将高阳侯蔡邕在王允坐，闻之惊叹。允勃然，叱之曰："董卓国之大贼，几亡汉室，君为王臣，所宜同疾，而怀其私遇，反相伤痛，岂不共为逆哉！"即收付廷尉。邕谢曰："身虽不忠，古今大义，耳所厌闻，口所常玩，岂当背国而向卓也！愿黥首刖足，继成汉史。"士大夫多矜救之，不能得。太尉马日磾谓允曰："伯喈（jiē）旷世逸才，多识汉事，当续成后史，为一代大典；而所坐至微，诛之，无乃失人望乎！"允曰："昔武帝不杀司马迁，使作谤书流于后世。方今国祚中衰，戎马在郊，不可令佞臣执笔在幼主左右，既无益圣德，复使吾党蒙其讪议。"日磾退而告人曰："王公其无后乎！善人，国之纪也；制作，国之典也；灭纪废典，其能久乎！"邕遂死狱中。

（第六十卷　汉纪五十二）

蔡邕是东汉著名的文学家、书法家，也是才女蔡文姬之父。董卓专权后，因久慕蔡邕大名，就征召蔡邕做他的僚属。蔡邕称病，不愿接受征召。董卓大怒，骂道："信不信我能灭了他全族！"蔡邕听后感到害怕，只得应召。到达洛阳后，董卓对他非常敬重，三日内连升他三级。

后来，董卓被吕布杀死。当时，蔡邕正在王允家做客，听到这一消息后，不禁为之惊叹。王允见状勃然大怒，叱责他说："董卓是国家的逆贼，差点颠覆了汉朝的江山，你身为汉朝大臣，竟然是非不分，反而怀念他的私人恩惠，为他感到悲痛，这岂不是与他同流合污吗？"当时就把蔡邕逮捕下狱。蔡邕说："我虽然身不由己，处在一个不忠的位置上，但对于君臣国家等大义还是懂的，怎么会背叛朝廷投向董卓呢？我愿意接受任何刑罚，只求让我继续写完汉史。"当时很多士大夫都很同情蔡邕的遭遇，设法营救他，但都没有成功。太尉马日磾对王允说："蔡邕乃旷世奇才，精通汉朝旧事典故，应当让他续写汉史，使之成为一代大典。而且他被牵连进来的罪名很小，杀了他，岂不让天下人失望！”王允说：“从前汉武帝没杀司马迁，结果使他所写的毁谤武帝的《史记》得以流传。如今国运中衰，兵荒马乱，不能让佞臣在幼主身边秉笔著史，这既无益于皇帝的圣德，还会使我们这些人蒙受他的讥讽议论。”马日磾退出后，对别人说：“王允估计会断子绝孙！善人是国家的榜样，史书是国家的经典。王允诛灭榜样，废弃经典，怎么能长久呢？”最终，蔡邕死在狱中。

点评：蔡邕曾受过董卓的私人恩惠，从国家大义及理智上来讲，在大是大非面前与其划清界限是应该的，而且也是能够做到的。但从个人情感上来说，表示惊叹甚至哀悼也是感情的自然流露，属人之常情，本无可厚非。但王允器量狭小、责人太甚，竟因小过而诛杀大才，实在不具备英雄人物的宽阔胸怀和雄才大略。如此的刻薄性情，如何能够凝聚人心、驾驭乱局呢？所以他注定只是历史长河中昙花一现的过客。

（二）狭隘善妒

公孙瓒嫉贤妒能

原文：公孙瓒既杀刘虞，尽有幽州之地，志气益盛，恃其才力，不恤百姓，记过忘善，睚眦必报。衣冠善士，名在其右者，必以法害之，有材秀者，必抑困使在穷苦之地。或问其故，瓒曰：“衣冠皆自以职分当贵，不谢人惠。”故所宠爱，类多商贩、庸儿，与为兄弟，或结婚姻，所在侵暴，百姓怨之。

（第六十一卷　汉纪五十三）

公孙瓒是东汉末年北方将领，刘虞是汉室宗亲，幽州牧。公孙瓒奉命和刘虞一起征讨乌桓,受刘虞节制。后刘虞与公孙瓒产生矛盾,进兵攻打公孙瓒,却兵败被杀。

公孙瓒杀死刘虞后,占领了幽州的全部地盘。越发志得意满,不可一世,依靠自己的才干和武力,不体恤百姓,对人记过忘善,睚眦必报,对名望高于他的士大夫,一定要用法律构陷,对于有才能的人,一定压抑限制,使其处于穷苦之地。有人问他为什么要这样做,公孙瓒回答:"那些士大夫都自认为他们的地位理应显贵,不感谢别人给予的恩惠。"所以公孙瓒宠信的人多是贩夫走卒、凡夫庸人,他与这些人称兄道弟,或者结为姻亲。这些人仗着他的势力,在当地侵扰欺凌百姓,百姓都很怨恨他们。

点评:公孙瓒是典型的"武大郎开店"心态,心胸狭隘、嫉贤妒能、自高自大、唯我独尊。以这样的心态和格局处事,永远不会成长,只能是一个精神上的鄙夫和侏儒,所以他最终失去人心,被袁绍击败,自焚而死。

袁绍杀田丰

原文:或谓田丰曰:"君必见重矣。"丰曰:"公貌宽而内忌,不亮吾忠,而吾数以至言迕之,若胜而喜,犹能救我,今战败而恚,内忌将发,吾不望生。"绍军士皆拊膺泣曰:"向令田丰在此,必不至于败。"绍谓逢纪曰:"冀州诸人闻吾军败,皆当念吾,惟田别驾前谏止吾,与众不同,吾亦惭之。"纪曰:"丰闻将军之退,拊手大笑,喜其言之中也。"绍于是谓僚属曰:"吾不用田丰言,果为所笑。"遂杀之。初,曹操闻丰不从戎,喜曰:"绍必败矣。"及绍奔遁,复曰:"向使绍用其别驾计,尚未可知也。"

（第六十三卷　汉纪五十五）

田丰是袁绍手下的谋士,因劝阻袁绍与曹操决战,被袁绍关押起来。

在官渡之战袁绍战败后,有人对田丰说:“您当初的预言是正确的,主公回来后一定会对你加以重用。”田丰却说:“袁绍这个人貌似宽厚实则内心十分猜忌,我多次以直言冒犯他,如果他胜了,一高兴或许还能饶了我,如今因战败而愤怒,内心的猜忌将要加重,我不指望能活着了。”袁绍的将士战败后都捶胸顿足、嚎啕痛哭,说:“假如田丰在这里,肯定不会失败。”袁绍跟逢纪说:“冀州的众人听说我军大败,都会担心我,唯独田丰曾极力劝阻我出兵,与其他人不同,我也感到惭愧。”逢纪说:“田丰听说您战败,拍掌大笑,为他的话得到验证而高兴。”袁绍于是对手下人说:“我没听田丰的话,果然被他耻笑。”于是就杀了田丰。当初,曹操听说田丰没有跟着袁绍一起出征,高兴地说:“袁绍一定会失败。”等到袁绍溃败逃跑,又说:“假如当初袁绍采用田丰之计,胜负还未可知。”

点评:袁绍兵败后竟因忌恨田丰预言的正确而杀了他,这样心胸狭窄、嫉贤妒能的统帅,难成大事是必然的了。另外,不怕没好事,就怕没好人。不管谁遇上逢纪这种落井下石、挑拨离间的小人都会倒霉。遗憾的是像田丰这样的智士,有识人知事之明,却又执迷不悟地追随袁绍,与郭嘉看清袁绍的为人即毅然离去相比,实在是太迂腐了。看来良禽择木而栖、选择大于努力的法则具有普适性。

隋炀帝不欲人出其右

原文:帝善属文,不欲人出其右。薛道衡死,帝曰:“更能作‘空梁落燕泥’否!”王胄死,帝诵其佳句曰:“‘庭草无人随意绿’,复能作此语邪!”帝自负才学,每骄天下之士,尝谓侍臣曰:“天下皆谓朕承藉绪余而有四海,设令朕与士大夫高选,亦当为天子矣。”

帝从容谓秘书郎虞世南曰:“我性不喜人谏,若位望通显而谏以求名,弥所不耐。至于卑贱之士，虽少宽假，然卒不置之地上。汝其知之！”

（第一百八十二卷　隋纪六）

隋炀帝擅长诗词歌赋，不想让别人超过他。大臣薛道衡被赐自尽后，隋炀帝说：“还能写‘空梁落燕泥’这样的名句吗？”王胄被诛杀后，隋炀帝吟咏他的佳句“庭草无人随意绿”，然后说：“还能写出这样的句子吗？”隋炀帝对自己的才学非常自负，曾对左右侍臣说：“天下人都认为我是接了先帝的班才当的皇帝，其实就算让我和士大夫们进行考试选拔，我也该做皇帝。”

隋炀帝有一次和秘书郎虞世南闲聊时说：“我这个人的性格，天生就不喜欢别人进谏。如果是地位显贵的人想通过进谏来博取名声，我更不能容忍。至于那些卑贱之士，我虽然可以稍微宽容一些，但决不让他有出头之日。你要记住这一点！”

点评：狂妄自负的人往往嫉贤妒能，因为他受不了别人比他强。他可以把自己想象成一轮明月，独自皎洁，风华绝代，却不允许别人发出一点星光，认为那样会削减了他的光芒，所以一定要让别的星光陨灭，但谁又能熄灭满天星光呢。隋炀帝就是这样一个极其自负而又狭隘的君主，认为自己才华盖世，理应君临天下，凌驾于万人之上。因为自负狭隘，所以听不得不同意见，认为那是故意给他上眼药，有损他的圣明，所以一定要严厉打压。一个君主，毫无容人之雅量，刚愎刻薄、自矜聪明到这种地步，哪里还有一点智慧呢？谁又会死心塌地追随他呢？

（三）骄傲自满

曹操轻慢张松

原文：益州牧刘璋闻曹操克荆州，遣别驾张松致敬于操。松为人短小放荡，然识达精果。操时已定荆州，走刘备，不复存录松。主簿杨修白操辟松，操不纳；松以此怨，归，劝刘璋绝操，与刘备相结，璋从之。

（第六十五卷　汉纪五十七）

曹操攻占荆州后，威震天下。益州牧刘璋怕曹操下一步攻取西川，就派别驾张松去向曹操表达敬意。张松其貌不扬，却精明强干，早就听说曹操礼贤下士，本想趁机向曹操献上攻取西川之计。但曹操自从平定荆州后，志得意满，不再像以前那样礼待贤士了。主簿杨修劝曹操留用张松，曹操也不肯。张松于是怀恨在心，回到益州后，就力劝刘璋与曹操断绝关系，转而与刘备结盟，刘璋采纳了他的意见。后来张松又与法正一同劝说刘璋迎接刘备入蜀，益州最终落入刘备手中，魏、蜀、吴三国鼎立的局面形成。

点评：**《尚书·大禹谟》云："满招损，谦受益，时乃天道。"就像习凿齿说的那样，齐桓公葵丘会盟成为霸主后，面露骄矜之色，于是多国有叛离之心。曹操只是一时骄傲，就导致天下一分为三，无法实现统一大业。他们都是把数十年苦心经营的基业毁于片刻之间。海纳百川是因为地势低洼，地载万物是因为宽厚博大。所以作为领袖，任何时候都应保持谦虚谨慎的态度，戒骄戒躁，礼贤下士，才能使人心归附。如骄矜自负、傲慢无礼，立刻就会失去人心。所谓"得人者兴，失人者崩"，丧失人才、失去人心，事**

业一定会蒙受损失。

（四）狂妄自大

石虎骄横

原文：九月，命太子宣出祈福于山川，因行游猎。宣乘大辂，羽葆华盖，建天子旌旗，十有六军戎卒十八万出自金明门，虎从其后宫升陵霄观望之，笑曰："我家父子如此，自非天崩地陷，当复何愁！但抱子弄孙，日为乐耳。"

（第九十七卷　晋纪十九）

后赵石虎让太子石宣率领军队到名山大川祈福，顺便周游打猎。石宣乘坐着大车，车上装饰着鸟羽华盖，树立着天子的旌旗，极尽威严奢华。十八万全副武装的士兵分十六路从金明门出发。石虎登上陵霄观眺望，洋洋得意地说："以我家父子今日之势，如果不是天崩地陷，还有什么可愁的呢！我只管逗弄儿孙，终日为乐罢了。"

点评：石虎见识浅陋、狂妄自大、崇尚武力、迷信权力，不明白国运昌隆在于仁德而不在于武力，在于民心而不在于权力，更不明白水能载舟亦能覆舟的道理。一朝得势，便跟许多狂妄的帝王一样做着千秋万载的大梦。殊不知美梦转瞬即逝，不等醒悟已成空。

（五）自矜其功

唐太宗与群臣校功争能

原文：上尝临朝谓侍臣曰："朕为人主，常兼将相之事。"给事中张行成退而上书，以为："禹不矜伐而天下莫与之争。陛下拨乱反正，群臣诚不足望清光；然不必临朝言之。以万乘之尊，乃与群臣校功争能，臣窃为陛下不取。"上甚善之。

（第一百九十六卷　唐纪十二）

唐太宗有一次上朝时对大臣们说："朕贵为天子，却要经常兼管将相的工作。"这句话貌似发牢骚，实则却是自矜其功。给事中张行成退朝后给唐太宗上书说："大禹建立了丰功伟绩，却从不自夸，天下也没人敢和他争功。陛下拨乱反正，群臣实在不足您的万一，但是您实在不必在朝堂上说出来。您以天子的尊贵，却与群臣争夺功劳，比较能力，我窃以为陛下不应该这样做。"唐太宗非常赞许他的话。

点评：当领导忌讳的事情之一就是自我夸耀、自矜其功。但很多格局器量狭小的领导不但喜欢自夸，还喜欢与下属抢功争胜、计较短长，有的甚至不惜通过贬低下属来抬高自己，这些都是很没有水平的表现。俗话说"天不言自高，地不言自厚"，有真本事的人即使不张扬大家也都看在眼里、服在心里。显精露能者反而显得器小易盈，不够大气厚重。其实领导最大的才能，不是在做具体事情时表现得比下属能干，而是要善于凝聚人心，懂得分工授权，使人尽其才，这才是领导应有的格局和高度。

（六）消极颓废

梁元帝困守江陵

原文：散骑郎新野庾季才言于上曰："去年八月丙申，月犯心中星，今月丙戌，赤气干北斗。心为天王，丙主楚分，臣恐建子之月有大兵入江陵，陛下宜留重臣镇江陵，整旆还都以避其患。假令魏虏侵蹙，止失荆、湘，在于社稷，犹得无虑。"上亦晓天文，知楚有灾，叹曰："祸福在天，避之何益！"

（第一百六十五卷　梁纪二十一）

梁元帝萧绎于侯景之乱后在江陵即帝位。江陵是军事重镇，素来为兵家必争之地。后来梁朝与西魏交恶，宇文泰派兵攻打江陵，萧绎战败投降被杀，江陵朝廷灭亡。在这之前，大臣庾季才给梁元帝进言，说夜观天象，知道不久江陵将有大兵入侵，劝梁元帝派大将镇守江陵，自己尽快返回故都建康。这样，即使西魏攻下了江陵，但整个国家还不至于覆灭。梁元帝也通晓天文，知道楚地会有兵灾，叹口气说："祸福都取决于上天，避开又有什么益处呢！"终于哪儿也没去。

点评：庾季才是借天文说地理，从国家的地形分布提醒梁元帝离开军事重镇，退到安全后方，避免国家倾覆。梁元帝却认为天意难违，枉费心机也无用，所以宁愿把自己和国家的命运托付给老天，也不愿努力改变现状。这是一种消极悲观的情绪，作为君主是不负责任的表现。后西魏攻入江陵，梁元帝身死，江陵朝廷覆灭。

（七）逃避现实

隋炀帝杀宫人

原文：有宫人白萧后曰："外间人人欲反。"后曰："任汝奏之。"宫人言于帝，帝大怒，以为非所宜言，斩之。其后宫人复白后，后曰："天下事一朝至此，无可救者，何用言之，徒令帝忧耳！"自是无复言者。

（第一百八十五卷　唐纪一）

隋炀帝第三次下扬州后，中原彻底大乱，他知道想回也回不去了，就想长期据守江东。但随行的侍卫都是北方人，他们思念家乡，纷纷策划逃亡。有一位宫女看到这种状况，就报告萧后说："外面人人都想造反。"萧后说："那你自己去报告皇上吧。"宫女向隋炀帝报告，隋炀帝勃然大怒，认为这不是宫女应该管的事情，就把这个宫女杀了。后来再有宫女对萧后说起外面的情况，萧后说："天下之事今天已经到了这个地步，没有什么办法可以挽救了，何必再说呢，说了也只会让皇上白白担忧！"从此以后，再也没有人提起外面的情况。

点评：隋炀帝的做法是典型的掩耳盗铃，自欺欺人，想通过自我封闭来逃避现实。所谓眼不见心不烦，耳不听神不忧，得过且过，坐以待毙，说的就是隋炀帝这类人。

（八）表里不一

唐太宗论《隋炀帝集》

原文：戊子，上谓侍臣曰："朕观《隋炀帝集》，文辞奥博，亦知是尧、舜而非桀、纣，然行事何其反也！"魏徵对曰："人君虽圣哲，犹当虚己以受人，故智者献其谋，勇者竭其力。炀帝恃其俊才，骄矜自用，故口诵尧、舜之言而身为桀、纣之行，曾不自知以至覆亡也。"上曰："前事不远，吾属之师也！"

（第一百九十二卷　唐纪八）

唐太宗有一次对身边的大臣说："我看了隋炀帝的文集，文辞优美、见解精辟，也能明辨是非，推崇尧、舜而批评桀、纣，为什么做的事却恰恰相反呢？"魏徵回答说："君主即使圣明，也应当放低姿态，接受别人的意见，这样智者才能贡献他的谋略，勇者才能竭尽他的勇力。隋炀帝依仗自己的才干，骄矜傲慢，刚愎自用，所以嘴里说着尧、舜的言论，实际却做着桀、纣的事情，自己都没有意识到这一点，以至于灭亡。"唐太宗说："前车之鉴不远，我们这些人要吸取教训。"

点评：有这么一种人，讲起道理来头头是道，无所不知，但做起事情来却南辕北辙，背道而驰，理论完全不能指导实践，就像桥归桥路归路一样，语言和行为永远不搭界。隋炀帝就是这种心口不一、嘴上说一套实际做一套的人。究其原因，就是这些理论并没有根植于他的内心，只是他用来装点门面的道具，所以一遇到具体事情就"褫其华衮，示人本相"。就像判断一个人是否有文化，并不是书读得多少，而是心被文化化育了多少，心灵是否自觉接纳文化的洗礼和熏陶。这是一个"随风潜入夜，润物细无声"

的过程。如果内心没有对文化的渴慕,拒绝接受滋养和洗礼,读再多的书也没用,充其量只是一个拥有信息量的人,但绝对不是一个有文化的人。

十、综合评价

说曹操

原文:王知人善察,难眩以伪。识拔奇才,不拘微贱,随能任使,皆获其用。与敌对陈,意思安闲,如不欲战然;及至决机乘胜,气势盈溢。勋劳宜赏,不吝千金;无功望施,分豪不与。用法峻急,有犯必戮,或对之流涕,然终无所赦。雅性节俭,不好华丽。故能芟刈群雄,几平海内。

(第六十九卷　魏纪一)

曹操知人善任,明辨是非,能够不拘一格挖掘和提拔人才,并且能够量才而用,使人尽其才。与敌军对垒时,气定神闲,好像不想作战一样,可一旦发起进攻,就会精神抖擞,气势如虹。对那些劳苦功高应该得到赏赐的将士,不吝千金;对那些没有功劳却奢望赏赐的人,一分一毫都不给。用法严峻,对犯了法的人一定加以诛罚,有时对着罪犯难过落泪,但最后也决不赦免。生性节俭,不尚奢华。所以能消灭群雄,几乎平定海内。

点评:曹操身上具有众多的领袖特质:知人善任,量才而用;明辨真伪,洞

察隐幽；从容自信，气势如虹；赏罚分明，严格执法；生活俭朴，不尚奢华。

说拓跋焘

原文：魏主为人，壮健鸷勇，临城对陈，亲犯矢石，左右死伤相继，神色自若；由是将士畏服，咸尽死力。性俭率，服御饮膳，取给而已。君臣请增峻京城及修宫室曰："《易》云：'王公设险，以守其国。'又萧何云：'天子以四海为家，不壮不丽，无以重威。'"帝曰："古人有言：'在德不在险。'屈丐蒸土筑城而朕灭之，岂在城也？今天下未平，方须民力，土功之事，朕所未为。萧何之对，非雅言也。"每以为财者军国之本，不可轻费。至于赏赐，皆死事勋绩之家，亲戚贵宠未尝横有所及。命将出师，指授节度，违之者多致负败。明于知人，或拔士于卒伍之中，唯其才用所长，不论本末。听察精敏，下无遁情，赏不违贱，罚不避贵，虽所甚爱之人，终无宽假。常曰："法者，朕与天下共之，何敢轻也。"然性残忍，果于杀戮，往往已杀而复悔之。

（第一百二十卷　宋纪二）

北魏国主拓跋焘体格健壮，作战勇敢，每次临敌对阵，总是身先士卒、临危不惧。所以，将士们都很钦佩他，愿意以死为他效力。他生性节俭，大臣们请求加固城墙，维修宫殿，拓跋焘说："治理国家'在德不在险'，赫连勃勃的统万城固若金汤，不也被我攻破了吗？现在天下未定，国家正是需要人力的时候，我怎么能去做那些大兴土木的事呢。"拓跋焘非常珍惜国家的财务，从不轻易浪费。赏赐只给那些有功之人及烈士家属，很少随心所欲赏赐自己亲近的人。他派遣将领出征，总是叮嘱他们作战方略，不听他话的人，大都失败。他用人唯才是举，不看出身，目光敏锐，明察秋毫，赏罚分明，依法办事。但是他性情残暴，说杀人就杀人，杀了以后又常常后悔。

点评:拓跋焘作为一国之主,却能在战场上身先士卒,一往无前,所以对于将士来说具有绝对的典范魅力和激励作用。他在听取意见时能够独立思考,而且有自己独特的见解,所以不会被轻易蒙蔽。另外拓跋焘具有良好的个人素质和优秀的执政理念,如珍惜财物民力、抚恤烈士、聪明睿智、唯才是举、明察秋毫、赏罚分明、执法严正等。这样一位集文韬武略于一身的君主,可以说是时代的骄子。再借助北魏两世积累的基础,所以他能够统一北方,建立赫赫功业。遗憾的是,拓跋焘生性嗜杀,尤其到了晚年更是喜怒无常,诛戮过甚,搞得身边近臣人人自危,结果被中常侍宗爱密谋杀害。

说刘义隆

原文:帝性仁厚恭俭,勤于为政;守法而不峻,容物而不弛。百官皆久于其职,守宰以六期为断;吏不苟免,民有所系。三十年间,四境之内,晏安无事,户口蕃息,出租供徭,止于岁赋,晨出暮归,自事而已,闾阎之间,讲诵相闻;士敦操尚,乡耻轻薄。江左风俗,于斯为美,后之言政治者,皆称元嘉焉。

（第一百二十三卷　宋纪五）

宋文帝性情仁厚,生活简朴,勤于政事;他遵循法律但用法却不峻急,宽厚包容但做事却不松懈废弛。文武百官都能在自己的岗位上长久任职,地方官以六年为一任,官吏不随便免职更换,百姓有所仰仗依托。这样过了三十年,国境之内,海晏河清,平安无事,百姓繁衍生息,人口稠密,租税徭役,只征收每年应收的常规赋税。老百姓日出而作,日暮而归,自由自在。街巷之间,讲经诵读之声彼此相闻。士大夫注重操守风尚,乡间百姓也以轻薄无行为耻。江左的风俗,在这一时代最为美好,后世评论政治的人,都会称道元嘉(宋文帝的年号)之治。

点评：领导者品德良好，勤于政事，执法尺度把握得恰到好处，就能够引领好的政风。加之政策人事稳定，不折腾，不劳民伤财，百姓就可以安居乐业休养生息，社会就会呈现出太平盛世的繁荣景象。如果同时注重教化，提倡道德，社会风气就会淳朴美好。

说孝文帝

原文：高祖友爱诸弟，终始无间。尝从容谓咸阳王禧等曰："我后子孙邂逅不肖，汝等观望，可辅则辅之，不可辅则取之，勿为他人有也。"亲任贤能，从善如流，精勤庶务，朝夕不倦。常曰："人主患不能处心公平，推诚于物。能是二者，则胡、越之人皆可使如兄弟矣。"用法虽严，于大臣无所容贷，然人有小过，常多阔略。尝于食中得虫，又左右进羹误伤帝手，皆笑而赦之。天地五郊、宗庙二分之祭，未尝不身亲其礼。每出巡游及用兵，有司奏修道路，帝辄曰："粗修桥梁，通车马而已，勿去草刬令平也。"在淮南行兵，如在境内。禁士卒无得践伤粟稻；或伐民树以供军用，皆留绢偿之。宫室非不得已不修，衣弊，浣濯而服之，鞍勒用铁木而已。幼多力善射，能以指弹碎羊骨，射禽兽无不命中；及年十五，遂不复畋猎。常谓史官曰："时事不可以不直书。人君威福在己，无能制之者；若史策复不书其恶，将何所畏忌邪！"

（第一百四十二卷　齐纪八）

北魏孝文帝友爱诸弟，兄弟之间始终亲密无间。他曾经对咸阳王元禧说："我死之后，如果子孙不成器，你们看着办，能辅佐就辅佐，不能辅佐就取代他，千万不能使江山社稷沦入他人之手。"孝文帝亲近任用贤能之士，能够从善如流，处理政务精心勤勉，朝夕不倦。他常说："人主只应担忧不能用心公平，对人不能以诚相待，推心置腹。如果能做到这两点，即使是胡、越这些邻国异族也都可以成为兄弟。”他用法很严厉，大臣们犯了罪绝不姑息，但别人犯了小的过错，常忽略不计。比如他吃饭时发现饭里有虫子，侍者给他送汤时烫了他的手，他都一笑而过。国家的各种祭祀，他都亲自参加、完成典礼。每次巡游或出兵，都让下面简单修葺一下桥梁，能通过车马就行，不花费力气除草平地。出兵淮南时，就像在国内一样，禁止士卒践踏谷物农田；不得已砍伐老百姓的树木以供军用时，都会留下绢帛作为赔偿。宫室不到万不得已不作修缮，衣服旧了洗一洗再穿，马的佩饰只用铁木不用金玉。他小时候力气很大，善于射箭，能用手指弹碎羊骨，射禽兽百发百中；长到十五岁时，就不再狩猎了。他常常对史官说：“时政不能不秉笔直书，人君作威作福全凭己念，没有人能够制止；如果史书再不记录他的恶行，那他还有什么害怕的呢！”

点评：北魏孝文帝是一位很注重个人修养的君主。注重亲情、选贤任能、勤于政事、公道真诚、执法严格、待人宽厚、爱惜民力、俭朴仁爱、敬畏生命、严谨自律，在封建社会是一位不可多得的好皇帝。

说萧统

原文：太子自加元服，上即使省录朝政，百司进事，填委于前，太子辩析诈谬，秋毫必睹，但令改正，不加按劾，平断法狱，多所全宥，宽和容众，喜愠不形于色。好读书属文，引接才俊，赏爱无倦；出宫二十余年，不畜声乐。每霖雨积雪，遣左右周行闾巷，视贫者赈之。天性孝谨，在东宫，虽燕居，坐起恒西向，或宿被召当入，危坐达旦。及寝疾，恐贻帝忧，敕参问，辄自力手书。及卒，朝野惋愕，建康男女，奔走宫门，号泣道路。

（第一百五十五卷　梁纪十一）

梁朝昭明太子萧统自从举行成人冠礼以后，梁武帝为了培养他，就开始让他处理朝政了。太子善于辨析虚假谬误，明察秋毫，但是发现有关部门弄虚作假，只是命令他们改正，并不责罚。太子断案公平，对犯人多有保全宽恕。性格宽容和善，能够包容众人，喜怒不形于色。喜欢读书作文，亲近结交才俊之士，对他们的赏识爱惜始终不倦。在东宫二十多年，不蓄养乐工艺人。每当雨雪天气，就派左右巡视街巷，看到贫困的人就加以救济。太子天性孝顺谨慎，在东宫闲坐无事时，都会始终面朝皇帝居住的西方，有时夜里接到诏令，通知他明日入宫，他就会正襟危坐一直到天明。他病重时，唯恐皇帝担忧，每次皇帝派人送来敕书问候，太子都会亲自写信回复。等到太子去世，朝野上下都感到惋惜悲伤，建康城的男女老幼都争相奔向宫门，有的在道路上号啕哭泣。

点评：昭明太子之所为，一方面是修养高深，另一方面也是深谙储君之道。明察而宽厚可得百官之心，宽宥犯人可得罪人之心，求才爱才可得士人之心，赈济贫苦可得百姓之心，谨慎孝顺可得皇帝之心，喜怒不形于色让人心生敬畏，清心寡欲可获世人赞许。如此赢尽天下人心的储君，怎能不顺理成章接班掌权？可惜天不假年，英年早逝。另外梁武帝萧衍 86 岁才困死台城，在位 48 年，在南朝皇帝中位列第一。昭明太子即使不是因病致死，也很难等到接班的那一天。

说高欢

原文：丙午，东魏勃海献武王欢卒。欢性深密，终日俨然，人不能测，机权之际，变化若神。制驭军旅，法令严肃。听断明察，不可欺犯。擢人受任，在于得才，苟其所堪，无问厮养，有虚声无实者，皆不任用。雅尚俭素，刀剑鞍勒无金玉之饰。少能剧饮，自当大任，不过三爵。知人好士，全护勋旧;每获敌国尽节之臣,多不之罪。由是文武乐为之用。

（第一百六十卷　梁纪十六）

东魏勃海献武王高欢,性格深沉严谨,表情庄重严肃,让人感觉高深莫测。在临机权变方面,变化如神。在治理驾驭军队方面,法令严肃。在听取和判断事务上,明察秋毫,谁也无法欺骗冒犯他。在选人用人上,只看重实际才能,而不重虚名和出身。他生活简朴,所用器物都不用金玉装饰。他年轻时喜欢豪饮,自从担当大任后,饮酒从不过三杯。他知人爱才,尽力成全保护有功劳的人和老部下。每次俘虏敌国的忠臣义士,也大多不治罪。因此文武百官都愿意为他效劳。

点评:东魏权臣、北齐的实际开创者高欢身上具备很多领袖人物的优秀素质:喜怒不形于色,善于权变,治军有方,明察秋毫,唯才是用,节俭朴素,克制力强,人情味儿浓,敬重忠臣义士,等等。在很多方面,高欢很像曹操,非常具有人格魅力和感召力。

说钱镠

原文:吴越王镠见何逢马,悲不自胜,故将士心附之。宠姬郑氏父犯法当死,左右为之请,镠曰:“岂可以一妇人乱我法。”出其女而斩之。镠自少在军中,夜未尝寐,倦极则就圆木小枕,或枕大铃,寐熟辄欹而寤,名曰“警枕”。置粉盘于卧内,有所记则书盘中,比老不倦。或寝方酣,外有白事者,令侍女振纸即寤。时弹铜丸于楼墙之外,以警直更者。尝微行,夜叩北城门,吏不肯启关,曰:“虽大王来亦不可启。”乃自他门入。明日,召北门吏,厚赐之。

（第二百七十卷　后梁纪五）

吴越王钱镠手下的将领何逢在与吴国交战时战死,钱镠每次看到何逢的战马都悲不自胜,因此将士们都能归心于他。钱镠有个宠姬郑氏,她的父亲犯了法应当处死,身边的人为他求情,钱镠说:“岂能因为一个妇人乱了我的法度。”于是他休了郑氏,斩了她的父亲。钱镠自少年时代起就投身军旅,夜里未曾睡过一个囫囵觉,困极了就枕上一个小圆木当枕头,或者枕一个大铃铛,睡熟了小圆木或者大铃铛一歪,就醒了。他管这两样东西叫“警枕”。他在卧室里放一个粉盘,有需要记的东西就写在盘中,到老都乐此不疲。有时睡得正香,外面有人来汇报事情,他让侍女振动纸张就能醒来。他有时故意把铜丸弹到城墙之外,以此来警示夜间值班打更的人提高警惕。他有一次微服出行,夜里去敲北城城门,守门官不肯给他开关,并且说:“就是大王来了也不能开门。”于是钱镠就从其他门进入,第二天,他召见北门的守门官,重赏了他。

点评:钱镠是五代十国吴越国的创建者。他因深切怀念死去的将领而表现出的人情味儿赢得了将士们的拥戴;因能克制私情以国法为重而赢得了部下的敬仰;因生于乱世,戎马一生,故练就了时刻高度警觉的性格。他为国事勤勉操劳殚精竭虑,事无巨细身体力行,百忙之中还不忘督促重要岗位的人员时刻保持警惕,是一个非常机敏干练精力充沛的领袖。故能在战乱年代击败众多对手,开国立业。

说柴荣

原文:上在藩,多务韬晦,及即位,破高平之寇,人始服其英武。其御军,号令严明,人莫敢犯,攻城对敌,矢石落其左右,人皆失色而上略不动容;应机决策,出人意表。又勤于为治,百司簿籍,过目无所忘,发奸擿伏,聪察如神。闲暇则召儒者读前史,商榷大义。性不好丝竹珍玩之物,常言太祖养成王峻、王殷之恶，致君臣之分不终，故群臣有过则面质责之，服则赦之，有功则厚赏之。文武参用，各尽其能，人无不畏其明而怀其惠，故能破敌广地，所向无前。然用法太严，君臣职事小有不举，往往置之极刑，虽素有才干声明，无所开宥，寻亦悔之，末年浸宽。登遐之日，远迩哀慕焉。

（第二百九十四卷　后周纪五）

后周世宗柴荣在藩镇时，善于韬光养晦，等到即位后，在高平之战中大破北汉之敌，人们才开始佩服他的英明神武。他治理军队，号令严明，无人敢违反军纪，与敌对阵，流箭飞石落在他身边，旁边的人都大惊失色，但他却神态自若。他应对机变，进行决策，出人意料。又勤于治国，各个部门的档案簿籍，过目不忘。他发现奸人、洞察隐患，如神之明。闲暇时就召来儒生研读前朝的历史，和他们探讨商榷史书中的大义。他生性不喜欢丝竹音乐、珍玩宝物。常说太祖郭威对大臣太过姑息迁就，养成了王峻、王殷之恶，致使君臣情分有始无终。所以群臣有过，他必当面质问斥责，服罪就赦免。文武人才间杂使用，使他们各尽所能，人们无不畏惧他的英明而感激他的恩惠，所以能攻敌破阵开疆拓土，所向无敌。可是后周世宗用法太严，大臣们供职做事稍有差错，往往施以极刑，即使对一向有才干名气的人，也不网开一面，过几天自己也后悔，最后几年有所宽和。后周世宗去世之日，远近之人都哀悼仰慕他。

点评：后周世宗即位前善于韬晦，很能把握住身份和分寸。一旦为帝，雄才伟略尽显无疑。其天纵神武，一往无前；临机决断，人所莫测；殚精竭虑，勤勉治国；英明睿智，洞察秋毫。他一心研习治国之道，生性不喜奢靡珍玩；御下极严以防微杜渐，赏罚分明以引导世风；不拘一格人才尽为所用，恩威并施群臣敬畏有加。然而他年轻气盛，加之执政初期锋芒毕露，使其过于严苛，及年纪稍长且各项政令渐入轨道，性情逐渐宽容平和。

第二辑 领导艺术与管理之道

一、统驭之道

（一）紧握权柄

靖郭君欲城薛

原文：齐王封田婴于薛，号曰靖郭君。靖郭君言于齐王曰："五官之计，不可不日听而数览也。"王从之；已而厌之，悉以委靖郭君。靖郭君由是得专齐之权。

靖郭君欲城薛，客谓靖郭君曰："君不闻海大鱼乎？网不能止，钩不能牵，荡而失水，则蝼蚁制焉。今夫齐，亦君之水也。君长有齐，奚以薛为！苟为失齐，虽隆薛之城到于天，庸足恃乎？"乃不果城。

（第二卷　周纪二）

战国时齐威王之子、孟尝君之父田婴，因在马陵之战中表现出色，深得齐威王信任。齐威王后来让田婴担任了齐国国相，还把薛地封给了他，号称靖郭君。靖郭君建议齐威王每天亲自听取并审核各位大臣的报告，齐威王坚持几天就厌倦了，把朝政全部交给靖郭君处理。于是，齐国的大权就落到了靖郭君手中。靖郭君大权在握后，就有些飘飘然了，想在受封的薛地建城。一个门客劝阻他说："您见过海里的大鱼吧，当它在深海遨游时，海网、鱼钩都奈何不了它，可它一旦离开大海，就连蝼蚁都可以置它于死地。齐国就是您的大海，您能控制齐国，还要薛城干什么？如果您在齐国的大权旁落，即使薛地宫墙万仞，也无法保全自己。您不如趁现在位高权重的时候广结善缘、低调行事，这样才能为自己预留后路。”靖郭君听取了他的意见，取消了在薛地建城的计划。

点评：**当权者一定要低调谨慎、紧握权柄，才能长保平安富贵。如果因一时之得意而引起上司的猜忌或给政敌提供可乘之机，从而使大权旁落，则很容易受制于人。**

韩宣惠王欲两用公仲、公叔为政

原文：韩宣惠王欲两用公仲、公叔为政，问于缪留。对曰：“不可。晋用六卿而国分；齐简公用陈成子及阚止而见杀；魏用犀首、张仪而西河之外亡。今君两用之，其多力者内树党，其寡力者借外权。群臣有内树党以骄主，有外为交以削地，君之国危矣。”

（第二卷　周纪二）

韩宣惠王想任用公仲、公叔共同执掌国政，大臣缪留说：“这样不行的。晋国曾用六卿（智、范、中行、赵、韩、魏六家）轮流执政，致使国家分裂；齐国和魏国也因让两位重臣分别掌握国家大权而导致国君被杀、国土沦丧。您这是重蹈这几个国家的覆辙啊。如果这样做，势力强的一方会在国内树立党羽，那样就可能不把您放在眼里了；势力弱的一方会勾结他国，割让您的土地寻求外援。这样，您的国家就危险了。”

点评：**此段论述了分权导致的派系斗争对政权的威胁。但反过来，如果把政权委任于一人之手，所造成的危险和祸患更大。王莽篡汉、曹魏篡汉、晋篡魏都是一家独大导致的恶果。所以作为君主不能因偷懒和贪图安逸**

而把权柄假手他人，这样一旦大权旁落，就会成为任人宰割的傀儡。最好的方式是君主总揽大权，众大臣各司其职。

范雎说秦王

原文：范雎日益亲，用事，因承间说王曰："臣居山东时，闻齐之有孟尝君，不闻有王；闻秦有太后、穰侯，不闻有王。夫擅国之谓王，能利害之谓王，制杀生之谓王。今太后擅行不顾，穰侯出使不报，华阳、泾阳击断无讳，高陵进退不请，四贵备而国不危者，未之有也。为此四贵者下，乃所谓无王也。穰侯使者操王之重，决制于诸侯，剖符于天下，征敌伐国，莫敢不听；战胜攻取则利归于陶，战败则结怨于百姓而祸归于社稷。臣又闻之，木实繁者披其枝，披其枝者伤其心；大其都者危其国，尊其臣者卑其主。淖齿管齐，射王股，擢王筋，悬之于庙梁，宿昔而死。李兑管赵，囚主父于沙丘，百日而饿死。今臣观四贵之用事，此亦淖齿、李兑之类也。夫三代之所以亡国者，君专授政于臣，纵酒弋猎；其所授者妒贤疾能，御下蔽上以成其私，不为主计，而主不觉悟，故失其国。今自有秩以上至诸大吏，下及王左右，无非相国之人者，见王独立于朝，臣窃为王恐，万世之后有秦国者，非王子孙也！"王以为然。于是废太后，逐穰侯、高陵、华阳、泾阳君于关外，以范雎为丞相，封为应侯。

（**第五卷　周纪五**）

秦昭襄王嬴稷，早年在燕国做人质，秦武王去世后，他回国即位，是为秦昭襄王。昭襄王即位初期，他的母亲宣太后专权，舅舅穰侯魏冉为相，处理政务，另一个舅舅华阳君和他的两个同胞弟弟泾阳君、高陵君轮番担任将军。由于宣太后的庇护，他们在秦国呼风唤雨、权倾朝野。不过穰侯魏冉也确实才干过人，且功勋卓著，执政期间任用白起为大将，开疆扩土，使各国都对秦国俯首称臣。魏国人范雎入秦后,以远交近攻的策略游说昭襄王,昭襄王于是拜范雎为客卿,范雎由此日益受到重用。范雎垂涎穰侯魏冉的权力,想得到他的位置,就趁机对秦王说:“我没来秦国前,只知道秦国有宣太后和穰侯魏冉,不知道有秦王。您身为一国之君,应该亲自掌握国政,处理国家大事,手握生杀大权,这样才配得上您的身份啊。现在宣太后专权,穰侯、华阳君、泾阳君、高陵君也都为所欲为、各行其是,他们被称为‘四贵’,国家怎么能不危险呢!我听说树上果实太多就会压断树枝,树枝断了就会伤及树的根本。大臣地位太高就会使君主卑微,诸侯的封地太大就会威胁到国家的安全。当年淖齿控制齐国时,把齐王折磨而死。李兑专权赵国时,把赵主父活活饿死。如今秦国‘四贵’的权势,不在当年淖齿、李兑之下。夏、商、周三代之所以灭亡,就是因为当时的君主贪图享乐,把权柄都交给下属。现在秦国满朝大臣都是穰侯魏冉的人,您一个人孤零零地坐于朝堂之上,真让人替您担心啊!我恐怕您百年之后,秦国将沦入外人之手。”秦王听后深以为然,于是果断废黜宣太后,驱逐‘四贵’,任用范雎为相,封他为应侯。

点评:范雎虽然是一位翻云覆雨、贪婪弄权的小人,为了达到个人目的而搬弄是非、夸大其词,但说的话不无道理。当时太后和四大权臣(两个是太后的弟弟,两个是昭襄王的弟弟)权倾朝野,已成尾大不掉之势,如果不加遏制,日后必成大患。昭襄王废黜了太后和“四贵”的权力后,大权独揽,乾纲独断,在位56年,奠定了秦国统一的基础。他死后三年,秦始皇继承大统,在昭襄王奠定的雄厚国力基础上,横扫六合,一统天下,成为“千古一帝”。可见,君主必须紧握权柄,独享威权,并加强对下属权力的控制。否则一旦出现臣强君弱的局面,国家的重心就会偏移,轻则朝政紊乱,重则政权被颠覆。

高肇乱政

原文：清河王怿有才学闻望，惩彭城之祸，因侍宴，谓肇曰："天子兄弟讵有几人，而翦之几尽！昔王莽头秃，借渭阳之资，遂篡汉室。今君身曲，亦恐终成乱阶。"会大旱，肇擅录囚徒，欲以收众心。怿言于魏主曰："昔季氏旅于泰山，孔子疾之。诚以君臣之分，宜防微杜渐，不可渎也。减膳录囚，乃陛下之事；今司徒行之，岂人臣之义乎！明君失之于上，奸臣窃之于下，祸乱之基，于此在矣。"帝笑而不应。

（第一百四十七卷　梁纪三）

高肇是北魏权臣，孝文帝文昭皇后的哥哥，宣武帝元恪的舅舅，娶宣武帝姑姑高平公主为妻，位极人臣，权倾朝野，残害皇室诸王。清河王元怿有一次在宴会上痛斥高肇说："天子的兄弟都快被你杀光了。当初王莽凭借国舅的地位篡夺了汉室的江山，恐怕你最终也会成为北魏的祸患。"当时正值大旱，多日不降雨。高肇想借机收买人心，就擅自重新提审犯人，并将他们从轻发落，以此来求雨。元怿向宣武帝上奏说："过去季孙氏只是鲁国的大夫，却僭越天子和诸侯的名分去泰山祭祀，孔子对此非常痛恨，原因就在于君臣名分不可亵渎。重新审理囚犯，本是陛下的职责，现在司徒却做了，这就失去了做人臣的本分，是会产生祸乱的。"宣武帝听了，只是笑了笑，却没做回应。后来孝明帝继位，将高肇诛杀。

点评：元怿对高肇祸乱朝政、残害诸王的恶行忍无可忍，故直言痛斥其非，并借机提醒宣武帝：权柄名位不可假手于人，应天子自专，否则必导致权臣狂妄膨胀，不守法度，众人猜测观望，怀有二心，从而成为祸乱的根源。

高欢损夺四贵权

原文：丞相欢多在晋阳，孙腾、司马子如、高岳、高隆之，皆欢之亲党也，委以朝政，邺中谓之四贵，其权势熏灼中外，率多专恣骄贪。欢欲损夺其权，故以澄为大将军、领中书监，移门下机事总归中书，文武赏罚皆禀于澄。

（第一百五十八卷　梁纪十四）

东魏时，孙腾、司马子如、高岳、高隆之都是权臣高欢的亲信，高欢很信任他们，开始时把朝政全部交给他们处理。这四个人因此专横跋扈，不可一世。后来，高欢的儿子高澄长大，高欢想培植自己的儿子，就任命高澄为大将军、总领中书省，把原来属于这几个人分管的事务全部移交给中书省处理，文武百官的赏罚也都要通过高澄。

点评：这是高欢为使权力顺利移交给其子高澄故意削弱元老旧臣权力的权术。为保留对方面子，对原有机构和人员既不裁撤也不降职，而是另起炉灶，转移原机构的职能，架空其权力。

（二）铁腕御下

杨仆伐劳

原文：上欲复使杨仆将，为其伐前劳，以书敕责之曰："将军之功独有先破石门、寻峡，非有斩将搴旗之实也，乌足以骄人哉！前破番禺，捕降者以为虏，掘死人以为获，是一过也。使建德、吕嘉得以东越为援，是二过也。士卒暴露连岁，将军不念其勤劳，而请乘传行塞，因用归家，怀银、黄，垂三组，夸乡里，是三过也。失期内顾，以道恶为解，是四过也。问君蜀刀价而阳不知，挟伪干君，是五过也。受诏不至兰池，明日又不对；假令将军之吏，问之不对，令之不从，其罪何如？推此心在外，江海之间可得信乎？今东越深入，将军能率众以掩过不？”仆惶恐对曰：“愿尽死赎罪！”上乃遣横海将军韩说出句章，浮海从东方往；楼船将军杨仆出武林，中尉王温舒出梅岭，以越侯为戈船、下濑将军，出若邪、白沙，以击东越。

（第二十卷　汉纪十二）

西汉楼船将军杨仆，平定南越国后恃功而骄。恰逢东越国又反叛，汉武帝想让杨仆继续讨伐东越，又恐其居功自傲不听调遣，就下诏书责备他，列数杨仆五项罪过，且措辞严厉，句句诛心。最后问他，你能不能率兵出征，将功补过？杨仆吓得魂不附体，赶紧表态：愿拼死效力，将功赎罪。于是，汉武帝派杨仆等人兵分五路，一举剿灭东越。

点评：对于不服管束、桀骜不驯的下属必须先以铁腕进行打压，让其怀有畏罪惧诛之心，然后再给其戴罪立功的机会。这时他便不敢再狂妄骄纵，而是服服帖帖听候调遣。

汉武帝遮玉门

原文：贰师将军之西也，既过盐水，当道小国各城守，不肯给食，攻之不能下；下者得食，不下者数日则去。比至郁成，士至者不过数千，皆饥罢。攻郁成，郁成大破之，所杀伤甚众。贰师将军与李哆、赵始成等计：“至郁成尚不能举，况至其王都乎！”引兵而还。至敦煌，士不过什一二。使使上书言：“道远乏食，且士卒不患战而患饥，人少，不足以拔宛，愿且罢兵，益发而复往。”天子闻之,大怒,使使遮玉门曰:“军有敢入者辄斩之!”贰师恐,因留敦煌。

(第二十一卷　汉纪十三)

张骞出使西域归来,对汉武帝说大宛国盛产良马,尤以汗血宝马最为珍贵。于是汉武帝就派使者持重金去大宛求购。结果大宛国王不愿其宝马外流,与汉使发生争执,不但杀了汉使,还抢夺了其财物。汉武帝闻讯大怒,就任命李广利为贰师将军(据说大宛的良马都在贰师城),派他西征大宛。李广利率兵数万西征,但西域沿途的小国都因惧怕汉军而城门紧闭,汉军得不到粮食补给,人困马乏,疲惫不堪。等到达郁成后,只剩下几千人马。进攻郁成,又被郁成守军打得大败。李广利畏难,与手下商议:“郁成都不能攻破,何况是大宛国都呢!”于是就带兵返回。到敦煌时,所剩士兵不到出征时的十分之一。李广利派人向汉武帝上奏,找了一堆理由,说什么路途遥远,粮食缺乏,兵力太少,希望暂时撤兵,等征调到更多的军队再去。汉武帝勃然大怒,派使者拦在玉门关前,下令说:“有胆敢退进玉门关一步者,斩!”李广利大为恐惧,于是留在敦煌不敢返回。第二年,汉武帝大举征兵,命李广利第二次征讨大宛,终于攻破大宛国都外城,杀大宛国王,接受大宛请和,挑选三千多匹良马而归。

点评:汉武帝作为一代叱咤风云的强势君主,终其一生,都以铁腕驾驭下属。臣子莫不诚惶诚恐,唯命是从。此即一个例证,对下属完不成任务还寻找借口怒不可遏,以如山的铁令加以督责,效果立竿见影。

武则天驯烈马

原文:太后以项有干略,故委以腹心。项与武懿宗争赵州之功于太后前。

项魁岸辩口，懿宗短小伛偻，项视懿宗，声气陵厉。太后由是不悦，曰："项在朕前，犹卑我诸武，况异时讵可倚邪！"他日，项奏事，方援古引今，太后怒曰："卿所言，朕饫闻之，无多言！太宗有马名师子骢，肥逸无能调驭者。朕为宫女侍侧，言于太宗曰：'妾能制之，然须三物，一铁鞭，二铁檛，三匕首。铁鞭击之不服，则以檛其首，又不服，则以匕首断其喉。'太宗壮朕之志。今日卿岂足污朕匕首邪！"项惶惧流汗，拜伏求生，乃止。诸武怨其附太子，共发其弟冒官事，由是坐贬。

（第二百零六卷　唐纪二十二）

唐朝武周时期宰相吉顼，才华出众，因建议武则天诛杀酷吏来俊臣以收买人心，而被武则天当作心腹。有一次，吉顼和武则天的堂侄武懿宗在武则天面前争功。吉顼身材高大，武懿宗矮小驼背，两人站在一起，吉顼本身就显得气势压人，再加上对武懿宗声色俱厉、咄咄逼人，让武则天感觉到很不舒服。武则天说："吉顼当着我的面，就敢这么欺负我们武家的人，这以后还能靠得住吗？"于是就对吉顼有了看法。后来有一天，吉顼向武则天奏报事情，广征博引，滔滔不绝。武则天心生反感，趁机发作道："够了，不要再多说了。太宗以前有一匹烈马叫狮子骢，没有人能够制服它，我当时还是宫女，就对太宗说：'给我三样东西，我就能制服它。一是铁鞭，二是铁棍，三是匕首。先用铁鞭抽打它；如果不服，就用铁棍砸它的脑袋；还不服，就用匕首直接割断它的喉咙。'太宗听后，夸我有壮志。今天你值得弄脏我的匕首吗？"吉顼听完，吓得汗流浃背，趴在地上请罪求饶，武则天这才赦免了他。后来吉顼拥护李氏，亲近太子，引起武氏宗族的不满，他们群起揭露其弟弟冒领官职的事，于是吉顼被降职。

点评：吉顼修养不足，更不懂为臣之道，恃强凌弱、夸能争功已非君子所为，又当着太后的面毫不顾忌地欺凌其宗亲，这暴露的不仅仅是品德修养的问题，还有不懂尊重、不知敬畏的问题。武则天作为一代女王，怎么能

容忍这种咄咄逼人、目空一切的放肆之臣，后来的雷霆之怒及陈述往事就是向吉项展示其铁腕驭下的风格和强悍残暴的个性，从而彻底打击吉项的嚣张气焰，令其伏地求饶。

周世宗责李彝兴

原文：定难节度使李彝兴以折德扆(yǐ)亦为节度使，与己并列，耻之，塞路不通周使。癸未，上谋于宰相，对曰："夏州边镇，朝廷向来每加优借，府州偏小，得失不系重轻，且宜抚谕彝兴，庶全大体。"上曰："德扆数年以来，尽忠勠力以拒刘氏，奈何一旦弃之！且夏州惟产羊马，贸易百货，悉仰中国，我若绝之，彼何能为！"乃遣供奉官齐藏珍赍诏书责之，彝兴惶恐谢罪。

（第二百九十二卷　后周纪三）

后周世宗时，府州防御使羌族人折德扆帮助周世宗抗击北汉，屡立战功，被周世宗任命为永安军节度使。定难节度使党项族首领李彝兴，从后唐时就开始任节度使，资历颇深。他不耻于与折德扆地位相同。李彝兴占据夏州，正好控制府州通往中原的交通要道。于是他不但自己与后周断绝了来往，也不许折德扆的使者从他的地盘通过。周世宗与宰相商量对策，宰相认为：夏州乃边关重镇，历代朝廷都很重视，府州地理位置偏僻，地域又狭小，得失对我们来说无足轻重，所以应该抚慰李彝兴，以保全大局。周世宗说："折德扆这么多年一直对我们忠心耿耿，全力以赴帮助我们抵御北汉，怎么能突然抛弃他呢。夏州土地贫瘠，只出产牛羊，其他各种货物全部仰仗中原供给，如果我们跟他断绝关系，他能有什么作为呢！"于是周世宗派遣使者带着诏书去责问李彝兴，李彝兴惊慌失措，赶忙认罪道歉。

点评：宰相软弱势利、欺软怕硬，面对李彝兴的挑衅只想苟且屈从、息事宁人。周世宗英明神武，以诚信道义为先，以朝廷尊严为重，而且见解独到，一眼就看出李彝兴的软肋，遂以强硬姿态威慑对方，展示了强势君主的夺人风采。

（三）尊崇元老

汉成帝慰留匡衡

原文：司隶校尉涿郡王尊劾奏："丞相衡，御史大夫谭，知显等颛权擅势，大作威福，为海内患害，不以时白奏行罚；而阿谀曲从，附下罔上，怀邪迷国，无大臣辅政之义，皆不道！在赦令前。赦后，衡、谭举奏显，不自陈不忠之罪，而反扬著先帝任用倾覆之徒，妄言'百官畏之，甚于主上'；卑君尊臣，非所宜称，失大臣体！"于是衡惭惧，免冠谢罪，上丞相、侯印绶。天子以新即位，重伤大臣，乃左迁尊为高陵令。然群下多是尊者。衡嘿嘿不自安，每有水旱，连乞骸骨让位；上辄以诏书慰抚，不许。

（第三十卷　汉纪二十二）

汉元帝时期，重用宦官石显，导致朝廷纲纪紊乱，吏治腐败。石显当权时，丞相匡衡明哲保身，不敢对其提出非议。汉成帝即位后，将石显调离权力中枢。匡衡和御史大夫张谭等人才联名上疏弹劾石显。石显被免官，死于回乡途中。司隶校尉王尊因此上疏弹劾匡衡和张谭说：这两个人身为辅政大臣，明知石显结党专权，威福自用，是天下的公害，却不向先帝奏明，而是对石显等人曲意奉承，迷惑君主，实属大逆不道。后来弹劾石显时，不反躬自省，反而把责任都推到先帝用人不当上，还夸大石显的权势,贬低先帝的威严,简直不成体统。匡衡听后惭愧恐惧,主动提出辞职。汉成帝因为刚即位,不愿伤害大臣,就贬了王尊的官职安抚匡衡,可是文武百官都认为王尊说得对。匡衡内心不安,反复请求退休,汉成帝每次都好言安慰,不让他辞职。

点评:汉成帝对匡衡宽容是权宜之计。即位之初,因为江山还没有坐稳或权威还没有形成,所以对有些人和事暂且还需忍耐,以此来安抚人心,争取舆论,稳定政局。一旦江山稳固,羽翼丰满,就会对异己毫不留情予以剪除。后来匡衡、张谭皆被免官。

汉明帝重元老

原文:夏,四月,丙辰,诏曰:"方今上无天子,下无方伯,若涉渊水而无舟楫。夫万乘至重而壮者虑轻,实赖有德左右小子。高密侯禹,元功之首;东平王苍,宽博有谋;其以禹为太傅,苍为骠骑将军。"

(第四十四卷　汉纪三十六)

汉光武帝驾崩后,汉明帝继位,他刚继位就颁下诏书说:"如今我在上没有先帝指教,在下没有重臣依托,如同过深水却没有船和桨。作为皇帝责任重大,但我还很年轻,考虑问题可能会轻率浮浅,所以有赖于德高望重的长者来辅佐我。高密侯邓禹,是开国元勋之首,东平王刘苍,宽厚博学且有谋略,现在就任命邓禹为太傅,刘苍为骠骑将军。"

点评:对元老故旧加以尊崇,既体现谦逊的作风,也有益于执政初期政权的稳固。

（四）维护名分

齐襄王震慑田单

原文：异日，王曰："召相单而来！"田单免冠、徒跣、肉袒而进，退而请死罪，五日而王曰："子无罪于寡人。子为子之臣礼，吾为吾之王礼而已矣。"

（第四卷　周纪四）

战国时期，齐国曾趁燕国内乱攻占燕国都城，杀燕王哙，并企图灭燕。后来齐湣王残暴，燕将乐毅率五国联军攻齐，大破齐军，之后其余四国相继撤军，唯乐毅继续攻打齐都临淄，并于半年内连下齐国七十余城，仅剩莒和即墨两座孤城未能攻克。齐将田单坚守即墨五年，以火牛阵攻破燕军，全部收复齐国失地，迎立齐襄王。自己受封平安君，被任为相国。后来齐襄王对田单的功劳和德才心存疑忌，又听信了佞臣的谗言，总想找茬收拾田单。有一天，齐襄王态度严厉地喝令田单前来参见，田单非常恐惧，摘掉帽子、赤着脚、光着上身前来拜见，退下时又请齐襄王治他的死罪，齐襄王的态度才稍稍缓和了一些。过了五天后，齐襄王对田单说："你在我这里没有罪过，只不过你必须要遵守你臣子的礼节，我必须要恪守我君主的礼节罢了。"后来齐襄王经大臣貂勃劝说才放过了田单。

点评：齐襄王唯恐田单功高震主，便以颐指气使、呼来喝去的方式对他进行打压，以显示君主的威权，一方面试探田单是否忠顺，另一方面敲打田单要牢记臣子的本分。

汉文帝震慑周勃

原文:论诛诸吕功,右丞相勃以下益户、赐金各有差。绛侯朝罢趋出,意得甚;上礼之恭,常目送之。郎中安陵袁盎谏曰:"诸吕悖逆,大臣相与共诛之。是时丞相为太尉,本兵柄,适会其成功。今丞相如有骄主色,陛下谦让;臣主失礼,窃为陛下弗取也!"后朝,上益庄,丞相益畏。

(第十三卷　汉纪五)

汉高祖刘邦驾崩后,吕后专权。吕后死后,太尉周勃联合丞相陈平发动兵变,诛杀吕氏诸王,拥立汉文帝即位。汉文帝即位后,对诛灭吕氏的大臣论功行赏,其中周勃功劳最大,被封为右丞相,得到的赏赐也最多。周勃自恃有功,就有些飘飘然,每次散朝下殿时都步履轻盈,一副春风得意的样子。汉文帝对周勃礼敬有加,十分恭敬,经常目送他离开。郎中袁盎进言道:"诸吕叛逆,大臣们齐心协力共同诛杀他们,当时丞相身为太尉,执掌兵权,才机缘巧合成就了这番伟业。现在丞相在您面前好像已经表现出骄矜之色,陛下却一味地谦让。这样,臣子和君主都失去了礼节,我私下认为陛下这样做不可取!"以后再上朝,汉文帝的态度越来越庄重,丞相周勃也显得越来越敬畏。

点评:诛灭诸吕的军事行动是由周勃发动的,之后大臣们才议定迎立代王为帝,即汉文帝。周勃无疑是这次政变中最大的功臣,所以汉文帝才对他礼敬有加,而周勃也表现得有些扬扬得意。袁盎提醒汉文帝上下尊卑有别,要各自守好自己的礼节名分,这样等级才会确立。汉文帝一点即通,逐渐转变态度,以帝王的庄重威严使周勃心生敬畏。

（五）恩威并施

诸葛亮治蜀尚严峻

原文：诸葛亮佐备治蜀，颇尚严峻，人多怨叹者。法正谓亮曰："昔高祖入关，约法三章，秦民知德。今君假借威力，跨据一州，初有其国，未垂惠抚；且客主之义，宜相降下，愿缓刑弛禁以慰其望。"亮曰："君知其一，未知其二。秦以无道，政苛民怨，匹夫大呼，天下土崩；高祖因之，可以弘济。刘璋暗弱，自焉以来，有累世之恩，文法羁縻，互相承奉，德政不举，威刑不肃。蜀土人士，专权自恣，君臣之道，渐以陵替。宠之以位，位极则贱；顺之以恩，恩竭则慢。所以致敝，实由于此。吾今威之以法，法行则知恩；限之以爵，爵加则知荣。荣恩并济，上下有节，为治之要，于斯而著矣。"

（第六十七卷　汉纪五十九）

刘备入主西川后，诸葛亮辅佐他治理蜀地，用法非常严峻。法正对诸葛亮说："从前汉高祖入函谷关后，与秦地的百姓约法三章，老百姓因此都感激他的恩德。如今，您刚来到西川，对老百姓还没有恩惠，而且当地人是主，您是客，您更应该放低姿态，废除峻法以满足他们的愿望。"诸葛亮说："你只知其一，不知其二。秦朝推行暴政，导致天怒人怨，这时汉高祖采取宽容的政策，当然会获得成功。刘璋昏庸懦弱，不推行法令，父子两代人的政权，全靠虚文的典章礼仪维持。蜀地本土的豪强士族，专擅权柄，肆意妄为，君臣之道，逐渐被破坏。用官位来宠爱臣下，把他们的官位提到极致，反而被他们轻视。对臣子施以恩惠来满足他们的要求，当恩惠用尽时，反而遭到他们的轻慢。蜀地之所以没落衰败，就是因为这个。现在我用法令来震慑他们，法令得以推行，他们就懂得了感恩。用官爵来限制他们,再给他们加官晋爵,他们就产生了荣誉感。荣誉感和恩宠相辅相成,上下级之间有礼有节,治国为政的要领也就清晰地显现出来了。”

点评:无论治国还是治人,都要先立规矩,先威而后恩。人的内心有了规矩和敬畏,才知道感恩。刑罚和恩惠是治理的两个方面,政令松弛时,就要加重刑罚立规矩;政令严苛时,就要推行恩惠笼人心。具体如何运用,要视当时的国情而定,不能一味拘执。总之要恩威并施、情法兼用、奖善罚恶,引导臣民知敬畏、懂感恩,从而达到治理的目的。

陆俟治怀荒

原文:魏主征陆俟为散骑常侍,出为怀荒镇大将,未期岁,高车诸莫弗讼俟严急无恩,复请前镇将郎孤。魏主征俟还,以孤代之。俟既至,言于帝曰:“不过期年,郎孤必败,高车必叛。”帝怒,切责之,使以建业公归第。明年,诸莫弗果杀郎孤而叛。帝大惊,立召俟问之曰:“卿何以知其然也?”俟曰:“高车不知上下之礼,故臣临之以威,制之以法,欲以渐训导,使知分限。而诸莫弗恶臣所为,讼臣无恩,称孤之美。臣以罪去,孤获还镇,悦其称誉,益收名声,专用宽恕待之。无礼之人,易生骄慢,不过期年,无复上下,孤所不堪,必将复以法裁之。如此,由众心怨怼,必生祸乱矣。”帝笑曰:“卿身虽短,思虑何长也!”即日复以为散骑常侍。

(第一百二十二卷　宋纪四)

北魏太武帝拓跋焘任命陆俟担任散骑常侍,出任北方六镇之一的怀荒镇大将。当时蒙古草原上的游牧民族高车族受强大的柔然部落压迫,先后有几十万人南下依附北魏,被安置到六镇地区。陆俟上任不到一年,高车部落的酋长就向北魏朝廷举报陆俟用法峻急,刻薄寡恩,请求让前任镇将郎孤再回来。太武帝于是召陆俟回京,让郎孤去取代他。陆俟回京后,对太武帝说:“不出一年,郎孤一定失败,高车必定反叛。”太武帝大怒,狠狠责备了陆俟,让他解职回家。第二年,高车酋长果然杀了郎孤反叛。太武帝大惊,马上召来陆俟询问:“你怎么知道会有今天?”陆俟说:“高车人野蛮愚昧,根本不懂上下尊卑之礼,所以我才用威严打压他们,用法律制裁他们,想通过慢慢训导使他们知道分寸和界限。但酋长们厌恶我的做法,所以控告我刻薄寡恩,称赞郎孤的美德。我获罪离去,郎孤重新回去任镇将,满足于人们对他的赞誉,越发专意于博取名声,专门用宽恕之礼对待高车人。但高车人都是不懂礼仪之人,很容易骄纵怠慢,不超过一年,就会完全乱了尊卑上下的规矩,郎孤不能忍受,必将重新用法律制裁他们。如此一来,这些人就会心生怨恨,一定会发生祸乱。”太武帝笑着说:“你的个子虽然矮小,思虑却很长远啊!”当天就重新任命陆俟为散骑常侍。

点评:拓跋焘以为陆俟的预言是出于嫉妒、心怀不平而发泄情绪,实际上陆俟是经过理性思考推演出的必然结论,并不是负气之言。可见其深通先威后恩的管理之道。管理者只有通过严格的管理先建立起规矩,让大家知道什么能做,什么不能做,有所戒惧之后,再施以恩惠,人们才会懂得感恩。如果一味放纵市恩,下面的人就会毫无规矩可言。等到管理者忍无可忍稍加约束时,就会引起不满和反抗,使管理无法推行甚至失败。可见,人都是惯出来的,也是管出来的。如何引导与管理,全在于管理者自身的水平。

唐太宗责赏李靖

原文:丁亥,御史大夫萧瑀劾奏李靖破颉利牙帐,御军无法,突厥珍物,虏掠俱尽,请付法司推科。上特敕勿劾。及靖入见,上大加责让,靖顿首谢。久之,上乃曰:“隋史万岁破达头可汗,有功不赏,以罪致戮。朕则不然,录公之功,赦公之罪。”加靖左光禄大夫,赐绢千匹,加真食邑通前五百户。未几,上谓靖曰:“前有人谗公,今朕意已寤,公勿以为怀。”复赐绢二千匹。

(第一百九十三卷 唐纪九)

唐朝名将李靖大破突厥颉利可汗,却遭到了御史大夫萧瑀的弹劾。萧瑀认为李靖治军无方,在攻破颉利可汗牙帐时,放纵士兵把突厥的奇珍异宝抢劫一空,请求将李靖交付司法部门审查。唐太宗没有接受萧瑀的意见,对李靖的过失不予追究。但在李靖晋见时,先是狠狠地责备了他,然后说:“隋朝名将史万岁破达头可汗有功,却遭奸臣杨素陷害,不但没有得到封赏,反而被捏造罪名杀害。我却不像隋文帝那样,这次只记录你的功劳,你的过错就不惩罚。”于是封李靖为左光禄大夫,赐绢千匹,又把他的食邑增加到五百户。不久后,唐太宗对李靖说:“先前有人诋毁你,现在我已经醒悟了,请你不要介怀。”他又赏赐给李靖二千匹绢。

点评:考核下属的功过时要看基本面,观其行为和结果,而不能以瑕掩瑜,更不能忘功记过。如果不赏赐功劳只惩罚过失,则太过刻薄、难服人心。这对于领导来说有伤宽厚之德、断事之明,而对于建功立业者来说更实足寒心。所以英明的君主都会以宽厚为怀,选择私下责备臣子的过失,而公开表彰其功勋。如此恩威并施,既可起到威慑警示的作用,又可使臣子感恩戴德誓死效忠。

唐宣宗御下

原文:上临朝,接对群臣如宾客,虽左右近习,未尝见其有惰容。每宰相奏事,旁无一人立者,威严不可仰视。奏事毕,忽怡然曰:"可以闲语矣!"因问闾阎细事,或谈宫中游宴,无所不至。一刻许,复整容曰:"卿辈善为之,朕常恐卿辈负朕,后日不复得相见。"乃起入宫。令狐绹谓人曰:"吾十年秉政,最承恩遇;然每延英奏事,未尝不汗沾衣也!"

(第二百四十九卷　唐纪六十五)

唐宣宗李忱是唐朝的第十六位皇帝,他在位期间励精图治、勤于政事,明察善断、从谏如流,文治武功都颇有建树,使经历安史之乱后的晚唐再次有了一抹生机和亮色,被后世称为"小太宗"。唐宣宗每次临朝听事都端庄肃穆,对待群臣就像对待宾客一样礼节俨然,大家从没见过他有倦怠的神色。每次宰相奏报政事时,他都一丝不苟、严肃认真地听取,其威严的神态令人不敢仰视。等到政事都奏报完了,唐宣宗会忽然放松下来,非常轻松愉快地对大家说:"我们可以聊聊闲话了!"于是他就会问大臣们一些街头巷尾的琐屑杂事,或者谈论些宫中的宴饮游乐之事,家长里短无所不谈。闲聊一会儿后,他又忽然板起面孔说:"你们要努力工作,我常常担心你们会辜负了我的一番心意,使日后不能再相见。"说完就起身入宫。宰相令狐绹对人说:"我执掌政务十年,最受皇上的恩遇,可是每次在延英殿奏事,没有不汗流浃背的。"

点评:唐宣宗处理政务时端严整肃,一丝不苟,又深通恩威并施、张弛有度的驭下之道,所以令宰相和群臣们诚惶诚恐,敛息屏气,不敢有丝毫的疏忽懈怠。

（六）利益共享

刘邦厚遇英布

原文：楚使项声、龙且攻九江，数月，龙且破九江军。布欲引兵走汉，恐楚兵杀之，乃间行与何俱归汉。十二月，九江王至汉。汉王方踞床洗足，召布入见。布大怒，悔来，欲自杀；及出就舍，帐御、饮食、从官皆如汉王居，布又大喜过望。于是乃使人入九江；楚已使项伯收九江兵，尽杀布妻子。布使者颇得故人、幸臣，将众数千人归汉。汉益九江王兵，与俱屯成皋。

（第十卷　汉纪二）

项羽入函谷关后，以霸王的身份分封天下，封黥布为九江王。楚汉相争之际，刘邦派使者随何游说黥布背楚归汉，黥布听从了随何的建议，出兵攻打楚国。于是项羽派项声、龙且进攻九江国。经过几个月的战斗，龙且大败黥布。于是黥布扔下部队，跟着随何从小道逃到了汉营。黥布求见刘邦时，刘邦正坐在床边洗脚，毫不避讳且很随意地就召见了黥布。黥布羞愤交加，非常后悔来投奔刘邦，甚至想要自杀。等回到刘邦为自己安排的驻地，发现那里的帷帐、用具、饮食、侍从官员的规格都和刘邦的一模一样，于是又大喜过望，赶紧派人去九江国联系旧部，带着几千人回到了汉营。刘邦又给黥布增拨了兵力，让他率部与自己一起驻扎在成皋。

点评：汉王刘邦不拘小节，对待下属向来傲慢无礼，但却不吝封赏，能够让下属实实在在地得到好处。所以即使他颐指气使，下面的人也甘愿为其效力。反观项羽，在应该封官赏爵时，却把刻好的官印捏在手里，把玩得磨去了棱角也不舍得授予他人，这也是导致他众叛亲离的原因之一。可

见，身为领导一定要懂得利益共享，才能笼络凝聚人心。

（七）公正无私

诸葛亮至公至正

原文：丞相长史张裔常称亮曰："公赏不遗远，罚不阿近，爵不可以无功取，刑不可以贵势免，此贤愚所以佥忘其身者也！"

陈寿评曰：诸葛亮之为相国也，抚百姓，示仪轨，约官职，从权制，开诚心，布公道；尽忠益时者，虽仇必赏，犯法怠慢者，虽亲必罚，服罪输情者，虽重必释，游辞巧饰者，虽轻必戮，善无微而不赏，恶无纤而不贬；庶事精练，物理其本，循名责实，虚伪不齿；终于邦域之内，感畏而爱之，刑政虽峻而无怨者，以其用心平而劝戒明也。可谓识治之良才，管、萧之亚匹矣。

初，长水校尉廖立，自谓才名宜为诸葛亮之副，常以职位游散，快快怨谤无已，亮废立为民，徙之汶山。及亮卒，立垂泣曰："吾终为左衽矣！"李严闻之，亦发病死。

（**第七十二卷　魏纪四**）

蜀国的丞相长史张裔经常称赞诸葛亮说："他赏赐时不遗漏疏远的人，惩罚时也不因是自己亲近的人就宽恕，封爵时没有功劳的人就不能取得，刑罚时也不因为谁有权势就免除，这就是无论贤愚都愿意舍身相随的原因。"

陈寿评价说：诸葛亮当丞相，无论是安抚百姓，还是约束官吏，都依法而行，对人开诚布公，推心置腹，执法公平公正，不以亲疏害公义，根据心术做权衡。惩恶扬善，重在治本，力求真实，厌恶虚伪，最终蜀国上下都感激爱戴他。法律政令虽然严厉但却无人怨恨他,是因为他用心、公平而且训诫、劝勉明白无误。可以说他是深谙治国之道的优秀人才,可与管仲、萧何相比。

当初,长水校尉廖立,因为不能做诸葛亮的副手而怏怏不乐,抱怨不已,诸葛亮把他流放到汶山。诸葛亮去世后,廖立哭着说:“我终身要做野人了。”李严因贻误军机被废为平民,听说诸葛亮病逝后,认为自己再也没有机会被起用,遂忧愤而死。

点评:诸葛亮治国以法律为准绳,以原则和公心为处事准则,杜绝因私心妨碍公务,真正做到了公平、公正、周密、严谨,治人力求奖善罚恶、去伪存真,以此来引导政风、推行教化。因其至公至正、坦荡无私,所以受到万民甚至罪人的景仰爱戴。习凿齿说:水最平、镜最明,水跟镜子能让万物发现自己的不平和丑陋,但却不被怨恨的原因,是它们无私。大人君子怀着慈悲之心,布施宽恕的恩德,法律在不得已时才使用,刑罚加于罪犯本身,赐封官爵不是因为私心,动用诛罚也不是因为愤怒,天下哪还会有不服从的人呢?

唐太宗论功行赏

原文:己酉,上面定勋臣长孙无忌等爵邑,命陈叔达于殿下唱名示之,且曰:“朕叙卿等勋赏或未当,宜各自言。”于是诸将争功,纷纭不已。淮安王神通曰:“臣举兵关西,首应义旗,今房玄龄、杜如晦等专弄刀笔,功居臣上,臣窃不服。”上曰:“义旗初起,叔父虽首唱举兵,盖亦自营脱祸。及窦建德吞噬山东,叔父全军覆没;刘黑闼再合余烬,叔父望风奔北。玄龄等运筹帷幄,坐安社稷,论功行赏,固宜居叔父之先。叔父,国之至亲,朕诚无所爱,但不可以私恩滥与勋臣同赏耳!”诸将乃相谓曰:“陛下至公,虽淮安王尚无所私，吾侪何敢不安其分。”遂皆悦服。房玄龄尝言：“秦府旧人未迁官者，皆嗟怨曰：‘吾属奉事左右，几何年矣，今除官，返出前宫、齐府人之后。’”上曰：“王者至公无私，故能服天下之心。朕与卿辈日所衣食，皆取诸民者也。故设官分职，以为民也，当择贤才而用之，岂以新旧为先后哉！必也新而贤，旧而不肖，安可舍新而取旧乎！今不论其贤不肖而直言嗟怨，岂为政之体乎！”

（第一百九十二卷　唐纪八）

唐太宗与众大臣公开讨论开国元勋的功劳排名并予以赏赐。唐太宗的堂叔、淮安王李神通说：“我在关西首先响应高祖起兵，现在房玄龄、杜如晦等刀笔文吏功劳反而在我之上，我不服气。”唐太宗说：“叔父您虽然首先响应义旗起兵，但也是为了摆脱自身的灾祸，而且您屡次打败仗。房玄龄等运筹帷幄，有安定社稷之功，论功行赏，理应排在叔父前面。叔父您是皇亲国戚，我对您确实没有什么可吝惜的，但却不能因私恩而混淆功劳去滥赏。”诸将于是相互议论说：“陛下公平至极，即使是对淮安王也无所偏私，我们这些人还有什么好说的。”于是都心悦诚服。房玄龄曾经对唐太宗说：“秦王府那些没有升官的旧人都抱怨说：‘我们在陛下左右侍奉也多年了，现在官职反而在前太子宫和齐王府那些僚属之下。’”唐太宗说：“为王者因为大公无私才能使天下人心服，我跟你们每天的衣食，都取自百姓。所以设置官职，都是为了百姓，应当择取天下贤才而用，哪能因为是新人还是旧人来决定选拔的先后呢？假如新人贤能，旧人没有才能，怎么可以舍弃新人而选择旧人呢！现在不说他们自己有没有才能而一味埋怨，这岂是为政之道！”

点评：君主评判下属的功过是非一要公心至上，二要见解独到，如此才能以理服人。论功行赏，着眼点在“功”上，即对事业的贡献有多大，而不是谈忠诚、晒功劳、摆资格。分辨贡献的大小不能感情用事，而应理性客观

地评价。要善于透过表象看本质,看下属所做贡献在全局中所起的作用,是决定性的还是从属性的,是核心的还是边缘的。选拔人才,要把唯才是举放在首位,英雄不问出处,不论资排辈,不拉帮结派,不搞山头和圈子,而应放开胸怀、放大格局、放眼天下撷取英才。如此方能呈现海纳百川之大气象,成就蓬勃恢宏之大功业。

陆贽谏唐德宗

原文:贽复上言,……以为:"王者待人以诚,有责怒而无猜嫌,有惩沮而无怨忌。斥远以儆其不恪,甄恕以勉其自新;不儆则浸及威刑,不勉而复加黜削,虽屡进退,俱非爱憎。行法乃暂使左迁,念材而渐加进叙,又知复用,谁不增修!何忧乎乱常,何患乎蓄憾!如或以其贬黜,便谓奸凶,恒处防闲之中,长从摈弃之例,则是悔过者无由自补,蕴才者终不见伸。凡人之情,穷则思变,含凄贪乱,或起于兹。……"上不听。

(第二百三十四卷　唐纪五十)

宰相陆贽向唐德宗进言,大致意思是说:君主要以诚待人,臣子触犯了法律法规,可以依法惩处他们,但不能感情用事,从此就从内心嫌弃、疏远、猜忌他们。因为人无完人,谁都有犯错误的时候,惩罚犯错误的人是为了让他们改过自新、重新做人。一旦他们知错能改,就要重新加以提拔任用。这样,大家都知道改正错误后可以被重新起用,谁还能不奋勉修身呢!如果因为下属犯了一次错误,就永远弃置不用,就会令他们心生绝望,生出怨恨逆乱之心。唐德宗却不听。

点评:唐德宗生性猜忌苛刻,心胸狭隘,所以很难放手任用贤才开创恢宏的局面。陆贽针对他的性格特点进言,大体提出两项用人理念:一是要赏

罚分明，就事论事，对事不对人，该赏则赏，该罚则罚，公心至上，赏罚有据。而不应掺杂个人感情，意气用事。而且也不能一事定终身，既不能放松对受过奖赏之人的管理，以免其骄纵懈怠，马失前蹄，也不能把受过处罚的人一棍子打死，要给人改过自新、立功赎罪的机会。这样所有的人既有戒惧又有希望，人人均向善抑恶，政风何愁不饬。二是选拔任用人才不能光看其言辞是否动听，也不能全凭爱憎好恶跟着感觉走，更不能随心所欲滥用权力，而要根据制度客观公正地进行评判选拔。不但要听其言，而且要观其行，善于发现人的优缺点，然后扬长避短、量才而用，聚合各类人才以成就功业。说白了，就是选人用人、奖惩赏罚一定要公心至上，一切以国家利益为重，杜绝个人私心，而这完全取决于君主的气度格局。

（八）公私分明

申屠嘉为相

原文：八月，戊戌，丞相张苍免。帝以皇后弟窦广国贤、有行，欲相之，曰："恐天下以吾私广国，久念不可。"而高帝时大臣，余见无可者。御史大夫梁国申屠嘉，故以材官蹶张从高帝，封关内侯；庚午，以嘉为丞相，封故安侯。嘉为人廉直，门不受私谒。是时，太中大夫邓通方爱幸，赏赐累钜万；帝尝燕饮通家，其宠幸无比。嘉尝入朝，而通居上旁，有怠慢之礼。嘉奏事毕，因言曰："陛下幸爱群臣，则富贵之；至于朝廷之礼，不可以不肃。"上曰："君勿言，吾私之。"罢朝，坐府中，嘉为檄召通诣丞相府，不来，且斩通。通恐，入言上。上曰："汝第往，吾令使人召若。"通诣丞相府，免冠、徒跣，顿首谢嘉。嘉坐自如，弗为礼，责曰："夫朝廷者，高帝之朝廷也。通小臣，戏殿上，大不敬，当斩。吏！今行斩之！"通顿首，首尽出血，不解。

上度丞相已困通,使使持节召通而谢丞相:“此吾弄臣,君释之!”邓通既至,为上泣曰:“丞相几杀臣!”

(第十五卷　汉纪七)

汉文帝因丞相张苍错估历法并举荐非人而将其罢免,之后想再选一位德才兼备的丞相。他首先想到的是窦皇后的弟弟、自己的小舅子窦广国。窦广国非常贤能,品行又好,可汉文帝左思右想,又怕天下人认为他是出于私心,于是作罢。后来汉文帝又想从跟随过汉高祖的旧臣里选择丞相,选来选去,选到了曾经以步兵弓弩手的身份跟随过高帝征战的申屠嘉,于是就任命申屠嘉做了丞相。申屠嘉为人正直,廉洁自律,在家中不接受任何私人拜访。当时,汉文帝的弄臣邓通正受到汉文帝的宠爱,有一次申屠嘉去皇宫朝见汉文帝,邓通正在汉文帝身边侍候,礼节非常随意。申屠嘉提醒汉文帝说:“陛下如果想宠信臣子,可以让他富贵,但朝廷之礼不可亵渎。”等回到丞相府后,他就命人用公文召邓通前来,邓通不来,申屠嘉就扬言要斩了邓通。邓通害怕了,跑进宫里向汉文帝求救。汉文帝安慰他说:“别害怕,你只管去,我一会儿就派人把你召回来。”邓通来到丞相府,摘下帽子,光着脚,向申屠嘉磕头谢罪。申屠嘉安然而坐,对邓通不予理睬,紧接着训斥他说:“朝廷,是高祖的朝廷,你邓通只不过是一个小臣,竟敢在殿上嬉戏,你已经犯了大不敬之罪,应当斩首。来人啊,把他给我拉下去斩了!”邓通吓得不停磕头,磕得头上到处流血,申屠嘉仍不饶恕。汉文帝估计丞相已经令邓通受到了惩罚,就派人拿着符节来召回邓通,并且向丞相致歉说:“这是我的弄臣,您就放了他吧!”邓通回来后,哭着对汉文帝说:“丞相差点杀了我!”

点评:举贤有时要避亲,否则舆论就会认为你任人唯亲。为得到一个人才而伤害天下公意,代价太大了。所以贤明的君主一般会权衡利弊,忍痛割爱。门不受私谒应作为官吏的座右铭。因为官职是公器,权力是国家赋予的，所以在其位要谋其政，而不应以权谋私、公器私用。对于弄臣，可以使其富贵，但不能使其沾染权柄，因为这些人大都能力低下，不具备执政的能力。一旦仗势弄权，就会给国家和个人带来双重祸患。汉文帝聪明睿智，玩物而不丧志，与丞相演了一出绝妙的双簧。既尊重了丞相的意愿，显示了以国事为重的态度，又回护安抚了弄臣，平衡得恰到好处。其立足点还是国家利益至上，克制了私人感情，这种明智和冷静是很难得的。申屠嘉则是假戏真做，但火候把握得恰到好处，其醉翁之意不在酒，表面上是威慑邓通，实则是在警示曲谏汉文帝。

唐宣宗不以优人乐工害法

原文：教坊祝汉贞，滑稽敏给，上或指物使之口占，摹咏有如宿构，由是宠冠诸优。一日，在上前抵掌诙谐，颇及外事，上正色谓曰：“我畜养尔曹，正供戏笑耳，岂得辄预朝政邪！”自是疏之。会其子坐赃，杖死，流汉贞于天德军。

乐工罗程，善琵琶，自武宗朝已得幸。上素晓音律，尤有宠。程恃恩暴横，以睚眦杀人，系京兆狱。诸乐工欲为之请，因上幸后苑奏乐，乃设虚坐，置琵琶，而罗拜于庭，且泣。上问其故，对曰：“罗程负陛下，万死，然臣等惜其天下绝艺，不复得奉宴游矣！”上曰：“汝曹所惜者罗程艺，朕所惜者高祖、太宗法。”竟杖杀之。

（第二百四十九卷　唐纪六十五）

唐宣宗时，宫廷教坊里有一名优人叫祝汉贞，非常滑稽敏捷，唐宣宗随便指一样东西，他都能即兴编一个段子，就好像早就编好了一样，于是受到唐宣宗特别的宠爱。有一天祝汉贞在唐宣宗面前手舞足蹈地说笑话，涉及很多外朝政事，唐宣宗严肃地对他说：“我养活你们这些人，就是为了供我取乐放松,你怎敢干预朝政。”从此就疏远了他。恰逢祝汉贞的儿子因贪赃被杖杀,唐宣宗就借机把祝汉贞流放到了天德军中。

宫廷有个乐工叫罗程,弹得一手好琵琶,唐宣宗精通音律,因此特别宠爱他。罗程恃宠而骄,因为一点小矛盾就杀了一个人,被逮捕入狱。其他乐工想为他向唐宣宗求情,趁唐宣宗临幸后苑听演奏时,就设了一个空座位,把琵琶放在上面,团团拜倒在庭院中,一起哭泣。唐宣宗问他们缘故,这些乐工回答说:“罗程辜负了陛下的宠爱,罪该万死,可是我们可惜他天下无双的绝技,再也不能侍奉您宴饮游乐了!”唐宣宗说:“你等珍惜的是罗程的技艺,我所珍惜的是高祖和太宗的法律。”最后将罗程杖杀。

点评:唐宣宗十分清醒理智,休闲娱乐和国法规矩分得很清,绝不玩物丧志或因宠幸身边的小人、弄臣而丧失原则。这一点很多君主都做不到。

郭威诛故吏

原文:莱州刺史叶仁鲁,帝之故吏也,坐赃绢万五千匹,钱千缗,庚午,赐死;帝遣中使赐以酒食曰:“汝自抵国法,吾无如之何!当存恤汝母。”仁鲁感泣。

(第二百九十一卷　后周纪二)

莱州刺史叶仁鲁是后周太祖郭威的老部下,因贪污被判死罪。后周太祖派人赐给他酒和食物,说:“你自己触犯了国法,我也没办法!但我会照顾抚恤好你的母亲。”叶仁鲁感激而泣。

点评:后周太祖重国法也重感情,但能做到公私分明,执法如山。虽然不得已诛杀旧吏,但关怀痛惜之情溢于言表,显得仁至义尽,充满温情。叶

仁鲁此时不仅是感动,一定也饱含羞愧和痛悔吧。

(九)功过分明

冯奉世不得封侯

原文:奉世遂西至大宛。大宛闻其斩莎车王,敬之异于他使,得其名马象龙而还。上甚说,议封奉世。丞相、将军皆以为可,独少府萧望之以为:“奉世奉使有指,而擅矫制违命,发诸国兵,虽有功效,不可以为后法。即封奉世,开后奉使者利以奉世为比,争逐发兵,要功万里之外,为国家生事于夷狄,渐不可长。奉世不宜受封。”上善望之议,以奉世为光禄大夫。

(第二十五卷　汉纪十七)

汉宣帝时,冯奉世奉命护送西域大宛等国的宾客回国。行到伊循城时,听说莎车国背叛了西汉,还杀了西汉的使者,冯奉世于是用符节征调西域各国的军队共计一万五千人进攻莎车国,最终攻破莎车城,莎车王自杀。冯奉世继续西行到达大宛,大宛国王听说冯奉世杀了莎车王,对他特别恭敬,而且还向汉朝皇帝进贡了一匹名马,名叫象龙。冯奉世回到长安后,汉宣帝非常高兴,与群臣商议要封冯奉世为侯。群臣都认为可以,唯独少府萧望之反对。萧望之认为:“冯奉世作为使者,有自己的任务和使命,但他却擅自假托皇帝的命令征调各国军队,虽然最终建立了功勋,却不能以此作为后人的榜样。如果封了冯奉世,那以后出使的人就会争相效仿他,纷纷调动各国军队,企图在异域建功立业,在那里惹是生非,这种风气不能助长。”汉宣帝认为萧望之的言论很有道理,于是就任命冯奉世为光禄大夫,没有给他封侯。

点评: 萧望之很有管理意识和远见。管理就是要功过分明,一分为二地看待问题。不能因功掩过,助长不良风气。如果下属不遵从命令,擅自行动,虽取得了好的结果,也要坚决处理。否则,法令的严肃性和权威性就会遭到破坏,管理便无从谈起。

(十)杀一儆百

卫嗣君以一都买一胥靡

原文: 卫平侯薨,子嗣君立。卫有胥靡亡之魏,因为魏王之后治病。嗣君闻之,使人请以五十金买之。五反,魏不与,乃以左氏易之。左右谏曰:"夫以一都买一胥靡,可乎?"嗣君曰:"非子所知也。夫治无小,乱无大。法不立,诛不必,虽有十左氏,无益也。法立,诛必,失十左氏,无害也。"魏王闻之曰:"人主之欲,不听之不祥。"因载而往,徒献之。

(第二卷　周纪二)

战国时卫国的第四十一任国君是卫嗣君。卫嗣君十年,卫国有个囚犯逃到了魏国,此人精通医术,恰巧魏国的王后生病,他便给王后看病。卫嗣君听说后,与魏国多次交涉,打算用五十金把这个逃犯换回来,魏国就是不给。后来卫嗣君就决定用左氏城去换,手下人劝他说:"用一座城去换一个犯人,值得吗?"卫嗣君说:"这就不是你们所能知道的了。治理国家没有小事,认真对待小事,就不会有大的祸乱。法令没有建立,该杀的不杀,即使有十座左氏城,又有什么用处呢。法令建立起来,该杀的则杀,就是失去十座左氏城,也没什么危害。"魏王听说后感慨地说:"国君一心想要做的事，拒绝他恐怕会不吉利。"于是用车把那个犯人送回了卫国，把他献给了卫嗣君，什么也没要。

点评：卫嗣君以坚定的决心维护法纪的严明，旗帜鲜明地展示治国理念，从而震慑人心。当治下的百姓对作奸犯科不敢再心存侥幸时，国家自然会安定。

彭越起兵

原文：春，二月，沛公北击昌邑，遇彭越；彭越以其兵从沛公。越，昌邑人，常渔钜野泽中，为群盗。陈胜、项梁之起，泽间少年相聚百余人，往从彭越曰："请仲为长。"越谢曰："臣不愿也。"少年强请，乃许；与期旦日日出会，后期者斩。旦日日出，十余人后，后者至日中。于是越谢曰："臣老，诸君强以为长。今期而多后，不可尽诛，诛最后者一人。"令校长斩之。皆笑曰："何至于是！请后不敢。"于是越引一人斩之，设坛祭，令徒属，皆大惊，莫敢仰视。乃略地，收诸侯散卒，得千余人，遂助沛公攻昌邑。

（第八卷　秦纪三）

彭越，西汉初年三大名将之一。彭越是昌邑人，最初以打渔为生，暗中伙同一帮人做强盗。陈胜、项梁举兵反秦时，水泽中的年轻人聚集在一起，请求彭越做他们的首领，以响应全国的起义。彭越一再推辞，而青年们执意请求，彭越才答应了，并与大家约定第二天日出时集合，迟到者斩首。第二天早上，众人稀稀拉拉而来，其中有十几个人迟到，最后一个直到中午才来。彭越于是抱歉地对众人说："我老了，本来不想参与你们的事，但你们执意推举我为首领。既然如此，你们就要听从我的号令。今天许多人都没有按约定的时间到，按军法本应全部处死，但法不责众，那么就把最后到的人斩首吧。”众人都说笑道：“至于这样吗，以后不敢就是了。”彭越二话没说，命校长拉出那个人直接就斩了，然后设置土坛，用人头祭祀，接着号令部属。部属们都惊恐万状，没有人敢抬头看他。彭越于是就率兵攻城略地，收集各路诸侯的游兵散勇，得到一千多人。正好刘邦北上攻打昌邑，碰到彭越，彭越就带领他的部队跟随了刘邦。

点评：做大事必须令出如山，有令必行才能形成合力，一盘散沙终将一事无成。彭越深明此理，所以杀一儆百，以此来立规矩树威信，收到了立竿见影的效果。

刘邦杀丁公

原文：布母弟丁公，亦为项羽将，逐窘帝彭城西。短兵接，帝急，顾谓丁公曰：“两贤岂相厄哉！”丁公引兵而还。及项王灭，丁公谒见。帝以丁公徇军中，曰：“丁公为项王臣不忠，使项王失天下者也。”遂斩之，曰：“使后为人臣无效丁公也！”

（第十一卷　汉纪三）

季布是项羽手下的猛将，他有个舅舅叫丁公，也在项羽帐下效力。彭城之战时，丁公追击刘邦，已将刘邦逼入绝境。危急时刻，刘邦回头对丁公说：“英雄何必为难英雄！”丁公一怔，于是就撤兵而回。项羽灭亡后，丁公去拜见刘邦，满以为刘邦会给他加官封爵，没想到刘邦却把他绑起来拉到军营中示众，并且晓谕众人：“丁公身为项王的臣子却不忠，使项王失去天下的就是这个人！”于是他就斩了丁公，并且说：“使后世为人臣者不要效仿丁公！”

点评：作为臣子，如果君主值得追随那就忠心耿耿效力，不值得追随就果断地另择明主（如陈平、韩信）。乱世之中，群雄逐鹿，敌对君主为招揽人才也一定会公然招降纳叛，这些都很正常。最可恨的就是那些为自己预留后路，吃里扒外或脚踏两只船骑墙观望的人，这类人都属于典型的投机小人。当两国相争胜负未定之际，这种人对敌国来说还有一定的利用价值，一旦天下一统，英明的君主一定会把他们当成反面典型，杀一儆百，以警告天下为人臣者不可怀有二心。

孝文帝治贪腐

原文：九月，魏诏，班禄以十月为始，季别受之。旧律，枉法十匹，义赃二十匹，罪死；至是，义赃一匹，枉法无多少，皆死。仍分命使者，纠按守宰之贪者。

秦、益二州刺史恒农李洪之以外戚贵显，为治贪暴，班禄之后，洪之首以赃败，魏主命锁赴平城，集百官亲临数之；犹以其大臣，听在家自裁。自余守宰坐赃死者四十余人。受禄者无不局蹐，赇赂殆绝。然吏民犯他罪者，魏主率宽之，疑罪奏谳多减死徙边，岁以千计。都下决大辟，岁不过五六人；州镇亦简。

（第一百三十六卷　齐纪二）

公元484年九月，北魏孝文帝颁下诏令，从本年十月开始，实行官员俸禄制。以前法律规定，贪污十匹绢，受贿二十匹绢的官员，才处以死刑。新法规定，只要受贿一匹绢，贪污则无论多少，一律处以死刑。同时，朝廷分派官员，到全国各地查办贪官污吏。

秦、益二州刺史李洪之，凭借外戚的身份，为官暴虐，贪赃枉法。实行俸禄制后,第一个被查出来。孝文帝命人把他押到平城,当着满朝文武大臣的面,历数他的罪状,命他在家中自尽。其余被查出有贪污受贿行为的地方官有四十多人,也全部处死。于是朝野震恐,贪污受贿之事几乎绝迹。可是,官吏和老百姓犯了其他罪,孝文帝一般都能宽大处理,从轻发落。由朝廷司法部门直接判处死刑的,每年不过五六人,地方上就更少了。

点评:北魏初期,为奖励军功,官员不设俸禄,主要以战利品自给。但到了和平年代,这种制度的弊端就越来越凸显了。官员们为了养家糊口,大都贪污受贿、巧取豪夺,使这种风气渐渐演变成一种官场生态,严重威胁到了北魏的统治。孝文帝为整顿吏治,遏制官场贪腐之风,推出了官吏俸禄制。与此同时,孝文帝制定严刑峻法惩治贪官污吏。而且令行禁止,说到做到,抓住典型,杀一儆百,收到了立竿见影的效果,北魏吏治因此大为改观。可见,治顽疾需下猛药,如此才能真正起到威慑作用。另外,将欲取之,必先予之,要求别人做好事情之前,首先要解决他的合理诉求。还有,一个时期只能抓一个主要矛盾,缓和次要矛盾,这样才能突出重点,并安抚平衡人心,防止因全面激化矛盾而使自己陷入被动。

(十一)妥协权变

王猛智激邓羌

原文:壬戌,猛遣将军徐成觇燕军形要,期以日中;及昏而返,猛怒,将斩之。邓羌请之曰:"今贼众我寡,诘朝将战;成,大将也,宜且宥之。"猛曰:"若不杀成,军法不立。"羌固请曰:"成,羌之郡将也,虽违期应斩,羌愿与成效战以赎之。"猛弗许。羌怒,还营,严鼓勒兵,将攻猛。猛问其故,羌曰:“受诏讨远贼;今有近贼,自相杀,欲先除之!”猛谓羌义而有勇,使语之曰:“将军止,吾今赦之。”成既免,羌诣猛谢。猛执其手曰:“吾试将军耳,将军于郡将尚尔,况国家乎,吾不复忧贼矣!”

…………

猛望燕兵之众,谓邓羌曰:“今日之事,非将军不能破勍敌,成败之机,在兹一举,将军勉之!”羌曰:“若能以司隶见与者,公勿以为忧。”猛曰:“此非吾所及也,必以安定太守、万户侯相处。”羌不悦而退。俄而兵交,猛召羌,羌寝不应。猛驰就许之,羌乃大饮帐中,与张蚝、徐成等跨马运矛,驰赴燕陈,出入数四,旁若无人,所杀伤数百。及日中,燕兵大败,俘斩五万余人,乘胜追击,所杀及降者又十万余人。评单骑走还邺。

（第一百零二卷　晋纪二十四）

前秦王苻坚命辅国将军王猛、猛将邓羌等人攻打前燕。王猛派邓羌的同乡、将军徐成去侦查前燕的阵地,结果徐成耽误了返回的时间。王猛大怒,要按军法斩了徐成。邓羌向王猛求情说:“敌众我寡,正是用人之际,暂且饶了他吧。”王猛不同意,邓羌一再向王猛求情,并许诺愿与徐成一起将功赎罪。王猛还是坚持依法行事,邓羌大怒,回营点兵,就要来攻打王猛。王猛问他为什么要这么做,邓羌说:“大敌当前,结果有人却要自相残杀,我先杀了他。”王猛听罢,不但没有生气,反而称赞邓羌勇敢仗义,并释放了徐成。邓羌见状,亲自向王猛谢罪。王猛拉着他的手说:“我这是在考验你,将军对同乡的将领尚且这么爱护,何况是对国家呢,我不再担心敌人了!”

等到两军交战,王猛看见前燕兵多将广,就对邓羌说:“今日之战,就全靠将军了,成败在此一举,您就尽力出击吧!”没想到邓羌在关键时刻,却将了王猛一军,让王猛答应胜利后委任他做司隶校尉。王猛说:“这个要求恐怕我办不到,但我保证能让你当上万户侯。”邓羌不悦,退下后就不再听从王猛的调遣。王猛见事态紧急,催马跑到邓羌面前,答应了他当司隶校尉的请求。邓羌大喜,在阵前开怀痛饮,然后与张蚝、徐成等将领驰马舞矛冲入前燕阵中,四进四出,如入无人之境。战到中午时分,大败前燕军队,斩首俘获十几万人,前燕统帅慕容评单枪匹马逃回邺城。

点评:俗话说:小不忍则乱大谋。做事既要有原则性又要有灵活性,要视具体情况而定。有时为了成就事业需要暂时放弃原则,作出让步,这是对一个人权变之术和情商的考验。王猛临机决断,见机行事,而且善于鼓舞激励人心,体现出兼容并包的气度和翻云覆雨、纵横捭阖的领导艺术,所以才能驾驭桀骜不驯的大将以成就其功。北魏史学家崔鸿对此评价说:邓羌为同乡将领求情而干扰军法,是滥徇私情;想率兵攻打王猛,是目无上级;临战要求当司隶校尉,是邀官求赏。有这三种行为,堪称大罪!但王猛能包容他的缺点,发挥他的优势,有如驯服猛虎,驾驭烈马,终使大功告成。《诗经》有云:“采摘萝卜和蔓菁,难道因为其根茎苦涩就不要了吗?其实有营养价值的恰恰是根茎。”王猛堪称是识得根本之人!

高欢缓正纲纪

原文:行台郎中杜弼以文武在位多贪污,言于丞相欢,请治之。欢曰:“弼来,我语尔!天下贪污,习俗已久。今督将家属多在关西,宇文黑獭常相招诱,人情去留未定;江东复有吴翁萧衍,专事衣冠礼乐,中原士大夫望之以为正朔所在。我若急正纲纪,不相假借,恐督将尽归黑獭,士子悉奔萧衍,人物流散,何以为国!尔宜少待,吾不忘之。”

欢将出兵拒魏,杜弼请先除内贼。欢问内贼为谁,弼曰:“诸勋贵掠夺百姓者是也。”欢不应,使军士皆张弓注矢,举刀,按槊夹道罗列,命弼冒出其间,弼战栗流汗。欢乃徐谕之曰:“矢虽注不射,刀虽举不击,槊虽按不刺,尔犹亡魄失胆。诸勋人身犯锋镝,百死一生,虽或贪鄙,所取者大,岂可同之常人也!”弼乃顿首谢不及。

欢每号令军士,常令丞相属代郡张华原宣旨,其语鲜卑则曰:“汉民是汝奴,夫为汝耕,妇为汝织,输汝粟帛,令汝温饱,汝何为陵之?”其语华人则曰:“鲜卑是汝作客,得汝一斛粟、一匹绢,为汝击贼,令汝安宁,汝何为疾之?”

(第一百五十七卷　梁纪十三)

东魏建立之初,行台郎中杜弼发现很多官员贪腐,就把这一情况报告给了东魏政权的实际控制人——丞相高欢,请求高欢严肃处理。高欢说:“官员贪腐的风气,由来已久。现在我国武将的家属大部分都在西魏,西魏丞相宇文泰经常以此对他们进行引诱,这些将军们内心还都在犹豫,到底是留在这里还是投奔西魏。江东梁朝的皇帝老儿萧衍,专门提倡儒家的那一套衣冠礼乐,我们这里的士大夫都对江东心向往之,认为那里才是华夏正统。我如果在这个时候急于整顿纲纪,恐怕武将都会跑到宇文泰那里,文官都会跑到萧衍那里,人才都四散离去了,国家还哪里像一个国家呢?你稍微等一等,我不会忘了这件事。”

高欢将要出兵抗击西魏,杜弼请求先清除内部的乱臣贼子。高欢问他谁是乱臣贼子,杜弼说:“就是那些掠夺百姓的功臣权贵。”高欢没有说话,命军士张弓搭箭,举刀握矛,面对面列成两排,让杜弼从中间走过去,杜弼吓得战战栗栗,汗流浃背。高欢才缓缓地对他说:“箭虽然搭在弓上但还没有射出,刀虽然高高举起但还没有落下,矛虽然握在手中但还没有刺出,你已经吓得魂不附体,心胆俱寒,那些功臣整天都要用身体和刀锋箭头接触,真是百死一生,他们当中虽然有的人贪婪鄙俗,但我从大处着眼,用的是他们的长处,岂能把他们等同于常人对待呢!”杜弼于是忙不迭地磕头谢罪。

高欢每次号令将士时,常命丞相属张华原宣读他的旨意,面对鲜卑人就说:“汉人是你们的奴仆,男人为你们耕种,女人为你们织布,送给你们粮食和布帛,供你们温饱,你们为什么还要欺凌他们呢?”面对汉人则说:“鲜卑人是你们的佣人,得到你们一斗米、一匹布,就为你们打仗卖命,让你们过上安宁的日子,你们为什么还要痛恨他们呢?”

点评:“水至清则无鱼,人至察则无徒。”特殊时期需采取权宜之计,灵活行事。杜弼正直清廉,疾恶如仇,个人品质很好,但书生气太重,不懂得权变的道理,更不懂得驭人之术,而且没有感同身受,不懂得换位思考,一味地站在道德制高点上指责别人。高欢作为一代枭雄,精通驾驭下属的权术和手段,深知战乱时期必须通过容忍贪腐的办法来笼络文武官员,让他们留下来继续替尚不稳固的东魏政权卖命,这是抓大放小、从大处着眼的精明之举。在对待民族矛盾的问题上,则采取两边疏通、左右安抚的办法来平衡双方心态,化解双方对立情绪,使他们尽量融合,然后为己所用。

(十二)难得糊涂

唐太宗不验考绩

原文:房玄龄、王珪掌内外官考,治书侍御史万年权万纪奏其不平,上命侯君集推之。魏徵谏曰:“玄龄、珪皆朝廷旧臣,素以忠直为陛下所委,所考既多,其间能无一二人不当!察其情,终非阿私。若推得其事,则皆不可信,岂得复当重任!且万纪比来恒在考堂,曾无驳正;及身不得考,乃始陈论。此正欲激陛下之怒,非竭诚徇国也。使推之得实,未足裨益朝廷;若其本虚,徒失陛下委任大臣之意。臣所爱者治体,非敢苟私二臣。”上乃释不问。

(第一百九十三卷　唐纪九)

唐太宗让房玄龄和王珪掌管官吏的考核，治书侍御史权万纪弹劾他们考核不公平，唐太宗命侯君集查验此事。魏徵劝谏道："房玄龄、王珪都是朝廷的老臣，一向以忠诚正直为陛下所信任和委派，他们考核的人数众多，其中难免会有一两个人考核不当。但是考察他们的本意，绝不是故意徇私。如果查验此事为实，那么他们两人就都不值得信任了，以后还怎么对他们委以重任呢！况且权万纪近来一直在考堂任职，也没说过什么，等到自身考核不过关，才开始上奏陈述此事。他的本意是想激怒陛下，并不是一心为国。如果查实此事，对朝廷也没有什么益处；如果本来就是假的，白白使陛下丧失了委任大臣的心意。我所爱护的是治国之体，并不是敢于对他们两人徇私。"唐太宗于是就放下此事，不再过问了。

点评：人非圣贤，孰能无过？工作干得多的人失误也会多，只要他一心为公，大方向没问题，又没犯原则性的错误，就应该体谅包容。领导工作的重点是选人用人，选好了人就要用人不疑，给他以充分的授权和信任，放手让他去干，而且要允许下属犯错误。所谓人至察则无徒，该糊涂时要糊涂。如果事事求全责备，下属怎能放开手脚工作？而且太过锱铢必较，无论查出问题与否，都会让下属有不被信任的感觉，从而打消工作的积极性。倘若真发现了无心之失，不处理则对公众无法交代，处理了副作用又太大，最终使领导自己陷入进退两难的尴尬境地。所以当领导真是一门学问，火候分寸要拿捏得恰到好处，无怪乎老子说"治大国若烹小鲜"。

唐太宗宽赦功臣

原文：君集之破高昌也，私取其珍宝；将士知之，竞为盗窃，君集不能禁，为有司所劾，诏下君集等狱。中书侍郎岑文本上疏，以为："高昌昏迷，陛下命君集等讨而克之，不逾旬日，并付大理。虽君集等自挂网罗，恐海内之人疑陛下唯录其过而遗其功也。臣闻命将出师，主于克敌，苟能克敌，虽贪可赏；若其败绩，虽廉可诛。是以汉之李广利、陈汤，晋之王濬，隋之韩擒虎，皆负罪谴，人主以其有功，咸受封赏。由是观之，将帅之臣，廉慎者寡，贪求者众。是以黄石公《军势》曰：'使智，使勇，使贪，使愚，故智者乐立其功，勇者好行其志，贪者急趋其利，愚者不计其死。'伏愿录其微劳，忘其大过，使君集重升朝列，复备驱驰，虽非清贞之臣，犹得贪愚之将，斯则陛下虽屈法而德弥显，君集等虽蒙宥而过更彰矣。"上乃释之。

又有告薛万均私通高昌妇女者，万均不服，内出高昌妇女付大理，与万均对辩。魏徵谏曰："臣闻'君使臣以礼，臣事君以忠'。今遣大将军与亡国妇女对辩帷箔之私，实则所得者轻，虚则所失者重。昔秦穆饮盗马之士，楚庄赦绝缨之罪，况陛下道高尧、舜，而曾二君之不逮乎！"上遽释之。

（第一百九十五卷　唐纪十一）

公元639年，因高昌王切断西域与大唐的商业往来，唐太宗于是派侯君集率兵攻打高昌。侯君集攻破高昌后，私自掠夺了大量珍宝，手下将士知道后也开始争相偷盗金银珠宝。侯君集班师回朝后，被有关部门弹劾，唐太宗下令将他逮捕入狱。中书侍郎岑文本因此向唐太宗上奏，他认为："将士出征的主要目的是破敌制胜，如果打了胜仗，即使有一些小的过错，也应该奖赏。如果战败，细节做得再完美也无济于事。历代的名将，很少有不犯错误的，但英明的君主都念及他们的功劳，而对他们予以封赏。如果此时将侯君集问罪，就会让人觉得陛下只记住臣子的过错而遗忘其功劳。黄石公《军势》中说：'要善于利用将士们的智慧、勇敢、贪婪、愚钝，使他们为我所用。'希望陛下记住他微小的功劳，忘记其大的过错，使侯君集能够重列朝班，供陛下驱使。虽然他不是什么清廉忠贞的臣子，但陛下好歹也算得到了贪婪愚钝的将领，这样陛下虽然放宽了刑罚，但宽厚的恩德却愈发显扬，侯君集虽蒙受宽赦但罪过却更加彰显。"唐太宗于是释放了侯君集。

不久,又有人告大将军薛万均私通高昌女人,唐太宗命高昌女人与薛万均对质,魏徵劝谏道:“君主对臣子以礼相待,臣子侍奉君主才能忠心耿耿。现在让大将军与一个亡国女子对质帷幕内的私情,如果情况属实得到的很少,如果情况虚假则失去的很多。以前秦穆公赐给偷盗他马匹的百姓酒喝,楚庄王赦免了调戏他爱姬而被扯断帽缨的大臣,陛下道行高于尧、舜,反而不及秦穆公和楚庄王吗?”唐太宗听后,急忙把薛万均和高昌女子放了。

点评:在古代,人们当兵的目的就是“吃粮拿饷,升官发财”。所以有的将领为了取胜,不惜许诺手下的将士克城后可随意抢掠甚至屠城,以激发他们的斗志。这就是文中所说的利用将士的贪婪激发他们不怕死的愚钝。侯君集因吃独食而引发手下骚乱以至东窗事发,都是贪婪惹的祸。但考核下属,主要看他核心任务的完成情况,不必过分追究细节。如大事未完成,小节再完美也无济于事;大事完成了,即使在小节上不够检点,也不必太过苛责。这样既可对内保护特殊人才,又可对外彰显宽容的美德。在对待薛万均的问题上也是一样,何必因一点小节而大动干戈,从而因小失大、得不偿失呢?这两个例子都是难得糊涂的智慧典范。可见做任何事情都应该明白它的目的和后果,不可一味拘执,否则就是不通权变,枉顾人情。

（十三）善于激励

寇恂供军

原文：萧王将北徇燕、赵，度赤眉必破长安，又欲乘衅并关中，而未知所寄，乃拜邓禹为前将军，中分麾下精兵二万人，遣西入关，令自选偏裨以下可与俱者。时朱鲔、李轶、田立、陈侨将兵号三十万，与河南太守武勃共守洛阳；鲍永、田邑在并州。萧王以河内险要富实，欲择诸将守河内者而难其人，问于邓禹，邓禹曰："寇恂文武备足，有牧人御众之才，非此子莫可使也！"乃拜恂河内太守，行大将军事。萧王谓恂曰："昔高祖留萧何关中，吾今委公以河内；当给足军粮，率厉士马，防遏他兵，勿令北渡而已！"拜冯异为孟津将军，统魏郡、河内兵于河上，以拒洛阳。萧王亲送邓禹至野王，禹既西，萧王乃复引兵而北。寇恂调糇粮、治器械以供军；军虽远征，未尝乏绝。

（第三十九卷　汉纪三十一）

刘秀平定了河北后，打算向北夺取燕、赵之地，同时派邓禹挥师西进关中，准备趁赤眉军和更始帝相争之际坐收渔翁之利。当时，更始帝派重兵防守洛阳，直接威胁到刘秀在河北的根据地河内郡。河内郡地势险要，物产富饶殷实，是刘秀大军的物资供应地。刘秀担心自己和邓禹外出征战时河内郡没有得力的人驻守，会影响前线军需的补给，甚至会失守。这时，邓禹给他推荐了寇恂。刘秀马上任命寇恂为河内郡太守，并代行大将军之职。刘秀嘱咐寇恂说："当年汉高祖把萧何留在关中，今天我把河内郡委托给你。你一定要保证充足的军粮供应，秣马厉兵，遏制其他军队，不要让他们北渡黄河！"刘秀又任命冯异为孟津将军，驻军在黄河之畔，以阻止洛阳方面的进攻。刘秀和邓禹率军出发后，寇恂征调粮草，制造兵器军械供应大军，所以刘秀的军队虽然远征，物资却从不匮乏。

点评：刘秀听取邓禹的推荐，毫不犹豫就任命寇恂为河内郡太守，是对邓禹的充分信任和倚重，就像刘邦听取萧何的建议，任命韩信为大将军一样。刘秀对寇恂委以重任时给予了郑重的嘱托和殷切的期望，这是一种有效的激励。

刘秀慰勉冯异

原文：冯异与赤眉约期会战，使壮士变服与赤眉同，伏于道侧。旦日，赤眉使万人攻异前部，异少出兵以救之；贼见势弱，遂悉众攻异，异乃纵兵大战。日昃，贼气衰，伏兵卒起，衣服相乱，赤眉不复识别，众遂惊溃；追击，大破之于崤底，降男女八万人。帝降玺书劳异曰："始虽垂翅回谿，终能奋翼渑池，可谓失之东隅，收之桑榆。方论功赏，以答大勋。"

（第四十一卷　汉纪三十三）

刘秀派邓禹经略关中，想让他趁赤眉军和更始帝相争之际坐收渔翁之利，但日久无功，于是派将军冯异前去接替邓禹。冯异与邓禹在华阴会合，并与赤眉军交战，结果在回谿阪被赤眉军打得大败。冯异逃到渑池之南，重新整顿队伍，运用兵法策略，与赤眉军再战，最终大败赤眉军，俘虏八万余人。刘秀得到消息后，下诏书慰勉冯异说："你开始虽然在回谿阪垂下了翅膀，但最终能够在渑池一飞冲天，可谓是先失而后得，我要论功行赏，以酬谢你的大功。"

点评：刘秀以言辞慰勉冯异，语气间表现出对其胜利的欢欣喜悦，这些都

能在精神层面极大地鼓舞将士的士气；表明要论功行赏，则进一步从物质层面对将士的浴血奋战予以肯定和回报，可谓善用正激励。

骆统劝孙权尊贤接士

原文：功曹骆统劝权尊贤接士，勤求损益，飨赐之日，人人别进，问其燥湿，加以密意，诱谕使言，察其志趣。权纳用焉。

（第六十三卷　汉纪五十五）

三国时，吴国的功曹骆统劝孙权礼贤纳士，多征询他们的意见；在宴饮赏赐群臣之日，每个人都单独接见，询问他们的生活状况，显示出亲切关怀之意，鼓励发言，观察他们的志向和情趣。孙权都一一采纳。

点评：君主要善于用谦和、亲切、关怀、赞赏的态度，赢得下属的好感，消除下属的紧张情绪，从而拉近与下属的距离，让他们在温馨放松的状态下展示自己真实的才干和品性。

甘宁取黄祖

原文：张昭时在坐，难曰："今吴下业业，若军果行，恐必致乱。"宁谓昭曰："国家以萧何之任付君，君居守而忧乱，奚以希慕古人乎！"权举酒属宁曰："兴霸，今年行讨，如此酒矣，决以付卿。卿但当勉建方略，令必克祖，则卿之功，何嫌张长史之言乎！"

（第六十五卷　汉纪五十七）

三国时,东吴大将甘宁向吴主孙权陈述攻取荆州的策略,并提出应先攻黄祖。而长史张昭却反对用兵,并提出疑问说:"现在吴郡人心惶惶,如果大军真的出征,恐怕会生出祸乱。"甘宁对张昭说:"国家把您当成萧何那样的股肱之臣,把留守吴郡的重任托付给您,您却担心发生祸乱,怎么能够效仿古人呢!"孙权倾向于甘宁的建议,就举起酒杯向甘宁敬酒说:"兴霸,今年出征讨伐,就像这杯酒一样,我已经决心交付给你。你只管用心筹划方略,务求攻克黄祖,以此来建功立业,何必在乎张长史的话呢!"最后东吴三攻黄祖,最终将其擒获。

点评:孙权很善于激励,借敬酒语充分表达了对甘宁的授权、信任和期许,并顺势安抚化解了其情绪。

蔡祐不言勋

原文:祐每从泰战,常为士卒先,战还,诸将皆争功,祐终无所言。泰每叹曰:"承先口不言勋,我当代其论叙。"

(第一百五十八卷　梁纪十四)

西魏将领蔡祐每次跟随宇文泰作战,总是身先士卒。打完仗回来,各位将领都吵吵嚷嚷地争夺功劳,蔡祐却始终不说一句话。宇文泰每次都感叹地说:"承先闭口不谈自己的功劳,可我应当替他说清楚。"

点评:做领导的要明察秋毫,做到心里有数,不能让老实人吃亏。这既是对当事人的维护,也是对其他实干者的鼓励。

宇文邕博识

原文:周主乘常御马,从数人巡陈,所至辄呼主帅姓名慰勉之。将士喜于见知,咸思自奋。将战,有司请换马。周主曰:"朕独乘良马,欲何之!"周主欲薄齐师,碍暂而止,自旦至申,相持不决。

(第一百七十二卷　陈纪六)

公元576年,北周武帝宇文邕第二次率兵攻打北齐,攻克晋州的同时,派名将梁士彦驻守平阳。北齐后主高纬闻讯率兵前来争夺平阳,北周武帝也亲自率兵前来增援梁士彦,双方军队在平阳城下相遇。北周武帝骑着常骑的战马,带着几个人到阵前巡视,每到一处军阵前就停下来呼叫主帅的姓名并对其慰问勉励。将士们为能被北周武帝了解而感到格外高兴,都下决心奋力死战。战斗即将开始,有官员请北周武帝换乘良马。北周武帝说:"我一个人骑着骏马,要到哪里去呢!"北周武帝想更接近北齐军队一点儿,直到遇到护城河阻挡才停下来。双方军队对峙,从早上到下午,相持不下。

点评:领导能记得下属的名字并适时说些鼓励慰问的话,能令下属精神勃发、斗志倍增。这是性价比最高的鼓舞士气的方法。领导身先士卒,更能令群情昂扬振奋。

唐太宗反激贪官

原文:右骁卫大将军长孙顺德受人馈绢,事觉,上曰:"顺德果能有益国家,朕与之共有府库耳,何至贪冒如是乎!"犹惜其有功,不之罪,但于殿庭赐绢数十匹。大理少卿胡演曰："顺德枉法受财，罪不可赦，奈何复赐之绢？"上曰："彼有人性，得绢之辱，甚于受刑；如不知愧，一禽兽耳，杀之何益！"

（第一百九十二卷　唐纪八）

右骁卫大将军长孙顺德接受别人贿赂的绢帛，太宗知道后，不但没惩罚他，反而在大殿上当着满朝文武大臣的面又赐给他几十匹绢。大理寺少卿胡演说："长孙顺德贪污受贿，本应惩处，您为什么还赐给他绢呢？"太宗说："如果他还有人性，收到绢的羞辱，会比受刑更甚；如果他不知羞愧，就是一个禽兽而已，杀了他又有什么用呢？"

点评：奖惩不是目的，而是劝善罚恶的手段。对于良心未泯的堕落者，采取反激励的做法，更能增加其羞耻感，让其感到无地自容，从而痛改前非。治人之术奇正相辅，炉火纯青者善因人而异。

凌烟阁二十四功臣

原文：戊申，上命图画功臣赵公长孙无忌、赵郡元王孝恭、莱成公杜如晦、郑文贞公魏徵、梁公房玄龄、申公高士廉、鄂公尉迟敬德、卫公李靖、宋公萧瑀、褒忠壮公段志玄、夔公刘弘基、蒋忠公屈突通、郧节公殷开山、谯襄公柴绍、邳襄公长孙顺德、郧公张亮、陈公侯君集、郯襄公张公谨、卢公程知节、永兴文懿公虞世南、渝襄公刘政会、莒公唐俭、英公李世勣、胡壮公秦叔宝等于凌烟阁。

（第一百九十六卷　唐纪十二）

唐太宗为纪念曾经一起打天下的各位功臣，命人在凌烟阁内画了二十四位功臣的图像，自己时常前往，这就是著名的《二十四功臣图》。他们是长孙无忌、李孝恭、杜如晦、魏徵、房玄龄、高士廉、尉迟敬德、李靖、萧瑀、段志玄、刘弘基、屈突通、殷开山、柴绍、长孙顺德、张亮、侯君集、张公谨、程知节、虞世南、刘政会、唐俭、李世勣、秦叔宝。

点评：为功臣画像是君主褒奖、缅怀功臣常用的手段，对臣子来说则是一种至高无上的荣誉。汉宣帝曾在麒麟阁为十一位辅佐大臣画像，汉明帝也曾在南宫云台为开创东汉的二十八位将领画像。唐太宗为了缅怀曾经与他一同打天下和治天下的各位功臣，特命大画家阎立本在凌烟阁内绘制了二十四位功臣的画像，并命褚遂良题字，自己时常前往怀旧。此后凌烟阁功臣成为终唐一朝渴望通过从军报国从而建功立业者的偶像。诗人李贺在组诗《南园十三首·其五》中写道："男儿何不带吴钩，收取关山五十州。请君暂上凌烟阁，若个书生万户侯？"其实，二十四位功臣中也有不少文官，如杜如晦、魏徵、房玄龄、萧瑀等。

（十四）善于安抚

汉武帝安抚戾太子

原文：初，上年二十九乃生戾太子，甚爱之。及长，性仁恕温谨，上嫌其材能少，不类己；而所幸王夫人生子闳，李姬生子旦、胥，李夫人生子髆，皇后、太子宠浸衰，常有不自安之意。上觉之，谓大将军青曰："汉家庶事草创，加四夷侵陵中国，朕不变更制度，后世无法；不出师征伐，天下不安；为此者不得不劳民。若后世又如朕所为，是袭亡秦之迹也。太子敦重好静，必能安天下，不使朕忧。欲求守文之主，安有贤于太子者乎！闻皇后与太子有不安之意，岂有之邪？可以意晓之。”大将军顿首谢。皇后闻之，脱簪请罪。太子每谏征伐四夷，上笑曰：“吾当其劳，以逸遗汝，不亦可乎！”

（第二十二卷　汉纪十四）

汉武帝直到二十九岁才有了第一个儿子，也就是戾太子刘据，所以对他特别喜爱。但是刘据长大后，气质偏文弱，不像汉武帝那样英明果断、强势干练，再加上卫皇后年老色衰，已不再受宠，所以汉武帝对太子的宠爱之情也就渐渐衰减了。适逢汉武帝后来宠幸的几个妃子都生了儿子，皇后、太子就更加不安。汉武帝察觉后，对太子的舅舅、大将军卫青说：“汉朝还处于草创阶段，很多制度还不完善，再加上周边四夷不断侵扰我国，我如果不变更制度，后世将失去法则，不出师讨伐异族，天下将难以安宁。所以现在不得不让人民受些劳苦。如果后世的君主也像我这么干，就是重蹈秦朝灭亡的覆辙。太子敦厚稳重，性格好静，一定能安定天下，不让我担忧。如果想找一位文治守成的君主，还有比太子更合适的人选吗！听说皇后和太子有不安的想法，是真的吗？你把我的意思告诉他们，不要让他们担心。”于是卫青和皇后都向汉武帝谢罪。太子每次谏阻汉武帝征伐四方，汉武帝就笑着说：“由我来担当劳苦，把安逸留给你，不是挺好吗！”

点评：汉武帝很善于做思想工作，通过与卫青推心置腹的谈话，从国家战略的高度解释了自己穷兵黩武的原因，那就是为万世开太平，永绝汉朝的后患。接着汉武帝又表达了自己对太子守成性格和文治能力的欣赏，认为太子在他赫赫武功开创的大好局面下一定能够出色地守好江山。一席话就安定了太子一派的人心。

王玄谟请土断

原文：雍州所统多侨郡县，刺史王玄谟上言："侨郡县无有境土，新旧错乱，租课不时，请皆土断。"秋，七月，辛未，诏并雍州三郡十六县为一郡。郡县流民不愿属籍，讹言玄谟欲反。时柳元景宗强，群从多为雍部二千石，乘声皆欲讨玄谟。玄谟令内外晏然以解众惑，驰使启上，具陈本末。上知其虚，遣主书吴喜抚慰之，且报曰："七十老公，反欲何求！君臣之际，足以相保，聊复为笑，伸卿眉头耳。"玄谟性严，未尝妄笑，故上以此戏之。

（第一百二十八卷　宋纪十）

南北朝时，南朝宋雍州刺史王玄谟向宋孝武帝进言，建议整顿户籍，堵塞流民逃避纳税、服役的漏洞，触犯了流民阶层和一些豪强的利益，于是这些人就制造谣言，称王玄谟准备造反。王玄谟听到，派人进京向孝武帝解释此事。孝武帝也知道这个消息是假的，就派人专程去安慰王玄谟，告诉他说："你已经是七十岁的老翁了，造反想得到什么呢？我相信你，你我君臣之间足可以互相担保。请舒展你紧锁的眉头吧。"王玄谟性格严肃，不苟言笑，所以孝武帝这样逗他。

点评：作为下属，当被陷于有可能被领导误解的嫌隙境地时，要及时向领导解释澄清问题，主动化解矛盾和危机。作为领导，要善于识人断事，并善于安抚下属的情绪，解开下属的心结。

唐玄宗分丝绸

原文：己亥，上至岐山。或言贼前锋且至，上遽过，宿扶风郡。士卒潜怀去就,往往流言不逊,陈玄礼不能制,上患之。会成都贡春彩十余万匹,至扶风,上命悉陈之于庭,召将士入,临轩谕之曰:“朕比来衰耄,托任失人,致逆胡乱常,须远避其锋。知卿等皆苍猝从朕,不得别父母妻子,茇涉至此,劳苦至矣,朕甚愧之。蜀路阻长,郡县褊小,人马众多,或不能供,今听卿等各还家;朕独与子、孙、中官前行入蜀,亦足自达。今日与卿等诀别,可共分此彩以备资粮。若归,见父母及长安父老,为朕致意,各好自爱也!”因泣下沾襟。众皆哭,曰:“臣等死生从陛下,不敢有贰!”上良久曰:“去留听卿。”自是流言始息。

(第二百一十八卷　唐纪三十四)

公元755年,安史之乱爆发,第二年,安禄山叛军攻破潼关,龙武大将军陈玄礼保护唐玄宗及皇亲国戚仓皇逃往蜀中。在马嵬坡,士兵哗变,杀了杨国忠,又逼迫唐玄宗赐死杨贵妃,然后一行人才继续逃跑。到扶风郡后,随行的将士人心思变,言语渐渐无礼,唐玄宗非常忧虑。这个时候正好有成都进贡给朝廷的十万匹丝绸到了扶风,唐玄宗于是命人把这些丝绸堆放在庭院中,然后把随行的将士都叫来,对他们说:“我由于年迈糊涂,用人不当,导致了安禄山的叛乱,现在你们跟随我长途跋涉来到这里,非常辛苦,我感到很惭愧。去蜀中路途遥远,那里也供养不起这么多人马,现在你们就回家和父母妻儿团聚吧,我只和自己的儿孙以及身边的宦官去蜀地就可以了。这里也没有别的东西,你们就把这些丝绸分了作路费吧,等见到亲人和长安城中的父老乡亲,请代我向他们问好,请他们各自珍重!”说完泪流满面。将士们都感动地哭了,齐声说:“我们愿意誓死跟随陛下,不敢有二心!”唐玄宗顿了顿,说:“去留你们自己决定。”从此那些无礼的言语才平息下来。

点评:姜还是老的辣。唐玄宗担心士兵哗变,所以借发放贡品之机对随行将士进行了声情并茂、充满人情味儿的演讲。唐玄宗这番话,虽有表演的

成分，但也是真情流露，其言也善，所以才感人至深。一席话就安抚感化了人心，稳定了士兵的情绪。此时士兵们选择离去则避免了兵变的危机，留下也不会再生二心，一场随时可能发生的祸乱就此消弭于无形。

（十五）引领示范

匡衡论变俗

原文：“臣愚以为宜壹旷然大变其俗。夫朝廷者，天下之桢干也。朝有变色之言，则下有争斗之患；上有自专之士，则下有不让之人；上有克胜之佐，则下有伤害之心；上有好利之臣，则下有盗窃之民；此其本也。治天下者，审所上而已。教化之流，非家至而人说之也；贤者在位，能者布职，朝廷崇礼，百僚敬让，道德之行，由内及外，自近者始，然后民知所法，迁善日进而不自知也。《诗》曰：‘商邑翼翼，四方之极。’今长安，天子之都，亲承圣化，然其习俗无以异于远方，郡国来者无所法则，或见侈靡而放效之；此教化之原本，风俗之枢机，宜先正者也。臣闻天人之际，精祲有以相荡，善恶有以相推，事作乎下者象动乎上，阴变则静者动，阳蔽则明者晻，水旱之灾随类而至。陛下祇畏天戒，哀闵元元，宜省靡丽，考制度，近忠正，远巧佞，以崇至仁，匡失俗，道德弘于京师，淑问扬乎疆外，然后大化可成、礼让可兴也。”上说其言，迁衡为光禄大夫。

（第二十八卷　汉纪二十）

汉元帝向给事中匡衡询问天灾变异的缘故，匡衡上书奏答，大意是说：“朝廷对于国家，就像筑墙用的模板，朝廷的风气怎样，社会的风气就会怎样。所以治理国家的人，最应该注重的就是应该提倡什么。推行教化，不用逐家宣传，也不用逢人就去劝说，只要贤德的人在位，能干的人尽忠履职，朝廷崇尚礼仪，百官互相敬让，道德的推行，由内而外，由近及远，然后人民就会知道去效仿谁，不知不觉中教化就形成了。《诗经》说：'商朝都城的风俗礼仪高贵大方，是天下人效仿的榜样。'所以京城是推行教化的根本所在，也是培养风俗的关键之地，应该首先予以端正。我听说，上天与人间的分际，阴阳精气互相激荡，善恶祸福互相推演，尘世有什么人为之事，天象就会对应着有所变化。陛下如果敬畏上天的告诫，就应该悲悯黎民百姓，反对奢靡浮华，调整国家制度，亲近忠良之士，疏远巧佞奸臣，崇尚至善的仁义，匡正败坏的风俗，使道德在京城弘扬，美名在域外传播。然后宏大的教化就可以完成，礼让之风就可以兴起。"汉元帝听了匡衡的论述非常高兴，升匡衡为光禄大夫。

点评：道德风尚的推行，是自上而下、由内及外的。所谓上行下效、上梁不正下梁歪就是这个道理。所以在一个国家中，只有上层领导以身作则、率先垂范、遵守规则、推行道德，才能引领营造好的社会风气。风气好了，人心正了，才有成就事业的环境和基础。

高洋破契丹

原文：齐主露髻肉袒，昼夜不息，行千余里，逾越山岭，为士卒先，唯食肉饮水，壮气弥厉。甲辰，与契丹遇，奋击，大破之，虏获十余万口，杂畜数百万头。

（第一百六十五卷　梁纪二十一）

北齐文宣帝高洋北伐契丹。身为一国之君的高洋，露着发髻，光着膀子，行军千里，昼夜不息，翻山越岭，身先士卒，一路上大块吃肉，大口饮水,豪气冲天。与契丹军队相遇后,北齐军奋勇出击,大破契丹,俘获十余万人,数百万头牲畜。接着乘胜追击,逼得契丹献上降表,方才罢战。

点评:领导者身先士卒、率先垂范,言行举止所表现出的气概能够极大地提振团队的士气,给下属以精神鼓舞和激励。

唐太宗引诸卫将卒习射

原文:丁未,上引诸卫将卒习射于显德殿庭,谕之曰:"戎狄侵盗,自古有之,患在边境少安,则人主逸游忘战,是以寇来莫之能御。今朕不使汝曹穿池筑苑,专习弓矢,居闲无事,则为汝师,突厥入寇,则为汝将,庶几中国之民可以少安乎!"于是日引数百人教射于殿庭,上亲临试,中多者赏以弓、刀、帛,其将帅亦加上考。群臣多谏曰:"于律,以兵刃至御在所者绞。今使卑碎之人张弓挟矢于轩陛之侧,陛下亲在其间,万一有狂夫窃发,出于不意,非所以重社稷也。"韩州刺史封同人诈乘驿马入朝切谏。上皆不听,曰:"王者视四海如一家,封域之内,皆朕赤子,朕一一推心置其腹中,奈何宿卫之士亦加猜忌乎!"由是人思自励,数年之间,悉为精锐。

(第一百九十二卷　唐纪八)

唐朝建立之初,北方的突厥始终是巨大的威胁和隐患。唐太宗居安思危,立志要灭掉突厥。他不仅在政治、军事上加紧部署,在闲暇无事时,还亲自在皇宫庭院中教授御林军射箭,并对他们进行考核奖励。太宗对他们说:"天下并不太平,不要忘记我们时刻面临着战争的威胁,平时我教你们练习箭术,一旦突厥入侵,就带你们抗击侵略。"大臣们担心太宗的安全,苦苦劝谏,说按照法律规定,在皇帝住处携带兵器者要处以死刑,现在这么多人在皇宫中携弓带箭,您身处他们中间,万一哪个狂妄之徒做出疯狂之举,后果将不堪设想。太宗不听,说:“王者视四海如一家,大唐国境之内,都是朕的忠实臣民,朕对每个人都推心置腹,为什么独独要猜忌身边的卫士呢!”从此御林军人人奋发自强,几年之内都成为天下精锐。

点评:《司马法·仁本》云:“天下虽安,忘战必危。”隋末突厥重新崛起,不时侵掠边境,成为新兴唐王朝巨大的隐患。雄才大略的唐太宗居安思危,暗下决心要灭掉突厥。因此秣马厉兵,加紧备战。他带领卫士在宫殿习射,是给全国的部队和有志报国的男儿做表率,在全国掀起了一场练兵习武的热潮。可见,政策的贯彻和风气的形成必须是自上而下的,领导的言行就是下面的风向标和行动指南。另外,唐太宗光明坦荡的内心和从容自信的风度令人倾倒。

（十六）故作姿态

沮渠蒙逊送还叛将家人

原文:沮渠蒙逊所署西郡太守梁中庸叛,奔西凉。蒙逊闻之,笑曰:“吾待中庸,恩如骨肉,而中庸不我信,但自负耳,孤岂在此一人邪!”乃尽归其孥。

(第一百一十二卷　晋纪三十四)

十六国时,北凉君主沮渠蒙逊的部下西郡太守梁中庸背叛了他,投奔了西凉。沮渠蒙逊听到这个消息后,不但没有生气,反而笑着说:“我对梁中庸情深义重,亲如骨肉,但他对我却毫无信义可言,他这样做只是自己辜负自己,我怎么会在乎这样一个人呢!”于是把他的家眷都归还给了他。

点评:沮渠蒙逊如果杀掉梁中庸的家人,除发泄私愤外,实在于事无补,而且还显得自己心胸狭隘。而将梁中庸的家眷归还,不但展示了他宽广的胸襟,而且还可以教育感化部下,并使梁中庸感到惭愧。这才是理智、高明的处理问题的方法。

(十七)意在言外

故剑情深

原文:初,许广汉女适皇曾孙,一岁,生子奭。数月,曾孙立为帝,许氏为婕妤。是时霍将军有小女与皇太后亲,公卿议更立皇后,皆心拟霍将军女,亦未有言。上乃诏求微时故剑。大臣知指,白立许婕妤为皇后。十一月,壬子,立皇后许氏。霍光以后父广汉刑人,不宜君国;岁余,乃封为昌成君。

(第二十四卷　汉纪十六)

汉宣帝没当皇帝前,只是挂名的皇室成员,地位非常低微。后来他娶了暴室啬夫(宫中染织厂的主管官员)许广汉的女儿许平君为妻,婚后生下一子,取名刘奭,也就是后来的汉元帝。汉宣帝即位后,封许平君为婕妤。当时,霍光把持朝政,权倾朝野。大臣们为了逢迎霍光,都想奏请立霍光的小女儿为皇后。汉宣帝知道后,就下了一道诏书,说自己在微贱时用过一把宝剑,现在丢了,但是非常怀念它,希望大家能帮他找回来。大臣们一听就明白了皇帝的心意,心想皇上连曾经用过的宝剑都念念不忘,怎么会抛弃与自己相濡以沫的结发妻子呢。于是大臣们集体上奏,请求立许平君为皇后。汉宣帝准奏，于是就立了许氏为皇后。

点评：汉宣帝聪明绝顶，借物言志，意在言外，让大臣们揣摩体会弦外之音。大臣们也都是会读心术的老狐狸，立刻迎合皇帝心意进行奏事。这就是典故"故剑情深"的来历。

孙权使周泰督濡须

原文：权留平虏将军周泰督濡须；朱然、徐盛等皆在所部，以泰寒门，不服。权会诸将，大为酣乐，命泰解衣，权手自指其创痕，问以所起，泰辄记昔战斗处以对，毕，使复服；权把其臂流涕曰："幼平，卿为孤兄弟，战如熊虎，不惜躯命，被创数十，肤如刻画，孤亦何心不待卿以骨肉之恩，委卿以兵马之重乎！"坐罢，住驾，使泰以兵马道从，鸣鼓角作鼓吹而出；于是盛等乃服。

（第六十八卷　汉纪六十）

三国时期，吴国将领周泰，跟随孙策、孙权兄弟出生入死，屡立战功。后来，曹操两次进攻东吴的濡须，均是周泰率兵抵抗。曹操退兵后，孙权拜周泰为平虏将军，让他留守濡须，统领全军。朱然、徐盛等老将都成了周泰的部下，并要听从他的调遣。但这些人认为周泰出身贫寒，心中都不服。孙权知道后，就大摆酒宴，宴请各位将领。席间，孙权让周泰解开衣服，询问他身上各处伤痕的来历，周泰一一作答。孙权听罢，眼含热泪，拉着周泰的手说："幼平，你为了我孙氏兄弟，如虎熊一样勇猛作战，不顾惜自己的性命，身受创伤数十处，肌肤如被雕刻过一般，我又怎能不把你视为骨肉来报答你的恩情，把统率兵马的重任交给你呢！"宴会结束后，孙权让周泰亲自率兵给他开路护驾，然后才在盛大的鼓乐仪式中走出了军营。于是，徐盛等人才开始服从周泰的领导。

点评：这其实是孙权给诸将设的“鸿门宴”。孙权通过让周泰展示身上伤痕，讲述战斗经历，自己动情表白，又给予周泰开路护驾的特殊荣誉等一系列手段，向诸将传递信号，进行敲打，为周泰撑腰打气，树立权威。妙在全程没有批评各人一句，但意在言外，人人慑服。这就是斗而不破的领导艺术。

刘裕称帝

原文：宋王欲受禅而难于发言，乃集朝臣宴饮，从容言曰：“桓玄篡位，鼎命已移。我首唱大义，兴复帝室，南征北伐，平定四海，功成业著，遂荷九锡。今年将衰暮，崇极如此，物忌盛满，非可久安；今欲奉还爵位，归老京师。”群臣惟盛称功德，莫谕其意。日晚，坐散。中书令傅亮还外，乃悟，而宫门已闭，亮叩扉请见，王即开门见之。亮入，但曰：“臣暂宜还都。”王解其意，无复他言，直云：“须几人自送？”亮曰：“数十人可也。”即时奉辞。亮出，已夜，见长星竟天，拊髀叹曰：“我常不信天文，今始验矣。”

（第一百一十九卷　宋纪一）

东晋宋王刘裕希望晋恭帝司马德文能把帝位禅让给自己，但又不好明说，于是大宴群臣。席间，刘裕故作平静地说：“当年桓玄篡位，是我兴兵讨灭他而复兴了东晋。如今我位高权重，已达极点。天下事最忌盈满，再这样下去恐怕就要物极必反了。如今我打算把权力和爵位都交还给皇上，然后回京师养老。”群臣都不理解刘裕的意思，集体对他歌功颂德了一番。酒宴散去，中书令傅亮出来后，才悟出刘裕话里的含意，急忙返回，请求觐见刘裕。见了刘裕后，他直接说：“我要回京师一趟。”刘裕明白他的意思，也不多说，只问了一句：“需要多少人护送？”傅亮说：“几十人足够了。”说完就告辞了。傅亮出来时已是半夜时分，恰好看见彗星划空而过，于是拍着大腿感叹道：“我以前总不相信天象，看来今天天象要应验了。”傅亮到了京师后，婉言暗示晋恭帝将帝位禅让给刘裕，并且草拟了退位诏书让晋恭帝抄写。于是，刘裕正式即帝位。

点评：刘裕老谋深算，正话反说，故意迂回兜圈子，旁敲侧击，以试探人心，并希望有心人能听出弦外之音。可惜众人不能领会。好在傅亮聪明绝顶，事后悟出了刘裕一番话的含意，立即折返，与刘裕共商大计。聪明人之间谈话无须挑明，心照不宣，点到即止。经过傅亮从中运作，刘裕成功篡晋，开创南朝宋，成为“南朝第一帝”。

（十八）谆谆告诫

宋文帝诫义恭书

原文：又以抚军将军江夏王义恭为都督荆、湘等八州诸军事、荆州刺史，以侍中刘湛为南蛮校尉，行府州事。帝与义恭书，诫之曰：“天下艰难，家国事重，虽曰守成，实亦未易。隆替安危，在吾曹耳，岂可不感寻王业，大惧负荷！

（第一百二十一卷　宋纪三）

南朝刘宋文帝任命他的弟弟江夏王刘义恭为都督，监管荆、湘等八州诸军事，兼任荆州刺史。之后，宋文帝给刘义恭写了一封信，告诫他说：“治理天下是非常艰难的，国家的兴衰全在于我们这些人的努力，所以你应该感到责任重大，时刻以国事为重。

“平日无事,你应该多召见下属官员进行交流,大家见面的次数少,彼此就不亲近;不亲近,就难以全面了解他们的思想感情;不了解他们的思想感情,怎么能知道各项事务呢!”

点评:这是宋文帝任命弟弟刘义恭担负重任时告诫他修身做人从政之道的信件,其间絮絮而谈,不厌其烦,关切期待之情溢于言表。首先谈了作为皇室成员的责任感和使命感,谈了他性格的缺点及如何借鉴古人的行为弥补不足。然后谈了应时时提醒自己节俭自律,不能奢靡无度、声色犬马、玩物丧志;还告诫他做事切忌刚愎自用、强加于人,要兼听则明、从善如流。又谈了名与器不可以假人的治理之道以及以德服人、不能仗势欺人的处事原则。最后谈了要亲近下属,勤于政事,不能高高在上、闭塞耳目、孤立自己。真的是苦口婆心,面面俱到,反复叮咛,唯恐遗漏,其良苦用心可见一斑。

唐太宗教子

原文:闰月,辛亥,上谓侍臣曰:“朕自立太子,遇物则诲之,见其饭,则曰:‘汝知稼穑之艰难,则常有斯饭矣。’见其乘马,则曰:‘汝知其劳逸,不竭其力,则常得乘之矣。’见其乘舟,则曰:‘水所以载舟,亦所以覆舟,民犹水也,君犹舟也。’见其息于木下,则曰:‘木从绳则正,后从谏则圣。’”

(第一百九十七卷　唐纪十三)

唐太宗曾经对身边的大臣说:“我自从立了太子,遇到任何事情我都会结合治国之道教导他,看见他吃饭,就说:‘你如果懂得百姓耕种的艰难,就会常有这么好的饭吃。’看见他骑马,就说:‘你如果懂得让马劳逸结合,不用尽它的力气,就能够经常骑它。’看见他坐船,就说:‘水可以载舟,亦可以覆舟,百姓就像水,君主就像舟。'看见他在树下休息,就说:'木头经过墨绳的校正才能笔直,君主善于纳谏才能圣明。'"

点评:家国传承,责任重大。唐太宗生怕太子不懂治国之道,所以殚精竭虑、循循善诱,随时随地进行点拨教诲。从这些随机的言语中也可看出,太宗对治国之道的参悟已臻化境。

(十九)生动教育

宋武帝藏微时耕具

原文:乙卯,帝如丹徒;己巳,谒京陵。初,高祖既贵,命藏微时耕具以示子孙。帝至故宫,见之,有惭色。近侍或进曰:"大舜躬耕历山,伯禹亲事水土。陛下不睹遗物,安知先帝之至德,稼穑之艰难乎!"

(第一百二十卷　宋纪二)

南朝宋武帝出身平民,他当了皇帝以后,就下令把他早年贫贱时用过的农具都收藏起来,以展示给后代。有一次,宋文帝回乡祭祖,看到父亲曾经用过的这些农具,想起自己锦衣玉食的生活,感到非常惭愧。他身边的大臣进言道:"舜帝曾经亲自在历山耕种,大禹也曾亲身治理水土,陛下如果不看到先帝的遗物,怎么能知道先帝崇高的美德以及稼穑的艰辛呢!"

点评:刘宋武帝以展览遗物的方式教育子孙不要忘本,谨记自家是以微寒出身而得到天下的,所以要体贴老百姓稼穑的艰辛,不要陷入穷奢极欲的

歧途。现代建造的各种展览馆、纪念馆,其目的也是警示教育后人。

宋文帝借机教子

原文:九月,癸酉,上饯衡阳王义季于武帐冈。上将行,敕诸子且勿食,至会所设馔;日旰,不至,有饥色。上乃谓曰:“汝曹少长丰佚,不见百姓艰难。今使汝曹识有饥苦,知以节俭御物耳。”

(第一百二十四卷　宋纪六)

刘宋文帝改任弟弟衡阳王刘义季为徐州刺史。刘义季上任前,宋文帝在武帐冈为他饯行。宋文帝从皇宫出发时,告诉儿子们暂时不要吃饭,到践行的地方再设宴。结果等到太阳偏西,刘义季也没有到,孩子们都面有饥色。这时,宋文帝才对他们说:“你们几个从小生活在优渥的环境中,看不到百姓生活的艰难。今天让你们知道世上还有饥苦二字,以后要懂得节俭。”

点评:陆游有诗云“纸上得来终觉浅,绝知此事要躬行”。对任何事物的认知,都要亲身经历过才知其中真滋味。刘义隆深明此理,所以借机设局对子孙进行现场教育,希冀起到警示作用。他建议宋文帝对皇子的教育不能仅仅停留在浅尝辄止的口头训导上,更应该让他们深入基层,多了解民间疾苦,多体察事理民情,如此才能感同身受,为将来治国理政、牧养百姓树立正确的观念和思路,而不至于声色犬马,最终奢侈亡国。裴子野就此议论说:“宋文帝这番训导真是太好了!奢侈在富贵中产生,节俭在贫穷中产生。如果想让他们知道生于忧患的道理,就应该让他们在贫贱的环境中成长。人只有经过艰苦环境的磨砺,才能担当大任;只有切身体验过民间百态,才能领袖万民。宋文帝如果要践行这番训导,就应该磨炼儿

子们的志行节操，让他们从基层做起，使他们树立美好的品德，然后再让他们处理政事，他们就不会骄逸懈怠、荒于职守，从而能够声名远播。”

唐高宗讽亲王

原文：元婴与蒋王恽皆好聚敛，上尝赐诸王帛各五百段，独不及二王，敕曰：“滕叔、蒋兄自能经纪，不须赐物；给麻两车以为钱贯。”二王大惭。

（第一百九十九卷　唐纪十五）

唐高宗时，皇族中滕王李元婴与蒋王李恽都喜欢聚敛钱财，高宗曾经赏赐给各个亲王每人五百匹绢，唯独没有这两位王爷的，并且下敕书说：“皇叔滕王、皇兄蒋王自己就善于经营，不需要再赐给你们东西；现在只给你们两车麻线作为穿钱之用。”二王大感惭愧。

点评：**这是一种批评教育方式，通过区别对待并用讽刺挖苦的办法，把对方的缺点暴露于光天化日之下，使其无地自容。**

（二十）推心置腹

尉迟恭救秦王

原文：刘武周降将寻相等多叛去。诸将疑尉迟敬德，囚之军中，行台左仆射屈突通、尚书殷开山言于世民曰：“敬德骁勇绝伦，今既囚之，心必怨望，留之恐为后患，不如遂杀之。”世民曰：“不然，敬德若叛，岂在寻相之后邪!”遽命释之,引入卧内,赐之金,曰:“丈夫意气相期,勿以小嫌介意,吾终不信谗言以害忠良,公宜体之。必欲去者,以此金相资,表一时共事之情也。”辛巳,世民以五百骑行战地,登魏宣武陵。王世充帅步骑万余猝至,围之,单雄信引槊直趋世民,敬德跃马大呼,横刺雄信坠马,世充兵稍却,敬德翼世民出围。世民、敬德更帅骑兵还战,出入世充陈,往反无所碍。屈突通引大兵继至,世充兵大败,仅以身免;擒其冠军大将军陈智略,斩首千余级,获排槊兵六千。世民谓敬德曰:“公何相报之速也!”赐敬德金银一箧,自是宠遇日隆。

(第一百八十八卷　唐纪四)

尉迟恭原是隋末军阀刘武周手下的将领,骁勇善战,数次大败唐军。后来他在介休城被李世民率军包围,不得已与寻相等人献城投降。同年,李世民率军讨伐王世充,寻相等刘武周的旧部趁机叛逃唐营。唐军众将怀疑尉迟恭也会叛逃,于是把他抓起来囚禁在军中,劝李世民杀了他。李世民说:“你们的想法不对,以尉迟恭的身份,他如果要叛逃,肯定会在寻相等人之前,不会等到现在还不走。”于是下令马上放了尉迟恭,把他带到卧室,赏赐给他黄金,然后说:“大丈夫相交,讲的是意气相投,不必把一些小小的委屈放在心上,我不会听信谗言杀害忠良,你应该了解我的心意。你如果一定要走,这点金子就算我送给你的路费,以表达我们之间短暂共事的情义。”过了两天,李世民带着五百骑兵去前线侦察地形,王世充带着一万多人马突然包围了他。王世充手下的猛将单雄信挺枪骤马直取李世民。正在危急时刻,尉迟恭大叫一声,从斜次里赶到,一枪将单雄信挑于马下,然后护着李世民突出重围。稍事休整之后,李世民和尉迟恭重新带领骑兵返回,杀入王世充军中,往来冲突,如入无人之境。这时,唐将屈突通也率大军赶到,于是大败王世充,斩获颇丰。李世民高兴地对尉迟恭说:“没想到您这么快就开始回报我了!”赐给尉迟恭一箱金银,从此以后对尉迟恭宠遇日盛。

点评：首先要佩服李世民的明察善断，断定尉迟恭作为降将中的高级将领没有先一步离去就不会有叛心。其次要佩服李世民善于做思想工作，针对不同的对象方法也不同。尉迟恭是草莽英雄，最看重义气，所以李世民就只和他谈论大丈夫间的意气相投，其表现出的慷慨豪迈、肝胆相照的男儿本色，令尉迟恭感动，所以才在关键时刻以死相报。

李抱真以诚待王武俊

原文：戊辰，武俊军于南宫东南，抱真自临洺引兵会之，与武俊营相距十里。两军尚相疑，明日，抱真以数骑诣武俊营；宾客共谏止之，抱真命行军司马卢玄卿勒兵以俟，曰："吾之此举，系天下安危，若其不还，领军事以听朝命亦惟子，励将士以雪仇耻亦惟子。"言终，遂行。武俊严备以待之，抱真见武俊，叙国家祸难，天子播迁，持武俊哭，流涕纵横。武俊亦悲不自胜，左右莫能仰视，遂与武俊约为兄弟，誓同灭贼。武俊曰："相公十兄名高四海，向蒙开谕，得弃逆从顺，免菹醢之罪，享王公之荣。今又不间胡虏，辱为兄弟，武俊当何以为报乎！滔所恃者回纥耳，不足畏也。战日，愿十兄按辔临视，武俊决为十兄破之。"抱真退入武俊帐中，酣寝久之；武俊感激，待之益恭，指心仰天曰："此身已许十兄死矣！"遂连营而进。

（第二百三十卷　唐纪四十六）

安史之乱平定后，安禄山手下的部将李宝臣投降唐朝，被任命为成德节度使。他手下的裨将王武俊也跟随他降唐，被封为成德军先锋兵马使。李宝臣死后，其子李惟岳谋袭父位不成，起兵造反。王武俊杀了李惟岳，但因对朝廷封赏不满，便联合幽州节度使朱滔举兵叛乱，援助魏博节度使田悦对抗朝廷。后来，王武俊与朱滔产生矛盾，唐朝名将李抱真得知后，便派人对王武俊劝降，王武俊又归降朝廷。当时，朱滔勾结回纥，围困贝州。李抱真就派人与王武俊联络，拟共同讨伐朱滔，王武俊欣然同意。不久李抱真领兵与王武俊会合，两军相距十里，但彼此还有猜忌。为打破王武俊的疑虑，第二天，李抱真决定亲自去王武俊军中拜访。手下人怕他有危险，都劝他不要去。李抱真说："我的这一行动，关系到天下安危，所以一定要去。"接着他又找来行军司马卢玄卿，委托他统领全军事务，等候消息。如果自己回不来，就让他替自己报仇。说完，他就带着几名随从去了王武俊的军营。王武俊本来严阵以待，见李抱真轻骑简从，才放下心来。李抱真见到王武俊后，与其握手交谈，谈起国家所遭受的灾难以及唐德宗的流离失所，不禁悲从中来，涕泪横流。王武俊被李抱真的真情打动，也禁不住悲伤难过，难以自抑。于是二人结为兄弟，发誓共同灭贼。王武俊说："十哥（李抱真在家中排行第十）名震天下，不但开导我归顺朝廷，享受荣华富贵，还不嫌弃我是胡人，跟我结为兄弟，我该怎么来报答你呢！朱滔所仰仗的，只不过是回纥兵而已，这没什么可怕的，交战之日，十哥只管勒住缰绳看我破敌好了。"宴后，李抱真就在王武俊的营帐中酣然而睡。王武俊更加感动，指着心口对天发誓说："我这条命就交给十哥了！"于是两军连营并进，最后大破朱滔。

点评：俗话说"不入虎穴，焉得虎子"，两军相互猜忌，总有一方要冒险主动破局。李抱真为了国家利益，责无旁贷地承担起了这一重任。他在妥善安排好后事之后，毅然走进王武俊军营。这体现了李抱真作为主帅的勇气与担当。为消除王武俊的戒心，李抱真与其推心置腹，握手倾谈，又慷慨盟誓，结为兄弟，最后还在其营帐中酣睡。这些全然不设防、百分百信任、完全赤诚相待的举动，令王武俊感动不已，遂死心塌地追随李抱真。

（二十一）恩义待人

铫期纵李熊

原文：刁子都为其部曲所杀，余党与诸贼会檀乡，号檀乡贼，寇魏郡、清河。魏郡大吏李熊弟陆谋反城迎檀乡，或以告魏郡太守颍川铫期，期召问熊，熊叩头首服，愿与老母俱就死。期曰："为吏傥不若为贼乐者，可归与老母往就陆也！"使吏送出城。熊行，求得陆，将诣邺城西门；陆不胜愧感，自杀以谢期。期嗟叹，以礼葬之，而还熊故职。于是郡中服其威信。

（**第四十卷　汉纪三十二**）

刘秀袭杀更始大将谢躬，占领魏郡后，任命手下大将铫期为魏郡太守。当时更始将领刁子都被其家奴所杀，其余党与其他流民在檀乡会合，被称为檀乡贼。这些人袭扰魏郡、清河等地。魏郡有个官吏叫李熊，他弟弟李陆密谋迎接檀乡贼入城，有人把这个消息告诉了铫期，于是铫期就对李熊进行责问，李熊叩头认罪，愿意与老母一起领死。铫期说："如果你觉得做官没有做贼快乐，那就带上你的母亲投奔李陆去吧！"说完，就派人送他们出城。李熊出城后找到李陆，把他带到邺城西门请罪，李陆既惭愧又感动，自杀向铫期谢罪。铫期感叹不已，按照礼节埋葬了他，又让李熊官复原职。于是铫期的威信越发远扬，魏郡的人都敬服他。

点评：铫期以大义责备李熊，以宽容使之惭愧，所以李熊才带李陆投案自首以报恩义。他又礼葬李陆，起用李熊，显示了仁义之风。君子以德服人，铫期是也。李熊、李陆兄弟也是懂得礼义廉耻之人，所以才会被铫期的仁义感化。

慕容恪不专决

原文:恪虽综大任,而朝廷之礼,兢兢严谨,每事必与司徒评议之,未尝专决。虚心待士,谘询善道,量才授任,人不逾位;官属、朝臣或有过失,不显其状,随宜他叙,不令失伦,唯以此为贬;时人以为大愧,莫敢犯者。或有小过,自相责曰:"尔复欲望宰公迁官邪!"朝廷初闻燕主俊卒,皆以为中原可图。桓温曰:"慕容恪尚在,忧方大耳。"

(第一百零一卷　晋纪二十三)

慕容恪是前燕开国皇帝慕容皝第四子,景昭帝慕容俊之弟。慕容俊临终时,任命慕容恪为首辅大臣,辅佐幼主慕容暐,官拜太宰。慕容恪辅政后,总揽大权,但对于朝廷的礼仪规矩,从来都是小心严谨地执行。每一件事他都会和司徒慕容评商议之后再做决定,从来不自己独断。他对待文士非常尊重,向他们咨询治国之道,并量才录用。大臣们犯了错误,他从来不公开批评,只是根据实际情况调动其的官职,并且保留其原有的待遇,仅以此作为警示和责罚。当时的人都以受到这样的责罚而感到惭愧,没有人敢随意犯错。有时大家犯了小错,就互相责备说:"你难道又想让太宰大人调动你的官职吗!"慕容俊死后,东晋的官员都认为可以图谋中原了,只有桓温说:"慕容恪还在,忧患正大着呢!"

点评:慕容恪以身作则、严守礼法、谦虚严谨、礼贤下士,以宽容厚德感化下属,通过对官员的精神督责来激发他们的廉耻心和荣辱观,因而深得人心。正所谓本事越大的人脾气越小,越能设身处地地体恤和关怀别人。慕容恪表面随和,同时思维缜密,运筹帷幄,谋划布局,从容严谨,虽不动声色,但一切尽在其掌握之中。

唐太宗引囚

原文：既而引囚，至岐州刺史郑善果，上谓胡演曰："善果虽复有罪，官品不卑，岂可使与诸囚为伍。自今三品已上犯罪，不须引过，听于朝堂俟进止。"

（第一百九十二卷　唐纪八）

有一次，大理寺少卿胡演向唐太宗上报每月囚犯的名册。之后命人带囚犯从殿前走过。太宗看到囚犯中有岐州刺史郑善果，就对胡演说："郑善果虽然有罪，但官位品阶不低，怎么能让他与那些囚犯在一起呢？从今以后，凡是三品以上官员犯罪，无须领着他们到殿前过目，只让他们在太极宫承天门外左右朝堂听候判决就可以了。"

点评：唐太宗这一点表现得非常仁厚而有人情味儿。感念高官曾为国家做出的贡献，所以充分考虑他们的颜面和自尊，不让他们蒙受尴尬和羞辱。

刘齐贤非捕鹞者

原文：戊子，金紫光禄大夫致仕广平宣公刘祥道薨，子齐贤嗣。齐贤为人方正，上甚重之，为晋州司马。将军史兴宗尝从上猎苑中，因言晋州产佳鹞，刘齐贤今为司马，请使捕之。上曰："刘齐贤岂捕鹞者邪！卿何以此待之！"

（第二百零一卷　唐纪十七）

唐高宗任命刘齐贤为晋州司马。刘齐贤人品方正，唐高宗很看重他。有一次，将军史兴宗跟随高宗打猎，聊起晋州出产好鹞子，就对高宗说刘齐贤现在正好在晋州任司马，就让他捕捉鹞子吧。高宗说："刘齐贤岂是捕鹞子的人，你为什么这样看待他呢！"

点评：对人的器重首先表现在内心的尊重上，自己从不曾想过轻慢他，所以也不允许别人去轻慢。

唐玄宗刑不上大夫

原文：前广州都督裴伷(zhòu)先下狱，上与宰相议其罪。张嘉贞请杖之，张说曰："臣闻刑不上大夫，为其近于君，且所以养廉耻也。故士可杀不可辱。臣向巡北边，闻杖姜皎于朝堂。皎官登三品，亦有微功，有罪应死则死，应流则流，奈何轻加笞辱，以皂隶待之！姜皎事往，不可复追，伷先据状当流，岂可复蹈前失！"上深然之。嘉贞不悦，退谓说曰："何论事之深也！"说曰："宰相，时来则为之。若国之大臣皆可笞辱，但恐行及吾辈。吾此言非为伷先，乃为天下士君子也。"嘉贞无以应。

（第二百一十二卷　唐纪二十八）

唐玄宗时，广州都督裴伷先犯了罪，朝廷商量怎么处罚他。宰相张嘉贞建议对其施以杖刑，另一名宰相张说说："刑不上大夫，因为他们都是天子身边的人，优待他们是为了培养他们的礼义廉耻之心。所以说士可杀而不可辱。我听说陛下以前就曾在朝堂上对姜皎实行过杖刑，姜皎位列三品，也曾为国家立过尺寸之功，有罪该杀就杀，该流放就流放，怎么可以当众鞭打羞辱他呢！姜皎的事已经过去，无法再弥补了，但不能在裴伷先的事上再重蹈覆辙！"玄宗对他的话深以为然。但张嘉贞感觉很没面子，退朝后,就对张说说:“有那么严重吗? 您也太小题大做了吧!”张说回答说:“宰相这个位置,运气来了谁都能坐。如果国家大臣都可以随便鞭打羞辱的话,恐怕我们这些人都难以幸免。我今天这些话并非只为裴伷先一人而讲,也是替天下的士大夫考虑啊。”张嘉贞听罢无言以对。

点评:《礼记·曲礼》中说:“礼不下庶人,刑不上大夫。刑人不在君侧。”张说所说的正是这句话。司马迁解释这句话的含义是“此言士节不可不勉励也”。这里的“刑”专指“肉刑”,即残害肉体的刑罚,这种刑罚会给受刑者带来一时或终身的耻辱,非常不人道。杖刑也算肉刑的一种。张说与司马迁的观点一致,认为应当保护士大夫的节操,让他们重视礼义廉耻,可以对其处之以法,但不可以随意羞辱他们,因为这关系到整个贵族阶层的尊严。张说回答张嘉贞的责备时所表达的意思,与海明威的一段话非常相近:“所有人其实就是一个整体,别人的不幸就是你的不幸,不要以为丧钟为谁而鸣,它就是为你而鸣。”

(二十二)勇于担当

汉文帝废秘祝

原文:初,秦时祝官有秘祝,即有灾祥,辄移过于下。夏,诏曰:“盖闻天道,祸自怨起而福繇德兴,百官之非,宜由朕躬。今秘祝之官移过于下,以彰吾之不德,朕甚弗取。其除之!”

(第十五卷　汉纪七)

秦朝掌管祭祀祝祷的机构中专门设有秘祝一职,其职能就是一旦出现灾异祸患，就在祭祀祈祷时把责任从皇帝身上转移到臣子身上。到了汉初，这一官职仍然沿用。公元前 167 年夏季，汉文帝下诏说："我听说所谓天道，就是祸患从怨恨而起，福泽由美德而兴，百官所犯的过错，应该由朕一人承担。现在秘祝把我的过失都转嫁给臣下，这是在彰显我的无德，我认为非常不可取，把这个官职和做法都废除掉吧！"

点评：汉文帝宽厚仁德，敢于担当，不因自己是君主就把过失转嫁给臣子，相反却把下属的过失都承揽到自己身上，以厚德善行感化臣属，赢得人心。这与汉成帝为求避祸而谋杀宰相翟方进相比，不可同日而语。

汉成帝杀翟方进

原文：时荧惑守心，丞相府议曹平陵李寻奏记方进，言："灾变迫切，大责日加，安得保斥逐之戮！阖府三百余人，唯君侯择其中，与尽节转凶。"方进忧之，不知所出。会郎贲丽善为星，言大臣宜当之。上乃召见方进。还归，未及引决，上遂赐册，责让以政事不治，灾害并臻，百姓穷困，曰："欲退君位，尚未忍，使尚书令赐君上尊酒十石，养牛一，君审处焉！"方进即日自杀。上秘之，遣九卿策赠印绶，赐乘舆秘器、少府供张，柱槛皆衣素。天子亲临吊者数至，礼赐异于他相故事。

（第三十三卷　汉纪二十五）

汉成帝绥和二年（前 7），汉朝频频发生山崩、水灾等自然灾害。恰逢火星停留在心宿位置，有一个精通天文星象的郎官贲丽对汉成帝说，天象异常是上天对天子发怒，这时候如果有一位位高权重的大臣替天子挡灾，天子就会平安无事。汉成帝于是就把丞相翟方进招进宫里斥责了一顿，接着又颁下诏书严厉谴责他治国不力，导致天灾频发，百姓困顿，最后赐给他好酒十石、肥牛一头，让他好自为之，其实就是暗示他自裁。翟方进接到诏书当天就自杀了。汉成帝对翟方进的死因秘而不宣，下令厚葬翟方进，并数次亲临翟府吊唁，礼遇规格极高，可谓是备极哀荣。

点评：上至一个国家，下至一个单位，治理得好与坏主要取决于一把手，而不是具体执行者。但很多领导的作风却是：有功就往自己身上揽，有过则往下属身上推，严重缺乏担当精神，难以让下属心服。汉成帝试图把灾祸转移到大臣身上，充分暴露了其自私狭隘且无仁爱之心的本质，之后又文过饰非、掩人耳目，则表现得太过虚伪。这与汉文帝的宽厚仁爱、勇于担当相比，简直是天壤之别。

司马光对此议论说："如果真有天命，那么天命就是不可更改的，祸福哪能随便转移呢？即使可以转移，仁德之君也不会那么做。如果说翟方进罪不至死而杀了他，以此来抵挡灾祸，就是污蔑上天。如果翟方进有罪当诛，却隐瞒了他的罪过而厚葬他，则是玩弄人心。汉成帝打算污蔑上天、玩弄人心，但最终却没有得到任何好处，可以说是不懂天命。"

司马光的点评可谓恰如其分、褒贬分明。天道不可欺，人心亦不可欺，玩弄手段、欺天罔人者岂能得逞？做人平日里但求修身养德、问心无愧，遇事就可坦坦荡荡、顺其自然，何必事到临头推卸责任，如此岂是君子所为？

司马师归咎于己

原文：王昶、毌（guàn）丘俭闻东军败，各烧屯走。朝议欲贬黜诸将，大将军师曰："我不听公休，以至于此。此我过也，诸将何罪！"悉宥之。师弟安东将军昭时为监军，唯削昭爵而已。以诸葛诞为镇南将军，都督豫州；毌丘俭为镇东将军，都督扬州。

是岁，雍州刺史陈泰求敕并州并力讨胡，师从之。未集，而新兴、雁门二郡胡以远役，遂惊反。师又谢朝士曰："此我过也，非陈雍州之责！"是以人皆愧悦。

（第七十六卷　魏纪八）

公元252年，魏国大将军司马师不听诸葛诞等人进攻吴国的军事方略，径自派遣三路大军袭击吴国。其中派王昶进攻南郡，毌丘俭进攻武昌，胡遵、诸葛诞进攻东兴。结果胡遵军首先被吴军击破，其余两路闻讯撤退。大臣们上书要求惩处几位将领，司马师说："这都是因为我没有听从诸葛诞的建议才导致的后果。责任在我，跟各位将军有什么关系呢！"于是全部宽恕了他们，只削去了时任监军的弟弟司马昭的爵位。

还有一次，雍州刺史陈泰请求让并州派兵和他一起讨伐胡人，司马师同意了他的请求。没想到，新兴、雁门二郡的胡人因为要劳师远征，感到害怕而反叛了。司马师又向朝中大臣谢罪说："这是我判断失误，不是陈泰的责任！"因此大家都觉得愧对司马师，同时内心又满怀感激喜悦之情。

点评：司马师具有高超的领导艺术，决策失误时能够主动承担责任、包揽过错，向下属展示了坦荡的胸襟和勇于担当的人格魅力。这样反而能够"行失而名扬，兵挫而战胜"。因此能够凝聚人心，使人人乐于为其效命，从而成就事业。反观有些器局狭小的领导，矜功伐能、文过饰非，把功劳全部归于自己，把错误全部推给下属。长此以往，下属就会心怀怨愤，上下就会离心离德，最终导致团队分崩离析。习凿齿说："大将军司马师两次把失败的过错都归咎于自己，过错不见了，事业却越发兴隆，真是明智啊！如果忌讳失败推诿过错，万方有罪，不在朕躬，经常夸耀功劳而隐藏失败，那么即使失败一百次又有什么问题呢，何况只有两次！"

（二十三）避功谦让

汉明帝拒祥瑞

原文：春，二月，王雒山出宝鼎，献之。夏四月，甲子，诏曰："祥瑞之降，以应有德；方今政化多僻，何以致兹！《易》曰'鼎象三公'，岂公卿奉职得其理邪！其赐三公帛五十匹，九卿、二千石半之。先帝诏书，禁人上事言'圣'，而间者章奏颇多浮词；自今若有过称虚誉，尚书皆宜抑而不省，示不为谄子蚩也。"

（第四十五卷　汉纪三十七）

汉明帝时，在王雒山挖出了宝鼎，地方官将其作为祥瑞之物进献给明帝。明帝下诏说："祥瑞出现，是为了回应天子的圣德。如今政治教化多有邪僻，怎么能招来祥瑞呢！《易经》说'鼎象三公'，难道是公卿大臣们奉职守责合乎天理了吗？今赐给三公每人五十匹帛，九卿及二千石以上官员减半。先帝曾经颁下诏书，禁止人们上书言事时称'圣'，可最近奏章中有很多浮夸之词，今后如果再有过分称颂的虚假赞誉，尚书应该压下不报，以示朕不为谄媚者欺弄。"

点评：汉明帝虚怀若谷、清醒谦抑，不好大喜功，不被所谓的祥瑞冲昏头脑，而是借机将功劳归于下属，很好地激励了臣子的积极性，凝聚了人心。接着他话锋一转，由祥瑞谈到了谄媚之词，并诏令严格杜绝此类现象，以此来引导良好的政风，收放之间体现了高明的领导艺术。

（二十四）审慎决策

齐武帝检黄籍

原文：初，太祖命黄门郎虞玩之等检定黄籍。上即位，别立校籍官，置令史，限人一日得数巧。既连年不已，民愁怨不安。外监会稽吕文度启上，籍被却者悉充远戍，民多逃亡避罪。富阳民唐寓之因以妖术惑众作乱，攻陷富阳，三吴却籍者奔之，众至三万。

（第一百三十六卷　齐纪二）

南齐高帝萧道成曾命专人校订户籍。齐武帝即位后，又专门设立了校籍官，限定工作人员每人每天必须查办几起弄虚作假案件，一旦定了罪名，就要撤销当事人的户籍，并将其发配边疆。这样一连折腾了几年，老百姓怨声载道，纷纷逃亡。富阳有个叫唐寓之的人，趁机用妖术煽动百姓作乱，攻陷了富阳。三吴地区被撤销户籍的人都去投奔他，聚众达三万余人。

点评：审查违法违纪案件时限定任务和数量的做法是极其愚蠢和不人道的，却历来被大小统治者沿用。但“水激横流，人激作乱”，用法严苛必然导致官逼民反。

邢峦谏用兵

原文：冬，十月，英进围钟离，魏主诏邢峦引兵会之。峦上表，以为：“南军虽野战非敌，而城守有余，今尽锐攻钟离，得之则所利无几，不得则亏损甚大。且介在淮外，借使束手归顺，犹恐无粮难守，况杀士卒以攻之乎！又，征南士卒从戎二时，疲弊死伤，不问可知。虽有乘胜之资，惧无可用之力。若臣愚见，谓宜修复旧戍，抚循诸州，以俟后举，江东之衅，不患其无。”诏曰：“济淮掎角，事如前敕，何容犹尔盘桓，方有此请！可速进军！”峦又表，以为：“今中山进军钟离，实所未解。若为得失之计，不顾万全，直袭广陵，出其不备，或未可知。若正欲八十日粮取钟离城者，臣未之前闻也。彼坚城自守，不与人战，城堑水深，非可填塞，空坐至春，士卒自弊。若遣臣赴彼，从何致粮！夏来之兵，不赍冬服，脱遇冰雪，何方取济！臣宁荷怯懦不进之责，不受败损空行之罪。钟离天险，朝贵所具，若有内应，则所不知；如其无也，必无克状。若信臣言，愿赐臣停；若谓臣惮行求还，臣所领兵，乞尽付中山，任其处分，臣止以单骑随之东西。臣屡更为将，颇知可否，臣既谓难，何容强遣！”乃召峦还，更命镇东将军萧宝寅与英同围钟离。

（第一百四十六卷　梁纪二）

公元505年，北魏宣武帝命中山王元英攻打梁朝的雍州，次年九月攻下洛口，十月围攻钟离。宣武帝命邢峦率部与元英会合，共同攻打钟离。邢峦认为攻打钟离的时机不成熟，因此上表说：“钟离易守难攻，而且梁朝的军队又善于防守。我们的士兵已经连续作战了半年，大都疲惫不堪，如果再战斗下去，恐怕有心无力。另外钟离地处淮南，就是白给我们，以后也难以防守，何况还要牺牲那么多士兵！所以说，攻打钟离，得不偿失。不如巩固已有的战果，再伺机而动。”宣武帝不同意，诏令邢峦立即进军。邢峦再次上表说：“我实在难以理解为什么要现在攻打钟离，如果梁军坚守不出，我们根本耗不起，将会不战而溃。我们的大军是夏天出征的，没有冬天的装备，粮食转运也非常困难，如果遇到冰雪天，怎么办呢？钟离地势险要，如果没有内应，一定无法攻克。如果陛下认为我说得对，就不要再攻打钟离；如果认为我是怯懦怕战，就请把我的军权收回，让我单枪匹马在中山王帐下效力。我多年征战，对能否成功有自己的判断。既然我认为不可行，为什么一定要强迫我呢！”于是宣武帝诏令邢峦返回，另派镇东将军萧宝寅与元英一起围攻钟离。

后来，北魏大军果然被梁军击败，损失惨重。北魏有关部门主管官员上奏弹劾元英等人，要求将几位主要将领全部处死。宣武帝下诏免除元英、萧宝寅死罪，贬为平民。

点评：做重要的事情不能单凭一时心血来潮，就贸然行事。首先要明确目的，知道这样做是为了什么，能得到什么，有什么风险，如何进退取舍，过程该如何管控，利弊得失各占多少。经过通盘考虑后，谋定而后动，才能稳操胜券。在没有想清楚所有细节之前，千万不可轻举妄动或一意孤行，而应该集思广益，科学决策。如果经过论证后得不偿失，或者风险过大，就应该立刻停止行动。宣武帝进攻梁朝的钟离，实属贪功冒进，很多环节都没有想到，又不采纳邢峦的正确意见，最后果然一败涂地。邢峦先是知无不言，尽到了臣子的职责，意见不被采纳后急流勇退，也算是精于谋身之人。

（二十五）分工授权

诸葛亮事必躬亲

原文：亮尝自校簿书，主簿杨颙直入，谏曰：“为治有体，上下不可相侵。请为明公以作家譬之：今有人，使奴执耕稼，婢典炊爨，鸡主司晨，犬主吠盗，牛负重载，马涉远路；私业无旷，所求皆足，雍容高枕，饮食而已。忽一旦尽欲以身亲其役，不复付任，劳其体力，为此碎务，形疲神困，终无一成。

岂其智之不如奴婢鸡狗哉？失为家主之法也。是故古人称‘坐而论道，谓之王公；作而行之，谓之士大夫’。故丙吉不问横道死人而忧牛喘，陈平不肯知钱谷之数，云‘自有主者’，彼诚达于位分之体也。今明公为治，乃躬自校簿书，流汗终日，不亦劳乎！”亮谢之。及颙卒，亮垂泣三日。

（**第七十卷　魏纪二**）

诸葛亮工作事无巨细，连校对公文这样的事情都亲自去做。主簿杨颙规劝他说：“治国如同治家，每个角色各有分工。先说治家，作为一家之主，其职责就是让每个家庭成员各司其职、各安其分，自己就可以怡然自得、高枕无忧了。如果每一件事情都要亲力亲为，不但自己疲于应付，还会把事情搞成一团乱麻。是他的能力出了问题吗？不是，是由于他忽略了自己的职责。治国也一样，王公大臣坐而论道，司职官员身体力行。因此，西汉的丞相丙吉不关心路上杀人的案件，却担心耕牛因天热而喘息；陈平不去了解国家的钱粮收入，却说‘这些自有负责的人主管’，因为他们都深谙管理之道。如今您总管全国的政务，却亲自去校对公文，以至汗流浃背，不也太辛苦了吗！”诸葛亮对杨颙的话表示感谢。杨颙去世后，诸葛亮痛哭了三天。

点评：丙吉是西汉宣帝时期的丞相，他外出考察民情时，遇到行人斗殴，路边躺着死伤的人，他没有理会。当他看到老农赶的牛气喘吁吁时，却马上停车询问缘由。下属不解，问丙吉为何重畜轻人。丙吉说：“行人斗殴，自有地方官处理，我只负责考察地方官的政绩，有功则赏、有罪则罚就可以了。现在是春季，牛却因天热而喘息，那么现在的气节就不太正常，农事势必会受到影响。这是关乎国计民生的大事，正是丞相该过问的。”领导的职责相当于中枢神经，是负责合理配置资源、指挥调度全局的，所以又称首脑。具体工作则应交由下面具体负责的人员去办理，然后考核其成效即可。如果不得力，就对其进行惩罚或调整。如果实在无人可用，就应

该对现有人员进行培养调教。其间所付出的时间、精力甚至失误都是人才成长过程中必须支付的成本。但现实往往是：领导总是对下属的工作能力不放心、不满意，不敢放手让下属去做，也没有耐心进行培养，而是经常自己动手，事必躬亲，尤其对自己拿手的事情更是干得乐此不疲。长此以往，下属就会因没有成长机会而消极怠工，并到处传播负面情绪。领导则会陷入具体事务中难以自拔，结果既忙坏了自己，也忽略了本职工作。这是双向资源的巨大浪费，弄不好就会使组织陷入混乱无序的状态。

刘颂谏武帝

原文：淮南相刘颂上疏曰："……天下至大，万事至众，人君至少，同于天日，是以圣王之化，执要于己，委务于下，非恶劳而好逸，诚以政体宜然也。夫居事始以别能否，甚难察也；因成败以分功罪，甚易识也。今陛下每精于造始而略于考终，此政功所以未善也。人主诚能居易执要，考功罪于成败之后，则群下无所逃其诛赏矣。……"

（第八十二卷　晋纪四）

淮南相刘颂给晋武帝上疏说："天下事物众多，君主不可能面面俱到，只需掌握住大方向和根本，其余的交给臣子去办理就可以了。这并不是好逸恶劳，而是治理国家本应如此。考察事情的得失成败，一开始很难甄别，等到结果逐渐显现出来，再去区分就一目了然了。如今陛下总是对事物的起始特别用心，但却往往忽略对结局的考察，如果能克服这一点，臣子们的所作所为就会无所遁形，也就没有办法逃避责任了。"

点评：这段话阐述了管理的根本方法在于委派与考核，即初始委派和考核结果。委派要与授权相一致，考核要和奖惩相挂钩。这样就能做到分工

明确,责任清楚,奖功罚过,引导政风。切忌虎头蛇尾,兴冲冲开了头,却不监督过程,不考核结果,以至草草收兵,马虎结尾。

高诩拒献藏书

原文:诩善天文,眺尝谓曰:"卿有佳书而不见与,何以为忠尽!"诩曰:"臣闻人君执要,人臣执职。执要者逸,执职者劳。是以后稷播种,尧不预焉。占候、天文,晨夜甚苦,非至尊之所宜亲,殿下将焉用之!"眺默然。

(第九十七卷　晋纪十九)

前燕左司马高诩擅长天文,前燕王慕容眺有一次对他说:"你藏有好书却不舍得给我看,这能算得上忠心吗?"高诩回答说:"我听说人君执掌朝廷纲要,人臣掌管具体事务。执掌纲要的人安逸,掌管事务的人劳碌。所以后稷掌管耕种稼穑之事,尧帝从不参与。占卜气候、观测天文这些事,起早贪黑非常辛苦,不是至尊之人应该干的,您学来干什么用呢!"一席话说得慕容眺默然无语。

点评:俗话说"尺有所短,寸有所长",每个人的特点和长处不同,所在岗位的职责也不同。治国之道在于用人,就是让合适的人在合适的岗位上干好专业的事,这就叫各司其职,而不是君主事必躬亲,越俎代庖。这既是全局意识,也是角色意识。

柳彧谏文帝

原文:彧见上勤于听受,百僚奏请,多有烦碎,上疏谏曰:"臣闻上古圣帝,莫过唐、虞,不为丛脞,是谓钦明。舜任五臣,尧咨四岳,垂拱无为,天下以治。所谓劳于求贤,逸于任使。比见陛下留心治道,无惮疲劳,亦由群官惧罪,不能自决,取判天旨,闻奏过多。乃至营造细小之事,出给轻微之物,一日之内,酬答百司。至乃日旰忘食,夜分未寝,动以文簿忧劳圣躬。伏愿察臣至言,少减烦务,若经国大事,非臣下裁断者,伏愿详决,自余细务,责成所司,则圣体尽无疆之寿,臣下蒙覆育之赐。”上览而嘉之,因曰:“柳彧直士,国之宝也。”

(第一百七十五卷　陈纪九)

隋朝大臣柳彧见隋文帝每天勤于政事,且事无巨细都要过问,就上疏劝谏道:“古代的圣君唐尧、虞舜,都不亲自处理细小的事物,而是委托给得力的大臣,或问政于四方诸侯,结果都实现了无为而治。这就是所谓的寻访贤才时辛苦,任用贤才后轻松。现在您自己勤于政务,百官们却不敢承担责任,大事小情都请您裁决,以至您经常废寝忘食,为一些琐碎事务和公文表章而日夜操劳。恳请陛下今后只留意决策层面的邦国大事,而把一些细小杂事交给职能部门去处理。这样,陛下可以圣体安康、万寿无疆,臣子们也可以各司其职,报答陛下。”隋文帝看了他的奏章后,称赞道:“柳彧忠诚正直,堪称国宝。”

点评:当领导是一门艺术。在总览全局的前提下要善于抓大放小,分工授权。勤政是好事,但凡事都亲力亲为,不但自己劳累,也容易造成工作疏漏,影响工作效率,更严重的是会助长下属不担当不作为、推诿观望的懒政怠政之风。贪权揽权的行为从心理上来说是一种担心大权旁落的不自信,从角色意识上来说是不清楚自己所处位置对应的职责,从工作内容上来说是没有找到重点和抓手。当然,也有人是享受那种忙碌而充实的成就感或亲自驾驭主宰一切的快感。

唐太宗评隋文帝

原文：乙丑，上问房玄龄、萧瑀曰："隋文帝何如主也？"对曰："文帝勤于为治，每临朝，或至日昃，五品已上，引坐论事，卫士传餐而食；虽性非仁厚，亦励精之主也。"上曰："公得其一，未知其二。文帝不明而喜察；不明则照有不通，喜察则多疑于物，事皆自决，不任群臣。天下至广，一日万机，虽复劳神苦形，岂能一一中理！群臣既知主意，唯取决受成，虽有愆违，莫敢谏争，此所以二世而亡也。朕则不然。择天下贤才，置之百官，使思天下之事，关由宰相，审熟便安，然后奏闻。有功则赏，有罪则刑，谁敢不竭心力以修职业，何忧天下之不治乎！"因敕百司："自今诏敕行下有未便者，皆应执奏，毋得阿从，不尽己意。"

（第一百九十三卷　唐纪九）

唐太宗有一次问房玄龄和萧瑀："隋文帝是怎样的君主呢？"二人回答说："隋文帝勤于政务，每次临朝听政，和五品以上的官员一起议论朝政，有时直到黄昏还不能散朝。卫士们执勤不能下班，就在岗上传递食物充饥。所以说，隋文帝虽然性格不仁厚，可也算得上是励精图治之主。"太宗说："你们只知其一，不知其二。隋文帝多疑苛察，不委任群臣做事，什么事都自己裁决。天下事纷繁复杂，即使日理万机、劳形伤神，又岂能一一切中要害。群臣们已经了解皇上的作风，只能默默接受皇上的决定，即使皇上错了，也没人敢提意见。结果下情不能上达，隋朝到了第二代就灭亡了。朕却不是这样。选择天下贤才，把他们安排到合适的岗位上，让他们把各自的想法和思路都汇总到宰相处，宰相再经过深思熟虑，然后报给朕。有功则赏，有罪则罚，如此，谁还敢不尽心竭力恪尽职守，天下何愁不治呢！"于是又给各部门下达敕令，让大家以后有问题务必直言禀奏，不得曲意顺从，含含糊糊。

点评:为政之道,只有君主自己励精图治是不行的,还要善于选才用人、分工授权,发挥众人的聪明才智,群策群力,方能有所大成。另外,还要令行禁止、赏罚分明、广开言路、虚心纳谏。如此上下同心且充满正知、正念、正能量,天下何愁不治?如果君主生性猜忌不肯放权,刚愎自用不听劝谏,那就永远都是一个人在战斗,国运又岂能长盛不衰?

姚廷筠谏唐中宗

原文:十二月,御史中丞姚廷筠奏称:"比见诸司不遵律令格式,事无大小皆悉闻奏。臣闻为君者任臣,为臣者奉法。万机丛委,不可遍览,岂有修一水窦,伐一枯木,皆取断宸衷!自今若军国大事及条式无文者,听奏取进止,自余各准法处分。其有故生疑滞,致有稽失,望令御史纠弹。"从之。

(第二百零九卷　唐纪二十五)

御史中丞姚廷筠向唐中宗上奏说:"最近各部门不按制度规定履行职责,而是事无巨细地一概报给陛下裁断。陛下国事繁重,臣子怎么能用诸如挖一个水窦、伐一棵枯树这样的小事来打扰您呢!从今以后应规定,只有军国大事或特殊事项才可奏请皇上裁决,其余事项各部门一律按照制度处理。如果拖延不办,就命御史予以弹劾。"唐中宗听从了他的建议。

点评:在一个组织系统中,要用明确的规章制度来规范各岗位的职责并监督其严格执行,如此才能保证组织高效有序地运转。在此基础上,每一个在职人员尤其是领导干部都要认清自己的位置,明白自己的职责,做自己该做的事情。如果下属普遍敷衍塞责推诿工作,凡事都要请领导拍板定夺,那领导一定要反思是不是自己揽权不放造成的,还是对下属疏于管理

造成的，然后再采取相应的措施予以矫正。

杜黄裳论为政

原文：戊午，上与宰相论："自古帝王，或勤劳庶政，或端拱无为，互有得失，何为而可？"杜黄裳对曰："王者上承天地宗庙，下抚百姓四夷，夙夜忧勤，固不可自暇自逸。然上下有分，纪纲有叙；苟慎选天下贤材而委任之，有功则赏，有罪则刑，选用以公，赏刑以信，则谁不尽力，何求不获哉！明主劳于求人而逸于任人，此虞舜所以能无为而治者也。至于狱市烦细之事，各有司存，非人主所宜亲也。昔秦始皇以衡石程书，魏明帝自按行尚书事，隋文帝卫士传餐，皆无补于当时，取讥于后来，其耳目形神非不勤且劳也，所务非其道也。夫人主患不推诚，人臣患不竭忠。苟上疑其下，下欺其上，将以求理，不亦难乎！"上深然其言。

（第二百三十七卷　唐纪五十三）

有一次，唐宪宗与宰相杜黄裳谈论君主为政之道，说："自古帝王，有的勤于各项政务，有的垂衣拱手、无为而治，但都互有得失，到底该怎么做呢？"杜黄裳回答说："王者在上承接着天地宗庙赋予的重任，对下安抚百姓四夷，朝夕忧心勤勉，固然不能自顾清闲。然而上下有分工，纪纲有秩序。如果慎重选拔天下贤才而委任他们，有功则赏，有罪则罚，选拔任用都出于公心，赏赐、刑罚都注重信用，那么还有谁不尽力，想办什么事办不成呢！明主在寻访人才时是辛劳的，任用人才后则是安逸的，这就是虞舜所以能够无为而治的原因。至于断案易市等琐事，各有其管理部门，不是君主应该亲自处理的。过去秦始皇用秤来称量批阅过的奏章文书；魏明帝自己跑到尚书台查看公文；隋文帝议论朝政致使卫士下不了班，在岗上互相传递食物充饥，这些做法都无补于时政，却被后人所讥笑。他们的耳目形神勤勉劳苦,但所做的并不是他们应该遵循的正道。人主只应该担心不能推诚待物,人臣只应该担心不能竭尽忠诚。如果上疑下,下欺上,以此来求得天下大治,不也很难吗!”宪宗对他的话深以为然。

点评:君主与臣子之间各有分工、各司其职,这是角色和职能所决定的。要想成为一个合格的君主,勤勉是第一位。但勤勉不是揽权不放或事无巨细亲力亲为,而是体现在善于选人用人、善于分工授权上。把合适的人才放到合适的位置上,通过赏罚监管让他们把岗位赋予的职责发挥得淋漓尽致,这才是君主应做的事情。一旦用对了人,君主就可以垂拱而治了。这就是所谓的为君者“勤于求贤而逸于得人”。如果君主不善于选拔任用人才,凡事都要越俎代庖,亲力亲为,除心有余而力不足外,还会破坏管理规则,打压下属的积极性。这种表面的勤勉对于治理国家是毫无裨益的。

柳宗元作《梓人传》

原文:宗元善为文,尝作《梓人传》,以为:“梓人不执斧斤刀锯之技,专以寻引、规矩、绳墨度群木之材,视栋宇之制,相高深、圆方、短长之宜,指麾众工,各趋其事,不胜任者退之。大夏既成,则独名其功,受禄三倍。亦犹相天下者,立纲纪、整法度,择天下之士使称其职,居天下之人使安其业,能者进之,不能者退之,万国既理,而谈者独称伊、傅、周、召,其百执事之勤劳不得纪焉。或者不知体要,炫能矜名,亲小劳,侵众官,听听于府庭,而遗其大者远者,是不知相道者也。”

(第二百三十九卷 唐纪五十五)

唐代大家柳宗元曾写过一篇《梓人传》来比喻宰相的职责,文章中说:“有一位木匠,不去做具体的工作,却着眼于设计规划,然后指挥其他木工分别去完成各自的任务，将不胜任的人辞退。工程完工后，只记载他一个人的功劳，他得到的报酬也是其他木工的三倍。这就像宰相一样，设立纲纪、整肃法度，选择天下人才把他们放到合适的位置上，使老百姓安居乐业。提拔有才能的人，辞退没有能力的人。国家得到治理后，人们只称颂宰相，却对其他各个部门做具体工作的人不加记载。可有的宰相却不识治国大体和要领，喜欢自我夸耀才能以博取虚名，亲自做一些细小的琐事，侵犯百官的职责，在官署中吵嚷争论不休，却把重大长远的谋划都忽略了，这是不懂得为相之道啊。”

点评：管理者无论职位高低、管辖范围大小，管理之道都是相通的。其要旨不外乎确定管理目标、制定实施细则、出台保障制度、选拔合适人才、进行分工授权、监管实施过程、评估完成效果、考核相关人员。这几点做到了，就是一个优秀的管理者。反之，如果不明白自己的角色和职责，不懂提纲挈领之要，事事都要亲力亲为，就会舍本逐末、挂一漏万。自己疲于奔命不说，还会影响整体的事业。这样的管理者是不合格的。

（二十六）全权委托

武则天拒派监军

原文：太后欲遣韦待价将兵击吐蕃，凤阁侍郎韦方质奏，请如旧制遣御史监军。太后曰：“古者明君遣将，阃外之事悉以委之。比闻御史监军，军中事无大小皆须承禀。以下制上，非令典也，且何以责其有功！”遂罢之。

（第二百零四卷　唐纪二十）

武则天准备派武职出身的宰相韦待价征讨吐蕃,凤阁侍郎韦方质请求按照惯例派遣御史监军。武则天说:“古代的明君派遣将领,会把城门以外的事情全部委托给他处理。近来听说军队中的事情,无论大小都要向监军禀报,这不是以下制上吗?这不符合国家的制度,而且这样怎么去要求将领建功立业呢!”于是没有采纳这个建议。

点评:俗话说“用人不疑,疑人不用”。既然有所委任,就要放手让人家去干。一边委任,一边又派人在旁边监督,做事的人事事都要向监督者请示汇报,这工作还怎么干?而且一般来说,被委任者都是业务能力很强的专家,比监督者的专业素质要高得多。这种管理方式,岂不成了外行管内行、业余管专家了吗?如果监督者对具体事务处处插手干预,就会对工作造成严重干扰,甚至给事业带来重大损失,尤其对于关乎生死存亡的军事行动,更要由主帅根据瞬息万变的战场形势随机做出反应和部署,岂能处处任人掣肘、受人钳制。这就是所谓“将在外君命有所不受”的道理。

(二十七)抓大放小

班超论治西域

原文:超之被征,以戊己校尉任尚代为都护,尚谓超曰:“君侯在外国三十余年,而小人猥承君后,任重虑浅,宜有以诲之!”超曰:“年老失智。君数当大位,岂班超所能及哉!必不得已,愿进愚言:塞外吏士,本非孝子顺孙,皆以罪过徙补边屯;而蛮夷怀鸟兽之心,难养易败。今君性严急,水清无大鱼,察政不得下和,宜荡佚简易,宽小过,总大纲而已。”超去,尚私谓所亲曰:“我以班君当有奇策,今所言,平平耳。”尚后竟失边和,如超所言。

（第四十八卷　汉纪四十）

任尚接替班超做西域都护，交接时任尚表现得很谦虚，对班超说："您在西域任职三十多年，现在我来接替您，深感责任重大，但我思虑短浅，希望能得到您的指点！"班超回答得也很委婉，说："我已经老了，脑筋也不好使了，您屡次出任高官，岂是我班超所能比的！如果一定要说点什么，我就提一点愚见：塞外这些官吏士卒，本来就不是什么孝子顺孙，都是因为犯罪被迁徙发配到这里来屯戍边境的。而西域这些蛮夷之族，心性就像鸟兽一样，难以豢养，易于变乱。现在您的性格严厉峻急，俗话说水至清则难养大鱼，明察之政难得下属拥护，您应当实行简洁宽松的政策，不计较他们小的过失，总览大纲就可以了。"班超走后，任尚私下对亲信说道："我原以为班超有什么出奇制胜之策，他今天所说的话，也只是平常言语罢了。"后来任尚果然葬送了西域的和平，正如班超预料的一样。

点评：任尚和班超的寒暄客套，都非常谦逊而富有语言技巧。针对不同人群，管理方式也应该不同。要充分考虑受众的素质和承受极限，突破极限，就会破坏平衡，引发对抗。班超所提建议就是针对特殊人群的驾驭手段问题，关键在于度的把握，要总览全局，不苛小节，恩威并施，宽严适度。把事情做好未必都靠精彩纷呈的奇谋秘计，也鲜有一劳永逸的灵丹妙药，更多的是在平实处见功力。这是大智慧，非小聪明可比。

源怀不喜烦碎

原文：魏骠骑大将军冯翊惠公源怀卒。怀性宽简，不喜烦碎，常曰："为贵人当举纲维，何必事事详细！譬如为屋，但外望高显，楹栋平正，基壁完牢,足矣;斧斤不平,斫削不密,非屋之病也。"

(第一百四十六卷　梁纪二)

北魏骠骑大将军源怀性格宽厚,不喜欢烦琐之事。他常常说:"做贵人就应当提纲挈领,何必事事详细周到。比如建造房屋,只要从外面看上去高大显眼,整体平正,地基和墙壁完善牢固,就足够了。至于砍削不够细致,不是什么大毛病。"

点评:源怀认为做领导要懂得提纲挈领、抓大放小,关注大面和主流,忽略细枝末节。

(二十八)理政要领

王世充听政

原文:王世充专总朝政,事无大小,悉关太尉府;台省监署,莫不阒然。世充立三牌于府门外:一求文学才识,堪济时务者;一求武勇智略,能摧锋陷敌者;一求身有冤滞,拥抑不申者。于是上书陈事日有数百,世充悉引见,躬自省览,殷勤慰谕,人人自喜,以为言听计从,然终无所施行。下至士卒厮养,世充皆以甘言悦之,而实无恩施。

…………

世充每听朝,殷勤诲谕,言词重复,千端万绪,侍卫之人不胜倦弊,百司奏事,疲于听受。御史大夫苏良谏曰:"陛下语太多而无领要,计云尔即可,何烦许辞也!"世充默然良久,亦不罪良,然性如是,终不能改也。

(第一百八十七卷　唐纪三)

宇文化及在江都叛乱弑杀隋炀帝后，王世充在洛阳拥立越王杨侗为帝，史称皇泰主，皇泰主封王世充为郑国公。待王世充击败李密后，皇泰主又封王世充为太尉，开太尉府。王世充当了太尉后，独揽大权，朝中所有的事情都要通过太尉府，其他官署都不得参与。王世充在府门外立了三块牌子，一块牌子广招有济世之才的文官，一块牌子谋求能冲锋陷阵的武将，一块牌子接纳有冤难申的百姓。于是，每天上书言事的有数百人，王世充都亲自接见，阅览他们的文书，殷勤地安抚慰问他们，这些人都很高兴，以为王世充一定会采用他们的意见，可是王世充到最后却什么也没做。下至士卒仆役，王世充也都用好话取悦他们，可是却没有实际的恩惠。

后来王世充野心膨胀，逼迫皇泰主退位，自立为帝，国号为郑，不久又派人害死杨侗。王世充每次临朝听政，都殷勤训示，语言啰唆，内容纷乱，令左右侍卫疲惫不堪。各部门上奏完毕之后，也疲于听他长篇大论的训示。御史大夫苏良劝谏道："陛下话太多却不得要领，如此这般商议一下即可，何必没完没了呢！"王世充沉默良久，也不怪罪苏良。然而他性格就是这样，最终也不能改变。

点评：王世充属于典型的志大才疏之人，他贪婪专权，不懂分工，想法挺多，却毫无执行力，摆出一副励精图治的架势，却并不真抓实干，只是拿好话、空话忽悠大众而已，最终使高调的求贤沦为一场作秀的闹剧。及至临朝听政，他却不懂议事要领，不会倾听决断，不善集思广益。自己只一味喋喋不休，颠三倒四，朝会毫无质量和效率可言。可见其压根就没有治国的才干，处处画虎不成反类犬。

（二十九）思维方式

做事问专家

原文：庆之又固陈不可。上使徐湛之、江湛难之。庆之曰："治国譬如治家，耕当问奴，织当访婢。陛下今欲伐国，而与白面书生辈谋之，事何由济！"上大笑。

（第一百二十五卷　宋纪七）

南朝宋文帝想要进攻北魏，名将沈庆之提出反对意见，文帝试图说服沈庆之，但沈庆之还是坚持己见。于是，文帝就让文官徐湛之、江湛和他进行辩驳。沈庆之说："治国与治家的道理是一样的，耕田应该问农夫，纺织应该问婢女。陛下现在打算讨伐敌国，却与白面书生之辈进行谋划，这能有多大帮助呢？"文帝大笑。

点评：所谓专业的人做专业的事。领导在制定某项政策时，一定要充分听取这一领域专家和权威的意见，并组织相关人员反复论证。如果撇开内行不顾，却和外行探讨，这绝对是主观意识占了上风，思维方式出了问题。

李崇因言获罪

原文：李崇长史钜鹿魏兰根说崇曰："昔缘边初置诸镇，地广人稀，或征发中原强宗子弟，或国之肺腑，寄以爪牙。中年以来，有司号为'府户'，役同厮养，官婚班齿，致失清流，而本来族类，各居荣显，顾瞻彼此，理当愤怒。宜改镇立州，分置郡县，凡是府户，悉免为民，入仕次叙，一准其旧，文武兼用，威恩并施。此计若行，国家庶无北顾之虑矣。”崇为之奏闻，事寝，不报。

（第一百四十九卷　梁纪五）

魏主引丞相、令、仆、尚书、侍中、黄门于显阳殿，问之曰：“今寇连恒、朔，逼近金陵，计将安出？”吏部尚书元修义请遣重臣督军镇恒、朔以捍寇，帝曰：“去岁阿那瓌叛乱，遣李崇北征，崇上表求改镇为州，朕以旧章难革，不从其请。寻崇此表，开镇户非冀之心，致有今日之患；但既往难追，聊复略论耳。然崇贵戚重望，器识英敏，意欲遣崇行，何如？”仆射萧宝寅等皆曰：“如此，实合群望。”崇曰：“臣以六镇遐僻，密迩寇戎，欲以慰悦彼心，岂敢导之为乱！臣罪当就死，陛下赦之；今更遣臣北行，正是报恩改过之秋。但臣年七十，加之疲病，不堪军旅，愿更择贤材。”帝不许。

（第一百五十卷　梁纪六）

北魏道武帝拓跋珪建都平城（今山西大同）后，为防止北方柔然侵扰边境，威胁平城的安全，特在北部边境设置了六座军镇，史称“北魏六镇”。北魏前期和中期，六镇在政治、军事中占有重要地位，所以北魏朝廷对六镇极为重视，镇将全部由鲜卑贵族担任，士兵也大多来自鲜卑族，还有一部分中原豪强的子弟，这些人在国内享有很高的特权。但自从孝文帝迁都洛阳后，就渐渐忽略了六镇的作用，六镇将士逐渐受到冷落，失去了从前的政治地位和优厚待遇，晋升的通道也被堵塞。到了孝明帝时期，这些将士的后代更是彻底丧失了贵族身份，沦为像奴隶一样的“府户”。而南迁的贵族及其后代却依旧享受着荣华富贵，这就令镇所这些遗民在绝望愤怒的同时，更产生了严重的心理失衡，于是矛盾愈演愈烈，动乱的根源就形成了。

北魏大臣李崇的长史魏兰根看到了这种危机，就让李崇上表建议，把原来的镇改为州，然后分设郡县，把府户都赦免为平民，使他们在入仕和晋升方面都恢复到和从前一样。希望通过这种办法,化解北方的矛盾。但奏书呈上去之后,孝明帝没有作任何回复,这个建议就被搁置起来了。

李崇上表的第二年就爆发了六镇之乱。孝明帝召集大臣商议对策,吏部尚书元修义请求派遣朝廷重臣挂帅平叛,孝明帝说:“去年李崇建议改镇为州,朕因为此事不符合旧例,就没有答应他。我考虑正是因为李崇这份奏折,才让镇上这些人有了非分之想,导致了今日之祸。那我现在就派李崇去平叛,你们认为怎么样?”大家都认为可以。李崇解释说:“我当初提出改镇为州,是为了安抚当地人,怎么敢引导他们作乱呢?我按罪当死,陛下赦免我并给我立功赎罪的机会,我感激万分,但我年老多病,恐怕难以胜任,请另择他人。”孝明帝不同意。

点评:治国安民,君主必须要懂得根据世易时移变更制度,并善于审时度势,恩威并施。运用得好坏体现君主的水平,如君主自己不明就里而有王佐之才辅助谋划,则应深庆之、深纳之。然糊涂如孝明帝,不但不反思自己因不采纳李崇的灼见而导致祸乱,反而迁罪于李崇的奏表教唆引导了叛乱,如此思维岂不令忠臣痛心?而事实上,有这种思维方式的君主不在少数。李崇的无奈辩解以及对任命的婉拒,折射出的是伤心和失望。孝明帝因未采纳李崇的建议去消除六镇隐患,最终导致六镇之乱。经过一系列战乱,北魏政权被颠覆,分裂为两个傀儡政权——东魏和西魏。

对此,司马光说:“李崇的奏表,是为了把祸患消弥于萌芽之前,料敌机先从而制胜于无形之中。孝明帝不采用也就罢了,等到祸乱发生,不但没有一句惭愧自责之言,反而把这当成李崇的罪证。如此不明智的君主,怎么可以和他共谋大事呢!”

柳公权论节俭

原文：夏，四月，甲辰，上对中书舍人、翰林学士兼侍书柳公权于便殿，上举衫袖示之曰："此衣已三浣矣！"众皆美上之俭德；公权独无言，上问其故，对曰："陛下贵为天子，富有四海，当进贤退不肖，纳谏诤，明赏罚，乃可以致雍熙。服浣濯之衣，乃末节耳。"上曰："朕知舍人不应复为谏议，以卿有诤臣风采，须屈卿为之。"乙巳，以公权为谏议大夫，余如故。

（第二百四十五卷　唐纪六十一）

有一次，唐文宗召见中书舍人、翰林学士兼侍书柳公权，文宗举起衣服袖子让柳公权看，并说："这件衣服已经洗了三次了！"旁边众人都称赞文宗节俭的美德，唯独柳公权不说话。文宗问他原因，柳公权回答说："陛下贵为天子，富有四海，应当举贤任能，斥退不肖之人，采纳直言极谏，明确赏罚制度，如此才可以实现天下太平。穿洗过的衣服，只是小节而已。"文帝说："朕知道中书舍人不应越职进谏，因为你有诤臣的风采，所以需要委屈你担任这一职务。"于是任命柳公权为谏议大夫，其他职务照旧。

点评：节俭朴素等品格对于普通人来讲是一种美德，但对于天子来讲，只是小节而已。殚精竭虑制定大政方针，选贤任能修明朝廷政治，使国家富强、百姓安乐才是天子的职责和大德。况且天子富有四海，是国家形象的象征，太过节俭也有损国体。

（三十）思路方法

光武帝治盗

原文：郡国群盗处处并起，郡县追讨，到则解散，去复屯结，青、徐、幽、冀四州尤甚。冬十月，遣使者下郡国，听群盗自相纠擿，五人共斩一人者，除其罪；吏虽逗留回避故纵者，皆勿问，听以禽讨为效。其牧守令长坐界内有盗贼而不收捕者，又以畏愞捐城委守者，皆不以为负，但取获贼多少为殿最，唯蔽匿者乃罪之。于是更相追捕，贼并解散，徙其魁帅于他郡，赋田受禀，使安生业。自是牛马放牧不收，邑门不闭。

（第四十三卷　汉纪三十五）

汉光武帝建武十六年（40），各郡、封国的盗贼纷纷并起，郡县派兵去追讨，军队到了盗贼就解散，军队撤了盗贼又重新聚集。冬季，朝廷派使者下到各郡、封国监督捕盗。朝廷给出的政策是：鼓励盗贼内部互相攻杀戴罪立功，五个人共同斩杀一个人，就免除这五个人的罪。地方官以前畏惧、放纵盗贼的，一概既往不咎，允许他们现在讨贼立功，而且只考核捕获盗贼的数量，以此作为论功行赏的依据。于是，地方上兴起一股大捕盗贼之风，盗贼无处遁形，全都四散了。地方上抓住盗贼的首领后，把他们迁徙到其他州郡，分给他们土地，让他们安心生产、生活。从此以后，这些地方放牧的牛马不用赶回，城门夜间也不用关闭，一片太平祥和的景象。

点评：特殊时期的工作要锁定目标、突出重点，全力以赴做好核心工作，不为细枝末节的事情牵扯分散精力。通过简单明了的奖惩措施，重激励轻

处罚的管理手段,凝聚人心,形成合力,成就功业。

汉章帝调解争议

原文:冬,南单于遣兵与北虏温禺犊王战于涿邪山,斩获而还。武威太守孟云上言:“北虏以前既和亲,而南部复往抄掠,北单于谓汉欺之,谋欲犯塞,谓宜还南所掠生口以慰安其意。”诏百官议于朝堂。太尉郑弘、司空第五伦以为不可许,司徒桓虞及太仆袁安以为当与之。弘因大言激厉虞曰:“诸言当还生口者,皆为不忠!”虞廷叱之,伦及大鸿胪韦彪皆作色变容。司隶校尉举奏弘等,弘等皆上印绶谢。诏报曰:“久议沈滞,各有所志,盖事以议从,策由众定,訚訚衎衎,得礼之容,寝嘿抑心,更非朝廷之福。君何尤而深谢!其各冠履!”帝乃下诏曰:“江海所以长百川者,以其下之也。少加屈下,尚何足病!况今与匈奴君臣分定,辞顺约明,贡献累至,岂宜违信,自受其曲!其敕度辽及领中郎将庞奋倍雇南部所得生口以还北虏;其南部斩首获生,计功受赏,如常科。”

（第四十七卷　汉纪三十九）

西汉后期,匈奴分裂为南匈奴和北匈奴,南下附汉的为南匈奴,留在漠北的为北匈奴。东汉时期,北匈奴连年遭遇天灾,又受到其他北方游牧民族的攻击,实力大大衰退,于是派遣使者向东汉请和。汉章帝元和二年(85)冬,南匈奴发兵与北匈奴交战,并大败北匈奴。武威太守孟云上疏说:“北匈奴之前已经跟汉朝讲和,现在南匈奴又去攻打他们,北匈奴会认为汉朝是故意给南匈奴撑腰欺负他们,现在他们气愤之余想要侵扰我国边塞。我建议,把南匈奴抢来的俘虏和牲畜归还给北匈奴,以安抚他们。”汉章帝命大臣们在朝堂上讨论此事。大臣分为两派,一派主张归还,一派主张不归还,双方互不相让,以至于彼此大声吵嚷呵斥。司隶校尉弹劾这些大臣破坏朝廷礼仪，于是这些大臣全都交上印信绶带请罪。汉章帝说："讨论问题就应该集思广益，各抒己见。当然，讨论的过程中你们既体现出忠诚正直又互相谦让和睦，这才符合朝廷的礼仪。但三缄其口压抑情绪，绝非朝廷之福。大家有什么错要谢罪呢，赶快戴上帽子穿好鞋。海纳百川，是因为地势低洼，汉朝稍微对异族包容一点儿，又有什么损失？北匈奴信守承诺对我们表示臣服，难道我们要背信弃义让自己理亏？现在我们用双倍的价钱把南匈奴抢来的俘虏和牲畜买回来，然后归还给北匈奴，同时对南匈奴杀敌立功的表现也给予奖励，双方不就都安然无事了吗！"

点评：当下属因意见不合发生激烈争论甚至互相攻击时，领导要妥善化解。既要鼓励大家畅所欲言，不要压抑想法，又要提倡和谐融洽的工作氛围。最后用更高明的策略超越二者，破除二元对立思维，解决争议。这才是体现领导高度的正确途径。

曹褒制礼

原文：博士鲁国曹褒上疏，以为"宜定文制，著成汉礼"。太常巢堪以为"一世大典，非褒所定，不可许"。帝知诸儒拘挛，难与图始，朝廷礼宪，宜以时立，乃拜褒侍中。玄武司马班固以为"宜广集诸儒，共议得失"。帝曰："谚言：'作舍道边，三年不成。'会礼之家，名为聚讼，互生疑异，笔不得下。昔尧作《大章》，一夔足矣。"

…………

曹褒依准旧典，杂以《五经》《谶记》之文，撰次天子至于庶人冠、婚、吉、凶终始制度凡百五十篇，奏之。帝以众论难一，故但纳之，不复令有司平奏。

（第四十七卷　汉纪三十九）

东汉建立后，国家的礼仪制度不够完善。到汉章帝时，博士曹褒上书请求重新编纂汉朝的礼仪典章。班固认为："应当召集儒家各派学者，共同讨论礼仪的内容。"章帝说："在大路边盖房，三年也盖不成。众人商讨礼仪制度，各有看法，众说纷纭，根本就下不了笔。以前尧帝作《大章》，用夔一个人就够了。"于是就命曹褒一人主持编纂工作。

曹褒以旧典为基础，又加入其他文献内容，编写了各种礼仪章程，共一百五十篇。章帝知道众人的意见很难一致，所以就认可了曹褒的典章，不再令有关部门评议上奏。

点评：对于众说纷纭、意见不一的事情，集合众议只会纷纷扰扰，徒增混乱，为求效率，乾纲独断，指定一名权威专家定调即可。

唐太宗重用五花判事

原文：故事：凡军国大事，则中书舍人各执所见，杂署其名，谓之五花判事。中书侍郎、中书令省审之，给事中、黄门侍郎驳正之。上始申明旧制，由是鲜有败事。

（第一百九十三卷　唐纪九）

按照以前的制度，诏书中凡涉及军国大事，就让六位中书舍人分别发表意见，然后签上自己的名字，时人把这种做法称为"五花判事"。之后中书侍郎、中书令再对诏书进行审核，给事中、黄门侍郎最后予以驳正。唐太宗重新启用这项制度，从此诏书决策很少有失误。

点评：这有点像现代的会签制度。大家就某一重大事项在公文上各自阐明观点，签署意见，最后由相关负责人裁定是非，进行取舍，并综合各方意

见拿出一个比较周密完善的方案呈报领导审阅。这种集体决策相对于偏听偏信或一言堂来说更科学、更严谨,失误率更低。

(三十一)消除后患

汉武帝杀钩弋夫人

原文:时钩弋夫人之子弗陵,年数岁,形体壮大,多知,上奇爱之,心欲立焉;以其年稚,母少,犹与久之。欲以大臣辅之,察群臣,唯奉车都尉、光禄大夫霍光,忠厚可任大事,上乃使黄门画周公负成王朝诸侯以赐光。后数日,帝谴责钩弋夫人;夫人脱簪珥,叩头。帝曰:"引持去,送掖庭狱!"夫人还顾,帝曰:"趣行,汝不得活!"卒赐死。顷之,帝闲居,问左右曰:"外人言云何?"左右对曰:"人言'且立其子,何去其母乎?'"帝曰:"然,是非儿曹愚人之所知也。往古国家所以乱,由主少、母壮也。女主独居骄蹇,淫乱自恣,莫能禁也。汝不闻吕后邪！故不得不先去之也。"

(第二十二卷　汉纪十四)

汉武帝晚年,戾太子刘据因巫蛊之祸自杀,后来汉武帝就想立钩弋夫人所生的皇子刘弗陵为太子。但刘弗陵年幼,钩弋夫人又年轻,汉武帝担心自己死后钩弋夫人干政作乱,就决定杀了她。有一天,汉武帝故意找碴儿谴责钩弋夫人,钩弋夫人摘掉头饰,叩头请罪。汉武帝命人把钩弋夫人拉下去送往掖庭狱,钩弋夫人回头求情,汉武帝催她快点儿走,并说:"你不能再活下去。"最后把她赐死了。过了几天,汉武帝闲居无事,问左右侍从:"外面的人对处死钩弋夫人有什么说法?"左右回答说:"人们都说'既然要立儿子为太子,为啥还要杀他的母亲呢?'"汉武帝说:"对,这就不是你们这些愚昧之人所能知道的了。以前的国家之所以变乱，就是由于皇帝年幼，而太后青春鼎盛。太后一个人独居，就会骄纵傲慢，肆意淫乱，谁也不能禁止。你们难道没听说过吕后的旧事吗？所以不得不先把她除掉。”

点评：汉武帝此举虽残忍不合人性，却有效消除了可能出现的祸乱之源。封建皇权世袭制的弊病，一是很难保证继任者的素质都过关，二是容易出现由于皇帝幼小而导致母系专权或重臣擅权的局面，轻者乱政，重则颠覆王朝。汉朝的吕后，北魏的冯太后、胡太后，清代的慈禧太后都是例证。

刘渊起兵

原文：初，南单于呼厨泉以兄於扶罗子豹为左贤王，及魏武帝分匈奴为五部，以豹为左部帅。豹子渊，幼而隽异，师事上党崔游，博习经史。尝谓同门生上党朱纪、雁门范隆曰：“吾常耻随、陆无武，绛、灌无文；随、陆遇高帝而不能建封侯之业，绛、灌遇文帝而不能兴庠序之教，岂不惜哉！”于是兼学武事。及长，猿臂善射，膂力过人，姿貌魁伟。为任子在洛阳，王浑及子济皆重之，屡荐于帝，帝召与语，悦之。济曰：“渊有文武长才，陛下任以东南之事，吴不足平也。”孔恂、杨珧曰：“非我族类，其心必异。渊才器诚少比，然不可重任也。”及凉州覆没，帝问将于李憙，对曰：“陛下诚能发匈奴五部之众，假刘渊一将军之号，使将之而西，树机能之首可指日而枭也。”孔恂曰：“渊果枭树机能，则凉州之患方更深耳。”帝乃止。

东莱王弥家世二千石，弥有学术勇略，善骑射，青州人谓之“飞豹”。处士陈留董养见而谓之曰：“君好乱乐祸，若天下有事，不作士大夫矣。”渊与弥友善，谓弥曰：“王、李以乡曲见知，每相称荐，适足为吾患耳。”因歔欷流涕。齐王攸闻之，言于帝曰：“陛下不除刘渊，臣恐并州不得久安。"王浑曰:"大晋方以信怀殊俗,奈何以无形之疑杀人侍子乎?何德度之不弘也!"帝曰:"浑言是也。"会豹卒,以渊代为左部帅。

(第八十卷　晋纪二)

匈奴南单于曾派兵到中原帮助东汉讨伐黄巾起义,后来董卓叛乱,这支军队劫掠了太原、河东等地,然后就驻扎在了河内。再后来,魏武帝曹操把这支匈奴军队分为五部,任命刘豹为左部帅。刘豹的儿子刘渊,小时候就不同寻常,他拜当时的名士崔游为师,博学经史。他曾经对同学说:"我耻于做随何、陆贾、周勃、灌婴这样缺武少文的人,随何、陆贾遇到汉高帝却不能封侯,周勃、灌婴遇到汉文帝却不能振兴文教,多可惜啊!"于是他文武兼习。长大后,他箭法出众,膂力过人,姿容魁伟。刘渊年轻时,曾作为人质留居在洛阳。晋武帝司马炎登基后,王浑和他的儿子王济都很器重刘渊,多次向晋武帝推荐他。晋武帝与刘渊交谈后,也非常欣赏他。王济趁机向晋武帝建议,让刘渊去平定吴国。孔恂、杨珧说:"非我族类,其心必异。刘渊是匈奴人,是不会和我们一条心的。刘渊的才能器量确实少有人能比,但是却不可重用。"后来鲜卑族首领秃发树机能攻陷凉州,晋武帝问李熹谁能挂帅收复失地,李熹说:"陛下如果能任命刘渊为将军,让他带领匈奴五部去平叛,过不了几天秃发树机能的头就会被砍下来。"孔恂说:"如果刘渊果真杀了秃发树机能,凉州的祸患恐怕就更深了。蛟龙遇到云雨,岂会再是池中之物。"于是晋武帝打消了任用刘渊的念头。

东莱人王弥,出身于官宦之家,才略出众,善于骑射,与刘渊相友善。有一次刘渊对王弥说:"王浑和李熹因为是我的同乡,所以了解我,他们经常向晋武帝称赞推荐我,但这样恰恰会给我带来灾难。"说罢唏嘘不已,泪流满面。齐王司马攸听说后,对晋武帝说:"陛下如果不除掉刘渊,我恐怕并州以后将不得安宁。"王浑说:"我大晋正要以信义招抚异族,为什么要用连萌芽都没有显现的怀疑,去杀了人家作为人质的儿子呢?为何道德和气度这么不宽广啊!"晋武帝说:"王浑说得对。"恰好刘渊的父亲刘豹去世了，于是就任命刘渊为左部帅。后来西晋爆发了“八王之乱”，刘渊趁机割据并州，建立了汉国，拉开了五胡十六国的序幕，西晋王朝彻底覆灭。

点评：刘渊胸怀大志，睥睨古人，发奋学习，深自砥砺，立志要做一个文武全才之人。他唯恐锋芒外露招来杀身之祸，所以韬光养晦，静待时机。人总是会面临各种各样的选择，如何权衡利弊，决定取舍，要从当时的实际出发。当意识到威胁时要当机立断，先下手为强，切不可优柔寡断，遗留后患，更不能因顾及虚名而遭受实祸，否则悔之晚矣。

北魏废图谶

原文：戊寅，魏诏曰：“图谶之兴，出于三季，既非经国之典，徒为妖邪所凭。自今图谶、秘纬，一皆焚之，留者以大辟论！”又严禁诸巫觋及委巷卜筮非经典所载者。

（第一百三十六卷　齐纪二）

北魏朝廷下诏说：“从夏、商、周三代开始，兴起了预测吉凶的图谶之学。但这些都不是治理国家的典籍，只会被妖邪之辈利用。从今往后，凡是图谶、秘纬之类的书籍一律烧毁，有私自留存的处以大辟罪！”又严厉禁止各种巫师以及民间占卜人员进行迷信活动。

点评：国家对意识形态一定要管控。历史上曾出现过很多野心家借助妖异邪说蛊惑人心、发动叛乱的事例。北魏朝廷从稳定国家政权的角度出发，禁止怪力乱神之说，是防患于未然的举措，符合统治阶级的根本利益。

梁武帝杀萧宝融

原文：戊辰，巴陵王卒。时上欲以南海郡为巴陵国，徙王居之。沈约曰："古今殊事，魏武所云'不可慕虚名而受实祸'。"上颔之，乃遣所亲郑伯禽诣姑孰，以生金进王，王曰："我死不须金，醇酒足矣。"乃饮沉醉；伯禽就折杀之。

（第一百四十五卷　梁纪一）

南齐皇帝萧宝卷荒唐残暴，滥杀大臣，导致天下大乱。萧衍拥立萧宝卷的弟弟南康王萧宝融为帝（齐和帝），起兵叛乱，最终消灭了萧宝卷。萧衍不久又逼迫萧宝融禅位，代齐建梁，为梁武帝。梁武帝即位后，封萧宝融为巴陵工，让他居住在姑孰城。后来又想把南海郡改为巴陵国，把萧宝融迁到那里居住。但是，大臣沈约却建议梁武帝彻底除掉萧宝融。梁武帝同意，于是就派亲信去姑孰杀了萧宝融。

点评：政治斗争就是这么残酷，为防止对手东山再起，会抛开一切怜悯和仁慈，痛下杀手以绝后患。历史上这样的例子很多。

二、用人之道

（一）德才关系

智宣子选继承人

原文：初，智宣子将以瑶为后，智果曰："不如宵也。瑶之贤于人者五，其不逮者一也。美鬓长大则贤，射御足力则贤，伎艺毕给则贤，巧文辩惠则贤，强毅果敢则贤；如是而甚不仁。夫以其五贤陵人而以不仁行之，其谁能待之？若果立瑶也，智宗必灭。"弗听。智果别族于太史，为辅氏。

（第一卷　周纪一）

春秋末年，晋国的执政者智宣子有两个儿子，一个叫智瑶，一个叫智宵。智宣子想立智瑶为继承人，族人智果对他说："他不如智宵。智瑶有五个一般人不具备的优点：外表英俊魁梧，精于射御之术，精通各种才艺，文章口才一流，性格坚毅果敢。但他有一项致命的缺点，那就是不仁厚。如果他用这五个优点压服别人，然后去做不仁不义之事，谁还能侍奉他？如果真要立智瑶为接班人，那么智氏宗族一定会灭亡。"智宣子不听从他的建议。于是智果便向太史请求脱离智氏宗族，另立辅氏门户。智瑶继位后，果然盛气凌人、刚愎自用，频频欺辱魏、赵、韩三家大夫，最后被三家联合所灭，晋国最终也被瓜分。

点评：《荀子》曰："人主者，以官人为能者也；匹夫者，以自能为能者也。"也就是说领导者最关键的本事在于用人，即"以官人为能"，要做到这一点，首要的品质就是仁厚。而智瑶的五项长处都属于"自能"，即"匹夫之能"，唯独缺乏仁厚。以不仁的品质频逞匹夫之能，别人还怎么和他相处，他又怎么能当好大众的领袖呢？这样的人注定会成为独夫。智宣子选择智瑶为继承人，已经为智氏的覆灭埋下了祸根。智果眼见"无可奈何花落去"，只得另立门户以保全家族，也算是一位智者。

关于智瑶的灭亡，司马光有过一段精彩的论述。他说：智伯之所以灭亡，是因为才胜于德，即"夫聪察强毅之谓才，正直中和之谓德。才者，德之资也；德者，才之帅也"。也就是说才与德是两个不同的概念，可是世俗之人却很少能分辨，一律称之为贤能，这就是造成对人失察的原因。聪明、洞察、刚强、坚毅统称为才。正直、中庸、平和统称为德。才是德的辅助，德是才的统帅。云梦出产的竹子，棠溪出产的铜，都质地坚韧，是制作兵器的良材，可是如果不进行加工锻造，就变不成锋利的武器。所以，德才兼备的叫作圣人，无德无才的叫作愚人，德胜于才的叫作君子，才胜于德的叫作小人。如果得不到圣人、君子，与其得到小人，还不如得到愚人。为什么呢？因为君子利用才华来行善，小人依仗才华去作恶。愚人即使想作恶，但能力不足，就像小狗想咬人，但人能制服它。小人则不同，他们的智力足以实现奸谋，勇力足以完成施暴，做起坏事，简直是经而易举，为害哪能不多呢！有德的人使人敬畏，有才的人受人喜爱。喜爱则容易亲近，敬畏则容易疏远，所以选拔人才的人大多被人的才华蒙蔽而忘了考察他的品德。古往今来，乱臣贼子，都是才有余而德不足，以至于家国倾覆的例子太多了，岂止是智伯一个人呢！所以掌管国与家的人，如果真能区别才与德的不同，而且知道二者孰先孰后，又何必担心失去人才呢！

品德决定人心的方向，才干决定前进的速度。方向正确，无论快慢，到达目标只是早晚的事情。方向错误，就会南辕北辙，越走越远，而且速

度越快，危险越大。一个才胜于德的小人，用超强的能力去做不仁不义之事，其危害性和破坏性都要比常人大得多。所以用人时一定要谨慎辨别君子和小人，如果错用了小人，则后患无穷。

刘晓上书论选

原文：是岁，有刘晓者，上疏论选，以为："今选曹以检勘为公道，书判为得人，殊不知考其德行才能。况书判借人者众矣。又，礼部取士，专用文章为甲乙，故天下之士，皆舍德行而趋文艺，有朝登甲科而夕陷刑辟者，虽日诵万言，何关理体！文成七步，未足化人。况尽心卉木之间，极笔烟霞之际，以斯成俗，岂非大谬！夫人之慕名，如水趋下，上有所好，下必甚焉。陛下若取士以德行为先，文艺为末，则多士雷奔，四方风动矣！"

（第二百零二卷　唐纪十八）

有个叫刘晓的人，就如何选拔人才给唐高宗上疏，他说："现在吏部以书法和判文作为选拔人才的标准，却不知道考察人的品德和才能。况且借用别人的书法和判文弄虚作假的人多的是。另外，礼部选拔人才，专门用文章的好坏来定名次，所以天下的读书人都舍弃修炼德行而追求写作技巧，以至有的人早上刚考取进士，晚上就犯法入狱。这样的人即使每天诵读万言，与治理国家又有什么关系呢！即使有七步成诗的才华，也不足以教化人心。况且现在的士人倾尽心力描写的都是风花雪月、草木烟霞之事，以此为风气，岂不是大错特错！人们慕名跟风，就像水往下流，上面有什么喜好，下面就一定更甚。陛下如果在选取人才时能够以德行为先，以文才为末，那么天下士人就会闻风而动，迅速响应！"

点评：《墨子》曰："**德为才之帅，才为德之资。德器深厚，所成必大；德器**

浅薄，虽成亦小。"可见，德与才是相辅相成不可或缺的。德是灵魂，是向导；才是能力，是工具。没有德做主宰，才就失去了方向；没有才做辅助，德就难成事功。但是有才无德者会对社会造成很大的危害，而有德无才者充其量对社会的贡献略小却不会为害。可见，才与德不可兼得时，宁舍才而取德也。刘晓的上书就是建议朝廷在选拔人才时先德后才，而且在才能的甄别上应选取经世致用之才而不是吟风弄月之才，以书法和写作技巧取士更不足取。

（二）人才为宝

齐威王、魏惠王论宝

原文：齐威王、魏惠王会田于郊。惠王曰："齐亦有宝乎？"威王曰："无有。"惠王曰："寡人国虽小，尚有径寸之珠，照车前后各十二乘者十枚。岂以齐大国而无宝乎？"威王曰："寡人之所以为宝者与王异。吾臣有檀子者，使守南城，则楚人不敢为寇，泗上十二诸侯皆来朝。吾臣有盼子者，使守高唐，则赵人不敢东渔于河。吾吏有黔夫者，使守徐州，则燕人祭北门，赵人祭西门，徙而从者七千余家。吾臣有种首者，使备盗贼，则道不拾遗。此四臣者，将照千里，岂特十二乘哉！"惠王有惭色。

（第二卷　周纪二）

齐威王和魏惠王在郊外会猎，魏惠王问齐国有什么宝物没有，齐威王说没有。魏惠王说："魏国虽然不大，但也有十颗直径一寸、能够照亮十二辆车子的珍珠。以齐国之大难道没有宝物吗？"齐威王说："我对宝物的认识和你不同。我朝中有四位大臣，命他们守卫边疆、防备盗贼，他们都能为国争光、不辱使命。这四位大臣，光芒照耀千里，岂止是十二辆车子呢！”魏惠王听了面有愧色。

点评：魏惠王认为宝物即玩赏之物，于是为有硕大的珍珠而自鸣得意，实属玩物丧志之君。而齐威王认为人才才是国家的至宝，得到人才就可以光照千里。两人的格局见识不可同日而语。

袁绍、曹操论后路

原文：初，袁绍与操共起兵，绍问操曰：“若事不辑，则方面何所可据？”操曰：“足下意以为何如？”绍曰：“吾南据河，北阻燕、代，兼戎狄之众，南向以争天下，庶可以济乎！”操曰：“吾任天下之智力，以道御之，无所不可。”

（第六十四卷　汉纪五十六）

袁绍与曹操共同起兵讨伐董卓时，两个人对兵败后的退路进行了探讨。袁绍问曹操：“如果大事不成，哪里可以据守？”曹操说：“您意下如何？”袁绍说：“我向南据守黄河，向北依靠燕、代地区，同时兼并北方少数民族，然后南下争夺天下，大概可以成功吧！”曹操说：“我任用天下的才智勇武之士，以统御之道管理他们，没有什么地方不可以。”

点评：袁绍所说是成熟的战略思考，重在依靠地利争锋。曹操所说是纵横天下的用人之术，认为只要善用天下英才，在哪都能成就霸业。可见曹操对事物的认识和见解，从思维格局上明显更胜一筹，而且充满了睥睨天下的霸气和自信。

李世勣堪比长城

原文:并州大都督长史李世勣在州十六年,令行禁止,民夷怀服。上曰:“隋炀帝劳百姓,筑长城以备突厥,卒无所益。朕唯置李世勣于晋阳而边尘不惊,其为长城,岂不壮哉!”

(第一百九十六卷　唐纪十二)

并州大都督长史李世勣在并州待了十六年,令行禁止,无论是汉族百姓还是异族百姓都归附顺服。唐太宗说:“隋炀帝烦劳百姓,修筑长城来防备突厥,最终也没有什么用处。朕只是把李世勣派到晋阳,就令边境和平安宁。把他比作长城,岂不壮阔!”

点评:在古代,长城是作为防御边患的军事要塞存在的。但如果一个国家政治腐败,人心思叛,内忧外患并举,一堵城墙又能挡得住什么呢?清初,古北口总兵蔡元曾上奏请求修筑长城,康熙皇帝在给他的御批中写道:“守国之道,惟在修得民心。民心悦则邦本得,而边境自固,所谓‘众志成城’者是也。”而“修得民心”很大程度上取决于政治是否清明、用人是否得当,用好一个人就等于竖起了一道无形的长城。所以将人才比作长城,赞誉虽高,不为过也。

（三）珍惜人才

汉武帝求贤

原文：上招延士大夫，常如不足；然性严峻，群臣虽素所爱信者，或小有犯法，或欺罔，辄按诛之，无所宽假。汲黯谏曰："陛下求贤甚劳，未尽其用，辄已杀之。有限之士恣无已之诛，臣恐天下贤才将尽，陛下谁与共为治乎！"黯言之甚怒，上笑而谕之曰："何世无才，患人不能识之耳。苟能识之，何患无人！夫所谓才者，犹有用之器也，有才而不肯尽用，与无才同，不杀何施！"黯曰："臣虽不能以言屈陛下，而心犹以为非；愿陛下自今改之，无以臣为愚而不知理也。"上顾群臣曰："黯自言为便辟则不可，自言为愚，岂不信然乎！"

（**第十九卷　汉纪十一**）

上以名臣文武欲尽，乃下诏曰："盖有非常之功，必待非常之人。故马或奔踶而致千里，士或有负俗之累而立功名。夫泛驾之马，跅弛之士，亦在御之而已。其令州、郡察吏、民有茂才、异等可为将、相及使绝国者。"

（**第二十一卷　汉纪十三**）

汉武帝招才纳士如饥似渴，但常因小过而滥杀，对人才毫不顾惜。大臣汲黯劝他说："求贤访才十分不易，好不容易发现了人才，还没有使用，就把他杀了。以有限的人才，却被陛下无尽地诛杀，把人才都杀光了，谁来跟陛下一起治理天下呢！"汉武帝笑着说："人才多的是，就看你能不能发现了。只要会识别人才，何愁无人可用。所谓人才，就像器具一样，有才而不肯全力施展，跟无才一样，不杀他还干什么！"汲黯说："我虽然不能说服陛下，但仍然认为这样做是不对的。希望陛下以后能够改正，不要认为我愚昧且不通事理。”汉武帝就对群臣说：“汲黯自己说自己阿谀奉承，肯定不是这样，但说自己愚笨，难道不是这样吗？”

汉武帝中后期，朝中人才凋零，有名的大臣几乎没有了。于是下诏招贤，诏书说：“建立不同凡响的功勋，一定要等待不同凡响的人才。有的马桀骜不驯却可以奔驰千里，有的人被俗世名声所累却可以建立功名。那些奔跑时翻车的马以及放荡不羁之士，只看如何驾驭罢了。现在命令各州、郡访察官吏和百姓中有特殊才能可以为将、相或出使绝域的人，上报朝廷。”

点评：自负英明神武的君主一般都很苛刻自信，御下极严，但眼光和才能确实超乎常人，比如汉武帝对人才的见解就非常独到。他把人才比喻成器具，认为不能为自己所用就等于没用，杀了也不足惜。又把人才比喻为千里马，把领导比喻为驾驭者，认为只要手段高明，什么样的烈马都能调教得服服帖帖。但事实并非如此，器具打碎一个少一个，千里马数量毕竟也有限，正如同人才也会有凋零之时，也有高下之分一样，并非取之不尽，用之不竭。所以对人才应该倍加珍惜，不能视为草芥，随意杀戮，否则就会“名臣文武欲尽”。如果以汉武帝的聪察强毅和驭人之术，再加上兼容并包的胸怀气度，国家一定会更强盛。

李谷伤臂

原文：李谷足跌，伤右臂，在告月余；帝以谷职业繁剧，趣令入朝，辞以未任趋拜。癸巳，诏免朝参，但令视事。

（第二百九十卷　后周纪一）

丁未，谷以病臂久未愈，三表辞位，帝遣中使谕指曰：“卿所掌至重，朕难其人，苟事功克集，何必朝礼！朕今于便殿待卿，可暂入相见。”谷入见于金祥殿，面陈悃款；帝不许。谷不得已复视事。谷未能执笔，诏以三司务繁，令刻名印用之。

（第二百九十一卷　后周纪二）

后周宰相李谷摔伤了右臂，请了一个多月假。后周太祖因为李谷主管中枢，业务繁忙，催促他尽快上朝。李谷以不能行参拜大礼为由推辞，太祖下令免除他上朝的参拜礼节。

后来，李谷因手臂的伤总也不能痊愈，不能握笔写字，怕影响工作，几次提出辞职。太祖说："你掌管的事务至关重要，朕实在找不到合适的人选接任，你只要来处理公务就行，不必讲究朝廷的礼仪。"并命人专门刻了李谷的印章代替签名。

点评：后周太祖为了国家事业，抛弃一切繁文缛节来挽留栋梁之才，并且打破常规为其提供方便。后周太祖真诚坦率、雄豪大气的风格令人倾倒。

（四）海纳百川

李斯谏逐客

原文：宗室大臣议曰："诸侯人来仕者，皆为其主游间耳，请一切逐之。"于是大索，逐客。客卿楚人李斯亦在逐中，行，且上书曰："昔穆公求士，西取由余于戎，东得百里于宛，迎蹇叔于宋，求丕豹、公孙支于晋，并国二十，遂霸西戎。孝公用商鞅之法，诸侯亲服，至今治强。惠王用张仪之计，散六国之从，使之事秦。昭王得范雎，强公室，杜私门。此四君者，皆以客之功。由此观之，客何负于秦哉！夫色、乐、珠、玉不产于秦而王服御者众；

取人则不然,不问可否,不论曲直,非秦者去,为客者逐。是所重者在乎色、乐、珠、玉,而所轻者在乎人民也。臣闻太山不让土壤,故能成其大;河海不择细流,故能就其深;王者不却众庶,故能明其德;此五帝、三王之所以无敌也。今乃弃黔首以资敌国,却宾客以业诸侯,所谓借寇兵、赍盗粮者也。”王乃召李斯,复其官,除逐客之令。李斯至骊邑而还。王卒用李斯之谋,阴遣辩士赍金玉游说诸侯,诸侯名士可下以财者厚遗结之,不肯者利剑刺之,离其君臣之计,然后使良将随其后,数年之中,卒兼天下。

（第六卷　秦纪一）

秦国实施变法以后,日趋强大,有很多六国的人才投奔秦国,以谋求发展。这些人进入秦国官僚阶层后,挤占了秦国旧贵族的权力空间。于是这些秦国的宗室大臣就集体上奏秦王嬴政,说这些外来者到秦国入仕,都是为了替他们的君主游说,请求把他们一律赶出秦国。于是秦王下令大肆搜查,驱逐外来的客卿。这就是成语“逐客令”的来源。当时楚国人李斯也在被逐的行列,他临行前给秦王上书说:“当年秦穆公访求人才,在西戎之地得到了由余,在东方宛城得到了百里奚,在宋国奉迎了蹇叔,在晋国求得了丕豹、公孙支,然后吞并了二十多个小国,于是称霸西戎。秦孝公采用商鞅的法令,诸侯无不亲服,到现在秦国政治安定,国力强盛。秦惠王采用张仪之计,用离散六国的合纵策略,使他们西向事秦。秦昭王得到范雎,增强了王室的权力,杜绝了政出私门。这四位君主之所以成功,都是因为任用客卿。由此看来,客卿有什么对不起秦国的地方?那些美色、音乐、珠宝、玉器都不产自秦国,但大王却经常享用它们。大王用人则不是这样,不问可不可以用,不论是非曲直,只要不是秦国人就让其离去,凡是客卿就要驱逐。这是重视美色、音乐、珠宝、玉器,而轻视人才的表现啊。我听说泰山不辞让微小的土壤,所以能成就其高大;河海不择选细小的支流,所以能成就其深广。王者不拒绝广大的人民,所以能显明其恩德。这就是古代的三皇五帝天下无敌的原因。如今大王却要抛弃百姓以资助敌国，拒绝宾客以扶持诸侯，这就是所谓的借给贼寇兵器，送给强盗粮食。”秦王于是召见李斯，恢复了他的官职，废除了逐客令。并最终采用李斯之计，暗中派遣能言善辩之士带着黄金珠玉去各诸侯国游说，各诸侯国的名士可以用钱财贿赂的，就赠以重金相结纳，不肯合作的就刺杀。经常是先用计谋离间各国的君臣，随后就命大将率兵进行攻伐。如此这般，几年之内就兼并了天下。

点评：李斯这封上疏就是著名的《谏逐客书》。这篇文章立意高远，始终围绕“大一统”的目标，从秦王统一天下的高度立论。先叙述秦国自秦穆公以来皆以客致强的历史，说明秦国若无宾客辅佐未必能强大如斯的道理。然后列举各种女乐珠玉等物虽非秦地所产却被秦王喜爱的事实，以此说明秦王下逐客令是重物而轻人的糊涂之举。最后讽喻秦王应该海纳百川、不拘一格吸纳人才，以成就巍巍泰山、浩浩江海的功业。此文正反论证，利害并举，理足词胜，雄辩滔滔，终于打动了秦王，使其收回了逐客的成命。秦王后又重用李斯，采用他对六国“内乱其政，外加攻伐”的策略，最终一统天下。

唐太宗不优待秦府旧兵

原文：或上言秦府旧兵，宜尽除武职，追入宿卫。上谓之曰：“朕以天下为家，惟贤是与，岂旧兵之外皆无可信者乎！汝之此意，非所以广朕德于天下也。”

（第一百九十二卷　唐纪八）

唐太宗即位后，有人对他说，秦王府的旧兵，应该全部编入皇宫的宿卫部队。太宗对他说：“朕以天下为家，唯贤是用，难道除旧日的亲兵外，再没有可以信任的人了吗？你这个建议，并不是向天下展示朕的恩德！”

点评：格局和视野要和当下的位置相匹配。登顶者要有海纳百川、俯瞰全局的气度，而不应仍徘徊留恋于半山腰的风景。

唐太宗服戎、狄

原文：庚辰，上御翠微殿，问侍臣曰：“自古帝王虽平定中夏，不能服戎、狄。朕才不逮古人而成功过之，自不谕其故，诸公各率意以实言之。”群臣皆称：“陛下功德如天地，万物不得而名言。”上曰：“不然。朕所以能及此者，止由五事耳。自古帝王多疾胜己者，朕见人之善，若己有之。人之行能，不能兼备，朕常弃其所短，取其所长。人主往往进贤则欲置诸怀，退不肖则欲推诸壑，朕见贤者则敬之，不肖者则怜之，贤不肖各得其所。人主多恶正直，阴诛显戮，无代无之，朕践祚以来，正直之士，比肩于朝，未尝黜责一人。自古皆贵中华，贱夷、狄，朕独爱之如一，故其种落皆依朕如父母。此五者，朕所以成今日之功也。”

（第一百九十八卷　唐纪十四）

有一次，唐太宗问左右大臣：“自古以来，帝王虽然能平定中原，但却不能使北方的少数民族臣服。朕的才能不及古代帝王，但功业却超过他们，你们试着说说其中的原因。”众大臣都称赞太宗的功德盛大如天地，所以不能用言语形容。太宗说：“你们说得不对。朕之所以能有今天的成就，是因为做到了五点：一是自古帝王大多嫉妒比自己强的人，但朕看到别人的长处，就像自己拥有一样。二是一个人的才能，不可能面面俱全，朕用人常弃其所短，取其所长。三是人主往往引进贤才就亲近得想把他揽到怀里，斥退庸才则恨不得把他推到沟里，朕见到贤才则尊敬他，见到庸才则怜悯他，无论是贤才还是庸才都各得其所。四是人主大多厌恶正直的大臣，总是或明或暗地诛杀，这种情况没有一个朝代不存在，朕自即位以来，正直的大臣在朝中并肩而立，没有罢黜责罚过一人。五是自古帝王都尊崇华夏民族，贱视夷、狄异族，唯独朕对他们一视同仁，加以爱护，所以他们的部族都如同依靠父母一样依靠朕。这五点，就是朕能够取得今日之功业的原因。”

点评：唐太宗面对自己一手打理的日益鼎盛且令四方臣服的帝国非常满意，不经意间常有陶陶然志得意满之情。面对太宗得意时的发问，众大臣不明所以，不敢妄自揣测，只能异口同声歌功颂德、拍马屁，这也是官场上明哲保身之道。倒是太宗有自知之明，总结自己的五个优点为：赏识能人异士，用人所长容人所短，待人宽厚量才而用，尊崇爱护正直之臣，礼敬异族赤诚相待。可见，成就大事不能仅仅依靠个人的才能，胸怀广阔，包容万物，聚众人之力，才能汇溪流以成江海，积细石以成高山。

（五）礼贤下士

田子方论骄人

原文：子击出，遭田子方于道，下车伏谒。子方不为礼。子击怒，谓子方曰：“富贵者骄人乎？贫贱者骄人乎？”子方曰：“亦贫贱者骄人耳，富贵者安敢骄人？国君而骄人则失其国，大夫而骄人则失其家。失其国者未闻有以国待之者也，失其家者未闻有以家待之者也。夫士贫贱者，言不用，行不合，则纳履而去耳，安往而不得贫贱哉！”子击乃谢之。

（第一卷　周纪一）

魏文侯的公子魏击(即后来的魏武侯)有一次出门,在半路上遇见了国师田子方。魏击下车向田子方行礼,田子方却无动于衷。魏击很生气,对田子方说:“是富贵者有资格对人傲慢,还是贫贱者有资格对人傲慢?”田子方回答说:“当然是贫贱者有资格对人傲慢了,富贵者怎么敢对人傲慢呢?国君对人傲慢就会失去国家,大夫对人傲慢就会失去采邑。失去国家的人没听说还有一个国家等着他,失去采邑的人没听说还有一处采邑等着他。贫贱之士则不一样,建议不被采纳,行为不合心意,穿上鞋就走了,去哪儿得不到贫贱呢!”魏击听完赶紧向田子方谢罪。

点评:这就是俗话所说的“光脚的不怕穿鞋的”。拥有得越多,就越害怕失去,因为失去后再想全部得到几乎不可能。而一无所有的人因为没什么可失去的,反而无所顾忌。所以富贵者要想保住财富地位,就必须谦虚谨慎,礼贤下士。只有得到众人的支持和效力,才能长盛不衰。田子方这是故意现身说法,给魏击上了生动的一课。

信陵君窃符救赵

原文:初魏公子无忌仁而下士,致食客三千人。魏有隐士曰侯嬴,年七十,家贫,为大梁夷门监者。公子置酒大会宾客,坐定,公子从车骑虚左自迎侯生。侯生摄敝衣冠,直上载公子上坐不让,公子执辔愈恭。侯生又谓公子曰:“臣有客在市屠中,愿枉车骑过之。”公子引车入市,侯生下见其客朱亥,睥睨,故久立,与其客语,微察公子,公子色愈和;乃谢客就车,至公子家。公子引侯生坐上坐,遍赞宾客,宾客皆惊。及秦围赵,赵平原君之夫人,公子无忌之姊也,平原君使者冠盖相属于魏,让公子曰:“胜所以自附于婚姻者,以公子之高义,能急人之困也。今邯郸旦暮降秦而魏救不至,纵公子轻胜弃之,独不怜公子姊邪?”公子患之,数请魏王敕晋鄙令救赵,及宾客辩士游说万端,王终不听。公子乃属宾客,约车骑百余乘,欲赴斗以死于赵;过夷门,见侯生。侯生曰:“公子勉之矣,老臣不能从!”公子去,行数里,心不快,复还见侯生。侯生笑曰:“臣固知公子之还也!今公子无他端而欲赴秦军,譬如以肉投馁虎,何功之有!”公子再拜问计。侯嬴屏人曰:“吾闻晋鄙兵符在王卧内,而如姬最幸,力能窃之。尝闻公子为如姬报其父仇,如姬欲为公子死无所辞,公子诚一开口,则得虎符,夺晋鄙之兵,北救赵,西却秦,此五伯之功也。”公子如其言,果得兵符。公子行,侯生曰:“将在外,君令有所不受。有如晋鄙合符而不授兵,复请之,则事危矣。臣客朱亥,其人力士,可与俱。晋鄙若听,大善;不听,可使击之!”于是公子请朱亥与俱。至邺,晋鄙合符,疑之,举手视公子曰:“吾拥十万之众屯于境上,国之重任。今单车来代之,何如哉?”朱亥袖四十斤铁椎,椎杀晋鄙,公子遂勒兵下令军中曰:“父子俱在军中者,父归;兄弟俱在军中者,兄归;独子无兄弟者,归养。”得选兵八万人,将之而进。

（**第五卷　周纪五**）

战国四公子之一的信陵君魏无忌礼贤下士,收养食客三千人。魏国有个年届七十的隐士侯嬴,在魏国都城大梁任夷门守门官。一次,信陵君大宴宾客,宾客都已经坐好,信陵君却亲自驾车去接侯嬴。侯嬴衣衫破旧,跳上车,昂然而坐,也不谦让,魏无忌却显得越发恭敬。走到半路,侯嬴说他有个朋友在集市做屠户,让信陵君绕道去一趟。侯嬴见到朋友朱亥后,故意下车聊了很久,同时斜着眼睛偷偷观察信陵君的反应,见他态度仍然十分谦和,才与朋友告辞上车。到了信陵君的府第,信陵君把侯嬴引入上座,然后向宾客们隆重介绍侯嬴,大家都对信陵君有这样一位朋友感到惊讶。恰逢秦国围困赵国都城邯郸,赵国向魏国求救,魏王命将军晋鄙领兵十万救赵,晋鄙因畏惧秦国,中途停兵不前。赵国平原君赵胜的夫人是魏无忌的姐姐,于是赵胜就接二连三派人向信陵君求援。信陵君请求魏王命晋鄙进军,魏王不听。信陵君无奈,只好聚集自己的门客共百余乘车马,准备去赵国拼命。他走时特意路过夷门见了见侯嬴,结果侯嬴只是淡淡地说:"公子您好自为之吧,我老了,不能跟您去了。"信陵君离开后,越想心里越不痛快,就返回去又见侯嬴。侯嬴笑着说:"我就知道公子还会回来。您现在这样去迎战秦军,就好比拿肉去喂饿虎,能有什么好结果呢!"信陵君拜倒请教计策,侯嬴说:"我听说调遣晋鄙军队的兵符在大王卧室内,而如姬最受大王宠幸,一定能盗出来。公子曾经为如姬报过杀父之仇,如姬对公子不惜以死相报,只要公子一开口,就可以得到兵符,夺了晋鄙的兵权,然后救援赵国,击退秦国,这是春秋五霸的功业啊!"信陵君按侯嬴所说的去办,果然得到了兵符。信陵君将要出发,侯嬴说:"大将带兵在外,君王的命令有时也可以不接受。假如晋鄙验完兵符后还是不肯把军队交出来,再去请示大王,事情就危险了。我的朋友朱亥,是个大力士,可以让他和您一起去。晋鄙如果听话,再好不过;如果不听,就让朱亥击杀他!"信陵君到了邺城见到晋鄙,晋鄙虽然验合了兵符,但仍然表示怀疑,朱亥就用铁椎击杀了他。信陵君于是控制了军队,下令说:"父子都在军中的,父亲回家。兄弟都在军中的,哥哥回家。独生子没有兄弟的,回家赡养父母。"最后选出精兵八万,率领他们在邯郸城下大破秦军,秦国被迫退兵。信陵君也不敢再回魏国,派将军率领军队回国,自己则与门客暂时留在赵国。侯嬴虽然没能追随信陵君救援赵国,却计算好信陵君到达晋鄙军营的日子,面向北方刎颈自尽,以报答信陵君的知遇之恩。

点评:这就是著名的"信陵君窃符救赵",是礼贤下士最终获得超值回报的经典案例。一般来说,有特殊才能的人大都恃才傲物,不愿轻易俯就于人,只有试探出对方的诚意之后,才肯将对方视为知己。而一旦视为知己,就会生死以之,竭尽全力以死相报,这就是中国文化中充满侠义精神的"士为知己者死"。关于这个故事,王维的《夷门歌》概括得最为精彩凝练:"公子为嬴停驷马,执辔愈恭意愈下。……非但慷慨献良谋,意气兼将

身命酬。向风刎颈送公子,七十老翁何所求。”

韩信师事广武君

原文:信募生得广武君者予千金。有缚致麾下者,信解其缚,东乡坐,师事之。问曰:“仆欲北伐燕,东伐齐,何若而有功?”广武君辞谢曰:“臣,败亡之虏,何足以权大事乎!”信曰:“仆闻之:百里奚居虞而虞亡,在秦而秦霸;非愚于虞而智于秦也,用与不用,听与不听也。诚令成安君听足下计,若信者亦已为禽矣;以不用足下,故信得侍耳。今仆委心归计,愿足下勿辞!”

(第十卷　汉纪二)

井陉口之战,广武君李左车给成安君陈馀的建议是:在前方凭借深沟高垒坚壁不出击,遏制住汉军;在后面从小道出击,断绝韩信的粮道,使汉军进退两难,再一举将其歼灭。但陈馀不采纳李左车的正确意见,而是从正面轻率出击,结果被韩信背水一战打得全军覆没,陈馀被杀,赵王歇被擒。韩信悬赏千金捉拿李左车,不久就有人把李左车绑到帐前,韩信亲自为他松绑,请他入座,以对待老师之礼对待他。韩信向李左车请教如何攻取燕国和齐国,李左车推辞说:“我只是一个败军之将,哪里有资格帮您谋划大事!”韩信说:“我听说百里奚在虞国时虞国灭亡,在秦国时秦国称霸。这并不是他在虞国愚昧而在秦国智慧,是君主用不用他、听不听他的问题。如果成安君陈馀听从您的计谋,像我韩信这样的人早就被您活捉了。正因为陈馀不用您,所以我才有机会侍奉您啊。现在我诚心诚意向您请教,希望您不要推辞!”

点评:韩信为了得到有才智之士的宝贵意见,把阶下囚奉为师长,虚心求

教,不耻下问,给足了对方面子。最终用真诚和谦逊打动了李左车,使其知无不言,言无不尽。最后,韩信采用了李左车的建议,不费一兵一卒就招降了燕国,随后又一举平定了齐国。

马援投刘秀

原文:隗嚣使马援往观公孙述。援素与述同里闬,相善,以为既至,当握手欢如平生;而述盛陈陛卫以延援入,交拜礼毕,使出就馆。更为援制都布单衣、交让冠,会百官于宗庙中,立旧交之位,述鸾旗、旄骑,警跸就车,磬折而入,礼飨官属甚盛,欲授援以封侯大将军位。宾客皆乐留。援晓之曰:“天下雌雄未定,公孙不吐哺走迎国士,与图成败,反修饰边幅,如偶人形,此子何足久稽天下士乎!”因辞归,谓嚣曰:“子阳,井底蛙耳,而妄自尊大!不如专意东方。”

嚣乃使援奉书雒阳。援初到,良久,中黄门引入。帝在宣德殿南庑下,但帻,坐,迎笑,谓援曰:“卿遨游二帝间;今见卿,使人大惭。”援顿首辞谢,因曰:“当今之世,非但君择臣,臣亦择君矣!臣与公孙述同县,少相善;臣前至蜀,述陛戟而后进臣。臣今远来,陛下何知非刺客奸人,而简易若是!”帝复笑曰:“卿非刺客,顾说客耳。”援曰:“天下反复,盗名字者不可胜数;今见陛下恢廓大度,同符高祖,乃知帝王自有真也。”

(第四十一卷　汉纪三十三)

东汉名将马援,最初追随陇右军阀隗嚣。后来刘秀和公孙述分别称帝,隗嚣就派马援先去成都观察公孙述的虚实。马援跟公孙述曾是同乡,而且关系很好。他本以为见面后二人还会像从前那样握手言欢,没想到公孙述却摆起了皇帝的架子,卫士列队,戒备森严,然后才请马援进见。行了交拜礼后,又让马援出宫住到宾馆。第二天才在宗庙举行了正式的欢迎仪式，其间设置了一系列繁文缛节，场面盛大，耀武扬威。礼仪结束后，公孙述打算给马援封侯，并任命他为大将军。马援手下的人都想留下来，马援却说："如今天下胜负未定，公孙述不能像周公吐哺一样，小跑着迎接国士，与他共同图谋大事，反而修饰细节，如同木偶一样，这种人怎么能长久地留住天下英才呢！"于是他告辞返回，见到隗嚣后说："公孙述乃是井底之蛙，却妄自尊大，我们不如把心思用在东边的刘秀身上。"

于是隗嚣又派马援到洛阳去见刘秀。马援到了后，刘秀穿着朴素的衣服，一个人坐在便殿里，笑吟吟地接见他。马援说："我和公孙述本是同乡，从小关系就很要好。前一段时间去蜀地，公孙述陈列完执戟卫士才肯见我。我现在远道而来，陛下怎么知道我不是刺客奸人，竟然这么简单接见我！"刘秀笑着说："你不是刺客，只是说客罢了。"马援说："现在天下反复未定，盗用帝王名号的人不可胜数。今天见到陛下恢宏大度的气概，跟高祖刘邦一样，才知道天下自有真正的帝王。"

点评：公孙述待人接物装模作样、矫揉造作，借机向故交炫耀权势、自鸣得意，殊不知却暴露了其狭隘浅陋、难成大器的格局。反观刘秀，真诚坦率、平易随和，其恢宏大气的风度令人倾倒，真可谓大道至简、真水无香。

（六）高薪养廉

汉宣帝下诏增俸

原文：八月，诏曰："吏不廉平，则治道衰。今小吏皆勤事而俸禄薄，欲无侵渔百姓，难矣！其益吏百石已下俸十五。"

（第二十六卷　汉纪十八）

汉宣帝曾经下诏书说:“官吏如果不廉洁公平,治国之道就会衰落。现在低级官吏工作都很辛苦,但俸禄却很微薄,想让他们不去侵扰鱼肉百姓,难啊!”于是给俸禄百石以下的官吏增加百分之五十的俸禄。

点评:汉宣帝很明白治国要领和人情事理,所以通过提高基层官吏的薪资待遇来达到高薪养廉的目的。

(七)审慎任免

汉文帝召季布

原文:上召河东守季布,欲以为御史大夫。有言其勇、使酒、难近者。至,留邸一月,见罢。季布因进曰:“臣无功窃宠,待罪河东,陛下无故召臣,此人必有以臣欺陛下者。今臣至,无所受事,罢去,此人必有毁臣者。夫陛下以一人之誉而召臣,以一人之毁而去臣,臣恐天下有识闻之,有以窥陛下之浅深也!”上默然,惭,良久曰:“河东,吾股肱郡,故特召君耳。”

(第十四卷　汉纪六)

汉文帝召河东郡太守季布进京,想任命他做御史大夫。有人向文帝说,季布勇猛、酗酒,难以亲近。于是,季布到达京城后,在官邸中待了一个多月才被召见。召见完毕后,汉文帝又命他返回原任。季布因此进言说:“我没有功劳,却得到了陛下的宠爱,任职于河东。陛下无缘无故召我来,一定是有人在陛下面前赞扬我,以致蒙蔽了陛下。如今我来到朝廷,什么事也没做,又让我回去,一定是有人在陛下面前诋毁我。陛下因为一个人的赞誉就把我召来,又因为一个人的诋毁就让我离去,我恐怕天下的有识之士听说了这件事,会用来窥探陛下的深浅高低!”文帝沉默不语,面带愧色,良久才找台阶说:“河东郡,是朕的重要大郡,所以才专门召你来相见。”

点评:君主对于重要的人事任免一定要严谨审慎,事前必须经过充分的考核评估,切不可道听途说、草率行事,否则就会令自己陷入进退两难的尴尬境地。

杜昌业叹延鲁左迁

原文:延鲁自礼部员外郎迁中书舍人、勤政殿学士,江州观察使杜昌业闻之,叹曰:“国家所以驱驾群臣,在官爵而已。若一言称旨,遽跻通显,后有立功者,何以赏之!”

（第二百八十三卷　后晋纪四）

五代时,南唐江州观察使杜昌业听说一个叫延鲁的佞臣无缘无故升了官,就感慨地说:“国家之所以能够驾驭群臣,就在于对官爵有控制任免的权力。如果有人因为一句话说得称了主上的心意,就骤然间跻身于通达显贵之列,那么以后再有立功的人,拿什么来赏赐他呢!”

点评:对官员的赏罚任免是国家人事管理的核心手段,关系到等级秩序和人心向背,所以一定要慎重行事,既要有制度依据,也要参照人情事体。切不可随心所欲,以一言而予之,以一言而夺之,玩忽草率,形同儿戏。

（八）选拔制度

董仲舒对策

原文：广川董仲舒对曰："……夫不素养士而欲求贤，譬犹不琢玉而求文采也。故养士之大者，莫大乎太学；太学者，贤士之所关也，教化之本原也。今以一郡、一国之众对，亡应书者，是王道往往而绝也。臣愿陛下兴太学，置明师，以养天下之士，数考问以尽其材，则英俊宜可得矣。今之郡守、县令，民之师帅，所使承流而宣化也；故师帅不贤，由主德不宣，恩泽不流。今吏既亡教训于下，或不承用主上之法，暴虐百姓，与奸为市，贫穷孤弱，冤苦失职，甚不称陛下之意；是以阴阳错缪，氛气充塞，群生寡遂，黎民未济，皆长吏不明使至于此也！……"

（第十七卷　汉纪九）

董仲舒在回答汉武帝的策问时，说过一段话："平常不培养士人，却想在使用的时候求得贤才，就像不雕琢玉器，却想得到花纹图案一样。而培养士人最有效的办法，莫过于兴建太学。太学是培养贤士的关键之地，推行教化的根本源头。现在让一郡、一国的民众来回答策问，也没有一个符合诏书要求的人，说明先王之道快要灭绝了。我希望陛下兴建太学，设置名师，来培养天下的士人，并通过多次考试策问使他们充分展现自己的才能，这样就可以得到英才俊杰之士。郡太守和县令是民众的榜样，他们的职责是继承先王之道并宣传教化。如果榜样不贤能，就会使圣上的恩德得不到宣扬，恩泽得不到流布。现在的官吏没有对百姓的教导训诫，有的甚至还不遵从朝廷的法度，残酷暴虐地对待百姓，与奸人进行权钱交易，使百姓陷入贫穷孤弱、冤苦失业的境地，这些十分不贴合陛下的心意。所以导致阴阳错乱，凶邪之气盈满，广大读书人愿望难以实现，黎民百姓得不到救济，这些都是地方官吏不合格造成的。”

点评：这段话阐述了要想选拔出优秀的官吏，首先要培养养士的土壤、建立机制。要通过兴建太学来招揽人才、培养人才，并通过考试测评的方式遴选出德才兼备之士。官吏不仅要管理具体事务，还担负着传播教化的责任。如果德不配位、所用非人，就会给国家带来巨大的危害。

吕强谏选举

原文：中常侍吕强上疏谏曰：“……旧典：选举委任三府，尚书受奏御而已；受试任用，责以成功，功无可察，然后付之尚书举劾，请下廷尉覆按虚实，行其罪罚；于是三公每有所选，参议掾属，咨其行状，度其器能；然犹有旷职废官，荒秽不治。今但任尚书，或有诏用，如是，三公得免选举之负，尚书亦复不坐，责赏无归，岂肯空自劳苦乎！”书奏，不省。

（第五十八卷　汉纪五十）

中常侍吕强鉴于汉灵帝的昏聩和朝廷的弊政，上疏道：“按照旧例，选拔官员的事情都委任太尉、司徒、司空三府来负责，尚书只负责接受三府的选拔结果，然后将奏章上报给陛下。被选中的人通过考试加以任用，并要求他们拿出政绩。如果经过考察，没有什么政绩，就要让尚书予以弹劾，并提请转到廷尉核验虚实，最后定罪处罚。因此，三公每次选拔人才时，都要让僚属参与评议，考察他们的行为，衡量他们的才能。尽管这样，仍然有旷废职守、政事得不到治理的。如今只由尚书来选拔官吏，或者由陛下直接任用，三公则得以免除选人不当的责任，尚书也不再受到牵连，赏罚都没有人来承担，有谁还肯白白地辛苦呢！”奏书呈上，灵帝毫不理睬。

点评：对官员的选拔推荐、推荐后的考核任命、任命后的政绩督查、督查后的奖惩问责都要由不同的职能部门分权负责，并且对负责选拔者要有连带奖惩机制。这样相关部门在选拔荐举人才时就会格外慎重，避免徇私舞弊、选人不当。责任和职权是对等的，不行使相应的职权就不承担相应的责任。如果领导不懂下放权力，凡事大包大揽，那下面的人就会消极怠工、逃避责任。

（九）看人角度

孙策使吕范典财计

原文：初，孙策使范典财计，时吴王年少，私从有求，范必关白，不敢专许，当时以此见望。吴王守阳羡长，有所私用，策或料覆，功曹周谷辄为傅著簿书，使无谴问，王临时悦之。及后统事，以范忠诚，厚见信任，以谷能欺更簿书，不用也。

（第七十一卷　魏纪三）

一开始，孙策让吕范掌管财务，当时孙权还年少，私下里请求吕范给他支取钱物，但吕范一定要先向孙策禀报，不敢擅自答应，孙权因此对吕范颇有怨言。后来孙权任阳羡长，有什么私下开支，功曹周谷就为孙权造假账，以应付孙策审查，使孙权免受责问，孙权当时很喜欢他。等到后来孙权统领全国事务后，认为吕范忠诚，因而亲近信任他；认为周谷善于欺骗，竟敢更改账簿，所以不用他。

点评：这就是所谓的眼界决定境界，格局决定结局。所处的位置不同，思考问题的角度和看人的眼光也会不同。

（十）用人导向

虞诩谏左雄

原文：诩上疏荐议郎南阳左雄曰："臣见方今公卿以下，类多拱默，以树恩为贤，尽节为愚，至相戒曰：'白璧不可为，容容多后福。'伏见议郎左雄，有王臣蹇蹇之节，宜擢在喉舌之官，必有匡弼之益。"由是拜雄尚书。

（第五十一卷　汉纪四十三）

东汉名臣虞诩为推荐议郎左雄而给汉顺帝上疏说："当今公卿以下的大臣，大多是在场面上虚文礼让却不敢发表正直言论的人。他们把拉拢关系、树立私恩当作贤能，而把尽忠效节当作愚蠢，以至于互相告诫说：'不要做洁白无瑕的玉璧，一团和气才有后福。'依我所见，议郎左雄有王者之臣的忠直气节，应该擢升为执掌政令的喉舌之官，一定会对匡正辅佐朝廷有益。"于是，顺帝任命左雄为尚书。

点评：官场中明哲保身或结党营私的官员比比皆是，所以多提拔重用忠诚正直、敢说敢做的人，对廓清官场风气能起到很好的导向示范作用。

傅燮谏诛宦官

原文：朱儁之击黄巾也，其护军司马北地傅燮上疏曰："臣闻天下之祸不由于外，皆兴于内。是故虞舜先除四凶，然后用十六相，明恶人不去，则善人无由进也。今张角起于赵、魏，黄巾乱于六州，此皆衅发萧墙而祸延四海者也。臣受戎任，奉辞伐罪，始到颍川，战无不克；黄巾虽盛，不足为庙堂忧也。臣之所惧，在于治水不自其源，末流弥增其广耳。陛下仁德宽容，多所不忍，故阉竖弄权，忠臣不进。诚使张角枭夷，黄巾变服，臣之所忧，甫益深耳。何者？夫邪正之人不宜共国，亦犹冰炭不可同器。彼知正人之功显而危亡之兆见，皆将巧辞饰说，共长虚伪。夫孝子疑于屡至，市虎成于三夫，若不详察真伪，忠臣将复有杜邮之戮矣！陛下宜思虞舜四罪之举，速行谗佞之诛，则善人思进，奸凶自息。"赵忠见其疏而恶之。燮击黄巾，功多当封，忠谮诉之；帝识燮言，得不加罪，竟亦不封。

（第五十八卷　汉纪五十）

护军司马傅燮给汉灵帝上疏说："我听说天下的灾祸不是来自外部，而是兴起于内部。所以舜帝先除去四凶，然后才任用十六贤相，因为他知道恶人不除，善人就没有进身之路。现在张角发动黄巾叛乱，都是因为祸起于萧墙，而蔓延到四海。我接受陛下的任命讨伐叛贼，可以说是战无不胜。可见，黄巾军势力虽盛，却并不值得朝廷担忧。我所忧惧的，在于治理水患不从源头做起，那么下游就会更加泛滥。陛下仁德宽容，导致宦官弄权，忠臣难以进用。即使真的将张角枭首夷灭，平定了黄巾叛乱，我的忧虑反而更深。为什么呢？因为邪恶小人和正人君子不适合同朝为官，就像冰和炭不能共存于一个容器内一样。那些小人知道，正人君子的功业显现，预示着他们危亡征兆的出现。所以他们会极尽花言巧语，共同用谎言来蒙蔽陛下。所谓众口铄金、三人成虎，如果陛下不能详察真伪，忠臣就会像秦国名将白起那样惨遭杀戮。陛下应该思考舜帝除去四凶的举动，尽快诛杀奸佞之臣，如此善人就会争相进取，叛乱就会自动平息。”大宦官赵忠看到这份奏章后，对傅燮深恶痛绝。傅燮征讨黄巾军，立功很多，本应该封爵，但赵忠向灵帝进献谗言，对他进行诋毁。灵帝记得傅燮写过这样一份奏章，倒是没有对他治罪，但最终也没有给他封爵。

点评：抛开现代法制治国的思维不说，从封建人治的角度讲，这份奏章将奸臣当道的危害、正邪不两立的原因、小人谗害忠良的心理和伎俩分析得很透彻。能否辨识忠奸真伪，能否做到奖善惩恶，是营造一个良臣毕集的朝堂还是创建一个小人弄权的朝堂，直接关系到国运之兴衰。而能否做到亲贤远佞，主要取决于封建君主的个人素质。

曹操选人

原文：琰、玠并典选举，其所举用皆清正之士，虽于时有盛名而行不由本者，终莫得进。拔敦实，斥华伪，进冲逊，抑阿党。由是天下之士莫不以廉节自励，虽贵宠之臣，舆服不敢过度，至乃长吏还者，垢面羸衣，独乘柴车，军吏入府，朝服徒行，吏洁于上，俗移于下。操闻之，叹曰：“用人如此，使天下人自治，吾复何为哉！”

（第六十五卷　汉纪五十七）

丞相掾和洽言于曹操曰：“天下之人，材德各殊，不可以一节取也。俭素过中，自以处身则可，以此格物，所失或多。今朝廷之议，吏有著新衣、乘好车者，谓之不清；形容不饰、衣裘敝坏者，谓之廉洁。至令士大夫故污辱其衣，藏其舆服；朝府大吏，或自挈壶飧以入官寺。夫立教观俗，贵处中庸，为可继也。今崇一概难堪之行以检殊涂，勉而为之，必有疲瘁。古之大教,务在通人情而已;凡激诡之行,则容隐伪矣。”操善之。

(第六十六卷　汉纪五十八)

曹魏时期,曹操让崔琰与毛玠负责官吏的选拔任免事宜。他们选人的第一标准就是品德,对于品行不端、浮华虚伪、结党营私之人一概排斥不用。因此,天下士人莫不以廉洁的操守自我激励。官员们不敢奢侈,不事修饰,衣服破旧,乘坐柴车,民间的风俗也因此改变。曹操听说后感叹地说:“能够这样用人,使天下人都自我管理,我还有什么事可做呢!”

过了一段时间,丞相掾和洽对曹操说:“天下之人,才干品德各异,不能用一个标准衡量。过度的节俭朴素,自己这样做是可以的,但用来要求别人,就会有很多失误。现在舆论普遍认为,官员穿新衣、乘好车就是不清廉,不修边幅、破衣烂衫就是廉洁。有人为了迎合舆论,故意弄脏衣服,藏起车子、服饰。有的高级官员,甚至提着饭罐上班。树立让人学习的典型,贵在遵循中庸之道,这样才可以施行下去。现在一概推崇这些令人难堪的行为,以此来检验各阶层的人士,不也太过了吗?勉力为之的事情,一定会令人感到疲惫。自古以来,教化务在通达人情事理。凡是激进怪诞的行为,则容易陷入虚伪的境地。”曹操对他的观点表示赞赏。

点评:要辩证地看待崔琰、毛玠现象及和洽的观点。一种是矫枉过正,一种是提倡中庸,各有各的道理。选人用人是治理国家的根本,用一批同质化的人就会形成一种特定的氛围和风气。而移风易俗、良好社会风气的形成正需要一批廉洁高尚的官员自上而下来带动。但无论做什么事都要适可而止,不能走极端。即使提倡一些好的做法,也要注意度的把握。要顺应人心,符合人性。如此,事情才能落到实处,得以长久推行。如做得太过,则有欺世盗名、伪饰矫情之嫌,往往过犹不及。所以作为自律的个体,可以对自己苛刻一些,但不能以自己的高标准对别人进行道德绑架。

这就是孔子批评子贡赎人拒金而赞赏子路救人受牛的原因。

隋文帝礼遇房恭懿

原文：新丰令房恭懿，政为三辅之最，帝赐以粟帛。雍州诸县令朝谒，帝见恭懿，必呼至榻前，咨以治民之术。累迁德州司马。帝谓诸州朝集使曰："房恭懿志存体国，爱养我民，此乃上天宗庙之所祐。朕若置而不赏，上天宗庙必当责我。卿等宜师范之。"因擢为海州刺史。由是州县吏多称职，百姓富庶。

（第一百七十五卷　陈纪九）

隋文帝时，新丰县令房恭懿的政绩名列三辅地区之首。文帝为了表彰他，特赐给他粟米绢帛。每当雍州所属的县令朝见文帝时，文帝总是把房恭懿叫到身边，向他咨询治理之道，并累次升迁他至德州司马。文帝对各州的朝集使说："房恭懿心怀国家，爱护人民，这是老天在保佑我大隋。我如果对这样的官吏不加奖赏，上天一定会责备我。你们都应当向他学习。"因此又提拔房恭懿做海州刺史。从此各州县的官吏大多称职，百姓生活富庶。

点评：选拔任用什么样的官员，起着营造用人氛围、树立用人导向、引领官场风气的作用。这是关系到整个官场生态的问题，尤其值得重视。隋文帝通过褒奖礼遇房恭懿来引导夙夜在公、一心为民的官场风气，收到了良好的成效。

唐太宗论选官用人

原文：上谓魏徵曰："为官择人，不可造次。用一君子，则君子皆至；用一小人，则小人竞进矣。"对曰："然。天下未定，则专取其才，不考其行；丧乱既平，则非才行兼备不可用也。"

（第一百九十四卷　唐纪十）

唐太宗对魏徵说："选择官员，不可草率。任用一位君子，则君子都会前来。任用一个小人，则小人争相求进。"魏徵回答说："是啊！当天下未定之时，选人专取他的才干，不考察其品行。待国家安定之后，则不是德才兼备的人就不可任用。"

点评：用人是一种导向。用君子则众君子受鼓舞，然后君子援引君子。用小人则众小人拍手相庆，然后小人攀附小人。最终会影响到某一区域的官场生态，这就是物以类聚，人以群分的道理，所以用人不可不慎。特殊时期用人可以放宽标准专取其才，这是权宜之计。和平时期用人则要考察其综合素质，这是长远之计。

张昌龄落选

原文：初，昌龄与进士王公治皆善属文，名振京师，考功员外郎王师旦知贡举，黜之，举朝莫晓其故。及奏第，上怪无二人名，诘之。师旦对曰："二人虽有辞华，然其体轻薄，终不成令器。若置之高第，恐后进效之，伤陛下雅道。"上善其言。

（第一百九十八卷　唐纪十四）

唐太宗时,名士张昌龄和王公治都写得一手好文章,因此名震京师。考功员外郎王师旦掌管贡举之事,但没有录取他们。朝野上下都不知道是什么缘故。等到王师旦给太宗呈报进士名单,太宗很奇怪没有这两个人的名字,就问王师旦是什么原因。王师旦回答:"这两个人虽然文辞华丽,但文章空洞无物、内容轻薄,终究难成大器。如果让他们高中,恐怕后来的人会效仿他们,这有伤陛下的治国正道。"太宗很赞赏他的话。

点评:俗话说"人如其文",治理国家需要务实厚重、心怀黎庶的君子,不需要夸夸其谈、浮华轻薄之人。人的才干各有所长,文学之才与治政之才截然不同,不可混为一谈。

唐玄宗泰山封禅

原文:上还,至宋州,宴从官于楼上,刺史寇泚(cǐ)预焉。酒酣,上谓张说曰:"向者屡遣使臣分巡诸道,察吏善恶,今因封禅历诸州,乃知使臣负我多矣。怀州刺史王丘,饩牵之外,一无他献。魏州刺史崔沔,供张无锦绣,示我以俭。济州刺史裴耀卿,表数百言,莫非归谏。且曰:'人或重扰,则不足以告成。'朕常置之坐隅,且以戒左右。如三人者,不劳人以市恩,真良吏矣。"顾谓寇泚曰:"比亦屡有以酒馔不丰诉于朕者,知卿不借誉于左右也。"自举酒赐之。宰臣帅群臣起贺,楼上皆称万岁。由是以丘为尚书左丞,沔为散骑侍郎,耀卿为定州刺史。

(第二百一十二卷　唐纪二十八)

开元十三年(725),唐玄宗去泰山封禅。返回途中路过宋州,设宴款待随行官员,宋州刺史寇泚也参加了宴会。酒喝到畅快处,玄宗对宰相张说说:"朕以前多次派使臣下去考察地方官的政绩,这次借封禅之机走了一圈,才发现以前的考察多有不实。怀州刺史王丘、魏州刺史崔沔,供应的物品都很朴素。济州刺史裴耀卿给朕上了一份奏章,劝朕封禅不要劳民伤财,否则就失去了封禅的意义。这三位官员都没有叨扰百姓来谄媚朕,真是国家的良吏啊!"然后又回头对寇泚说:"近来也屡次有人向朕反映你供应的酒菜不够丰盛,朕知道这是因为你没有买通朕的左右替你美言。"说完亲自举起酒杯赐给寇泚。群臣都起立祝贺,山呼万岁。玄宗又任命王丘为尚书左丞,崔沔为散骑侍郎,裴耀卿为定州刺史。

点评:领导要经常深入一线进行访查,才能了解基层的真实情况,所谓"绝知此事要躬行"是也。唐玄宗通过自己的亲身感受和观察,甄别良吏,并予以褒奖提拔,以弘扬朝廷正气,倡导廉洁政风,可谓英明之主。

(十一)用人观

张释之谏不拜啬夫

原文:释之从行,登虎圈,上问上林尉诸禽兽簿。十余问;尉左右视,尽不能对。虎圈啬夫从旁代尉对。上所问禽兽簿甚悉,欲以观其能;口对响应,无穷者。帝曰:"吏不当若是邪!尉无赖。"乃诏释之拜啬夫为上林令。释之久之前,曰:"陛下以绛侯周勃何如人也?"上曰:"长者也。"又复问:"东阳侯张相如何如人也?"上复曰:"长者。"释之曰:"夫绛侯、东阳侯称为长者,此两人言事曾不能出口,岂效此啬夫喋喋利口捷给哉!且秦以任刀笔之吏,争以亟疾苛察相高,其敝,徒文具而无实,不闻其过,陵迟至于土崩。今陛下以啬夫口辩而超迁之,臣恐天下随风而靡,争为口辩而无其实。夫下之化上,疾于景响,举错不可不审也!"帝曰:"善!"乃不拜啬夫。上就车,召释之参乘。徐行,问释之秦之敝,具以质言。至宫,上拜释之为公车令。

(第十四卷　汉纪六)

西汉名臣张释之做谒者仆射时,有一次跟随汉文帝去上林苑观虎。在虎圈旁,文帝向上林尉询问了许多诸如苑中有多少种动物、它们的数量等问题,上林尉环顾左右,答不上来。这时看管虎圈的啬夫从一旁代上林尉回答文帝的提问,说得头头是道,十分全面。文帝说:"做官吏难道不应该像这样吗?上林尉不称职。"于是就让张释之任命虎圈啬夫为上林令。张释之却迟迟不回应,过了一会儿,张释之问文帝:"陛下认为绛侯周勃是什么样的人?"文帝回答说:"是长者。"张释之又问:"东阳侯张相如是什么样的人?"文帝又说:"是长者。"张释之说:"周勃和张相如被称为长者,却都不善言谈,难道要让人们效仿这个啬夫的伶牙俐齿吗?秦朝重用刀笔文吏,这些人互相比较的是谁更机敏苛察,其弊端在于徒具文笔而无实际能力,皇帝听不到批评,最终导致亡国。今天陛下因为啬夫伶牙俐齿就要越级提拔他,我恐怕天下人以此为榜样,争相跟风,都去学习夸夸其谈之术而没有真才实学。所谓上行下效,影随身动,所以君主的所作所为不可不慎重啊!"文帝非常赞赏张释之的话,于是就没有提拔啬夫。回去的路上,文帝让张释之陪乘,并向他询问秦朝失败的原因,张释之都给以质朴平实的回答。回到宫里后,文帝任命张释之为公车令。

点评:领导的思维方式影响着全局的风气,所以处理问题不可不慎重。孔子曰,"巧言令色,鲜矣仁","君子讷于言而敏于行"。所以能言善辩、夸夸其谈的人未必有真才实学,往往华而不实,缺乏道德感和行动力。用人的目的是让他做事,所以更应该注重考察人的实际品德和才能,而不是听其夸夸其谈。明代文学家吕坤在《呻吟语》中把人才分为三类:"深沉厚重,乃第一等资质;磊落雄豪,乃第二等资质;聪明才辩,乃第三等

资质。”

宗均谏不用文法、廉吏

原文：均谓人曰：“国家喜文法、廉吏，以为足以止奸也；然文吏习以欺谩，而廉吏清在一己，无益百姓流亡、盗贼为害也。均欲叩头争之，时未可改也，久将自苦之，乃可言耳！”未及言，会迁司隶校尉。后上闻其言，追善之。

（第四十五卷　汉纪三十七）

汉明帝时，尚书令宗均曾对人说：“国家喜欢任用精通公文法令的文吏和清官，认为任用他们就足以禁止奸邪之事发生。然而文吏习惯玩弄文字游戏，欺上瞒下；清官只能保证一己的清廉，对治理百姓流亡、盗贼为害之类的政事却毫无裨益。我打算向皇上叩头强谏，即使他当时不能改变，等到时间久了自受其苦，我就可以再次说话了。”宗均还没来得及进谏，就迁任司隶校尉。事后明帝听说了他的话，表示认同。

点评：相比于只会舞文弄墨的文吏和只会独善其身的清官，国家更需要有实干能力的治世之才。因为这样的人可以独当一面或治理一方，可以影响和惠及更多的人。

薛谦光谏选举

原文：甲戌，补阙薛谦光上疏，以为：“选举之法，宜得实才，取舍之间，风化所系。今之选人，咸称觅举，奔竞相尚，喧诉无惭。至于才应经邦，惟令试策；武能制敌，止验弯弧。昔汉武帝见司马相如赋，恨不同时，及置之朝廷，终文园令，知其不堪公卿之任故也。吴起将战，左右进剑，起曰：'将者提鼓挥桴，临敌决疑，一剑之任，非将事也。'然则虚文岂足以佐时，善射岂足以克敌！要在文吏察其行能，武吏观其勇略，考居官之臧否，行举者赏罚而已。"

（第二百零五卷　唐纪二十一）

谏官薛谦光给武则天上疏说："选拔人才，是为了得到有真才实学的人。用什么样的人，关系到国家的教化。现在选拔人才，鼓励引荐制，于是很多人就走后门跑关系，自我吹嘘毫不脸红。选拔文官，是为了让他经邦治世，却只考他写作策文。选拔武将，是为了让他克敌制胜，却只测试他的箭法。当年汉武帝看到司马相如的《子虚赋》，以为是古人所作，恨不能与他生在同一时代。等到把他安置到朝廷后，汉文帝却只让他做文园令，这是知道他没有能力肩负公卿重任的缘故。吴起打仗的时候，左右随从递给他宝剑。吴起却说：'将帅的职责是擂鼓督战，临阵解决疑难问题。拿着一把剑冲锋陷阵，不是将帅该做的事。'可见，徒有文采哪足以匡扶时政，善于骑射哪足以克敌制胜！考察文官关键要看他的品行才能，考察武将关键要看他的勇气谋略，考核某人居官期间的得失优劣，要连带举荐他的人一并赏罚。"

点评：薛谦光很有思想，能够看到问题的根本和制度的弊端。首先点明用人是一种导向，用什么样的人直接关系到政风和教化。其次指出选拔制度的缺陷和选拔方向的误区，并分别举例说明为国选才是要选拔治国安邦、运筹帷幄的治世之才，而不是选拔只会舞文弄墨的文士或精通骑射的勇夫，这是舍本逐末、偏离轨道的做法。最后提出连坐制的考核办法，以堵塞推荐制的漏洞。

（十二）如何用人

高祐止盗

原文：魏主问高祐曰："何以止盗？"对曰："昔宋均立德，猛虎渡河；卓茂行化，蝗不入境。况盗贼，人也，苟守宰得人，治化有方，止之易矣。"祐又上疏言："今之选举，不采识治之优劣，专简年劳之多少，斯非尽才之谓。宜停此薄艺，弃彼朽劳，唯才是举，则官方斯穆。又勋旧之臣，虽年勤可录而才非抚民者，可加之以爵赏，不宜委之以方任，所谓王者可私人以财，不私人以官者也。"帝善之。

（第一百三十六卷　齐纪二）

北魏孝文帝就如何防止盗贼向大臣高祐问计，高祐说："汉明帝时，宋均树立德政，境内的猛虎就渡河而去。汉平帝时，卓茂推行教化，蝗虫连他管辖的地界都不进入。生灵尚且如此，何况是人呢？盗贼也是人，如果太守、县令任用合适的人，治理和教化有方，盗贼自然会平息。"不久，高祐又上疏说："现在选用人才，不是看他见解和治理能力的优劣，而是专门看他资历和任期的长短，这样不能使人尽其才。应该停止这种浅薄的做法，不看重那些无用的资历，唯才是举，那么为官之人就会廉洁端正。另外，对于那些有功勋的旧臣，虽然朝廷认可他们所做的贡献，但如果他们的才干不足以济世安民，那么就只增加他们的爵位俸禄，不能再委派他们管理一方。所谓王者可以对喜欢的人赏赐钱财，但不能授以他们官职，说的就是这个道理。"孝文帝对他的议论表示赞赏。

点评：治理国家，要教化与法律并行。不教而诛，是政府逃避应承担的责任和义务。人心都是肉长的，大多数人都是可以通过教化向善的。教化得当，则民心归于淳朴，治安自然清平。而教化能否推行，主要取决于选派官吏是否得当。这就要求建立唯才是举的用人机制，摈弃论资排辈的官场陋习。对于有功勋而无才干之人，可以给予他们优厚的待遇，但却不能授给他们管理事务的职权。治理国家的关键，没有比选人用人更重要的了。如果官吏都称职守法，国家何愁治理不好？难就难在把合适的人放到合适的岗位上。这就需要各级负责选拔人才的官员都能够诚意正心，以至公至正的心态，以对国家事务高度负责的态度，摒弃私心杂念，杜绝徇私舞弊，如此才能在选人用人的过程中不出现大的偏差。如果负责选拔人才的官吏私心太重，那么再完善的制度，也会被百般钻营曲解，最后沦为舞弊者手中的道具和屏障。所以，制度只是工具、形式，属器用层面，人心的至公至正，才是道的层面。同样的制度，不同用心的人去执行，效果会大相径庭。至于说制度本身设计得不合理，则需要不断去调整和完善。

韩显宗谏选举毋论门望

原文：显宗又上言，以为："州郡贡察，徒有秀、孝之名而无秀、孝之实；朝廷但检其门望，不复弹坐。如此，则可令别贡门望以叙士人，何假冒秀、孝之名也！夫门望者，乃其父祖之遗烈，亦何益于皇家！益于时者，贤才而已。苟有其才，虽屠钓奴虏，圣王不耻以为臣；苟非其才，虽三后之胤，坠于皂隶矣。议者或云，'今世等无奇才，不若取士于门'，此亦失矣。岂可以世无周、召，遂废宰相邪！但当校其寸长铢重者先叙之，则贤才无遗矣。"

（第一百三十九卷　齐纪五）

北魏中书侍郎韩显宗向孝文帝上疏说:“各州郡举荐的秀才、孝廉,徒有虚名,朝廷只查验他们的门第,而不弹劾他们的欺罔之罪。如果这样的话,以后举荐人才,只看门第就可以了,何必还要假冒秀才、孝廉之名呢?门第资望,是他们祖辈留下来的功业,对朝廷有什么益处呢?对当世有补益的,才是贤才。如果真有才干,即使是像姜太公和箕子那样出身微贱,圣明的君主也会把他们录为大臣而不以为耻。如果没有才能,即使是夏、商、周三代帝王的后裔,圣明的君主也会把他们编入奴仆的行列。有人也许会说,当世没有奇才,所以不如只看门第取士。这也有失偏颇。难道因为当世没有周公、召公那样的人才,就要废除宰相的职位吗?考察一个人,只要他比常人多一点特长,就应该优先录用,这样就可以使贤才不被遗漏。”

点评:国家选才用人要不拘一格,任人唯贤。把品德才干作为衡量人才的第一标准,这样才能做到野无遗贤,才有益于国家的统治和管理。至于出身门第等华而不实的标签对选拔人才毫无用处,实在不应作为参选的标准。魏晋南北朝时期无处不在的门阀制度和门第观念,极大地压制了寒门出身的才智之士,从而阻碍了社会的进步和发展,也造成了官员之间竞相炫耀门第却不做实事的浮华之风。这种观念是导致社会衰败腐朽的一大祸根,应坚决予以杜绝。

柳彧谏刺史毋任武将

原文:时刺史多任武将,类不称职。治书侍御史柳彧上表曰:“昔汉光武与二十八将,披荆棘,定天下,及功成之后,无所任职。伏见诏书,以上柱国和干子为杞州刺史。干子前任赵州,百姓歌之曰:‘老禾不早杀,余种秽良田。’干子,弓马武用,是其所长;治民莅众,非其所解。如谓优老尚年,自可厚赐金帛；若令刺举，所损殊大。”帝善之。千子竟免。

（第一百七十五卷　陈纪九）

隋朝建国后，州刺史大多任用武将，所以大都不称职。治书侍御史柳彧上表说：“当年汉光武帝刘秀与云台二十八将，披荆斩棘，平定天下，等到大功告成之后，却不让他们担任官职，只让他们安享俸禄。今天我看到诏书，陛下任命上柱国和千子为杞州刺史。和千子之前任赵州刺史时，百姓就曾作歌谣讥讽他不懂耕种之事。和千子这个人，骑马打仗是他的长项，治理民众则不是他所能处理的。如果说要优待功臣宿将，可以厚赐他们金银布帛。但让他们做州刺史，则会给国家造成很大的损失。”隋文帝赞许他的话。最后，和千子被免官。

点评：开国用武将，治国用文官，可以在马上取天下，却不可以在马上治天下。对于戎马一生、立过汗马功劳但却不懂治国理政的将领来说，让其继续在军队中任职，或给其爵位俸禄使其享受荣华富贵是最好的安置。如果非要委派其治理地方来作为奖赏酬劳，则不但其本人因难以胜任而感到苦恼，也会给国家带来不必要的损失。

田子方借乐说文侯

原文：文侯与田子方饮，文侯曰：“钟声不比乎？左高。”田子方笑。文侯曰：“何笑？”子方曰：“臣闻之，君明乐官，不明乐音。今君审于音，臣恐其聋于官也。”文侯曰：“善。”

（第一卷　周纪一）

魏文侯与田子方边饮酒边欣赏乐工奏乐。魏文侯忽然说：“钟声不齐,左边高了。”田子方笑而不答。魏文侯问:“你为什么笑?”田子方说:“我听说,君主懂得任用乐官就可以了,不必懂得乐音。如今您对乐音这么精通,我担心您不善于任用官员。”魏文侯说:“说得好。”

点评:君子务本。领导最重要的职责就是选人用人,而不是精通某项技能。即使精通某项技能,也不应以此为傲,并频繁炫技干扰专职人员工作,因为这样做就忽略了管理的大道。

汉高祖论所以得天下

原文:帝置酒洛阳南宫,上曰:“彻侯、诸将毋敢隐朕,皆言其情:吾所以有天下者何,项氏之所以失天下者何?”高起、王陵对曰:“陛下使人攻城略地,因以与之,与天下同其利;项羽不然,有功者害之,贤者疑之,此其所以失天下也。”上曰:“公知其一,未知其二。夫运筹帷幄之中,决胜千里之外,吾不如子房;镇国家,抚百姓,给饷馈,不绝粮道,吾不如萧何;连百万之众,战必胜,攻必取,吾不如韩信。三者皆人杰,吾能用之,此吾所以取天下者也。项羽有一范增而不能用,此所以为我禽也。”群臣说服。

(第十一卷　汉纪三)

汉高祖打下天下后,有一次大宴群臣。酒到酣处,高祖问:“各位将军,请你们说一说,为什么我能得到天下,而项羽却失去了天下?”有人回答说,因为陛下不吝封赏,懂得与大家共享利益,而项羽却嫉贤妒能,刻薄猜忌。高祖说:“你们只知其一,不知其二。运筹帷幄之中,决胜千里之外,我不如张良;镇守国家,安抚百姓,供给粮饷,使粮道畅通无阻,我不如萧何;统率百万大军,战必胜,攻必取,我不如韩信。这三个人都是人中俊杰,而我能用好他们,这就是我能够取得天下的原因。项羽只有一个范增，还不能重用他，这就是他被我打败的原因。”群臣皆心悦诚服。

点评：汉高祖得天下的原因，一是懂得分享利益凝聚人心，二是能够发现并任用杰出人才，使他们各尽所能，为其所用。

韩信将兵，多多益善

原文：上尝从容与信言诸将能将兵多少。上问曰：“如我能将几何？”信曰：“陛下不过能将十万。”上曰：“于君何如？”曰：“臣多多而益善耳。”上笑曰：“多多益善，何为为我禽？”信曰：“陛下不能将兵而善将将，此乃信之所以为陛下禽也。且陛下，所谓‘天授，非人力’也。”

（第十一卷　汉纪三）

汉高祖有一次和韩信闲聊。高祖问：“你觉得我能带多少兵？”韩信说：“最多十万。”高祖问：“那你呢？”韩信说：“多多益善。”高祖听完笑了，说：“既然如此，那你为什么还能被我控制？”韩信说：“陛下虽然不善于率领大军，但却善于驾驭将领，这就是我韩信被陛下控制的原因。况且陛下的才能，属于上天赐予，不是人力可以企及的。”

点评：人各有所长，且精力有限。作为领导，不是要成为各个方面都超越下属的全才，而是善于把专才用好，使人尽其才。

李巨如猛虎

原文：赵王虎患贵戚豪恣，乃擢殿中御史李巨为御史中丞，特加亲任，中外肃然。虎曰:"朕闻良臣如猛虎,高步旷野而豺狼避路,信哉!"

(第九十六卷　晋纪十八)

后赵王石虎忧虑皇亲贵戚们豪纵恣肆、为所欲为,就提拔殿中御史李巨为御史中丞,给予特别的亲近信任,朝廷内外为之肃然。石虎说:"朕听说良臣就如同猛虎一样,昂首阔步于旷野之中,豺狼纷纷避让,这是实话啊!"

点评:要想让人才发挥作用,第一是要把合适的人才放到合适的岗位上,第二是上面的领导要做他坚强的后盾,为他撑腰打气,给他充分的授权和信任,这样所用之人才能成为一把出鞘的利剑。

杨孚弹纠不避权贵

原文:侍御史杨孚,弹纠不避权贵,权贵毁之,上曰:"鹰搏狡兔,须急救之,不尔必反为所噬。御史绳奸慝亦然。苟非人主保卫之,则亦为奸慝所噬矣。"

(第二百一十卷　唐纪二十六)

唐睿宗时,侍御史杨孚在弹劾纠举百官的违法行为时不避权贵,因此权贵们纷纷诋毁他。唐睿宗说:"老鹰搏兔时,要赶紧帮助老鹰,不然它一定反被狡兔咬伤。御史对奸邪之徒绳之以法也是这样。如果没有君主保护,他也会被奸邪之徒伤害。"

点评:唐睿宗非常英明,能够看清问题的本质,立场坚定,不为谗言所惑,并甘当正直大臣的坚强后盾。

子思荐苟变

原文：子思言苟变于卫侯曰："其材可将五百乘。"公曰："吾知其可将；然变也尝为吏，赋于民而食人二鸡子，故弗用也。"子思曰："夫圣人之官人，犹匠之用木也，取其所长，弃其所短。故杞梓连抱而有数尺之朽，良工不弃。今君处战国之世，选爪牙之士，而以二卵弃干城之将，此不可使闻于邻国也。"公再拜曰："谨受教矣。"

（**第一卷　周纪一**）

孔子之孙孔伋，有一次跟卫侯谈起苟变时说："他的才能可以统率五百乘战车。"卫侯说："我知道他可以为将。可是他以前当官吏时，去老百姓家收税却吃了人家两颗鸡蛋，所以我不用他。"孔伋说："圣明的君主用人，就像木匠使用木材，取其所长，弃其所短。所以合抱之木即使有几尺朽烂之处，好的工匠也不会扔掉它。如今您处在战国乱世，正该选用爪牙锋利之士来帮助您，怎么可以因为两颗鸡蛋而舍弃一员大将呢？这可不能让邻国知道啊！"卫侯对孔伋的教导表示感谢。

点评：俗话说"金无足赤，人无完人"。如果只想用完人，则永远无人可用。所以看人要看基本面，善于用人所长，不能求全责备。

刘邦任陈平

原文：周勃、灌婴等言于汉王曰："陈平虽美如冠玉，其中未必有也。臣闻平居家时盗其嫂；事魏不容，亡归楚；不中，又亡归汉。今日大王尊官之，令护军。臣闻平受诸将金，金多者得善处，金少者得恶处。平，反覆乱臣也,愿王察之!”汉王疑之,召让魏无知。无知曰:“臣所言者能也,陛下所问者行也。今有尾生、孝己之行,而无益胜负之数,陛下何暇用之乎!楚、汉相距,臣进奇谋之士,顾其计诚足以利国家不耳。盗嫂、受金,又何足疑乎!”汉王召让平曰:“先生事魏不中,事楚而去,今又从吾游,信者固多心乎?”平曰:“臣事魏王,魏王不能用臣说,故去事项王。项王不能信人,其所任爱,非诸项,即妻之昆弟,虽有奇士不能用。闻汉王能用人,故归大王。臣裸身来,不受金无以为资。诚臣计画有可采者,愿大王用之;使无可用者,金具在,请封输官,得请骸骨。”汉王乃谢,厚赐,拜为护军中尉,尽护诸将。诸将乃不敢复言。

（**第九卷　汉纪一**）

陈平从项羽军营中逃出,通过老友魏无知引荐投奔了汉王刘邦。刘邦很欣赏陈平的才干,于是授予陈平都尉之职,让他做自己的陪乘,负责监督各部将领。这引起了诸将的嫉妒和不满,不久,周勃和灌婴等人即来找刘邦说陈平的坏话。他们说陈平徒有其表,没有什么真才实学,品行不端,与嫂子私通,为臣不忠,反复背叛以前君主,收受贿赂,任人唯钱,实在是个反复无常的乱臣贼子,希望刘邦做出处理。于是刘邦召来魏无知进行责问。魏无知说:“我向陛下举荐的是陈平的才能,而您现在责问的是他的品行。当今之世,即使有再高尚的品行,却没有能决定战争胜负的才能,您要他有什么用呢?现在楚汉相持不下,我举荐人才,只考虑他是否有有利于国家的奇谋秘计,至于私通嫂子、收受贿赂这些小节,有什么必要在意呢!”刘邦于是又召来陈平,责问他说:“你先后侍奉魏王、楚王,现在又来侍奉我,难道守信义的人会这样朝三暮四吗?”陈平回答说:“魏王、楚王任人唯亲,不能任用人才,所以我才来投奔您。但我现在身无分文,不收受贿赂就无法生活。如果我的计策有可以采用之处,希望大王能够用它。如果没有什么可用的价值,现在金钱还都在,请让我把它封好送交官府,然后请允许我离开这里。”刘邦赶忙向陈平道歉,并重重赏赐了他，提升他为护军中尉，监督全军所有将领。众将这才不敢再多说什么了。

点评：乱世中争夺天下，用的是奇才而非君子。此时对于君主来说下属的才能比私德更重要，所以魏无知的话很有见地。刘邦一点即通，责问陈平只是试探他的反应罢了。陈平的回答不卑不亢、坦坦荡荡，很有大丈夫的气概，令刘邦瞬间释然，且对他欣赏有加，于是立刻转变态度，道歉、赏赐、重用一气呵成，显示了刘邦宽广的胸襟和权变的智慧。

姚兴驳世之乏才

原文：兴命群臣搜举贤才。右仆射梁喜曰："臣累受诏而未得其人，可谓世之乏才。"兴曰："自古帝王之兴，未尝取相于昔人，待将于将来，随时任才，皆能致治。卿自识拔不明，岂得远诬四海乎？"群臣咸悦。

（第一百一十六卷　晋纪三十八）

后秦国主姚兴让大臣们搜寻举荐贤才。右仆射梁喜说："我多次搜求，却没有发现所谓的人才，可见世上确实没有人才。"姚兴说："自古帝王兴起，没有从古代的贤人中选取宰相的，也没有从后世的豪杰中借来大将的，他们都是随时从当代人中选用贤才，也都实现了天下大治。你自己没有识人之明，怎能诬蔑普天之下、四海之内没有人才呢？"群臣听了姚兴的话都很高兴。

点评：清代赵翼有诗云："江山代有才人出，各领风骚数百年。"每个时代都有杰出的人才，关键在于统治者是否识才善用，是否能够用人所长。正所谓"千里马常有，而伯乐不常有"，岂能因为自己选才的眼光不到位、用人的思路有问题，就认为天下没有人才呢？这样的说法未免太轻率、狂妄、不负责任了。

唐太宗令封德彝举贤

原文：上令封德彝举贤，久无所举。上诘之，对曰："非不尽心，但于今未有奇才耳！"上曰："君子用人如器，各取所长，古之致治者，岂借才于异代乎？正患己不能知，安可诬一世之人！"德彝惭而退。

（第一百九十二卷　唐纪八）

唐太宗让封德彝举荐贤才，很长时间都没有结果。太宗问他什么原因，封德彝说："我不是不尽心，但当今确实没有奇才！"太宗说："君子用人就像使用器物，取其所长而已。古代实现大治的君主，难道是从别的时代借用的人才吗？你应该检讨自己不能识人，怎么可以诬蔑整个时代都没有人才呢？"封德彝惭愧地退了下去。

点评：封德彝属于典型的懒政怠政官员，却还为自己的不作为开脱找借口。唐太宗作为一代英主，思维纵横捭阖，见识不同凡响，当即毫不客气、一针见血地对封德彝的谬论进行了批驳。所谓"天生我材必有用"，每个人都有自己独特的才能。统治者只有具备"用人如器"的思想和海纳百川的胸襟，不求全责备，不吹毛求疵，用人所长，容人所短，才能使各类人才脱颖而出。唐太宗在谈到"用人如器"的观点时，还有过一段精彩的论述："明主之任人，如巧匠之制木：直者以为辕，曲者以为轮，长者以为栋梁，短者以为栱角。无曲、直、长、短，各有所施。明主之任人，亦犹是也。智者取其谋，愚者取其力，勇者取其威，怯者取其慎，无智、愚、勇、怯，兼而用之。故良匠无弃材，明主无弃士。"也就是说，英明的领导用人，应该像

能工巧匠制作器物一样，各种材料都能曲尽其妙，化腐朽为神奇。如此才能人尽其才，物尽其用。

田文与吴起论为相

原文：魏置相，相田文。吴起不悦，谓田文曰："请与子论功可乎？"田文曰："可。"起曰："将三军，使士卒乐死，敌国不敢谋，子孰与起？"文曰："不如子。"起曰："治百官，亲万民，实府库，子孰与起？"文曰："不如子。"起曰："守西河，秦兵不敢东乡，韩、赵宾从，子孰与起？"文曰："不如子。"起曰："此三者子皆出吾下，而位加吾上，何也？"文曰："主少国疑，大臣未附，百姓不信，方是之时，属之子乎，属之我乎？"起默然良久，曰："属之子矣。"

（第一卷　周纪一）

魏国任命田文做国相，吴起很不服气。他对田文说："咱俩比比功劳。论带兵打仗，你比我如何？"田文说："不如。"吴起又问："论治理国家，你比我如何？"田文说："不如。"吴起再问："论镇守西河，联合韩、赵，抵御秦国，你比我如何？"田文说："还是不如。"吴起说："既然这三点你都不如我，为什么让你当国相？"田文说："如今主上年少，国人疑虑，大臣没有归附，百姓不能信服，这个时候，把国家托付给你合适呢，还是托付给我合适？"吴起默然良久，然后说："托付给你合适。"

点评：**特定条件和背景下要用特定的人，最能干的不一定是最合适的，最合时宜的才是最好的。**

王猛辞任

原文：秦车骑大将军王猛，以六州任重，言于秦王坚，请改授亲贤；及府选便宜，辄已停寝，别乞一州自效。坚报曰："朕之于卿，义则君臣，亲逾骨肉，虽复桓、昭之有管、乐，玄德之有孔明，自谓逾之。夫人主劳于求才，逸于得士。既以六州相委，则朕无东顾之忧，非所以为优崇，乃朕自求安逸也。夫取之不易，守之亦难，苟任非其人，患生虑表，岂独朕之忧，亦卿之责也，故虚位台鼎而以分陕为先。卿未照朕心，殊乖素望。新政俟才，宜速铨补；俟东方化洽，当兖衣西归。"

（第一百零三卷　晋纪二十五）

前秦消灭前燕后，前秦王苻坚命车骑大将军王猛都督关东六州诸军事，并随机选拔任用六州郡县的官吏。王猛因为都督六州责任重大，所以请求苻坚把这一重任改授给他认为亲近而贤明的人，自己去镇守一州。苻坚回复王猛说："你我之间，名为君臣，实际上情同兄弟。我对你的信任倚重，超过了刘备对诸葛亮。我把六州交给你，就没有了后顾之忧，这并不是尊崇优待你，而是这样做我就可以安逸省心了。攻取这块地盘不易，守住它也很难，如果所用非人，生出祸患，不仅会令我忧虑，也是你的责任。所以我宁肯空出三公的位置，也要让你先分担关东之事。你不了解我的心意，有负我的厚望。请急速处理公务，等治理好六州之后，再让你返回朝廷，给你加官晋爵。"

点评：处在不同位置的人，思考问题的角度也不同。王猛深谙进退之道，所以他首先考虑的是明哲保身的问题，他的谦让既是一种生存智慧，也是一种试探。而苻坚作为一代明君，是从国家战略的高度思考问题的。他对王猛的任命不仅出于对其个人功绩的奖赏和尊崇，更是一

种战略布局，是国家利益的需要。两人思考问题的出发点不同。苻坚看破了王猛的心思，所以推心置腹、开诚布公地说明了意图，打消了对方的顾虑。

韩信拜将

原文：信数与萧何语，何奇之。汉王至南郑，诸将及士卒皆歌讴思东归，多道亡者。信度何等已数言王，王不我用，即亡去。何闻信亡，不及以闻，自追之。人有言王曰："丞相何亡。"王大怒，如失左右手。居一二日，何来谒王。王且怒且喜，骂何曰："若亡，何也？"何曰："臣不敢亡也，臣追亡者耳。"王曰："若所追者谁？"何曰："韩信也。"王复骂曰："诸将亡者以十数，公无所追；追信，诈也！"何曰："诸将易得耳；至如信者，国士无双。王必欲长王汉中，无所事信；必欲争天下，非信无可与计事者。顾王策安所决耳！"王曰："吾亦欲东耳，安能郁郁久居此乎！"何曰："计必欲东，能用信，信即留；不能用信，终亡耳。"王曰："吾为公以为将。"何曰："虽为将，信不留。"王曰："以为大将。"何曰："幸甚！"于是王欲召信拜之。何曰："王素慢无礼；今拜大将，如呼小儿，此乃信所以去也。王必欲拜之，择良日，斋戒，设坛场，具礼，乃可耳。"王许之。诸将皆喜，人人各自以为得大将。至拜大将，乃韩信也，一军皆惊。

（第九卷　汉纪一）

韩信因在项羽手下得不到重用，于是背楚归汉。先是做管理仓库的小吏，后经滕公夏侯婴引荐官拜治粟都尉。其间他多次与萧何交谈，萧何觉得他不同凡响。刘邦被项羽封为汉王后，带着队伍前往汉中，中途有很多将领和士兵因为思念家乡逃跑了。韩信估计自己继续留在汉营也没什么发展，于是也跑了。萧何闻讯大惊，来不及向刘邦禀报，就急忙去追赶韩信。有人向刘邦报告说萧何也跑了，刘邦急得暴跳如雷，如失左右手。过了两天，萧何回来了，刘邦又喜又怒，劈头就骂："你为什么逃跑？"萧何说："我不是逃跑，是去追韩信。"刘邦又骂："那么多逃跑的将领你不追，偏偏去追一个小小的韩信，纯属扯谎！"萧何郑重其事地说："那些将领很容易得到，但像韩信这样的人，天下无双。您如果想图谋天下，必须得到韩信的辅佐。"刘邦说："那我就看在你的面子上封他做将军吧。"萧何说："即使封他做将军，他也不会留下来，除非让他做大将军。"刘邦说："好，那我就听从你的建议。"萧何又说："您如果要拜韩信为大将军，切不可轻率随意，一定要礼仪完备以示尊崇。"于是刘邦选择吉日，斋戒沐浴，然后筑坛拜韩信为将，其他人都很吃惊。

点评：从萧何出走刘邦如失左右手可以看出，刘邦对萧何是极其倚重和信赖的。既然信赖萧何，就完全采纳他的建议，直接提拔一个下级军官做大将军，而不再瞻前顾后犹豫不定，这就是刘邦作为杰出领袖的魄力和魅力。而且刘邦一改往日轻慢的作风，郑重其事地筑坛拜将，这对韩信这样才华盖世又渴望建功立业、出人头地的年轻将领，无疑会起到巨大的激励和鞭策作用。而刘邦发现人才后毫不迟滞、一步到位的用人效率，也让他在最短的时间内获取了最大的回报。

第五伦见知于光武帝

原文：京兆掾第五伦领长安市，公平廉介，市无奸枉。每读诏书，常叹息曰："此圣主也，一见决矣。"等辈笑之曰："尔说将尚不能下，安能动万乘乎！"伦曰："未遇知己，道不同故耳。"后举孝廉，补淮阳王医工长。

春，正月，淮阳王入朝，伦随官属得会见。帝问以政事，伦因此酬对，帝大悦；明日，复特召入，与语至夕。帝谓伦曰："闻卿为吏，篣妇公，不过从兄饭，宁有之邪？”对曰：“臣三娶妻，皆无父。少遭饥乱，实不敢妄过人食。众人以臣愚蔽，故生是语耳。”帝大笑。以伦为扶夷长，未到官，追拜会稽太守；为政清而有惠，百姓爱之。

（第四十四卷　汉纪三十六）

东汉名臣第五伦最初是京兆尹的属官，负责管理长安市场。他每次阅读诏书时，都会感叹地说：“当今天子是一位圣明君主，我要是和他见一次面就可以决定我的一生了。”同僚们都笑话他说：“你连州将都无法说服，怎么能说动万乘之君呢？”第五伦说：“那是因为我没有遇到知己，道不同不相为谋罢了。”

后来，第五伦随淮阳王朝觐天子。光武帝询问政事，第五伦抓住机会应对，令光武帝非常高兴，第二天，又特意召他入宫，与他一直谈到傍晚。光武帝问第五伦：“听说你当小吏时，殴打过你的岳父，去堂兄家做客却不吃人家的饭，有这回事吗？”第五伦回答说：“我娶了三任妻子，她们都没有父亲。我小时候遭遇过饥荒，所以实在不敢随便吃人家的东西。众人认为我愚笨不通情理，所以才生出这些流言。”光武帝大笑，随即任命第五伦为扶夷县令，他还没来得及上任，又升任他为会稽郡太守。第五伦为政清廉，对老百姓施以恩惠，因此百姓都很爱戴他。

点评：并不是所有领导都能了解和识别人才，所以第五伦说与地方长官之间是道不同不相为谋，但光武帝见到他却大加赞赏，这是因为领导的层次不同，见解和眼光也不同。第五伦很善于抓住稍纵即逝的机会表现自己，使自己能够脱颖而出。他回答皇帝关于传言的问询时，以略带幽默的口吻径直相告，显得诚实恳切、推心置腹，既澄清了谣言，也赢得了皇帝的好感，还拉近了彼此之间的距离。应该说，第五伦是一个智商和情商都很高的人。光武帝对于人才的欣赏和爱惜之情溢于言表，发现人才马上约谈考察，考察合格后马上任用，觉得所授官职不足以发挥其才干，又马上提

拔调整,务使人才能够才尽其用。

朱儁围黄巾不克

原文:张曼成余党更以赵弘为帅,众复盛,至十余万,据宛城。朱儁与荆州刺史徐璆(qiú)等合兵围之,自六月至八月不拔;有司奏征儁。司空张温上疏曰:"昔秦用白起,燕任乐毅,皆旷年历载,乃能克敌。儁讨颍川已有功效,引师南指,方略已设;临军易将,兵家所忌,宜假日月,责其成功。"帝乃止。儁击弘,斩之。

(第五十八卷　汉纪五十)

黄巾军将领赵弘占据宛城,东汉朝廷派将军朱儁率兵将其包围,经过三个月的激战,也未能攻克。有关部门上奏,请求调回朱儁,司空张温上疏说:"当年秦国任用白起,燕国任用乐毅,都是经过了旷日持久的战争,才克敌制胜。朱儁在讨伐颍川黄巾军时已初战告捷,现在挥师南下,作战方略已经制定,临阵换将,乃兵家大忌,应该给他放宽时限,责令他一定成功。"灵帝于是作罢。不久,朱儁攻下宛城,并将赵弘斩首。

点评:做什么事都有一个过程,不可能一蹴而就。认准了一个人,就要有等待的耐心,给他足够的时间和平台,让他放开手脚去施展,按照计划稳步实现目标。正所谓"试玉要烧三日满,辨材须待七年期"。

常何荐马周

原文:茌平人马周,客游长安,舍于中郎将常何之家。六月,壬午,以旱,诏文武官极言得失。何武人不学，不知所言，周代之陈便宜二十余条。上怪其能，以问何，对曰："此非臣所能，家客马周为臣具草耳。"上即召之；未至，遣使督促者数辈。及谒见，与语，甚悦，令直门下省，寻除监察御史，奉使称旨。上以常何为知人，赐绢三百匹。

（第一百九十三卷　唐纪九）

唐朝宰相马周在入仕前到长安游历，寄居在中郎将常何家里。不久，唐太宗命百官上疏谈论朝政得失。常何是武官出身，不懂治国之道，不知道该说什么。马周就替他上陈建议二十多条。太宗对常何能一下子提出这么多条建议感到奇怪，就问他原因，常何据实回答说："这些建议不是我写的，是我的门客马周代为起草的。"于是太宗接二连三派人催促马周进见，等见了马周，和他交谈，太宗大为高兴，就命他在门下省侍奉，不久又任命他为监察御史。马周每次奉命出巡都很称旨意。太宗认为常何善于识人，赐给他绢帛三百匹。

点评：首先应赞赏常何正直坦率不掩人光芒的品质，其次可看出太宗求贤若渴、唯才是用的胸怀，且不忘奖赏举贤之人，既弘扬了美好的道德，又可以鼓励更多的人为国进贤。

孙权不疑诸葛瑾

原文：秋，七月，汉主自率诸军击孙权，权遣使求和于汉。南郡太守诸葛瑾遗汉主笺曰："陛下以关羽之亲，何如先帝？荆州大小，孰与海内？俱应仇疾，谁当先后？若审此数，易于反掌矣。"汉主不听。时或言瑾别遣亲人与汉主相闻者，权曰："孤与子瑜，有死生不易之誓，子瑜之不负孤，犹孤之不负子瑜也。"然谤言流闻于外，陆逊表明瑾必无此，宜有以散其意。权报曰："子瑜与孤从事积年，恩如骨肉，深相明究。其为人，非道不行，非义不言。玄德昔遣孔明至吴，孤尝语子瑜曰：'卿与孔明同产，且弟随兄，于义为顺，何以不留孔明？孔明若留从卿者，孤当以书解玄德，意自随人耳。'子瑜答孤言：'弟亮已失身于人。委质定分，义无二心。弟之不留，犹瑾之不往也。'其言足贯神明，今岂当有此乎！前得妄语文疏，即封示子瑜，并手笔与之。孤与子瑜，可谓神交，非外言所间。知卿意至，辄封来表以示子瑜，使知卿意。"

（第六十九卷　魏纪一）

吕蒙奇袭荆州杀死关羽后，刘备亲自率兵讨伐吴国。诸葛亮的哥哥诸葛瑾时任吴国南郡太守，他给刘备写信，晓之以理，动之以情，劝刘备继续联吴抗曹，但刘备不听。诸葛瑾的这一举动，被别有用心之人传为他和刘备暗通消息。孙权得知后说："我和诸葛瑾发誓同生死，他不会辜负我，就像我不会辜负他一样。"然而流言仍然四处蔓延。陆逊向孙权上表说："诸葛瑾肯定不会做那样的事，您应该向他说清楚，以打消他的顾虑。"孙权回信说："我和诸葛瑾情同手足，对他非常了解。他的做人原则是：不符合道义的事就不做，不符合礼义的话就不说。我当年让他劝弟弟诸葛亮一起为吴国效力，他说，诸葛亮已经与刘备确立了君臣名分，不应该再生二心。他不投靠主公，就像我不投靠刘备一样。就凭这句话，我就知道他绝对不可能做出背叛吴国之事。以前有人上疏诽谤他，我总是把奏书封起来，并写上批语送给他。现在也请你把你的奏表封好送给他，让他了解你我的心意。"

点评：孙权和诸葛瑾在多年的共事中建立了深厚的情谊和信任，彼此推心置腹，情同莫逆。孙权通过与诸葛瑾的一番对话，就能洞察其人品和忠心，彰显了作为领袖的识人之明，其传送陆逊奏表的做法，足以令诸葛瑾消除顾虑，铭感肺腑。陆逊也是一位一心为公、成人之美的君子。

苻健埋祸根

原文:壬午,以大司马、武都王安都督中外诸军事。甲申,健引太师鱼遵、丞相雷弱儿、太傅毛贵、司空王堕、尚书令梁楞、左仆射梁安、右仆射段纯、吏部尚书辛牢等受遗诏辅政。健谓太子生曰:"六夷酋帅及大臣执权者,若不从汝命,宜渐除之。"

(第一百卷　晋纪二十二)

前秦开国皇帝苻健,临终前召集一干重臣授以托孤之事,让他们辅佐自己的儿子太子苻生。之后,苻健又暗中对苻生说:"这些手握重权的将帅大臣,如果不听话,就逐步剪除他们。"

点评:苻健担心大臣对自己的儿子怀有二心,怕儿子驾驭不了,所以面授机宜,让他以铁腕镇压。然而知子莫若父,自己的儿子本身就暴虐成性,苻健临终不以仁爱之道循循善诱,反而火上浇油,助其暴虐之性,则酷烈之势谁能阻挡?所谓"用人不疑,疑人不用",能被选为顾命大臣的,绝对都是最为信赖之人,苻健却又暗中叮嘱儿子猜忌提防,暗藏杀机。这是典型的自相矛盾、自取祸乱。苻生继位后残暴嗜杀,尽诛顾命大臣,搞得人心惶惶、众叛亲离,终被兄弟苻坚发动兵变废黜并处死。司马光说:"顾命大臣的责任,是用来辅佐太子的,作为羽翼庇护他的。既然是羽翼,苻健却又教唆儿子剪除他们,能不自取灭亡吗!如果知道顾命大臣不忠,不用他们就是了。既然决定重用,却又无端猜忌,很少有不招致祸乱的。"

刘裕纵内斗

原文:关中人素重王猛,裕之克长安,王镇恶功为多,由是南人皆忌之。沈田子自以峣柳之捷,与镇恶争功不平。裕将还,田子及傅弘之屡言于裕曰:"镇恶家在关中,不可保信。"裕曰:"今留卿文武将士精兵万人,彼若欲为不善,正足自灭耳。勿复多言。"裕私谓田子曰:"钟会不得遂其乱者,以有卫瓘故也。语曰:'猛兽不如群狐。'卿等十余人,何惧王镇恶!"

(第一百一十八卷　晋纪四十)

东晋太尉刘裕北伐,破长安,灭后秦,胜利后回师东晋,留下儿子刘义真镇守关中,并派王修、王镇恶、沈田子等将领辅佐。王镇恶在攻克长安时功劳最大,又是前秦名相王猛的孙子,而前秦的根据地就在关中,且关中人民对王猛十分尊崇怀念,所以东晋诸将对王镇恶十分忌惮。沈田子自认为军功不凡,却名列王镇恶之后,于是耿耿于怀。刘裕临行前,沈田子与傅弘之多次在刘裕面前诋毁王镇恶,说他的根在关中,不可信任。刘裕说:"我留下这么多文武官员和将士,王镇恶岂敢自取灭亡。当年钟会在蜀地之所以不敢轻举妄动,就是因为有卫瓘的缘故。俗话说:'猛兽敌不过群狐。'你们十几员大将,还怕一个王镇恶吗!"

点评:俗话说:"用人不疑,疑人不用",刘裕既然对王镇恶委以重任就不应该再让沈田子等人猜忌提防他,如果不信任就不要任用他。刘裕这种模棱两可、首鼠两端的态度貌似是使用监督机制,实际上是在挑拨将领之间的关系,为内乱埋下了祸根。后来夏国国主赫连勃勃在刘裕南归后,发兵侵犯关中,东晋将领大敌当前之际不思同仇敌忾却自相残杀(沈田子杀王镇恶,王修杀沈田子,刘义真杀王修),结果将关中拱手让人。这就是驾

驭下属的心意不纯和言语失当造成的恶果。

钟会谋反

原文:钟会内有异志,姜维知之,欲构成扰乱,乃说会曰:“闻君自淮南已来,算无遗策,晋道克昌,皆君之力。今复定蜀,威德振世,民高其功,主畏其谋,欲以此安归乎!何不法陶朱公泛舟绝迹,全功保身邪!”会曰:“君言远矣,我不能行。且为今之道,或未尽于此也。”维曰:“其他则君智力之所能,无烦于老夫矣。”由是情好欢甚,出则同辇,坐则同席。会因邓艾承制专事,乃与卫瓘密白艾有反状。会善效人书,于剑阁要艾章表、白事,皆易其言,令辞指悖傲,多自矜伐;又毁晋公昭报书,手作以疑之。

春,正月,壬辰,诏以槛车征邓艾。晋公昭恐艾不从命,敕钟会进军成都,又遣贾充将兵入斜谷。昭自将大军从帝幸长安,以诸王公皆在邺,乃以山涛为行军司马,镇邺。

初,钟会以才能见任,昭夫人王氏言于昭曰:“会见利忘义,好为事端,宠过必乱,不可大任。”及会将伐汉,西曹属邵悌言于晋公曰:“今遣钟会率十余万众伐蜀,愚谓会单身无任,不若使余人行也。”晋公笑曰:“我宁不知此邪!蜀数为边寇,师老民疲,我今伐之,如指掌耳,而众言蜀不可伐。夫人心豫怯则智勇并竭,智勇并竭而强使之,适所以为敌禽耳。惟钟会与人意同,今遣会伐蜀,蜀必可灭。灭蜀之后,就如卿虑,何忧其不能办邪!夫蜀已破亡,遗民震恐,不足与共图事;中国将士各自思归,不肯与同也。会若作恶,只自灭族耳。卿不须忧此,慎勿使人闻也!”及晋公将之长安,悌复曰:“钟会所统兵,五六倍于邓艾,但可敕会取艾,不须自行。”晋公曰:“卿忘前言邪,而云不须行乎?虽然,所言不可宣也。我要自当以信意待人,但人不当负我耳,我岂可先人生心哉!近日贾护军问我:‘颇疑钟会不?’我答言:‘如今遣卿行,宁可复疑卿邪?’贾亦无以易我语也。我到长安,则自了矣。”

钟会遣卫瓘先至成都收邓艾,会以瓘兵少,欲令艾杀瓘,因以为艾罪。瓘知其意,然不可得距,乃夜至成都,檄艾所统诸将,称:“奉诏收艾,其余一无所问;若来赴官军,爵赏如先;敢有不出,诛及三族!”比至鸡鸣,悉来赴瓘,唯艾帐内在焉。平旦,开门,瓘乘使者车,径入至艾所;艾尚卧未起,遂执艾父子,置艾于槛车。诸将图欲劫艾,整仗趣瓘营;瓘轻出迎之,伪作表草,将申明艾事,诸将信之而止。

丙子,会至成都,送艾赴京师。会所惮惟艾,艾父子既禽,会独统大众,威震西土,遂决意谋反。会欲使姜维将五万人出斜谷为前驱,会自将大众随其后。既至长安,令骑士从陆道、步兵从水道,顺流浮渭入河,以为五日可到孟津,与骑兵会洛阳,一旦天下可定也。会得晋公书云:“恐邓艾或不就征,今遣中护军贾充将步骑万人径入斜谷,屯乐城,吾自将十万屯长安,相见在近。”会得书惊,呼所亲语之曰:“但取邓艾,相国知我独办之;今来大重,必觉我异矣,便当速发。事成,可得天下;不成,退保蜀、汉,不失作刘备也!”丁丑,会悉请护军、郡守、牙门骑督以上及蜀之故官,为太后发哀于蜀朝堂,矫太后遗诏,使会起兵废司马昭,皆班示坐上人,使下议讫,书版署置,更使所亲信代领诸军;所请群官,悉闭著益州诸曹屋中,城门、宫门皆闭,严兵围守。卫瓘诈称疾笃,出就外廨。会信之,无所复惮。

(第七十八卷　魏纪十)

钟会和邓艾共同灭蜀之后,钟会骄傲自大,内心产生了叛离曹魏的想法。姜维察觉到钟会心怀异志,就进一步怂恿他叛乱自立。钟会心领神会,从此两人亲密无间。钟会首先向司马昭诬告邓艾谋反,然后又拦截篡改邓艾和司马昭的往来书信,成功实施了离间计。于是司马昭下令,让钟会派人用囚车押送邓艾回朝。

钟会派卫瓘去成都拘捕邓艾,他本来的想法是:邓艾肯定会抗命,先借邓艾之手杀了卫瓘,然后再借此事加重邓艾的罪名,可谓是一石二鸟。

但卫瓘也不傻,早已洞悉了钟会的意图,于是在深夜到达成都,传谕邓艾所属众将:“我奉诏只拘捕邓艾一人,跟其他人没有关系,你们速来投奔官军,仍然可以得到赏赐,否则,夷灭三族!”于是,众将全都跑到了卫瓘营中。天亮后,卫瓘直入邓艾帐中,抓住邓艾,装入囚车。诸将打算劫走邓艾,于是一起拥向卫瓘营帐,卫瓘见势不妙,只身一人出帐迎接,并假意起草奏章,说要替邓艾申明冤屈,诸将才平息下来没有动手。

司马昭这边,以担心邓艾抗命为由,派贾充领兵入斜谷,自己则亲率大军抵达长安。

当初,司马昭的夫人王氏对他说:“钟会这个人见利忘义,好生事端,恩宠过度一定会作乱,此人不可重用。”钟会将要讨伐蜀汉时,西曹属邵悌对司马昭说:“现在派钟会率重兵伐蜀,这个人不好控制,不如派其他人去。”司马昭笑着说:“这一点我很清楚。根据现在的形势,灭蜀国易如反掌。但众人都说蜀国不能讨伐。人的心里一旦先存了畏惧之感,就会丧失勇气和智慧,强行让他出兵,一定会被敌人擒获。唯独钟会与我意见一致,现在派他去伐蜀,蜀国一定会灭亡。灭蜀之后,假如出现了你所担忧的情况,何愁制服不了他。蜀国已经灭亡,当地的遗民一定会人心震恐,不会与他共同作乱,中原将士思归心切,也不会与他谋反。钟会如果作恶,只会自取灭族。你不用担忧这件事,但咱们今天说的话一定不要让外人知道。”等到司马昭将要率兵去长安时,邵悌说:“钟会统率的兵马,是邓艾的五六倍,命令他去拘捕邓艾就可以了,何须您亲自前往。”司马昭说:“你忘了咱们以前说过的话了吗?我自当以信义待人,但别人不应当辜负我,我怎么能先于别人生出猜忌之心呢!近日贾充问我,是否怀疑钟会?我说,现在又派你出行,难道会再怀疑你吗?贾充也认为我说的话有理。我到了长安,这件事自然会有了断。”

钟会所忌惮的,唯有邓艾。邓艾被拘押送京后,钟会心里的一块石头终于落了地,于是下定决心谋反。他原来的打算是:经由斜谷抵达长安。到达长安后,兵分两路。骑兵走陆路直奔洛阳,步兵走水路,经渭水入黄河，五天内抵达孟津，然后与骑兵会合于洛阳。如此，则数日之间天下可定。然而，就在这时，钟会接到了司马昭的来信，信中说："我担心邓艾不服从命令，所以派中护军贾充率领一万人马驻扎在斜谷，我亲率十万大军坐镇长安，你我很快就能相见。"钟会看完书信后大惊失色，犹如当头浇了一瓢凉水。他对左右亲信说："晋公亲率大军前来，一定是察觉到了我有异心，现在应该马上起兵，事情成功了，可以得到天下；不成功，可以退保蜀汉，也不失为像刘备一样割据称帝。"于是，就开始积极筹划叛乱。卫瓘察觉到事态有变，就诈称病重，搬到外面的馆舍居住。钟会也不去管他。

点评：司马昭用人之术相当高明，纵横捭阖，大破大立，犹如螳螂捕蝉，黄雀在后，将钟会玩弄于股掌之中。他先是利用钟会的锋芒破敌，但却对其野心暗中防范。他表面上不动声色，实际上早已成竹在胸，只是不肯先发制人以背负不义之名而已。发动反击时，他仍然含而不露，却招招制敌要害，使对方出手不得，真是道高一丈的高手。用人不疑并不是完全撒手不管，而是控制使用，让其在制度和授权范围内行使权力，并对可能出现的风险进行预估，制定出妥善的对策，做到心中有数。卫瓘也是谋略胆识过人之辈。他分化瓦解邓艾部众，怀柔安抚众将之心，恩威并施，假戏真做，履险如夷。而且他预测到钟会叛乱后必然会发生内乱，所以提前迁居到外面以躲避灾祸。

慕容垂杀翟斌

原文：燕翟斌恃功骄纵，邀求无厌；又以邺城久不下，潜有贰心。太子宝请除之，燕王垂曰："河南之盟，不可负也；若其为难，罪由于斌。今事未有形而杀之，人必谓我忌惮其功能；吾方收揽豪杰以隆大业，不可示人以狭，失天下之望也。借彼有谋，吾以智防之，无能为也。"范阳王德、陈留王绍、骠骑大将军农皆曰："翟斌兄弟恃功而骄，必为国患。"垂曰："骄则速败，焉能为患！彼有大功，当听其自毙耳。"礼遇弥重。

斌讽丁零及其党请斌为尚书令。垂曰："翟王之功，宜居上辅；但台既未建，此官不可遽置耳。"斌怒，密与前秦长乐公丕通谋，使丁零决堤溃水；事觉，垂杀斌及其弟檀、敏，余皆赦之。

（第一百零五卷　晋纪二十七）

翟斌是十六国时期丁零部落的首领，先是臣服于前秦。前秦淝水之战失败后，翟斌背叛了前秦。前秦于是派前燕降将慕容垂讨伐他。不料慕容垂图谋复国，也背叛了前秦。于是翟斌又投靠了慕容垂，并劝其称帝。不久，慕容垂称帝，建立后燕政权，任命翟斌为建义大将军，封为河南王。翟斌居功自傲，不停地向慕容垂要求赏赐，后来与慕容垂一起攻打前秦的邺城，因为久攻不下，就再次产生了叛离的想法。太子慕容宝和慕容宗族的其他大臣都劝慕容垂杀了他，慕容垂说："翟斌立有大功，反形未露之前，我不能先动手杀他，否则人们一定会说我背信弃义、嫉贤妒能。我正在收揽天下英雄，以图大业，绝不能示人以狭，让天下人失望。他这样下去，是不会长久的，我会坐等他自取灭亡。"于是，对翟斌的礼遇更加隆厚。

翟斌想让慕容垂任命他做尚书令，慕容垂找借口拒绝了。翟斌非常愤怒，就密谋挖开漳河的堤坝放水。事情败露，慕容垂杀了翟斌和他的两个弟弟，其余人都没有追究。

点评：姜还是老的辣。慕容垂虽已洞察了翟斌的阴谋，却不动声色，只是暗中防范，逼迫对方自曝其短以彰显其罪过，然后再后发制人，将其置于死地。这样做的好处是能够出师有名，获得舆论支持，否则容易让不知情的人误解，影响人心归附。真可谓老谋深算，稳坐钓鱼台。

杨椿预言萧宝寅谋反

原文：魏萧宝寅之败也，有司处以死刑，诏免为庶人。雍州刺史杨椿有疾求解，复以宝寅为都督雍、泾等四州诸军事、征西将军、雍州刺史、开府仪同三司、西讨大都督，自关以西皆受节度。椿还乡里，其子昱将适洛阳，椿谓之曰："当今雍州刺史亦无逾于宝寅者，但其上佐，朝廷应遣心膂重臣，何得任其牒用！此乃圣朝百虑之一失也。且宝寅不借刺史为荣，吾观其得州，喜悦特甚，至于赏罚云为，不依常宪，恐有异心。汝今赴京师，当以吾此意启二圣，并白宰辅，更遣长史、司马、防城都督，欲安关中，正须三人耳。如其不遣，必成深忧。"昱面启魏主及太后，皆不听。

（第一百五十一卷　梁纪七）

萧宝寅是南齐明帝萧鸾之子，梁武帝萧衍篡齐后，大肆杀害南齐宗室，萧宝寅于是逃往北魏，娶孝文帝之女南阳公主为妻，封齐王。后秦州百姓作乱，北魏朝廷令萧宝寅率部西征，兵败获罪，有关部门建议处死他，孝明帝诏令将他免死而贬为庶人。恰好雍州刺史杨椿因病请辞，朝廷就重新起用萧宝寅，让他接替杨椿之职。杨椿的儿子杨昱要去洛阳，杨椿对他说："萧宝寅担任雍州刺史是最合适的人选，但是长史、司马、防城这三个高级官员，朝廷应该派心腹大臣担任，怎么能让他自己任命呢！须知能够安定关中的，正是这三个人啊。以萧宝寅的身份，根本没必要以担任刺史为荣，但我看他接替了雍州刺史后，却显得特别高兴。如果朝廷不派这三个人来节制萧宝寅，我担心他日后必会作乱。你到了朝廷后，把我的这个意思禀告给太后和皇上。"杨昱到了京城后，把杨椿的话当面向胡太后和孝明帝做了汇报，但二人均未采纳。后来萧宝寅因平叛不力，担心朝廷降罪，果然举兵叛乱，自称大齐皇帝。兵败后投奔高平贼帅万俟丑奴。万俟丑奴之乱被平定后，萧宝寅被俘，送到京师，不久被赐死。

点评：不得已起用危险人物，或任用重要岗位的人员时，一定要对其权力进行监督和制衡。不受制约的权力是危险的，很容易走向疯狂和毁灭。

（十三）另类人才

汉武帝不用文学之士

原文：上自初即位，招选天下文学材智之士，待以不次之位。四方士多上书言得失，自眩鬻者以千数，上简拔其俊异者宠用之。庄助最先进；后又得吴人朱买臣、赵人吾丘寿王、蜀人司马相如、平原东方朔、吴人枚皋、济南终军等，并在左右，每令与大臣辩论，中外相应以义理之文，大臣数屈焉。然相如特以辞赋得幸；朔、皋不根持论，好诙谐，上以俳优畜之，虽数赏赐，终不任以事也。

（第十七卷　汉纪九）

汉武帝刚即位的时候，广招天下贤才。司马相如、东方朔、枚皋等人都得到了武帝的宠信。武帝经常让他们和大臣辩论，大臣们屡次被说得哑口无言。司马相如擅长辞赋，东方朔和枚皋诙谐幽默但议论无据。武帝只把他们当作优伶艺人一样养着，经常赏赐他们钱财，却终不肯让他们处理政事。

点评：寻章摘句的文学之士与经世治国的实干之才有着本质的区别，领导要善于区分、量才而用，才能发挥他们各自的特长，如果颠倒使用就会给

国家带来损失甚至灾难。

孔融志大才疏

原文：北海太守孔融，负其高气，志在靖难，而才疏意广，讫无成功。高谈清教，盈溢官曹，辞气清雅，可玩而诵，论事考实，难可悉行。但能张磔网罗，而目理甚疏；造次能得人心，久久亦不愿附也。其所任用，好奇取异，多剽轻小才。至于尊事名儒郑玄，执子孙礼，易其乡名曰郑公乡，及清俊之士左承祖、刘义逊等，皆备在座席而已，不与论政事，曰："此民望，不可失也！"

黄巾来寇，融战败，走保都昌。时袁、曹、公孙首尾相连，融兵弱粮寡，孤立一隅，不与相通。左承祖劝融宜自托强国，融不听而杀之，刘义逊弃去。青州刺史袁谭攻融，自春至夏，战士所余才数百人，流矢交集，而融犹隐几读书，谈笑自若。城夜陷，乃奔东山，妻子为谭所虏。曹操与融有旧，征为将作大匠。

（第六十二卷　汉纪五十四）

北海郡太守孔融，才华横溢，却志大才疏。他的议论，谈吐清俊，格调高雅，令人回味无穷，可要拿来实施，却很难行得通。他只会放言高论，却经不起推敲。短期内能够赢得人心，时间久了，人们便不愿归附。他喜欢任用一些追新求异的人，这些人大多举止轻浮，只有一些察察小慧。对有名望的士人，孔融只是奉为座上之宾，并不与他们讨论政事。

黄巾军进犯北海郡，孔融战败，逃到都昌据守。名士左承祖劝孔融依附袁绍或曹操，孔融不听，反而杀了左承祖。另一位名士刘义逊对此感到寒心，于是也离开了孔融。袁绍的儿子、青州刺史袁谭攻打孔融，孔融的士兵伤亡惨重，流箭交加，孔融却靠着案几读书，谈笑自若。都昌城夜间沦陷,孔融才仓皇逃往东山,他的妻子儿女全部被袁谭俘虏。曹操因为与孔融是旧交,所以征召他为将作大匠。

点评:杜甫有诗云:“为人性僻耽佳句,语不惊人死不休。”这是对文人习性的传神刻画。这样的习性用来推敲文字固然不错,但用来评论时事、发表政论,则多为哗众取众、惊世骇俗之言。许多文人误把诗词歌赋之才当作经世治国之才,常常放言高论、风流自赏,实则只有空谈之术,并无实干之能。且文人多有志大才疏之弊,动辄感叹怀才不遇,为不能建立轰轰烈烈的功业而感到郁郁寡欢,甚至愤愤不平。但真正有了施展的机会,他们又四顾茫然、不知所措。其实治世与文学是两种完全不同的思维模式:严谨对随性,理性对感性,平实对跌宕,实用对超脱,二者风马牛不相及。所以很多明智的君主只把文学之士当作座上嘉宾,虽礼待有加,却并不授以实际的职权。

祢衡自负才智陨身

原文:平原祢衡,少有才辩,而尚气刚傲,孔融荐之于曹操。衡骂辱操,操怒,谓融曰:“祢衡竖子,孤杀之,犹雀鼠耳!顾此人素有虚名,远近将谓孤不能容之。”乃送与刘表,表延礼以为上宾。衡称表之美盈口,而好讥贬其左右,于是左右因形而谮之曰:“衡称将军之仁,西伯不过也,唯以为不能断,终不济者,必由此也。”其言实指表短,而非衡所言也。表由是怒,以江夏太守黄祖性急,送衡与之,祖亦善待焉。后衡众辱祖,祖杀之。

（第六十二卷　汉纪五十四）

平原人祢衡,从小就聪明,能言善辩,但是却很骄傲自负。孔融把他推荐给曹操,他却辱骂曹操。曹操大怒,想杀了他,又担心舆论对自己不利,就把他送给了刘表。刘表把他待为上宾,他却经常讽刺刘表的亲信。这些人就向刘表进谗言,说祢衡诋毁轻视他。刘表很生气,知道江夏太守黄祖脾气暴躁,就把祢衡送给了黄祖。结果祢衡当众侮辱黄祖,被黄祖一气之下杀了。

点评:祢衡是典型的无行文人,和孔融、杨修是好友,他们的共同特点是:把小聪明当作大智慧,恃才放旷,不识时务,言行轻浮,自以为是,生逢乱世却不懂保身避祸之道,所以他们的死是必然的。但祢衡被人玩弄于股掌之中却不自知,真是可悲可叹。而曹操、刘表的借刀杀人之计,也够阴损。

春华秋实

原文:操为诸子高选官属,以邢颙为植家丞;颙防闲以礼,无所屈挠,由是不合。庶子刘桢美文辞,植亲爱之。桢以书谏植曰:"君侯采庶子之春华,忘家丞之秋实,为上招谤,其罪不小,愚实惧焉。"

(第六十七卷　汉纪五十九)

曹操为几个儿子高规格地配备官属,让邢颙做曹植的家丞。邢颙按照礼仪严格要求曹植,从不让步,因此与曹植的关系比较紧张。刘桢文章写得十分华美,曹植对他很是亲近喜爱。刘桢给曹植写信劝谏说:"您只是采撷了我的春华,却忘记了邢颙的秋实,这会给魏公招来毁谤的声音,罪过实在不小,我感到十分恐惧。"

点评:俗话说:"物以类聚,人以群分""近朱者赤,近墨者黑"。曹植虽然在文学方面才高八斗(南朝诗人谢灵运有言:"天下才有一石,曹子建独

占八斗,我得一斗,自古及今共用一斗。”),却无经世治国之才,所以他只喜欢华而不实的文士,却排斥敦厚务实的长者,这是思维方式和兴趣牵引使然。然而人要想成长,就必须取有余而补不足,和什么人在一起真的很重要。曹植缺少的不是文采风流,而是深沉厚重的品德。曹操任命邢颙为曹植的家丞,就是想让邢颙以质朴的品格对他进行潜移默化的影响。遗憾的是,人总是愿意找臭味相投的同类,以便放纵心性随心所欲。刘桢有自知之明,春华秋实之喻恰如其分。

沈约卖弄

原文:上尝与侍中、太子少傅建昌侯沈约各疏栗事,约少上三事,出,谓人曰:“此公护前,不则羞死!”上闻之怒,欲治其罪,徐勉固谏而止。

(第一百四十七卷　梁纪三)

有一次,梁武帝萧衍携同大臣沈约一起宴游,正赶上地方进贡栗子,于是梁武帝就和沈约一起写关于栗子的典故。结果沈约故意少写了三条,以显示自己的学问比不上梁武帝。沈约出宫后却对人说:“皇帝爱面子,我如果不让着他,他会羞死的。”梁武帝听说后勃然大怒,想要治沈约的罪,大臣徐勉一再劝谏才作罢。

点评:所谓轻浮文人,他们都有恃才放旷、自矜其才的毛病,缺乏深沉厚重的品质。他们总把寻章摘句的察察小慧当成了不起的才华,并喜欢四处炫耀卖弄。如文中沈约,本无人强迫他谦让,是他自己有意谄媚皇帝。让则让矣,本是一场游戏而已,他却又心有不甘,出来后大肆宣扬,通过诽谤贬低皇帝来抬高自己,像这种器小易盈、轻薄无行之人,迟早会惹祸上身。

竹林七贤

原文：谯郡嵇康，文辞壮丽，好言老、庄而尚奇任侠，与陈留阮籍、籍兄子咸、河内山涛、河南向秀、琅邪王戎、沛国刘伶特相友善，号竹林七贤。皆崇尚虚无，轻蔑礼法，纵酒昏酣，遗落世事。

阮籍为步兵校尉，其母卒，籍方与人围棋，对者求止，籍留与决赌。既而饮酒二斗，举声一号，吐血数升，毁瘠骨立。居丧，饮酒无异平日。司隶校尉何曾恶之，面质籍于司马昭座曰："卿，纵情、背礼、败欲之人，今忠贤执政，综核名实，若卿之曹，不可长也！"因谓昭曰："公方以孝治天下，而听阮籍以重哀饮酒食肉于公座，何以训人！宜摈之四裔，无令污染华夏。"昭爱籍才，常拥护之。

阮咸素幸姑婢；姑将婢去，咸方对客，遽借客马追之，累骑而还。

刘伶嗜酒，常乘鹿车，携一壶酒，使人荷锸随之，曰："死便埋我。"当时士大夫皆以为贤，争慕效之，谓之放达。

钟会方有宠于司马昭，闻嵇康名而造之，康箕踞而锻，不为之礼。会将去，康曰："何所闻而来，何所见而去？"会曰："闻所闻而来，见所见而去！"遂深衔之。

山涛为吏部郎，举康自代；康与涛书，自说不堪流俗，而非薄汤、武。昭闻而怒之。康与东平吕安亲善，安兄巽诬安不孝，康为证其不然。会因谮"康尝欲助毋丘俭，且安、康有盛名于世，而言论放荡，害时乱教，宜因此除之"。昭遂杀安及康。康尝诣隐者汲郡孙登，登曰："子才多识寡，难乎免于今之世矣！"

（**第七十八卷　魏纪十**）

魏晋名士嵇康，写得一手好文章，喜欢谈论老庄而崇尚侠义。他与阮籍、阮咸、刘伶、山涛、向秀、王戎等人相友善，被称为"竹林七贤"。这些人都崇尚虚无，蔑视礼法，纵酒无度，不理世事。

阮籍的母亲去世时，他正跟人下围棋，对方要求终止，他却非要留下人家决一胜负。下完棋后喝了两斗酒，突然大叫一声，吐了好几升血，然后迅速地消瘦了。司隶校尉何曾对阮籍深恶痛绝，在司马昭面前痛斥他不守礼法、伤风败俗，请求司马昭惩处他。但司马昭爱惜阮籍的才华，常常护着他。

阮咸一直喜欢姑姑的婢女。有一天，姑姑要带着婢女搬到远方去。当时阮咸正在会客，急忙借了客人的马去追，最后和婢女一起骑着这匹马返回了。

刘伶酷爱饮酒，常常乘坐一辆鹿车，带上一壶酒出游，让佣人扛着铁锹跟着他，说："死到哪就把我就地掩埋。"当时士大夫都认为他贤明，对他非常仰慕，并争相效仿他，而且把这种行为称为放达。

钟会当时正受宠于司马昭，听说嵇康的大名后就去拜访他。嵇康伸开双腿打铁，对钟会非常无礼。钟会将要离去，嵇康问："你听到了什么而来，见到了什么而去？"钟会回答说："听到了所听到的而来，见到了所见到的而去！"从此深恨嵇康。

后来，嵇康给山涛写信，毁谤时政，菲薄汤、武，司马昭听说后大怒。钟会就借机诬陷嵇康，说他欺世盗名，言论放荡，有害流俗，扰乱名教。司马昭就把嵇康杀了。嵇康曾经拜访当时著名的隐士孙登，孙登对他说："你才华多而见识少，在当今之世很难免于一死！"

点评：魏晋时期兴起以"竹林七贤"为代表的颓废主义和虚无主义。他们的政治态度是弃儒教而尚老庄，蔑礼法而崇放达；在生活上不拘礼节、放浪形骸、桀骜不驯、愤世嫉俗；以酗酒、纵歌、长啸、裸奔等惊世骇俗的"行为艺术"来标榜其洒脱放达、特立独行的个性；以清静无为、不问世事的方式来展现其遗世独立的清高形象和众人皆醉我独醒的精神状态。随着他们的成名，文人士大夫及高官显贵竞相效仿其言行，致使魏晋南北朝时期

空谈、玄学之风盛行，颓废、虚无主义竟成为一时之文化主流，礼教泯灭，世风日下，流毒深远，影响极其恶劣。钟会和嵇康的对话堪称经典，而嵇康正因为恃才放旷、不通世务，才招致了杀身之祸。

汉元帝爱幼子

原文：初，太子少好经书，宽博谨慎；其后幸酒，乐燕乐，上不以为能。而山阳王康有才艺，母傅昭仪又爱幸，上以故常有意欲以山阳王为嗣。上晚年多疾，不亲政事，留好音乐；或置鼙鼓殿下，天子自临轩槛上，隤铜丸以擿鼓，声中严鼓之节。后宫及左右习知音者莫能为，而山阳王亦能之，上数称其材。史丹进曰："凡所谓材者，敏而好学，温故知新，皇太子是也。若乃器人于丝竹鼙鼓之间，则是陈惠、李微高于匡衡，可相国也！"于是上嘿然而笑。

（第二十九卷　汉纪二十一）

太子刘骜（汉成帝）小时候品学兼优，长大了却嗜酒贪欢，汉元帝因此不看好他。另一位皇子刘康很有才干，他的母亲又正受到汉元帝的宠爱，所以汉元帝常有改立刘康为太子的想法。汉元帝喜爱音乐，他能够站在走廊上用铜丸投掷远处的骑鼓，并发出击鼓的节奏，别人都学不会，唯独刘康能，汉元帝越发觉得刘康有才干。大臣史丹进言说："所谓才干，指的是敏而好学，温故知新，皇太子就是这样的人。如果选拔人才局限于是否精通丝竹骑鼓，那么乐师陈惠、李微比宰相匡衡还要高明，可以入朝辅政了。"汉元帝笑而无言。

点评：才能的种类有很多，做什么事情就需要什么样的人才，治国理政的才干与奇技淫巧的才干不可混为一谈，更不能同日而语。

刘琨之败

原文：刘琨长于招怀而短于抚御，一日之中，虽归者数千，而去者亦相继。

（第八十七卷　晋纪九）

刘琨移檄州郡，期以十月会平阳，击汉。琨素奢豪，喜声色。河南徐润以音律得幸于琨，琨以为晋阳令。润骄恣，干预政事；护军令狐盛数以为言，且劝琨杀之，琨不从。润谮盛于琨，琨收盛，杀之。琨母曰："汝不能驾御豪杰以恢远略，而专除胜己，祸必及我。"

盛子泥奔汉，具言虚实。汉主聪大喜，遣河内王粲、中山王曜将兵寇并州，以令狐泥为乡导。琨闻之，东出，收兵于常山及中山，使其将郝诜、张乔将兵拒粲，且遣使求救于代公猗卢。诜、乔俱败死。粲、曜乘虚袭晋阳，太原太守高乔、并州别驾郝聿以晋阳降汉。八月，庚戌，琨还救晋阳，不及，帅左右数十骑奔常山。辛亥，粲、曜入晋阳。壬子，令狐泥杀琨父母。

（第八十八卷　晋纪十）

两晋之间的将领刘琨，在西晋灭亡后据守晋阳，抵抗汉赵和后赵。他善于招揽吸纳人才，却不善于安抚驾驭人才，一天之内，投奔他的有几千人，但离去的人数也差不多。

刘琨为人奢侈，喜欢声色。有一个叫徐润的人因为精通音律得到刘琨的宠信，刘琨任命他做晋阳令。徐润骄横放纵，干预政事。护军令狐盛多次劝刘琨杀了他，刘琨不听。结果徐润反过来向刘琨诋毁令狐盛，刘琨就把令狐盛杀了。刘琨的母亲说："你没有能力驾驭英雄豪杰来成就大业，却专门清除胜过自己的人，将来的祸患一定会殃及我。"

令狐盛的儿子令狐泥投奔汉赵，把刘琨的虚实全部告诉了对方。刘聪大喜，让令狐泥做向导，派兵攻打刘琨。最后，攻陷晋阳，刘琨逃跑，刘琨的父母被令狐泥杀害。

点评：**刘琨属于典型的忽悠型领导，慷慨激昂，煽动能力极强，所以不了解他的人都投奔他。但他却不具备组织管理能力，缺乏政治军事才能，也驾驭不了英雄豪杰之士，所以人们在了解了真相之后又都失望地离开。现实中这样的领导很多，好高骛远，志大才疏，夸夸其谈，激情洋溢，但却腹中空空，并无真才实学，所以事业大都虎头蛇尾，最终一事无成。反观与刘琨一起“闻鸡起舞”的祖逖，虽不善文辞，却是一位稳战求实、志向谋略兼具的将领，扎扎实实做了很多实事，几乎收复了整个河南故地。**

徐羡之有宰臣之望

原文：徐羡之起自布衣，又无术学，直以志力局度，一旦居廊庙，朝野推服，咸谓有宰臣之望。沈密寡言，不以忧喜见色；颇工弈棋，观戏，常若未解，当世倍以此推之。傅亮、蔡廓常言：“徐公晓万事，安异同。”尝与傅亮、谢晦宴聚，亮、晦才学辩博，羡之风度详整，时然后言。郑鲜之叹曰：“观徐、傅言论，不复以学问为长。”

（第一百一十九卷　宋纪一）

徐羡之、傅亮、谢晦都是南朝宋的开国元勋。徐羡之出身平民，没什么学问，但却有很大的格局气度，身居要职后，朝野上下无不钦服，都觉得他有宰相的人望，他为人深沉寡言，情绪从不外露。他非常精通弈棋之道，但看别人弈棋时，又常常表现出一无所知的样子，当时的人对此倍加推崇。傅亮、蔡廓常说：“徐公通晓万事，能够化解各种矛盾。”有一次，徐羡之和傅亮、谢晦聚会宴饮，傅亮、谢晦学识渊博，辩才无碍，徐羡之风度端肃安详，在关键的时候才发表言论。郑鲜之感叹地说：“单看徐羡之、傅亮的言论，已经不再是以学问计较短长了。”

点评：徐羡之虽然没有什么学问，但深沉厚重、大智若愚，气度格局非同一般，这也许就是所谓的“人情练达即文章”吧。这样的人社会阅历丰富，在对问题的见解上，往往更能一针见血直达本质，比起学识渊博的才辩之士，眼界见识不遑多让。

王俭尚儒术

原文：自宋世祖好文章，士大夫悉以文章相尚，无以专经为业者。俭少好《礼》学及《春秋》，言论造次必于儒者，由是衣冠翕然，更尚儒术。俭撰次朝仪、国典，自晋、宋以来故事，无不谙忆，故当朝理事，断决如流。每博议引证，八坐、丞、郎无能异者。令史咨事常数十人，宾客满席，俭应接辨析，傍无留滞，发言下笔，皆有音彩。

（第一百三十六卷　齐纪二）

南齐大臣王俭，是东晋宰相王导的五世孙。王俭自幼熟读儒家经典，言谈举止无不遵循儒家的礼仪法度。自刘宋孝武帝以来，重视辞采的华丽文风主导了文化的走向，朝野上下无人再研习儒家经典。从王俭开始，才开始复兴。王俭每次撰写朝廷礼仪、国家大典，对晋朝已降的历史掌故，无不熟知，所以在朝廷处理事务时，能够快速做出决断。他每次议论国事，旁征博引，无人能够反驳。令史等咨询政事者常常以数十人计，高朋满座，但王俭应对自如，口述笔批，毫不停滞；应接对答，神采飞扬。

点评：封建王朝治国理政不是靠华丽的文章，而是靠儒家治世的思想，所以君主和大臣都应该潜心研习儒术，如此才能自上而下带动朝野良好的

政治和学术风气。王俭的学问就是以儒学为根基,融会贯通国家政策法令和历史沿革掌故的真才实学,所以决断事务才能有理有据,发表见解才能切中要害。

三、纳谏之道

(一)兼听则明

江乙谏美恶两闻

原文:楚昭奚恤为相。江乙言于楚王曰:“人有爱其狗者,狗尝溺井,其邻人见,欲入言之,狗当门而噬之。今昭奚恤常恶臣之见,亦犹是也。且人有好扬人之善者,王曰‘此君子也’,近之;好扬人之恶者,王曰‘此小人也’,远之。然则且有子弑其父、臣弑其主者,而王终已不知也。何者?以王好闻人之美而恶闻人之恶也。”王曰:“善!寡人愿两闻之。”

(第二卷　周纪二)

楚宣王任用昭奚恤为国相。有个叫江乙的大臣对楚王进行讽喻,说:“有个人非常宠爱自己的狗,狗往他的井里撒尿,被邻居看见了,邻居就想去他家告诉他,结果这条狗挡在门口咬他,不让他进去。如今昭奚恤常常憎恶我来见您,总是百般阻挠,就像那条恶狗一样。况且您认为讲别人好话的人就是君子,于是就亲近他;讲别人坏话的人就是小人,于是就疏远他。长此以往，世间有很多恶事您就听不到了。”楚宣王说：“说得好，我以后会听取正反两方面的意见。”

点评：作为君主，首先要广开言路，否则就会成为真正的“孤家寡人”。其次在听取下面的意见时，不要带有明显的倾向性和好恶，以免下属投其所好、谄媚逢迎。文中楚宣王一味沽名钓誉，只闻饰美之言来标榜自己道德高尚，无形之中却纵容了虚伪浮夸之风，也使自己始终难以了解事情的真实情况。所以君主只有善于听取正反两方面的意见，才能够做出正确的判断，这就是兼听则明的道理。

兼听则明，偏信则暗

原文：上问魏徵曰：“人主何为而明，何为而暗？”对曰：“兼听则明，偏信则暗。昔尧清问下民，故有苗之恶得以上闻；舜明四目，达四聪，故共、鲧、驩兜不能蔽也。秦二世偏信赵高，以成望夷之祸；梁武帝偏信朱异，以取台城之辱；隋炀帝偏信虞世基，以致彭城阁之变。是故人君兼听广纳，则贵臣不得拥蔽，而下情得以上通也。”上曰：“善！”

（第一百九十二卷　唐纪八）

唐太宗问魏徵：“君主如何才叫明，如何才叫暗？”魏徵回答：“能够听取各方面意见，就叫明；偏听偏信，就叫暗。以前尧帝经常向百姓询问下情，所以能够听到有苗的恶名。舜帝耳聪目明，视听八方，所以共工、鲧、驩兜不能蒙敝他。秦二世偏信赵高，结果被赵高杀死在望夷宫。梁武帝偏信朱异，结果被侯景饿死在台城。隋炀帝偏信虞世基，结果被宇文化及缢死在彭城阁。所以君主多方面听取意见，亲近的大臣就没有办法阻隔言路，下情就可以上达。”唐太宗说：“说得对！”

点评：“兼听则明，偏信则暗”堪称至理名言。君主只有广开言路，并深入基层接触各界人士，才能全面了解情况，不被蒙蔽视听。如果宠信奸佞，闭门独坐，偏听偏信少数人的说辞，就容易被一面之词误导。另外，心怀叵测的权奸为达到一手遮天的目的，通常会玩弄各种手段阻塞言路，使下情不能上达。长此以往，君主就会被蒙在鼓里而不自知。

（二）鼓励进谏

汉文帝诏除禁言之制

原文：五月，诏曰：“古之治天下，朝有进善之旌，诽谤之木，所以通治道而来谏者也。今法有诽谤、妖言之罪，是使众臣不敢尽情而上无由闻过失也，将何以来远方之贤良！其除之！”

（第十三卷　汉纪五）

汉文帝为了鼓励进谏，专门下诏说：“古代的君主治理天下，朝中设有鼓励进谏的旌旗以及题写意见的木桩。这样做是为了使治理之道畅通无阻，从而引来进谏之人。现在的法律中有诽谤罪和妖言惑众罪，这样做，会使群臣不敢尽情发表意见，君主没有渠道听到过失，这怎么能招来远方的贤良之士呢？即刻废除这些罪名！”

点评：汉文帝以绝大的魄力和宽阔的胸襟废除禁言制度，提倡言论自由，以开放包容的心态鼓励进谏之风。

曹操征乌桓

原文：时天寒且旱，二百里无水，军又乏食，杀马数千匹以为粮，凿地入三十余丈方得水。既还，科问前谏者，众莫知其故，人人皆惧。操皆厚赏之，曰："孤前行，乘危以徼幸，虽得之，天所佐也，顾不可以为常。诸君之谏，万安之计，是以相赏，后勿难言之。"

（第六十五卷　汉纪五十七）

以前袁绍拉拢乌桓各部落作为盟友，袁绍的儿子袁尚、袁熙兄弟被曹操打败后投奔了乌桓酋长蹋顿，蹋顿屡次派兵入塞抢掠，想帮助袁尚恢复旧有的疆土。于是，曹操决定出兵讨伐乌桓。当时，很多将领都不同意。但郭嘉从战略的角度劝说曹操出兵，遂大破乌桓，斩杀蹋顿，袁尚兄弟又投奔辽东郡太守公孙康，被公孙康所杀。

当时大军在出征途中，天气寒冷且干旱，行军二百里没有遇到水源，军队又缺乏粮食，只好杀了几千匹战马当作军粮，凿地三十余丈深才打出井水。回军以后，曹操询问先前都是哪些人劝阻出兵。大家不知道曹操的意图，都感到很恐惧。没想到曹操都厚赏了他们，并且说："我先前出兵，纯属冒险，虽侥幸获胜，也是依靠上天的帮助，所以不可以当作常规之例。诸君的建议，才是万全之策，所以赏赐你们，以后不要因为意见相左就不说。"

点评：曹操善于反思总结，不被胜利冲昏头脑，不因胜利掩盖问题，而是冷静客观地对事情进行分析回顾，并重赏提出反对意见的人，目的就是鼓励下属继续毫无保留地提出意见，防止决策失误。

张寔奖励讲谏

原文:张寔下令:所部吏民有能举其过者,赏以布帛羊米。贼曹佐高昌隗瑾曰:“今明公为政,事无巨细,皆自决之,或兴师发令,府朝不知;万一违失,谤无所分。群下畏威,受成而已。如此,虽赏之千金,终不敢言也。谓宜少损聪明,凡百政事,皆延访群下,使各尽所怀,然后采而行之,则嘉言自至,何必赏也!”寔悦,从之;增瑾位三等。

(第八十九卷　晋纪十一)

前凉王张寔下令求谏,说凡是能指出自己过失的官吏和百姓,都赐给布帛羊米。贼曹佐隗瑾说:“您处理政事,从来都不跟大家商量,都是自己决定,然后让下面人实施。这样,即使有了失误,也没有人承担责任。您再怎么加大赏赐力度,也没人敢提出意见。我认为您应该减少一些自己的聪明,凡是政事,都拿到下面征询意见,使大家知无不言,言无不尽,然后采纳正确的意见加以实施,如此则好的建议自然会来,何必赏赐呢!”张寔大悦,听从了他的建议,并连升了他三级。

点评:俗话说:“三个臭皮匠,赛过诸葛亮。”当领导的一定要懂得集思广益、广开言路,善于挖掘集体的智慧。这样决策起来既省心省力又能凝聚人心,还能避免因思虑不周而导致失误。最忌刚愎自用、独断专行,认为下属全是傻瓜,唯独自己聪明。遇到这样的领导,下属只能三缄其口,看领导表演,领成命行事,既不贡献才智也不承担责任,因为事情的对错与自己无关。长此以往,整个团队就会渐渐失去生命力和创造力,变得慵惰麻木,其前途也就可想而知了。

唐太宗冀闻规谏

原文：上神采英毅，群臣进见者，皆失举措；上知之，每见人奏事，必假以辞色，冀闻规谏。尝谓公卿曰："人欲自见其形，必资明镜；君欲自知其过，必待忠臣。苟其君愎谏自贤，其臣阿谀顺旨，君既失国，臣岂能独全！如虞世基等谄事炀帝以保富贵，炀帝既弑，世基等亦诛。公辈宜用此为戒，事有得失，毋惜尽言！"

（第一百九十二卷　唐纪八）

唐太宗神情英武刚毅，风采豪迈夺人，群臣进见他时，都举止失措，不能自安。太宗知道后，每逢有人奏事，一定会态度温和地接见，希望听到规谏之言。他曾对公卿们说："人如果想看到自己的样子，必须借助明镜。君主如果想知道自己的过错，一定要善待忠臣。如果君主刚愎自用，自认为贤明，臣子阿谀奉承，一切都顺旨办事，最后君主失去了国家，臣子又岂能独善其身！像虞世基等人依靠谄媚隋炀帝来保全富贵，隋炀帝被杀害后，虞世基等人也无法幸免。大家应该以此为戒。什么事都有得有失，希望你们不要吝惜进谏，务必把话说尽。"

点评：唐太宗是贵族出身，战场上又是一往无前的猛将，所以气度高贵、气概逼人，威慑力十足。然而太宗为察纳雅言，主动放低姿态亲近众臣，以解除大家的紧张心理，从而使众人能够畅所欲言，其至诚之心令人感动。而他对广开言路、虚心纳谏的理解，是建立在隋王朝灭亡的深刻教训之上的，所以有着切肤的体会：一个王朝中，君与臣是利益和命运的共同体，生死与共，休戚相关，理应同舟共济。

（三）虚心纳谏

汉文帝止辇受言

原文：上每朝，郎、从官上书疏，未尝不止辇受其言。言不可用置之，言可用采之，未尝不称善。

（**第十三卷　汉纪五**）

汉文帝每次上朝，遇到郎官上呈奏疏，他总是停下辇车接受。奏疏所谈及的内容，不可采用就姑且搁置，如可采用，没有不大加赞赏的。

点评：汉文帝态度谦和，虚心纳谏，能采用的意见就积极采用，并加以赞赏，不能采用的也平和接纳，绝不打压，以此真心和诚意鼓励大臣进谏。

汉明帝下诏求直言

原文：壬寅晦，日有食之，既。诏群司勉修职事，极言无讳。于是在位者皆上封事，各言得失；帝览章，深自引咎，以所上班示百官。诏曰："群僚所言，皆朕之过。民冤不能理，吏黠不能禁；而轻用民力，缮修宫宇，出入无节，喜怒过差。永览前戒，竦然兢惧；徒恐薄德，久而致怠耳！"

（**第四十五卷　汉纪三十七**）

某日，出现了日食。汉明帝下诏，命百官不要有所避讳，直言批评朝政。于是百官各抒己见，议论朝政得失，然后把自己的奏疏封好上交。汉明帝看完后，深深地引咎自责，把这些意见向百官公示，并下诏说："群臣所谈到的问题，都是朕的过失。人民的冤屈得不到申诉，官吏狡猾欺诈难以禁止，我却轻率地使用民力，大规模地修缮宫殿，出入游宴没有节制，喜怒失度。观览前代引以为戒的往事，悚然心惊，只怕我的德行浅薄，时间久了会生出怠惰之心！"

点评：汉明帝励精图治，因为天象异常就反思自己为政的得失，并让大臣毫无顾忌地提出批评意见，而且对于这些意见能够虚心接受，并深入剖析自己，这一点对于封建王朝的帝王来说是难能可贵的。

唐太宗求臣下极谏

原文：上谓执政曰："朕常恐因喜怒妄行赏罚，故欲公等极谏。公等亦宜受人谏，不可以己之所欲，恶人违之。苟自不能受谏，安能谏人。"

（第一百九十三卷　唐纪九）

唐太宗对执政的大臣说："朕常常害怕因为个人的喜怒而胡乱进行赏罚，所以希望你们直言极谏。你们也应当接受别人的劝谏，不能因为别人违逆了你们的想法，就厌恶他。如果你们自己不能接受劝谏，怎么能劝谏别人呢。"

点评：领导者因为大权在握且缺少监督，很容易养成刚愎自用、骄横跋扈的毛病。不喜欢别人违背自己的意愿，不愿意听取逆耳之言，颐指气使、任性而为是常态。所以唐太宗告诫自己和群臣要时刻保持清醒的头脑，避免情绪化和主观臆断，虚心对待别人的意见和批评，并换位思考，深刻领会纳谏与行谏的对立统一性。

魏徵奏对朝臣不论事

原文：上问魏徵："比来朝臣何殊不论事？"对曰："陛下虚心采纳，必有言者。凡臣徇国者寡，爱身者多，彼畏罪，故不言耳。"上曰："然。人臣关说忤旨，动及刑诛，与夫蹈汤火冒白刃者亦何异哉！是以禹拜昌言，良为此也。"

（第一百九十六卷　唐纪十二）

唐太宗问魏徵为什么大臣们近来不上书言事。魏徵回答："如果陛下虚心纳谏，就会有上书言事的人。一般来说，大臣们以身殉国者少，爱惜自身者多，他们害怕获罪，所以不敢说话。"太宗说："对。臣子试图说服皇帝而忤逆圣意，动辄就处以刑罚诛杀，这与赴汤蹈火、身加白刃有什么不同呢？所以大禹拜谢敢于对他明言的人，确实是因为如此啊！"

点评：人都有保护自己的本能，而给领导提意见是有风险的。如果领导虚心纳谏并奖励提意见者，尚可激发下属进谏的积极性；如果领导对提意见者公开惩处或暗地里穿小鞋，哪怕仅仅是表现出勉强接受或者态度冷淡，人们就不会再自讨苦吃。所以领导要想听到真实的声音，必须俯下身子真心诚意去聆听，否则下属必然噤若寒蝉，三缄其口。

李绛谏宪宗容纳直言

原文：是时，上每有军国大事，必与诸学士谋之。尝逾月不见学士，李绛等上言："臣等饱食不言，其自为计则得矣，如陛下何！陛下询访理道，开纳直言，实天下之幸，岂臣等之幸！"上遽令"明日三殿对来"。

白居易尝因论事，言“陛下错”，上色庄而罢，密召承旨李绛，谓：“白居易小臣不逊，须令出院。”绛曰：“陛下容纳直言，故群臣敢竭诚无隐。居易言虽少思，志在纳忠。陛下今日罪之，臣恐天下各思钳口，非所以广聪明、昭圣德也。”上悦，待居易如初。

（第二百三十八卷　唐纪五十四）

唐宪宗每当遇到国家大事，总要和翰林学士们协商。他曾经有一个多月没有召见翰林学士，李绛就上言道：“我们饱食终日，不用进言，自然是舒服得很。但跟陛下讨论治国方略，不是为我们好，而是为国家好。”宪宗赶忙说：“你们明天都进宫奏对吧。”

白居易有一次和宪宗议论事情的时候，说了一句“陛下错了”。宪宗面色严肃地停止了谈话，然后召见李绛说：“白居易只是个小臣，竟敢出言不逊，得让他退出翰林院。”李绛说：“陛下容纳直言，所以群臣才敢竭尽忠诚、毫无保留地进谏。白居易说话虽然欠妥，但他的本意是要效忠陛下。陛下如果今天怪罪他，臣恐怕天下人都会考虑三缄其口了，这不是用来广纳才智、彰显圣德的办法。”宪宗听了很高兴，对待白居易像以前一样。

点评：唐宪宗继位后，励精图治，重用贤良，采纳谏言，改革弊政，削弱了藩镇势力，重振了中央政府的威望，史称“元和中兴”。翰林学士多为饱学之士，一般来说人品学问、思维见解都有过人之处，属于皇帝的智库，如果善加利用，会对提高皇帝个人素质以及完善国家顶层设计大有裨益。唐宪宗经常与翰林学士议政，听取他们的意见，察纳他们的雅言，确实深得治国的要领。也正因为他勤于问政、善于纳谏，所以李绛、白居易等人才敢直言极谏，甚至口不择言。所谓君明臣直，这也是一种体现。而能够包容臣子的冒犯，不但可以显示帝王的胸襟，也是对大臣踊跃建言献策风气的鼓励和引领。

（四）知错就改

唐懿宗知错不改

原文：敕以阁门使吴德应等为馆驿使。台谏上言：故事，御史巡驿，不应忽以内人代之。上谕以敕命已行，不可复改。左拾遗刘蜕上言："昔楚子县陈，得申叔一言而复封之；太宗发卒修乾元殿，闻张玄素谏，即日罢之。自古明君所尚者，从谏如流，岂有已行而不改！且敕自陛下出之，自陛下改之，何为不可！"弗听。

（第二百五十卷　唐纪六十六）

唐懿宗下达了一项错误的任命，谏官对此进行劝谏，唐懿宗以诏令已经发布为由，拒绝改正。左拾遗刘蜕上言说："自古明君所崇尚的是从谏如流，哪有说因为事情已经执行，即使错了也不更改的道理。而且诏令是由陛下发出，又由陛下改正，有什么不可以呢？"唐懿宗不听。

点评：人非圣贤，孰能无过？关键是对待错误的态度。"过而能改，善莫大焉。""过而不改，是谓过矣。"贤明的人能够坦然面对错误，并借机完善提升自己，也因此得到大家的尊敬。愚蠢的人则唯恐别人知道自己的错误，喜欢把自己包装成完人。岂不知公道自在人心，群众的眼睛是雪亮的。百般遮丑，不但遮掩不住，反而会遭人耻笑诟病。固执己见不愿纳谏的君主，总是以敕令已下难以追回，或金口玉言不可更改为借口，搪塞众议。自以为这样就能体现君主说一不二、唯我独尊的权威，殊不知一意孤行的后果就是令众臣寒心，逐渐和他离心离德，最终使他变成真正的孤家寡人。司马光说：错误，谁都无法避免，但圣贤之人能知过而改。古代的明

君,唯恐自己有错而不自知,所以设置了鼓励臣子进谏的诽谤之木和敢谏之鼓,哪里会怕百姓知道他的过失啊!做君主的人,本来就不是以没有过错为贤,而是以改正错误为美德。

(五)择善而从

孟尝君求谏

原文:孟尝君聘于楚,楚王遗之象床。登徒直送之,不欲行,谓孟尝君门人公孙戍曰:"象床之直千金,苟伤之毫发,则卖妻子不足偿也。足下能使仆无行者,有先人之宝剑,愿献之。"公孙戍许诺,入见孟尝君曰:"小国所以皆致相印于君者,以君能振达贫穷,存亡继绝,故莫不悦君之义,慕君之廉也。今始至楚而受象床,则未至之国将何以待君哉!"孟尝君曰:"善。"遂不受。公孙戍趋去,未至中闺,孟尝君召而反之,曰:"子何足之高,志之扬也?"公孙戍以实对。孟尝君乃书门版曰:"有能扬文之名,止文之过,私得宝于外者,疾入谏!"

(第二卷　周纪二)

孟尝君有一次出使楚国,楚王送给他一张象牙床。孟尝君于是打算派一名手下先行护送象牙床回国。这个人对孟尝君的门客公孙戍说:"象牙床价值千金,万一途中有一点儿损坏,我可负不起责任。我有一把祖传的宝剑,你如果能让我不走这一趟,我就把这把宝剑送给你。"公孙戍于是去找孟尝君说:"天下人都仰慕您的高义,您现在一到楚国就接受人家那么贵重的礼物,以后其他国家还怎么接待您呢?"孟尝君觉得公孙戍言之有理,就接受了他的意见。公孙戍神色得意,转身就走。孟尝君觉得不对劲,马上喊住他问道:“你为什么那么趾高气扬呢?”公孙戍只好实话实说。孟尝君于是命人在大门上张贴布告,说:“有能宣扬我名声,劝止我过错的人,即使私自在外面获得了好处,也请赶快来进谏!”

点评:孟尝君聪明睿智,眼光犀利,从公孙戍的神情,马上就判断出其劝谏背后另有目的和隐情。但明白了事情真相之后,孟尝君并不去计较他的不良动机和欺诈行为,而是只关注建议本身的价值,体现了择善而从、兼容并包的雅量。

郑国修渠

原文:韩欲疲秦人,使无东伐,乃使水工郑国为间于秦,凿泾水自仲山为渠,并北山,东注洛。中作而觉,秦人欲杀之。郑国曰:“臣为韩延数年之命,然渠成,亦秦万世之利也。”乃使卒为之。注填阏之水溉舄卤之地四万余顷,收皆亩一钟,关中由是益富饶。

(第六卷　秦纪一)

韩国忧虑秦国频繁派兵攻打它,就想用计谋拖住秦国,使秦国没有余力东征。于是就派遣水利专家郑国到秦国,劝说秦国开凿人工渠灌溉田地。这项工程非常浩大,在修建的过程中,秦王察觉了韩国的阴谋,就打算杀掉郑国。郑国说:“我修这条渠,虽然可以为韩国延长几年寿命,但一旦修成,却可以给秦国带来万世之利。”于是秦王就让郑国继续修完了这条渠。结果这条渠灌溉了秦国大片土地,粮食产量大幅增收,关中地区因此更加富裕。

点评:郑国渠的修建,虽然暂时耗费了秦国的国力,使秦国短期内无暇东

顾,但这的确是一项功在当代、利在千秋的惠民强国工程。秦王以战略眼光看到了它的功效,所以不再追究郑国的不良动机,只关注水渠的万世之利。郑国渠为秦国经济实力的提升奠定了坚实的基础。

(六)忌自绝言路

卫国君不君,臣不臣

原文:卫侯言计非是,而群臣和者如出一口。子思曰:"以吾观卫,所谓'君不君,臣不臣'者也。"公丘懿子曰:"何乃若是?"子思曰:"人主自臧,则众谋不进。事是而臧之,犹却众谋,况和非以长恶乎!夫不察事之是非而悦人赞己,暗莫甚焉;不度理之所在而阿谀求容,谄莫甚焉。君暗臣谄,以居百姓之上,民不与也。若引不已,国无类矣!"

(第一卷　周纪一)

卫侯说了一项错误的计划,而群臣异口同声地附和。孔伋说:"依我看来,卫国真是君不像君、臣不像臣啊!"公丘懿子说:"为什么这么说?"孔伋说:"君主自以为是,众人就不会献计献策。事情做对了而孤芳自赏,尚且等于是排斥了众人的意见,更何况本身就错了,还要让众人随声附和来助长邪恶呢!不考察事情的对错而喜欢别人称赞自己,没有比这更昏庸的了。不衡量事情是否有道理而阿谀奉承,没有比这更谄媚的了。君主昏庸,臣下谄媚,以此居于百姓之上,百姓是不会答应的。长此以往,就会国将不国。"

点评:做领导的一定不能刚愎自用,不听取别人的意见还自鸣得意,否则下属会偷懒不思考问题,也不承担责任,只会随声附和;下属即使有正确的意见也会明哲保身,三缄其口。所以高明的领导即使有了成熟的想法也不会先说出来,而是充分调动大家的积极性,使众人毫无保留地把智慧贡献出来,最后再拍板决策。只有营造这样的工作氛围,才能让领导省心,下属卖力,失误也会减少。而能否达到这样的效果,关键在于领导的工作作风。

卫之国事将日非

原文:子思言于卫侯曰:“君之国事将日非矣!”公曰:“何故?”对曰:“有由然焉。君出言自以为是,而卿大夫莫敢矫其非;卿大夫出言亦自以为是,而士庶人莫敢矫其非。君臣既自贤矣,而群下同声贤之,贤之则顺而有福,矫之则逆而有祸,如此则善安从生!《诗》曰:‘具曰予圣,谁知乌之雌雄?’抑亦似君之君臣乎!”

(第一卷　周纪一)

孔伋对卫侯说:“您的国家将会国事日非!”卫侯问:“什么原因?”孔伋回答说:“您说话自以为是,但卿大夫们却不敢矫正您的错误。卿大夫们说话也自以为是,但士人和百姓也不敢矫正他们的错误。君臣都认为自己很贤明,而下面的人又齐声称颂,称颂的人就会身处顺境而得到福报,提出批评意见的人就会身处逆境而蒙受灾祸,如此怎么会结出善果!《诗经》说:‘具曰予圣,谁知乌之雌雄?’不正像你们君臣吗?”

点评:领导自以为是,就会导致上专下谀,听不到正确意见,更听不到对其错误的批评。各级人员都自以为是并谄媚上司,整个团队就会陷入一种狂妄自大的状态中,找不到参照物。其前进轨迹必然会像盲人骑瞎马一

样，危机四伏，前途难测。

贾山上书言治乱之道

原文：颍阴侯骑贾山上书言治乱之道曰："臣闻雷霆之所击，无不摧折者；万钧之所压，无不糜灭者。今人主之威，非特雷霆也；势重，非特万钧也。开道而求谏，和颜色而受之，用其言而显其身，士犹恐惧而不敢自尽，又况于纵欲恣暴、恶闻其过乎！震之以威，压之以重，虽有尧、舜之智，孟贲之勇，岂有不摧折者哉！如此，则人主不得闻其过，社稷危矣。"

（第十三卷　汉纪五）

颍阴侯灌婴的骑从贾山给汉文帝上书，谈论治乱之道，说："臣听说雷霆所击之处，没有什么不被摧毁折断，在万钧的重压之下，没有什么不被压成齑粉。君主的威势，远不止雷霆可比；君主权势之重，远不止万钧之力。君主即使广开求谏之路，和颜悦色地接受批评，采纳臣子的建议并对他进行表彰，臣子仍然会心怀恐惧而不敢把话说尽，更何况君主纵欲逞暴，厌恶听到自己的过失呢！用威势震慑臣子，用权势压服臣子，即使有人有尧、舜那样的智谋，孟贲那样的勇力，也没有不被摧毁的。如此，君主就听不到过失，社稷也就危险了。"

点评：君主的威势和权力导致了下属直言进谏的艰难，所以为君者一定要俯下身子，真心实意、和颜悦色地倾听下属的意见，同时积极采纳正确的建议，雅量包容错误的批评，并奖励、提拔敢于进谏的直言之士，这样才能让下属抛开顾虑畅所欲言，从而对国事有所裨益。如果君主听不得逆耳之言，对直言极谏之士打压制裁，对谄谀逢迎之辈赏识重用，就会令贤人日远，小人日近，忠直的言路就会断绝，政治就会日益混乱，国家离衰亡也

就不远了。

李绛谏勿贬谏官

原文:上又尝从容问绛曰:“谏官多谤讪朝政,皆无事实,朕欲谪其尤者一二人以儆其余,何如?”对曰:“此殆非陛下之意,必有邪臣以壅蔽陛下之聪明者。人臣死生,系人主喜怒,敢发口谏者有几!就有谏者,皆昼度夜思,朝删暮减,比得上达,什无二三。故人主孜孜求谏,犹惧不至,况罪之乎!如此,杜天下之口,非社稷之福也。”上善其言而止。

(第二百三十七卷　唐纪五十三)

唐宪宗有一次对李绛说:“谏官大多喜欢诽谤讥讽朝政,所说的话都没有事实依据,朕打算贬谪其中一两个特别过分的,以警告其余的人,你觉得怎么样?”李绛回答说:“这大概不是陛下的本意,一定是有奸邪之臣想以此来堵塞陛下的视听。人臣的生死,完全取决于君主的喜怒,敢开口进谏的人有几个呢?即使有进谏之人,也都是日夜思量,反复删减,等到呈奏给皇上时,所说的话已经不到原来的十分之二三。所以君主即使诚心求谏,仍然担心无人进谏,何况还要给行谏之人定罪呢!如果这样做,就会堵塞天下人之口,不是社稷之福。”唐宪宗赞赏他的言论,于是不打算那样做了。

点评:谏官的职责就是针砭时弊、匡扶朝政的。虽然职能如此,但出于各种顾虑,敢于直言极谏的谏官还是凤毛麟角。如今唐宪宗不但不广开言路鼓励进谏,反而要打压谏官杀一儆百,这不等于是自绝言路吗?既然这样,还要谏官干什么?还不如干脆撤掉这一岗位来得更彻底。好在他能够听得进臣子规劝,而且转念极快,不失为一位通达明断的君主。

四、言行导向

（一）谨言慎行

韩昭侯藏弊裤

原文：昭侯有弊裤，命藏之。侍者曰："君亦不仁者矣。不赐左右而藏之！"昭侯曰："吾闻明主爱一颦一笑，颦有为颦，笑有为笑。今裤岂特颦笑哉！吾必待有功者。"

（第二卷　周纪二）

战国时，韩国的韩昭侯有一条破旧的裤子。有一天，他让手下人把这条裤子收藏起来。手下人说："您也太小气了吧，这么一条破裤子不赏给我们还要收起来。"韩昭侯说："我听说贤明的君主对自己的一颦一笑都非常注意，颦与笑都有所针对。现在这条裤子的价值岂是颦笑所能比拟的，我一定要等到有功者才赏给他。"

点评：韩昭侯深谙为君之道，知道君主的一言一行、一颦一笑在外界看来都带有倾向性和深意，都会引发他人的猜测、判断和解读，并衍生出一系列后果。所以为君者一定要谨言慎行，使自己的言行举止起到正向激励的作用。

汉武帝宠钩弋夫人

原文：是岁，皇子弗陵生。弗陵母曰河间赵婕妤，居钩弋宫，任身十四月而生。上曰："闻昔尧十四月而生，今钩弋亦然。"乃命其所生门曰尧母门。

（第二十二卷　汉纪十四）

汉昭帝的母亲即钩弋夫人赵婕妤，怀孕十四个月才生下汉昭帝。汉武帝非常高兴，对人说："听说过去尧帝的母亲就是怀孕十四个月才生下尧帝的，今天钩弋夫人也是这样。"于是下令将钩弋夫人居住的钩弋宫宫门改名为尧母门。

点评：司马光说："为人君者，动静举措不可不慎，发于中必形于外，天下无不知之。"君主为万众所瞩目，其不经意间流露出的情绪和倾向都会被别有用心之人窥探、解析，然后投其所好，以遂私图。所以君主的言行举止、取舍好恶都要慎之又慎，切不可纵情任性、随心所欲。当时，卫皇后和卫太子都安然无恙，汉武帝却把钩弋宫的宫门改名为尧母门，这不符合名分。所以奸邪之人据此窥探皇帝的心意，认为他深爱这个小儿子，想改立他为太子，于是就有了危害卫皇后和卫太子之心，最终导致巫蛊之祸，真是可悲啊！

唐高宗焚马球

原文：二月，甲寅，上御安福门楼，观百戏。乙卯，上谓侍臣曰："昨登楼，欲以观人情及风俗奢俭，非为声乐。朕闻胡人善为击鞠之戏，尝一观之。昨初升楼，即有群胡击鞠，意谓朕笃好之也。帝王所为，岂宜容易。朕已焚此鞠，冀杜胡人窥望之情，亦因以为诫。”

（第一百九十九卷　唐纪十五）

有一次，唐高宗登上安福门城楼，观看各种杂艺表演。第二天，他对左右大臣说：“我昨天登楼，本意是想看一看民情世态以及风俗的奢俭，不是为了娱乐。朕听说胡人善于打马球，曾经表示想见识一下，结果昨日登上城楼，就看到许多胡人在打马球，估计有人猜测朕很喜欢这项运动才故意安排的。可见，帝王的所作所为，岂能随意？朕已经把马球烧了，希望能够杜绝胡人的窥探之心，你们也应当以此为戒。”

点评：贵为君主，手握生杀予夺的大权，掌管通天彻地的资源。所以有不计其数的人时刻窥探揣摩其心思好恶，准备投其所好予以攻心，并希冀借此获取荣华富贵。所以君主的一举一动都是风向标，稍不谨慎端正，就会导致不良风气滋生。

（二）节制欲望

张昭止酣饮

原文：吴王于武昌临钓台饮酒，大醉，使人以水洒群臣曰：“今日酣饮，惟醉堕台中，乃当止耳！”张昭正色不言，出外，车中坐。王遣人呼昭还入，谓曰：“为共作乐耳，公何为怒乎？”昭对曰：“昔纣为糟丘酒池，长夜之饮，当时亦以为乐，不以为恶也。”王默然惭，遂罢酒。

（第六十九卷　魏纪一）

吴王孙权有一次和大臣们在武昌钓台上饮酒，众人都喝得酩酊大醉，吴王命人拿冷水往大臣们身上洒，促使他们清醒，然后说："今日我们开怀畅饮，不都醉倒在台上，绝不停止。"张昭表情严肃，一言不发地走到外面，坐进车里。吴王派人把张昭叫进来，对他说："大家在一起开心，你为什么发火啊？"张昭回答说："以前纣王做糟丘酒池，通宵达旦地畅饮，当时也觉得很快乐，没觉得有什么不好。"吴王默然不语，深感惭愧，于是就停止了宴饮。

点评：无论做什么事情，都要有一个度的把握，要懂得适可而止，否则就会过犹不及。不节制欲望就会走向放纵，放纵就会导致灾祸，所以有了纵欲的苗头就应该立刻终止。

唐太宗不敢纵欲

原文：上又尝谓侍臣曰："君依于国，国依于民。刻民以奉君，犹割肉以充腹，腹饱而身毙，君富而国亡。故人君之患，不自外来，常由身出。夫欲盛则费广，费广则赋重，赋重则民愁，民愁则国危，国危则君丧矣。朕常以此思之，故不敢纵欲也。"

（第一百九十二卷　唐纪八）

有一次，唐太宗对身边的大臣说："君主依靠百姓生存。盘剥百姓来奉养君主，犹如割掉身上的肉来充饥，肚子饱了人也死了，君主富了国也亡了。所以人君的忧患，不是来自外面，而是出于自身。欲望强烈花费就多，花费多赋税就重，赋税重百姓就愁怨，百姓愁怨国家就危亡，国家危亡君主就无处容身。朕常常思考这些事，所以不敢放纵欲望。"

点评：唐太宗见证了隋朝灭亡的过程，这个深刻的教训让他警醒了一生，所以他是中国历史上最懂得居安思危的君主，常常假想危机的起源与爆发，充满了如履薄冰的忧患意识。因此才能励精图治，开创贞观之治。在他看来，危机常起于贪念，然后导致一系列连锁反应，就像多米诺骨牌一样。所以杜绝危机首先要控制欲望，即“治心”。这也暗合了《大学》中的八条目：格物、致知、诚意、正心、修身、齐家、治国、平天下。做到这些，就可以内圣外王了。

剖身藏珠

原文：上谓侍臣曰：“吾闻西域贾胡得美珠，剖身以藏之，有诸？”侍臣曰：“有之。”上曰：“人皆知彼之爱珠而不爱其身也；吏受赇抵法，与帝王徇奢欲而亡国者，何以异于彼胡之可笑邪！”魏徵曰：“昔鲁哀公谓孔子曰：‘人有好忘者，徙宅而忘其妻。’孔子曰：‘又有甚者，桀、纣乃忘其身。’亦犹是也。”上曰：“然。朕与公辈宜戮力相辅，庶免为人所笑也！”

（第一百九十二卷　唐纪八）

有一次，唐太宗对身边的大臣说：“我听说西域有个胡人富商得到一颗上好的珍珠，割开身上的肉把珍珠藏了进去，是真的吗？”大臣们说：“是真的。”太宗说：“人们都知道他爱惜珍珠而不爱惜自己的身体。官吏受贿伏法，帝王穷奢极欲导致亡国，和这个胡人的可笑程度有什么不同呢！”魏徵说：“当年鲁哀公对孔子说：‘有个人特别健忘，搬到新家就忘了自己的妻子。’孔子说：‘还有比这更过分的，桀、纣为了纵欲，连自己的身家性命都忘了。’也是这个道理。”太宗说：“对。朕与大家应当勠力同心、互相帮扶，或许可以避免被他人耻笑。”

点评:《道德经》曰:“五色令人目盲,五音令人耳聋,五味令人口爽,驰骋畋猎令人心发狂,难得之货令人行妨。是以圣人为腹不为目,故去彼取此。”可见身外之物是多么令人心旌摇荡,如痴如狂,以至于以圣人的明智和修为方可抵御和取舍。西方哲学家摩莱里认为“贪婪是一切罪恶之源”,所以能够控制贪念的人,绝对是拥有强大理性和强烈进取心的杰出之士。像秦二世那样“欲悉耳目之所好,穷心志之所乐,以终吾年寿”的帝王,是多么的荒唐堕落,不亡国怎么说得过去。

(三)拒绝腐蚀

光武帝拒奢华

原文:戊子,诏曰:“郡国献异味,其令太官勿复受!远方口实所以荐宗庙,自如旧制。”时异国有献名马者,日行千里,又进宝剑,价直百金。诏以剑赐骑士,马驾鼓车。上雅不喜听音乐,手不持珠玉。

(第四十三卷　汉纪三十五)

光武帝刘秀为了提倡节俭的风气,曾颁下一道诏书:“除用于祭祀宗庙的贡品外,各地进贡的珍馐美味,太官一律不允许再接受。”当时外国进献了一匹日行千里的名马,又有人进献价值百金的宝剑,光武帝下诏,把宝剑赏赐给骑士,让名马去拉鼓车。光武帝不喜欢听音乐,手里从来不拿珠宝玉器。

点评:为君者以身作则,清心寡欲,远离奢靡,就可以杜绝奸邪之辈窥伺谄媚的晋升之路,营造风清气正的朝廷风气。君主如果喜欢奇珍异宝或有特殊癖好,国人就会囤积居奇,浮华奢靡之风就会盛行,最终导致社会风气败坏,各种弊端丛生,最后受苦的还是老百姓。所以,帝王的导向作用至关重要,直接关系到政风和世风。

唐高祖拒大珠

原文:以西突厥曷娑那可汗为归义王,曷娑那献大珠,上曰:“珠诚至宝;然朕宝王赤心,珠无所用。”竟还之。

(第一百八十六卷　唐纪二)

唐朝以西的突厥曷娑那可汗归降唐朝,被封为归义王。他给唐高祖进献硕大的珍珠,唐高祖说:“珍珠确实是至宝,可是朕觉得更宝贵的是你的一片赤诚之心,珍珠没什么用。”最后把珍珠还给了他。

点评:天子富有四海,理应视财货宝物为浮云,而以国家大治、四海宾服为己任。那些对珠宝美玉贪求无度、爱不释手的君主,不过是器局狭小的守财奴罢了。

唐太宗拒谄媚

原文:庚辰,过易州境,司马陈元璹使民于地室蓄火种蔬而进之;上恶其谄,免元璹官。

(第一百九十八卷　唐纪十四)

唐太宗御驾亲征高句丽,返回途中经过易州境内。当时正是冬季,易州司马陈元璹提前让百姓在地室中烧火种植蔬菜,然后进献给太宗。太宗厌恶他的谄媚,罢免了他的官职。

点评:如何对待处心积虑谄媚逢迎的官员,直接影响到官场的风气。个案的处理往往起着确立正确导向的作用。

(四)远离诱惑

刘裕不治宫中乐

原文:尚书殷仲文以朝廷音乐未备,言于刘裕,请治之。裕曰:"今日不暇给,且性所不解。"仲文曰:"好之自解。"裕曰:"正以解则好之,故不习耳。"

(第一百一十四卷 晋纪三十六)

南朝刘宋尚书殷仲文请求刘裕修整朝廷音乐设备,刘裕说:"现在每天时间都不够用,哪有时间做这件事,况且我对此也不懂。"殷仲文说:"喜欢了自然就懂了。"刘裕说:"正因为懂了就喜欢了,所以才不去学习它。"

点评:刘裕的话很有辩证性。为了避免玩物丧志,就要远离腐蚀和诱惑,不让它近身。

后周太祖弃珍玩

原文:帝悉出汉宫中宝玉器数十,碎之于庭,曰:"凡为帝王,安用此物!闻汉隐帝日与嬖宠于禁中嬉戏,珍玩不离侧,兹事不远,宜以为鉴。"仍戒左右,自今珍华悦目之物,无得入宫。

(第二百九十卷　后周纪一)

后周太祖郭威让人把后汉宫中的数十件珍玩玉器全部找出来,在庭院中砸碎,说:"凡是做帝王的,哪能用得着这些东西。听说后汉隐帝每日与宠臣在宫中嬉戏玩耍,珍玩不离其身侧,这件事刚过去不久,应当引以为戒。"于是告诫左右,从今以后凡是珍贵华丽、精巧悦目之物,一律不得进宫。

点评:奢侈奇巧的珠玉珍宝及声色犬马之物容易迷惑人的心智,腐蚀人的意志,使人玩物丧志、腐朽堕落。所以,明智的君主都会选择主动远离,拒绝腐蚀和诱惑。

(五)把握方向

名士登新亭游宴

原文:诸名士相与登新亭游宴,周𫖮中坐叹曰:"风景不殊,举目有江河之异!"因相视流涕。王导愀然变色曰:"当共戮力王室,克复神州,何至作楚囚对泣邪!"众皆收泪谢之。

(第八十七卷　晋纪九)

十六国时，东晋朝廷退保江南以延续晋朝国统，官僚阶层和名门士族大多来自中原。有一次，名士们登高游玩宴饮，周顗感叹道："风景没什么差异，但举目眺望却有长江、黄河之分！"于是大家悲从中来，相对而泣。王导脸色一变，严肃地说："我们应当勠力同心辅佐王室，收复神州大地，怎么能像楚囚一样相对哭泣呢！"于是众人都擦干眼泪向王导谢罪。

点评：领导是团队的主心骨，所以要时刻保持清醒和理性，并善于把握思想方向，引导大众心理，带领团队以高昂的士气和积极的心态去面对困难和挑战，而不能随波逐流，任由消极情绪蔓延。

（六）价值导向

不抛弃，不放弃

原文：焉耆、龟兹攻没都护陈睦，北匈奴围关宠于柳中城。会中国有大丧，救兵不至，车师复叛，与匈奴共攻耿恭。恭率厉士众御之，数月，食尽穷困，乃煮铠弩，食其筋革。恭与士卒推诚同死生，故皆无二心，而稍稍死亡，余数十人。单于知恭已困，欲必降之，遣使招恭曰："若降者，当封为白屋王，妻以女子。"恭诱其使上城，手击杀之，炙诸城上。单于大怒，更益兵围恭，不能下。

关宠上书求救，诏公卿会议，司空伦以为不宜救；司徒鲍昱曰："今使人于危难之地，急而弃之，外则纵蛮夷之暴，内则伤死难之臣，诚令权时，后无边事可也。匈奴如复犯塞为寇，陛下将何以使将！又二部兵人裁各数十，匈奴围之，历旬不下，是其寡弱力尽之效也。可令敦煌、酒泉太守各将精骑二千，多其幡帜，倍道兼行以赴其急；匈奴疲极之兵，必不敢当，四十日间足还入塞。”帝然之。乃遣征西将军耿秉屯酒泉，行太守事，遣酒泉太守段彭与谒者王蒙、皇甫援发张掖、酒泉、敦煌三郡及鄯善兵合七千余人以救之。

（第四十五卷　汉纪三十七）

酒泉太守段彭等兵会柳中，击车师，攻交河城，斩首三千八百级，获生口三千余人。北匈奴惊走，车师复降。会关宠已殁，谒者王蒙等欲引兵还；耿恭军吏范羌，时在军中，固请迎恭。诸将不敢前，乃分兵二千人与羌，从山北迎恭，遇大雪丈余，军仅能至。城中夜闻兵马声，以为虏来，大惊。羌遥呼曰：“我范羌也，汉遣军迎校尉耳。”城中皆称万岁。开门，共相持涕泣。明日，遂相随俱归。虏兵追之，且战且行。吏士素饥困，发疏勒时，尚有二十六人，随路死没，三月至玉门，唯余十三人，衣屦穿决，形容枯槁。中郎将郑众为恭以下洗沐，易衣冠，上疏奏：“恭以单兵守孤城，当匈奴数万之众，连月逾年，心力困尽，凿山为井，煮弩为粮，前后杀伤丑虏数百千计，卒全忠勇，不为大汉耻，宜蒙显爵，以厉将帅。”恭至雒阳，拜骑都尉。

（第四十六卷　汉纪三十八）

东汉朝廷在西域设置了西域都护和戊己校尉，任命耿恭和关宠为戊己校尉，分别屯兵金蒲城和柳中城。永平十八年（75），北匈奴出动大军攻打车师国，并在柳中城包围了关宠。当时正值汉明帝去世，东汉朝廷没有派兵救援，于是车师国背叛了汉朝，继而又和匈奴一起攻打耿恭。耿恭率领将士转战到疏勒城，并对敌人进行了顽强抵抗，到最后弹尽粮绝，只剩下几十人，但大家众志成城，坚决不降。

关宠上书求救，汉章帝命公卿大臣进行会商。司空第五伦认为不宜出兵。司徒鲍昱说：“以前派他们去危险艰难之地，如今事态紧急却抛弃他们，这样做是对外纵容蛮夷之族的暴行，对内伤害为国家出生入死之臣的感情。权衡利弊，如果以后边境无事则可，一旦匈奴再次寇边，陛下还怎么再派遣将领。另外关宠和耿恭所部人马只剩下几十人,而匈奴围困他们,久久不能攻克,说明匈奴兵力薄弱,力量也用尽了。现在可以命敦煌和酒泉的太守各率两千精兵,多准备迷惑敌人的旗帜,日夜兼程去营救他们,匈奴疲惫之兵,一定不敢阻挡,四十天内足可以返回塞内。"章帝同意。于是派兵救援。

酒泉太守段彭救援柳中城,大败匈奴,车师国再度归降汉朝。这时关宠已经死了。谒者王蒙去救援耿恭,因为路途遥远,又不知耿恭死活,怕贸然前去太过危险,就打算撤兵返回。耿恭的一名军吏名叫范羌,当时正在王蒙军中,坚持要去营救耿恭。其他将领不敢去,就拨出两千人马交给范羌。范羌翻山越岭,历尽艰险,终于到达了疏勒城下。城中人夜间听到人喊马嘶的声音,以为匈奴的援军到了,都大惊失色。这时范羌在远处高呼:"我是范羌,汉朝派军队迎接耿校尉来了。"城中人高呼万岁,打开城门,大家欢呼雀跃,相拥而泣。这时城中只剩下了二十六个人。第二天,众人和援军一起突围返回。匈奴派兵追击,汉军且战且走。耿恭和手下这些人因长期饥饿困苦,沿途不断有人死亡,等到达玉门关时,只剩下十三个人了。这十三个人,衣衫褴褛,形容枯槁,已经不成人形。中郎将郑众为耿恭等人接风洗尘,并上书极陈其功,说他忠勇双全,不辱使命,为大汉赢得了荣誉,应该赐给他显耀的爵位,以激励将帅。耿恭到达洛阳后,被封为骑都尉。

点评:无论是国家、团队还是个人,也无论什么时候发生什么事情,永远都不要抛弃一心维护你、为你效忠的人,一定要和这样的人患难与共、生死相扶,这是一种价值导向。否则不仅会辜负了当事人的一腔热血,也会冷了旁观者的心,那以后还有谁会愿意为你继续效命?不抛弃、不放弃,这是对忠贞之士最大的慰藉和激励,也会让更多的人追随拥戴你。

苻坚宽宥慕容评

原文：冠军将军慕容垂言于秦王坚曰："臣叔父评，燕之恶来辈也，不宜复污圣朝，愿陛下为燕戮之。"坚乃出评为范阳太守，燕之诸王悉补边郡。

（第一百零三卷　晋纪二十五）

前燕太傅慕容评，用事弄权，嫉贤妒能，逼得吴王慕容垂投奔前秦。慕容评专擅朝政，贪暴肆虐，搞得前燕国事日衰，终于被前秦所灭。前燕贵族全部被前秦俘虏，慕容评逃到高句丽，被遣送回前秦，苻坚任命他为给事中。前燕人都认为慕容评是国家灭亡的罪魁祸首，对其恨之入骨，慕容垂趁机向苻坚进言杀掉慕容评，但苻坚却没有采纳，只是将慕容评贬为范阳太守。

点评：司马光说："古代的君主，有时灭了别人的国家，那个国家的人民反而高兴，为什么呢？因为这是替他们除掉了祸害。慕容评，就是前燕公认的祸害。苻坚擒获了他，不但不杀他，反而还授给他官职，这会失掉很多人心。所以，对别人施恩别人并不感恩，对别人以诚相待别人并不回报，最后导致自己功名不就，没有容身之所，是因为不得其法的缘故。"所谓"天下之善恶一也"，是说普天之下对善恶的认定是相同的，属于现代观念所谓的普世价值观。具有善良品德的人在哪里都会受到尊敬和爱戴，具有邪恶品质的人在哪里都应该遭到唾弃和惩罚。如果违背了这个原则，就是善恶不分，就会违逆人心。慕容评作为前燕国的佞臣，品德奸邪、祸国殃民，是前燕亡国的罪魁祸首。而苻坚一味对其宽容优待，以显示仁爱之心，却恰恰违背了惩恶扬善、教化民众的原则，这是因虚荣而忘却了根本，放弃了正确的价值导向。

陈元康谏勿杀崔暹

原文:诸将皆以景之叛由崔暹,澄不得已,欲杀暹以谢景。陈元康谏曰:“今虽四海未清,纲纪已定;若以数将在外,苟悦其心,枉杀无辜,亏废刑典,岂直上负天神,何以下安黎庶!晁错前事,愿公慎之。”澄乃止。遣司空韩轨督诸军讨景。

(第一百六十卷 梁纪十六)

东魏大将侯景桀骜不驯,心怀异志。丞相高欢死后,侯景不服高欢的儿子高澄的管理,就起兵叛乱。高澄整顿吏治时的左膀右臂崔暹之前得罪了很多权贵,这些人就趁机指责说侯景的叛乱都是崔暹逼的。高澄迫不得已,就想杀了崔暹,来安抚侯景。陈元康劝谏他说:“现在虽然天下还没有平定,但国家的纲纪刑法已经确立,如果因为几名将领在外叛乱,您为了取悦他们,就要枉杀无辜,废弃国家的法律,岂止是有负上天,对下又如何安抚百姓呢?当年汉景帝错杀晁错的旧事,希望您引以为戒。”高澄这才止住杀崔暹的念头,并派遣司空韩轨率各路军队讨伐侯景。

点评:堂堂朝廷,巍巍庙堂,岂能受叛将胁迫,以滥杀无辜求和平。这种自断臂膀的做法无异于扬汤止沸、抱薪救火,不但有损朝廷的尊严,使臣民扼腕叹息,也会助长敌人的嚣张气焰,使其得寸进尺。退一步讲,即使朝臣有罪,也自有国家的法律来制裁,岂能成为叛贼反叛的借口和理由。陈元康的议论可谓深得治理之道的精髓。

张洎请改太子谥

原文：九月，丙午，唐太子弘冀卒，有司引浙西之功，谥曰武宣。句容尉全椒张洎上言："太子之德，主于孝敬，今谥以武功，非所以防微而慎德也。"乃更谥曰文献；擢洎为上元尉。

（第二百九十四卷　后周纪五）

南唐太子李弘冀去世，因为他曾在浙西立有战功，有关部门就因此将其谥号定为武宣。句容县尉张洎上奏说："太子的德行，主要在于孝敬，现在以战功作为确定太子谥号的依据，不是用来防微杜渐注重品德修养的做法。"于是有关部门把太子的谥号改为文献，南唐元宗提拔张洎为上元尉。

点评：对重要人物盖棺定论的评价，要符合其身份地位，弘扬其主流价值，以引导规范世道人心。如果偏离了主题，引得后来者效仿，或者带偏了舆论，则难脱肇始之责。

（七）一视同仁

天子四海为家

原文：上尝语及关中、山东人，意有同异。殿中侍御史义丰张行成跪奏曰："天子以四海为家，不当有东西之异；恐示人以隘。"上善其言，厚赐之。

（第一百九十二卷　唐纪八）

唐太宗有一次谈到函谷关以西和以东的人，认为他们不太一样。殿中侍御史义丰人张行成劝谏道："天子以四海为家，不应当有地域的歧视；否则就会让人觉得狭隘。"太宗很赞许他的话，重赏了他。

点评："溥天之下，莫非王土，率土之滨，莫非王臣。"既然君主是万民之共主，就应对天下百姓一视同仁，承担教化牧养之责，而不应厚此薄彼，随意讥笑褒贬，否则有伤君主中正包容之德。

唐太宗不循私情

原文：濮州刺史庞相寿坐贪污解任，自陈尝在秦王幕府；上怜之，欲听还旧任。魏徵谏曰："秦王左右，中外甚多，恐人人皆恃恩私，足使为善者惧。"上欣然纳之，谓相寿曰："我昔为秦王，乃一府之主；今居大位，乃四海之主，不得独私故人。大臣所执如是，朕何敢违！"赐帛遣之。相寿流涕而去。

（第一百九十三卷　唐纪九）

濮州刺史庞相寿因贪污被开除公职，他给唐太宗上表说自己曾经在秦王幕府任职，请太宗网开一面；太宗可怜他，打算恢复他的官职。魏徵劝谏道："您原来的左右亲信，现在在朝廷内外任职的很多，您这样做，恐怕每个人都会仰仗您的私恩为所欲为，这足以令行善者感到恐惧。"太宗欣然采纳了魏徵的意见，对庞相寿说："我当年做秦王，是一府之主，现在做了天子，是一国之主，不能只偏私故人。大臣们这样判决，朕怎么能违背！"赐给他绢帛让他离开，庞相寿流着泪走了。

点评："鱼和熊掌不可兼得，舍鱼而取熊掌者也。"当旧情与公义不可兼顾

时，如何取舍，考验的是执政者的认识水平和思想高度。是狭隘还是阔达，是徇私还是为公，是看小圈子还是顾大局，直接关系到法律的公平公正与政府的风气导向。重感情并不是无原则的迁就和放任，在规则面前亲疏远近一视同仁才是管理之道。

（八）一心为民

唐太宗食蝗

原文：畿内有蝗。辛卯，上入苑中，见蝗，掇数枚，祝之曰："民以谷为命，而汝食之，宁食吾之肺肠。"举手欲吞之，左右谏曰："恶物或成疾。"上曰："朕为民受灾，何疾之避！"遂吞之。是岁，蝗不为灾。

（第一百九十二卷　唐纪八）

贞观二年(628)，京畿之地出现了蝗虫。太宗去皇家禁苑，看见蝗虫，捡了几只，祝祷说："百姓把谷物当作生命，可是你们却要吃它，宁愿让你们吃我的肺肠，也不要你们吃百姓的谷物。"说完举手就要吞食蝗虫，左右侍从劝谏说："吃这种不洁之物，恐怕会引起疾病。"太宗说："朕为百姓受点灾难，还逃避什么疾病！"于是就吞食了蝗虫。这一年，没有发生蝗灾。

点评：这一段的结论颇有些神话色彩，但唐太宗展示出的心为民所系的情怀，以及宁肯牺牲健康也要为百姓祈福禳灾的举动，还是很令人感动的。

唐太宗重视农时

原文:有司上言皇太子当冠,用二月吉,请追兵备仪仗。上曰:“东作方兴,宜改用十月。”少傅萧瑀奏:“据阴阳不若二月。”上曰:“吉凶在人。若动依阴阳,不顾礼义,吉可得乎!循正而行,自与吉会。农时最急,不可失也。”

(第一百九十三卷　唐纪九)

太子到了举行冠礼的年纪,有关部门上书请求在二月操办此事。唐太宗说:“二月农耕刚刚开始,应该改到十月。”太子少傅萧瑀上奏说:“根据阴阳历法推算,不如二月。”太宗说:“吉凶在于人本身。如果动不动就依靠阴阳行事,不顾及礼仪,能得到吉祥吗?依照正道做事,自然会与吉祥不期而遇。农耕的时间最为急迫,不能错过。”

点评:天时地利不如人和,人事和睦就是最大的吉祥。与其相信虚妄的占卜,不如顺应人心抓好人事。所谓“得人者兴,失人者崩”,人心所向,何愁事业不昌盛。

周世宗灭佛

原文:帝以县官久不铸钱,而民间多销钱为器皿及佛像,钱益少。九月,丙寅朔,敕始立监采铜铸钱,自非县官法物、军器及寺观钟磬钹铎之类听留外,自余民间铜器、佛像,五十日内悉令输官,给其直;过期隐匿不输,五斤以上其罪死,不及者论刑有差。上谓侍臣曰:“卿辈勿以毁佛为疑。夫佛以善道化人,苟志于善,斯奉佛矣。彼铜像岂所谓佛邪!且吾闻佛在利人,虽头目犹舍以布施,若朕身可以济民,亦非所惜也。"

（第二百九十二卷　后周纪三）

后周时期,因为民间有很多人把铜钱销毁制作成了各种器皿和佛像,导致钱币流通非常紧张。后周世宗打算铸造铜币,又不想大兴劳役,就下令让老百姓把所有的铜器、佛像在五十天内全部送交官府,官府用等价的钱来收购。如果逾期不交的,将处以重刑。为了打消人们的顾虑,周世宗对侍臣说:"你们不要因为毁掉佛像而心生疑虑,佛的教义是以为善之道感化人心,如果志在行善,就是信奉佛法了。那些铜像岂能代表佛呢！而且我听说佛为了利人,头和眼睛都可以布施,如果我的身体可以用来救济人民,我也在所不惜。"

点评:周世宗为了减少开采铜矿的劳役,而又能够采集到足够的铜料铸钱,才下令搜集民间包括佛像在内的铜器。为了打消大家对毁坏佛像的顾虑,还开导众人信佛不在形式,而在内心,应信奉佛的宗旨教义,而不是信奉佛像本身。并解释佛以慈悲为怀,不惜牺牲自我来普度众生,自己毁坏佛像做利国利民之事,正与佛法的教义相通。即使因此身遭厄运,也在所不惜。

五、领导权术

（一）驭人之术

韩信拒武涉

原文：韩信谢曰："臣事项王，官不过郎中，位不过执戟；言不听，画不用，故倍楚而归汉。汉王授我上将军印，予我数万众，解衣衣我，推食食我，言听计用，故吾得以至于此。夫人深亲信我，我倍之不祥；虽死不易！幸为信谢项王。"

（第十卷　汉纪二）

刘邦派韩信攻下赵、燕、齐等国后，项羽有些害怕，怕韩信从背后袭击他，于是派谋士武涉去游说韩信，劝韩信自立为王，与汉、楚鼎足而立，三分天下。韩信不听，谢绝武涉道："我侍奉项王的时候，只不过是个执戟郎中，项王对我言不听，计不从，所以我才背叛楚国投奔汉王。汉王授我大将军的印信，拨给我数万人马，把自己的衣服解下来给我穿，把自己的饭推过来让我吃，对我言听计从，所以我才能有今天。人家这么亲近信任我，我如果背叛他恐怕会遭报应的；我就是死，也不会改变追随汉王的心！请你替我对项王说，我不能从命。"

点评：由韩信谢绝项羽说客的言辞，可以看出汉王的驭人之术：首先是善

于识别人才，其次是认定的人才就毫不犹豫地授权委任，再次是充分发挥人才的作用，体现其价值，最后是善于进行感情拉拢。如此驾驭人才，怎能不令人心悦诚服、死心塌地地追随？

冯异治关中

原文：冯异治关中，出入三岁，上林成都。人有上章言："异威权至重，百姓归心，号为咸阳王。"帝以章示异；异惶惧，上书陈谢。诏报曰："将军之于国家，义为君臣，恩犹父子，何嫌何疑，而有惧意！"

（第四十一卷　汉纪三十三）

东汉开国名将冯异治理关中，一共三年，把上林建设得像都城一样繁华。有人上奏章说："冯异威权自用，百姓归心，号称咸阳王。"光武帝刘秀把奏章拿给冯异看，冯异惊慌恐惧，上书谢罪。刘秀下诏回复他："你我之间，名义上是君臣，实际上情同父子，有什么可猜忌的，何必要害怕呢！"

点评：这是君主控制下属的权术，有试探、有提醒、有笼络。既试探出了对方的忠顺，也让对方感觉到自己置身于君主明察秋毫的高压之下而不敢心生妄念，同时还显示出赤诚的坦荡和深切的信任，不动声色而恩威已加。

侯景叛乱

原文：东魏司徒、河南大将军、大行台侯景，右足偏短，弓马非其长，而多谋算。诸将高敖曹、彭乐等皆勇冠一时，景常轻之，曰："此属皆如豕突，势何所至!”景尝言于丞相欢:“愿得兵三万,横行天下,要须济江缚取萧衍老公,以为太平寺主。”欢使将兵十万,专制河南,杖任若己之半体。

景素轻高澄,尝谓司马子如曰:“高王在,吾不敢有异;王没,吾不能与鲜卑小儿共事!”子如掩其口。及欢疾笃,澄诈为欢书以召景。先是,景与欢约曰:“今握兵在远,人易为诈,所赐书皆请加微点。”欢从之。景得书无点,辞不至;又闻欢疾笃,用其行台郎颍川王伟计,遂拥兵自固。

欢谓澄曰:“我虽病,汝面更有余忧,何也?”澄未及对,欢曰:“岂非忧侯景叛邪?”对曰:“然。”欢曰:“景专制河南,十四年矣,常有飞扬跋扈之志,顾我能畜养,非汝所能驾御也。今四方未定,勿遽发哀。库狄干鲜卑老公,斛律金敕勒老公,并性遒直,终不负汝。可朱浑道元、刘丰生,远来投我,必无异心。潘相乐本作道人,心和厚,汝兄弟当得其力。韩轨少戆,宜宽借之。彭乐心腹难得,宜防护之。堪敌侯景者,唯有慕容绍宗,我故不贵之,留以遗汝。”又曰:“段孝先忠亮仁厚,智勇兼备,亲戚之中,唯有此子,军旅大事,宜共筹之。”又曰:“邙山之战,吾不用陈元康之言,留患遗汝,死不瞑目。”

(第一百五十九卷　梁纪十五)

东魏司徒、河南大将军、大行台侯景,右腿偏短,所以骑马射箭等武艺他并不擅长,但是他却精于谋算。他对当时那些勇冠三军的猛将非常轻视,常对人说:“这些人像野猪一样乱跑乱撞,能跑到哪去呢!”高欢让他带领十万精兵统管黄河以南地区,倚重他就像自己的半个身体一样。

侯景一向轻视高欢的儿子高澄,曾经对同是老臣的司马子如说:“高王在,我不敢有异心。假如高王有一天去世了,我不能和这个鲜卑小儿共事!”司马子如赶紧捂住他的嘴。等到高欢病重,高澄假借高欢的名义写了一封信召侯景回朝。之前,侯景曾和高欢秘密约定:“我如今手握重兵身在远方,恐怕有人从中使诈,您以后写给我的信上请加上一个小点。”高欢同意了。结果这次侯景看到信上没有点,就推辞不去。又听说高欢病重，就听从了部下的建议，严格控制军队，巩固自己的势力。

高欢看到高澄面有忧色，就问高澄为什么。还没等高澄回答，就又问道："莫非你担心侯景谋反？"高澄点头称是。高欢说："侯景专制河南已经有十四年了，此人飞扬跋扈，野心勃勃。只有我能降服他，你驾驭不了他。如今天下还没有安定，我死后，先不要急着发丧举哀。"接着高欢向高澄分析了各位大臣的性格人品，告诉高澄哪些人能够倚重，哪些人应该防范。接着又说："能够匹敌侯景的，只有慕容绍宗一人。我故意不重用他，留着交给你。"高欢最后说："邙山之战，我没有听从陈元康的建议，乘胜追击西魏，从而给你留下了后患，我死不瞑目。"

点评：侯景心高气傲目中无人，以谋略见长，所以看不起有勇无谋的将领，甚至也不把少主高澄放在眼里。他野心勃勃，睥睨天下，统兵河南，威逼梁朝，对内渐成尾大不掉之势。随着高欢年迈，侯景萌生异心，积聚实力观察局势，令高澄忧心忡忡。高澄本想调虎离山以除后患，岂料侯景十分狡猾，早就预留了后手，轻易就识破了高澄的计谋。

姜还是老的辣，高欢看人断事入木三分，临终遗言对各位重臣的秉性进行了深入剖析，并就如何使用他们对高澄作了交代。尤其是对于慕容绍宗的安排，尽显权谋之术。后侯景造反，高澄起用慕容绍宗，果然大败侯景并迫使其逃往梁朝，引发了历史上著名的"台城之祸"。

唐太宗为子市恩

原文：上谓太子曰："李世勣才智有余，然汝与之无恩，恐不能怀服。我今黜之，若其即行，俟我死，汝于后用为仆射，亲任之；若徘徊顾望，当杀之耳。"五月，戊午，以同中书门下三品李世勣为叠州都督；世勣受诏，不至家而去。

（第一百九十九卷　唐纪十五）

唐太宗病重时对太子李治说："李世勣才智有余，可是你对他没有恩德，恐怕他对你不能心服。我现在贬黜他，如果他马上就走，等我死了以后，你可以召他回来担任仆射，再对他加以亲近信任。如果他徘徊观望，你就杀了他。"过了几天，唐太宗下诏将李世勣从同中书门下三品贬为叠州都督。李世勣接受诏令后，连家也没回，直接赶赴任所。

点评：自古皇位交接，最担心的就是权臣悍将作乱。李世勣乃当世名将，智略过人，但却是从瓦岗军中投奔唐朝的，不属于李世民的嫡系。所以李世民对他始终不能完全信任，生怕自己死后，太子驾驭不了他。所以才运用权术考验李世勣在紧要关头是否怀有异心，另一方面也为太子收服世勣作准备。李世勣聪明绝顶，早已看破其中厉害，所以二话不说赶忙上任。

李林甫震服安禄山

原文：是时，杨国忠为御史中丞，方承恩用事。禄山登降殿阶，国忠常扶掖之。禄山与王𫟹俱为大夫，𫟹权任亚于李林甫。禄山见林甫，礼貌颇倨。林甫阳以他事召王大夫，𫟹至，趋拜甚谨；禄山不觉自失，容貌益恭。林甫与禄山语，每揣知其情，先言之，禄山惊服。禄山于公卿皆慢侮之，独惮林甫，每见，虽盛冬，常汗沾衣。林甫乃引与坐于中书厅，抚以温言，自解披袍以覆之。禄山忻荷，言无不尽，谓林甫为十郎。既归范阳，刘骆谷每自长安来，必问："十郎何言？"得美言则喜；或但云"语安大夫，须好检校！"辄反手据床曰："噫嘻，我死矣！"

（第二百一十六卷　唐纪三十二）

天宝六载（747），安禄山被提拔为御史大夫，受到唐玄宗的特别宠爱。上下台阶时,御史中丞杨国忠都要扶着他,安禄山因此更加不可一世,就连见到权相李林甫时态度也十分傲慢。当时王鉷正担任御史大夫,和安禄山平级,权力职务仅次于李林甫。李林甫就故意装作有事,召王鉷前来。王鉷到了以后,对李林甫十分恭谨。安禄山不由失态,态度也随着恭敬起来。李林甫跟安禄山交谈,每次都能揣摩到他的心思,然后先说出来,令安禄山非常惊讶和佩服。安禄山对其他公卿大臣都很傲慢无礼,唯独忌惮李林甫,每次见到他,即使是寒冬,也常常汗湿衣衫。李林甫却把他引到中书省的大厅坐下,温和地安慰他,解下自己的衣袍给他披上。安禄山心怀感激,和李林甫无话不谈,称李林甫为十郎(李林甫在家中排行第十)。安禄山返回范阳镇后,留下他的心腹将领刘骆谷在京城打探消息。刘骆谷每次从长安来,安禄山总要问:“十郎说什么了没有?”如果听说李林甫夸赞他就会很高兴,如果李林甫说:“告诉安大夫,让他检点一点!”安禄山就会手按坐床说:“哎呀,这下我死定了!”

点评:安禄山仗着唐玄宗对自己的无比恩宠,再加上杨国忠也对他谄媚逢迎,于是乎骄横跋扈,自认为老子天下第一,颐指气使,任谁都不放在眼里,居然不知深浅,公然冒犯独揽朝政十九年的宰相李林甫。李林甫身为一代权奸,岂能容他在太岁头上动土,面上不动声色,却故意把王鉷的谦卑姿态展示给安禄山看,从而烘托自己的威望和地位,轻而易举就降服了这个胡将。然后又运用心理战拿捏安禄山的七寸,使其战战兢兢服服帖帖。打压的同时也不忘笼络,恩威并用,把安禄山玩弄于鼓掌之中。李林甫心机深沉,在玩弄权术方面安禄山难望项背,李林甫只用了一些雕虫小技即令对方俯首臣服。

（二）试探旁观

汉景帝试探周亚夫

原文：帝居禁中，召周亚夫赐食，独置大胾，无切肉，又不置箸。亚夫心不平，顾谓尚席取箸。上视而笑曰："此非不足君所乎？"亚夫免冠谢上，上曰："起！"亚夫因趋出。上目送之曰："此鞅鞅，非少主臣也。"

（第十六卷　汉纪八）

汉景帝晚年担心太子接班后，难以驾驭名将出身的丞相周亚夫，就想考验一下周亚夫的忠顺程度。景帝在宫中设宴招待周亚夫，在他面前放了一大块没有切开的肉，并且没给他放筷子。周亚夫很不高兴地吩咐主管宴席的官员取筷子。景帝笑着问他："这难道没满足您的需要吗？"周亚夫很不乐意地向景帝谢罪。景帝刚说了个"起"字，周亚夫就站起身气冲冲地走了出去。景帝看着他的背影说："这种桀骜不驯的人，怎么能辅佐少主呢？"后来，周亚夫被诬陷谋反，关进牢狱，绝食而死。

点评：汉景帝意在试探周亚夫是否忠顺服帖，自己在一旁冷眼旁观，揣测其心。遗憾的是周亚夫表现得相当没有政治头脑，在皇帝面前因小节而心怀怨愤，显得桀骜不驯，让景帝瞬间起了杀心。剩下的事情就是欲加之罪，何患无辞了。

杨愔除高德政

原文：齐高德政与杨愔同为相，愔常忌之。齐主酣饮，德政数强谏，齐主不悦，谓左右曰："高德政恒以精神凌逼人。"德政惧，称疾，欲自退。帝谓杨愔曰："我大忧德政病。"对曰："陛下若用为冀州刺史，病当自差。"帝从之。德政见除书，即起。

（第一百六十七卷　陈纪一）

北齐的高德政与杨愔同朝为相，但杨愔却暗中忌恨他。高德政因屡次言辞激烈地劝谏文宣帝戒酒，引起文宣帝的不满。高德政因此心中恐惧，借口有病，请求退休。文宣帝则对杨愔说："我很是担忧高德政的病啊！"杨愔趁机进谗："您如果让他去当冀州刺史，他的病马上就会好的。"文宣帝听从了他的建议。结果高德政接到任命，马上就起床没事了。文宣帝闻讯大怒，最后处死了高德政和他的儿子高伯坚。

点评：文宣帝对高德政的极言直谏耿耿于怀，对其称病的借口更是心知肚明，且愈发怀恨。之所以不动声色跟杨愔闲谈，正是利用高杨二人的不和，委婉向杨愔问计该如何揭穿高德政的谎言，这是一种可怕的狩猎心态。杨愔心领神会，立刻为文宣帝出谋划策，既迎合了皇帝，又铲除了政敌。这一对心理阴暗的君臣彼此心照不宣，联手对共同的敌人进行了一次围剿。

钱元瓘托孤

原文：吴越文穆王元瓘寝疾，察内都监章德安忠厚，能断大事，欲属以后事，语之曰："弘佐尚少，当择宗人长者立之。"德安曰："弘佐虽少，群下伏其英敏，愿王勿以为念！"王曰："汝善辅之，吾无忧矣。"德安，处州人也。辛亥，元瓘卒。

（第二百八十二卷　后晋纪三）

吴越国文穆王钱元瓘发现内都监章德安为人忠诚，而且能决断大事，就想在死后把辅佐儿子钱弘佐的重任托付给他。于是在病重时把章德安召到身边说："弘佐年龄还小，应该选择宗室中年龄大的人来继承王位。"章德安说："弘佐年龄虽然小，但臣下都很敬服他的英明敏锐，希望大王您不要为此担心！"钱元瓘说："你能好好辅佐他，我就放心了。"不久后，钱元瓘去世。

点评：钱元瓘本想立自己的儿子继承王位，却故意说要立宗室中的年长者，这是在试探章德安有无二心，可不可以托付。待试探出章德安的忠心后，才放心地把身后之事托付给他。这与刘备托孤的故事相似，都是帝王的权术。

（三）苛察窥探

卫嗣君好察微隐

原文：卫嗣君薨，子怀君立。嗣君好察微隐，县令有发褥而席敝者，嗣君闻之，乃赐之席。令大惊，以君为神。又使人过关市，赂之以金，既而召关市，问有客过与汝金，汝回遣之，关市大恐。又爱泄姬，重如耳，而恐其因爱重以壅己也，乃贵薄疑以敌如耳，尊魏妃以偶泄姬，曰："以是相参也。"

（第四卷　周纪四）

卫国的卫嗣君在位时,喜欢探查臣子的隐私。有个县令有一次撩开床上的褥子,露出了下面的破席子。卫嗣君听说后,就赏给他一领新席子。县令大惊,把卫嗣君奉若神明。还有一次,卫嗣君故意派人经过关市,用金子贿赂负责的官吏,不久后派人把那个官吏找来,跟他说有一个客人经过关市,给了你金子,你快还回去。这名官吏大为恐惧。卫嗣君还宠爱泄姬,宠信大臣如耳。但又怕他们仗着自己的宠爱欺骗自己,于是就提高大臣薄疑的地位让他和如耳抗衡,尊崇魏妃来压制泄姬,并说:"让他们彼此互相监督。"

点评:卫嗣君不行治国大道,却以苛察窥探、钓鱼执法的权术为能,以制造派系、互相牵制的伎俩为明,实在是舍本逐末的雕虫小技,是只知道术不知道器量的君主。儒家提倡的仁、义、礼、智、信才是教化人心、治国安邦的大道。

汉明帝褊察

原文:帝性褊察,好以耳目隐发为明,公卿大臣数被诋毁,近臣尚书以下至见提曳。常以事怒郎药崧,以杖撞之,崧走入床下,帝怒甚,疾言曰:"郎出!"崧乃曰:"天子穆穆,诸侯皇皇,未闻人君,自起撞郎。"帝乃赦之。

是时朝廷莫不悚栗,争为严切以避诛责,唯钟离意独敢谏争,数封还诏书,臣下过失,辄救解之。会连有变异,上疏曰:"陛下敬畏鬼神,忧恤黎元,而天气未和,寒暑违节者,咎在群臣不能宣化治职,而以苛刻为俗,百官无相亲之心,吏民无雍雍之志,至于感逆和气,以致天灾。百姓可以德胜,难以力服,《鹿鸣》之诗必言宴乐者,以人神之心洽,然后天气和也,愿陛下垂圣德,缓刑罚,顺时气以调阴阳。"帝虽不能时用,然知其至诚,终爱厚之。

(第四十四卷　汉纪三十六)

汉明帝性格褊狭苛察，喜欢设置耳目窥探群臣的隐私，并觉得他这样很英明。公卿大臣经常遭到责骂，身边近侍甚至有人遭到殴打。因此大臣们都很害怕，争相表现出严厉急切的样子，以躲避责罚。唯独钟离意敢于直言极谏。正赶上天象接连发生变异，钟离意趁机上疏说："如今天气阴阳不和，寒暑违背时令，原因在于群臣不能传播德化，恪尽职守，而以苛刻为风尚。百官之间没有相亲相爱之心，官吏和百姓之间没有和谐相处的意愿，这样违逆了祥和之气，所以才招来了天灾。百姓可以用德行来教化，却难以用力量来制服。《诗经·鹿鸣》之所以一定要谈到宴饮的欢乐，就是因为人神之心都感到愉悦融洽，然后天地阴阳才可以和谐。希望陛下降下至高无上的道德，放宽刑罚，顺应四时的节气以调和阴阳。"明帝虽然不能完全采纳钟离意的建议，但知道他是出于一片至诚，因此始终厚爱他。

点评：英明不等于苛察，洞察不等于窥探。在严苛之风的高压下，人人自危，胸中被戾气充塞，彼此猜忌、互相攻讦，坦诚、宽恕、友好的人际关系就会遭到破坏，社会道德体系也会整体滑坡。所以说治国理政还是应以宽厚为本。钟离意进谏很有艺术，借天灾议论人事，不直接批评皇帝却通过批评大臣来间接讽喻，态度委婉，意思明了。明帝虽不能采纳不同意见，但能厚待忠诚正直的大臣，这一点值得称道。

（四）笼络人心

王莽授诸侯王土

原文：夏，六月，莽更授诸侯王茅土于明堂；亲设文石之平，陈菁茅四色之土，告于岱宗、泰社、后土、先祖、先妣以班授之。莽好空言，慕古法，多封爵人；性实吝啬，托以地理未定，故且先赋茅土，用慰喜封者。

（第三十八卷　汉纪三十）

王莽想笼络喜欢封爵的人，却又不想封给他们土地，就借口说封地的具体位置和范围还没有确定，先赐给他们象征封地的泥土。然后仿照古代的礼仪制度举行了一系列隆重热烈、冠冕堂皇的“授土”仪式，来表现自己的博学与郑重，并满足那些受封者的虚荣心。

点评：王莽假借慕古之名沽名钓誉，玩弄华而不实的手段，大开空头支票以收买笼络人心。岂知骗得了一时骗不了一世，骗局穿帮之日便是众叛亲离之时。这比起刘邦封疆裂土联合异姓诸侯以凝聚天下力量的行为，气度格局实在有天壤之别。靠这些雕虫小技的权术焉能治国安邦？败亡是必然的。

张德私杀羊

原文：五月，丙寅，禁天下屠杀及捕鱼虾。江淮旱，饥，民不得采鱼虾，饿死者甚众。

右拾遗张德,生男三日,私杀羊会同僚,补阙杜肃怀一馂,上表告之。明日,太后对仗,谓德曰:“闻卿生男,甚喜。”德拜谢。太后曰:“何从得肉?”德叩头服罪。太后曰:“朕禁屠宰,吉凶不预。然卿自今召客,亦须择人。”出肃表示之。肃大惭,举朝欲唾其面。

（第二百零五卷 唐纪二十一）

武则天信奉佛教,为表示礼佛的虔诚之心,特下令禁止天下屠宰牲畜和捕捞鱼虾。适逢江、淮之间发生饥荒,百姓因此饿死的很多。

右拾遗张德,生了个儿子,非常高兴,偷偷杀了只羊宴请同僚们吃饭。补阙杜肃偷拿了一些宴席上的肉揣在怀里,然后上表告发张德。第二天上朝,武则天对张德说:“听说你生了个儿子,朕为你感到高兴。”张德拜谢。武则天又问:“肉从哪来?”张德叩头服罪。武则天说:“朕禁止屠宰,但对于吉凶之事不做干预。可是你以后请客,也应该选择人。”说完就把杜肃的奏表拿给他看。杜肃大为惭愧,满朝的文武大臣都想往他脸上吐口水。

点评:别人把你视为知交,请你吃饭喝酒庆祝喜事,你却转身去告发别人。人品实在太过卑劣,所以为众人所不齿。武则天此举故意表现出人情味儿的一面,意在通过揭露小人而笼络人心。

(五)市恩卖好

刘裕大赦

原文:帝临太极殿,大赦,改元。其犯乡论清议,一皆荡涤,与之更始。

（第一百一十九卷 宋纪一）

刘宋武帝刘裕登基后，下令大赦天下。宣布那些因作奸犯科、受到人们非议谴责的人，一律去除罪名，让他们重新做人。

点评：这是刘裕初登大位，为了收买人心颁布的政令。但向恶人市恩卖好，伤害的是善良大众，败坏的是法纪道德，殊不足取。法律的作用本就是惩戒邪恶，保护良善，威慑犯罪，维护社会秩序。而大赦使坏人心存侥幸，轻视法律，更加有恃无恐，为所欲为。好人既要规规矩矩遵守法律，又要忍气吞声遭受坏人的侵扰欺凌。如此一来，遵纪守法者得不到庇护和奖励，横行无忌者得不到惩罚和制裁，社会的正义和公平体现在哪里，国家又岂能长治久安？裴子野说：当年舜帝登上大位，就流放了四凶；周武王攻克殷商，就将殷朝顽劣的遗民迁到洛阳监管。天下的恶都是相同的，对那些舆论一致谴责的坏人，刘裕却一概加以赦免，真是太过分了。

孝文帝施恩

原文：壬寅，魏主至肆州，见道路民有跛眇者，停驾慰劳，给衣食终身。

大司马安定王休执军士为盗者三人以徇于军，将斩之。魏主行军遇之，命赦之，休不可，曰："陛下亲御六师，将远清江表，今始行至此，而小人已为攘盗，不斩之，何以禁奸！"帝曰："诚如卿言。然王者之体，时有非常之泽。三人罪虽应死，而因缘遇朕，虽违军法，可特赦之。"既而谓司徒冯诞曰："大司马执法严，诸君不可不慎。"于是军中肃然。

（第一百三十八卷　齐纪四）

北魏孝文帝在迁都洛阳的途中，看见身有残疾的百姓，就停下车马进行慰问，并让有关部门供给他们终身衣食。

大司马拓跋休逮捕了三名偷盗的士兵，准备在他们游行示众后进行斩首。正好碰到孝文帝,孝文帝下令赦免他们,拓跋休认为不能这样处理。孝文帝说:“作为君主,有时会对人施以意想不到的恩泽。这三个人,虽然其罪当诛,但因为缘分遇到了朕,就特赦了他们吧。”

点评:君主因权力不受限制,所以都有随心所欲的毛病。像孝文帝这样随意施加恩惠的行为虽破坏了法度,但动机毕竟是向善的,下属也敢于规劝,因此号称明君。昏庸暴虐的君主如前秦的苻生、北齐的高洋,倒行逆施、肆意杀戮,令人发指,下属则噤若寒蝉,不敢规劝,这就叫暴君。封建体制由于家国同构的原因,国家的治理方向和成果,很大程度上都取决于君主的个体素质和人格,两千年来概莫能外。

司马光说:“君主与国家,犹如一个整体。看到远处的事情就应该想到近处的事情。在路上遇到残疾人,就应该想到全天下的残疾人。不应该只对这几个人施以恩惠,而应该让全天下的残疾人都感受到关怀和温暖。否则,这种仁爱不就太轻微了吗!另外,赦免罪犯干扰有关部门执法,更不是君主应该干的事。可惜啊,孝文帝作为北魏的贤明君主,却仍然会做出这样的事情。”司马光的评论很有见地,统治者要有以小见大、胸怀天下的视野和格局,治理国家要从制度入手,从根本上解决全民的问题,而不能仅仅依靠施舍这样的小恩小惠,解决个别人的问题,那样做叫市恩,是作秀和权术。另外,法律是国家意志的体现,所有人都应该遵守。以皇权凌驾于法律之上,为树立君主的私恩而破坏国家法度,殊不足取。

唐德宗偶入民家

原文:庚辰,上畋于新店,入民赵光奇家,问:“百姓乐乎?”对曰:“不乐。”上曰:“今岁颇稔,何为不乐?”对曰:“诏令不信。前云两税之外悉无他徭,今非税而诛求者殆过于税。后又云和籴(dí),而实强取之,曾不识一钱。始云所籴粟麦纳于道次,今则遣致京西行营,动数百里,车摧马毙,破产不能支。愁苦如此,何乐之有!每有诏书优恤,徒空文耳!恐圣主深居九重,皆未知之也!”上命复其家。

（第二百三十三卷　唐纪四十九）

有一次,唐德宗外出打猎,去到当地一户农民家中与户主攀谈。结果这个农民反映了当时很多政策上存在的问题,并说朝廷每次发布的优待老百姓的政策,都是一纸空文,根本落不到实处,所以老百姓的生活非常艰难。但皇帝坐在深宫之中,根本不了解这些情况。德宗听罢,只是下令免除了他家的赋税和徭役。

点评:首先,领导应该经常深入民间了解人民的疾苦,了解百姓的需求,了解政策的执行情况和百姓的意见与反馈,以便及时调整政策,改善为政措施,真正造福于民。其次,发现了问题,应该从制度层面予以解决,因为政府是为所有老百姓服务的,人民享受政策的权利是平等的。如果不从制度的层面解决所有人的问题,而只是解决某个碰上领导的幸运儿的个别问题,那么除了让人理解为自欺欺人的作秀还能是什么?也许领导想通过这种表演为自己树立仁爱亲民的大善人形象,抑或只是想体验一下运用无上权力恩泽他人、改变他人命运的快感,殊不知这样的举动恰恰暴露出其执政思维的低下。司马光说:唐德宗太难醒悟了。自古治理国家所忧虑的,是人君的恩泽壅塞着,传递不到下面;小民的冤情郁结着,通报不到上面。所以君主在上位勤勉体恤,百姓却不感恩;百姓在下面愁苦怨恨,君主却不知道,以致发展到百姓叛离,国家危亡,大概都是因为这个原因。德宗幸亏因打猎去到老百姓家中,正赶上那个农民敢说真话而了解了民间疾苦,这真是千载难逢的际遇啊!本应该查处有关部门的不作为、欺上瞒下、横征暴敛。然后出台制度,改变政风,真抓实干,让老百姓真正受益。那么,国泰民安的大业就可以实现了。可是德宗放着这些事不去

做,却仅仅免除了那户农民的徭赋。然而,以天下之大,人民之多,又怎么能人人都对天子言说,户户都得以免除徭役和赋税呢!

(六)双簧套路

史弼弹劾勃海王

原文:勃海王悝,素行险僻,多僭傲不法。北军中候陈留史弼上封事曰:"臣闻帝王之于亲戚,爱虽隆必示之以威,体虽贵必禁之以度,如是,和睦之道兴,骨肉之恩遂矣。窃闻勃海王悝,外聚剽轻不逞之徒,内荒酒乐,出入无常,所与群居,皆家之弃子,朝之斥臣,必有羊胜、伍被之变。州司不敢弹纠,傅相不能匡辅,陛下隆于友于,不忍遏绝,恐遂滋蔓,为害弥大。乞露臣奏,宣示百僚,平处其法。法决罪定,乃下不忍之诏;臣下固执,然后少有所许:如是,则圣朝无伤亲之讥,勃海有享国之庆;不然,惧大狱将兴矣。"上不听。悝果谋为不道,有司请废之,诏贬为瘿陶王,食一县。

(第五十五卷　汉纪四十七)

汉桓帝的弟弟勃海王刘悝行为邪僻,骄纵不法。北军中候史弼向桓帝密奏说:"帝王对于亲戚,一定要严加管束,向他们展示帝王的威严,让他们遵守朝廷的法度。只有这样,才能家族和睦,骨肉情长。如今勃海王刘悝勾结不法分子,为害一方。请陛下向百官宣布我的奏章,议定勃海王的罪行。等罪行确定后,陛下再下令宽宥他,臣子们则坚持依法办事,最后折中处理。这样,既能够挽救刘悝,也能够保全勃海国。否则,我担心将会兴起大狱。"桓帝不听。后来,刘悝果然密谋大逆不道,有关部门请求废黜他。桓帝下诏,削减了他的封地和爵位。

点评：史弼的进谏也是一种权术，是控制亲信的套路，意在敲打警告对方，使之悬崖勒马，不要走到不可挽回的地步。但桓帝出于对刘悝的溺爱，不听劝谏，最后结局果不出史弼所料。

唐玄宗讲武

原文：己亥，上幸新丰；癸卯，讲武于骊山之下，征兵二十万，旌旗连亘五十余里。以军容不整，坐兵部尚书郭元振于纛下，将斩之。刘幽求、张说跪于马前谏曰："元振有大功于社稷，不可杀。"乃流新州。斩给事中、知礼仪事唐绍，以其制军礼不肃故也。上始欲立威，亦无杀绍之意，金吾卫将军李邈遽宣敕斩之。上寻罢邈官，废弃终身。

（第二百一十卷　唐纪二十六）

唐玄宗即位不久，就在骊山脚下举行了一场声势浩大的阅兵。当时一共征调了二十多万军队，旌旗连绵五十多里。玄宗因为军容不整，要将兵部尚书郭元振斩首，刘幽求、张说等大臣苦苦求情，最后才将郭元振流放新州。玄宗又责怪给事中、知礼仪事唐绍，说他制定的军礼不整肃，要将他斩首。其实玄宗的本意只是想借此树立自己的权威，并没想真的杀了唐绍，但金吾卫将军李邈不理解玄宗的意图，接到命令后立刻就将唐绍斩了。玄宗有苦难言，过了不久就将李邈的官职免了，终身不再录用。

点评：年轻的玄宗初登大位，想要通过惩处大将来树立自己的权威。其实这是在玩弄帝王治人的权术，本意只是威慑人心，并不想行诛杀之事。刘幽求、张说比较聪明，看出了玄宗的心思，配合玄宗演了一出双簧。但李邈不解圣意，将唐绍误杀，弄得唐玄宗十分窝火，但又无法明言，所以才在

事后将李邈终身废弃。

（七）欲擒故纵

汉文帝立太子

原文：春，正月，有司请蚤建太子。上曰："朕既不德，纵不能博求天下贤圣有德之人而禅天下焉，而曰豫建太子，是重吾不德也；其安之！"有司曰："豫建太子，所以重宗庙、社稷，不忘天下也。"上曰："楚王，季父也；吴王，兄也；淮南王，弟也：岂不豫哉？今不选举焉，而曰必子；人其以朕为忘贤有德者而专于子，非所以优天下也！"有司固请曰："古者殷、周有国，治安皆千余岁，用此道也；立嗣必子，所从来远矣。高帝平天下为太祖，子孙继嗣世世不绝，今释宜建而更选于诸侯及宗室，非高帝之志也。更议不宜。子启最长，纯厚慈仁，请建以为太子。"上乃许之。

（第十三卷　汉纪五）

有关部门向汉文帝上疏请求早立太子。汉文帝说："朕不能访求天下贤人把帝位禅让给他，已经算失德了。如果再早立太子，就会更加重朕的失德。这件事缓议吧！"有关部门又说："提前确立太子，是以宗庙社稷为重，以示不忘天下。"文帝说："叔父楚王，兄长吴王，弟弟淮南王，不都是现成的继承人吗？现在不立他们，却说一定要立儿子，人们会认为朕忘掉了贤德之人而专门属意于自己的儿子，这不是以天下为先的做法。"有关部门坚持请奏说："古代商朝和周朝，国家都安定延续了一千多年，就是用的这个办法。接班人一定是儿子，这是由来已久的制度。高帝平定天下成为太祖，本应子孙相继世代不绝，如今放着正确的人选不立，却要从诸侯及宗室中选择，这不是高帝的愿望，不应当再另行议定。诸皇子中刘启年龄最大，而且品德纯厚仁慈，请将他立为太子。”到这时，汉文帝才同意了有关部门的奏请。

点评：这是汉文帝为使自己的子孙后代成为合法的世袭帝王而使用的欲擒故纵之术。通过与大臣的问答，表面谦让，实则是为了统一思想，达成共识，肃清不同的思想和声音，以堵塞窥伺谋逆之心和祸乱之源。

曲突徙薪

原文：初，霍氏奢侈，茂陵徐生曰：“霍氏必亡。夫奢则不逊，不逊则侮上。侮上者，逆道也，在人之右，众必害之。霍氏秉权日久，害之者多矣；天下害之，而又行以逆道，不亡何待！”乃上疏言：“霍氏泰盛，陛下即爱厚之，宜以时抑制，无使至亡！”书三上，辄报闻。其后霍氏诛灭，而告霍氏者皆封，人为徐生上书曰：“臣闻客有过主人者，见其灶直突，傍有积薪，客谓主人：‘更为曲突，远徙其薪，不者且有火患！’主人嘿然不应。俄而家果失火，邻里共救之，幸而得息。于是杀牛置酒，谢其邻人，灼烂者在于上行，余各以功次坐，而不录言曲突者。人谓主人曰：‘乡使听客之言，不费牛酒，终亡火患。今论功而请宾，曲突徙薪无恩泽，焦头烂额为上客邪？’主人乃寤而请之。今茂陵徐福，数上书言霍氏且有变，宜防绝之。乡使福说得行，则国无裂土出爵之费，臣无逆乱诛灭之败。往事既已，而福独不蒙其功，唯陛下察之。贵徙薪曲突之策，使居焦发灼烂之右！”上乃赐福帛十匹，后以为郎。

（**第二十五卷　汉纪十七**）

霍光死后，霍氏一门骄奢放纵，并密谋发动政变，事情泄露后，被汉宣帝灭族。霍氏还没有败亡之前,有个叫徐福的人就曾预言说:“霍氏必亡。人但凡奢侈放纵,就会桀骜不驯;桀骜不驯,就会欺辱主上;欺辱主上,就是大逆不道。而且凌驾于众人之上的人,大家一定忌恨他。霍氏一族执掌大权已经太久了,忌恨他们的人实在是太多了。天下人都忌恨他们,他们行事又大逆不道,不灭亡还等什么呢?”于是上疏说:“霍氏家族势力强盛,陛下既然厚爱他们,就应当适时抑制约束他们,不要使他们走到灭亡的地步!”上书了三次,汉宣帝不理。后来霍氏被灭族,凡是告发过霍氏的人都获得了封赏,唯独没有徐福。有人替徐福抱不平,上书汉宣帝说:“我听说有个人去主人家做客,看见他家烟囱是直的,而且灶旁堆有柴草,就建议主人把烟囱改成弯的,再把柴草搬走,不然的话可能会发生火灾。主人没有理会。后来主人家里果然失火,幸亏街坊邻居共同营救,才把火熄灭。主人于是杀牛摆酒,酬谢邻居。让救火时被烧得焦头烂额的人坐在上座,其余的人各按功劳大小就坐,却没有请建议改烟囱的人。有人对主人说:‘当初如果听那位客人的话,就不用破费酒肉,也不会发生火灾了。如今论功请客,不对提出建议的人报恩,却把被烧得焦头烂额的人请到上座。这样做合适吗?’主人这才醒悟过来,赶忙去邀请提出建议的人。如今茂陵人徐福,多次上书提醒霍氏将有变故,应当防备他们,杜绝这样的事情发生。如果当初徐福的建议得以实行,国家就不会有封疆裂土授爵赏赐的费用,臣子也不会有叛逆作乱被诛灭族的败亡。往事已经不可挽回,而唯独徐福没有蒙受赏赐,愿陛下明察。请看重他搬移柴草改造烟囱的谋略,使他居于焦头烂额者之上!”汉宣帝看后,赏赐给徐福十匹绢帛,后来又任命他做郎官。

点评:做事应未雨绸缪,事前防范,及时纠偏和遏制苗头,才能防患于未然。一旦造成后果再补救,则往往事倍功半,而且有些损失将永远无法弥补。正如《资治通鉴》第一卷所言:“夫事未有不生于微而成于著。圣人之虑远,故能谨其微而治之;众人之识近,故必待其著而后救之。治其微,

则用力寡而功多;救其著,则竭力而不能及也。”

从另一个角度讲,这是汉宣帝欲擒故纵的权术:霍光虽有辅国之功,但专擅大权,令刚继位的宣帝有如芒在背之感。霍氏一族在朝中的势力更是盘根错节,已成尾大不掉之势,这些都令宣帝深恶痛绝。等到霍光之妻为让其小女儿当上皇后,谋杀了宣帝正妻许皇后之后,宣帝已决意诛杀霍家。只是因为当时羽翼未丰,只能暂且隐忍。及至霍光死,宣帝对霍家故意加倍恩宠,不加约束,使其骄奢放纵,引发众怒,于是群臣纷纷上书弹劾霍家。这时宣帝便假借群臣之意频繁削夺霍氏权力,逼迫他们由怨恨恐惧而生出叛逆之心,等事态发展到不可挽回的地步再施展雷霆手段斩草除根,其心机可谓深不可测。其间有很多有识之士曾上书劝谏宣帝,让他防患于未然,也可使霍家平安,但宣帝均未采纳。可见宣帝对霍家积怨已深,必欲置其死地而后快。

（八）把握实质

徐知诰厚待徐知谔

原文:吴润州团练使徐知谔,狎昵小人,游燕废务,作列肆于牙城西,躬自贸易。徐知诰闻之怒,召知谔左右诘责;知谔惧。或谓知诰曰:“忠武王最爱知谔,而以后事传于公。往年知询失守,论议至今未息。借使知谔治有能名,训兵养民,于公何利?”知诰感悟,待之加厚。

（第二百七十九卷　后唐纪八）

徐知谔、徐知询是五代十国时南吴权臣徐温的亲子,徐知诰是徐温的养子。徐温死后,徐知诰在与徐知询的争权中胜出,掌握了南吴政权。后来篡吴建齐,两年后改国号为唐,史称南唐。

徐知诰执掌南吴政权后,听说徐知谔喜欢亲近小人,整日吃喝玩乐,不务正业。徐知诰感到很生气,就召来徐知谔的手下进行责问,徐知谔很害怕。这时有人对徐知诰说:“忠武王徐温生前最喜欢知谔,但却把后事托付给了您。当年知询被您剥夺镇所,议论到现在都没有平息。假如知谔精明强干,名声卓著,训练士兵,牧养百姓,对您有什么好处呢?”徐知诰恍然大悟,从此更加厚待徐知谔。

点评:进言者深通权术。徐温的亲儿子越没有才干,才越能彰显出徐知诰继承徐温权力的正确性和合理性,也越不会对徐知诰的地位构成威胁。试想养一个废物、少一个对手有什么不好呢?既可以彰显自己的宽厚之德,又没有什么潜在的风险。人只有明白自己想要什么,才能把很多问题看开想透。

柴荣侍疾

原文:初,帝在邺都,奇爱小吏曹翰之才,使之事晋王荣;荣镇澶州,以为牙将。荣入为开封尹,未即召翰,翰自至,荣怪之。翰请间言曰:“大王国之储嗣,今主上寝疾,大王当入侍医药,奈何犹决事于外邪!”荣感悟,即日入止禁中。丙戌,帝疾笃,停诸司细务皆勿奏,有大事,则晋王荣禀进止宣行之。

(第二百九十一卷　后周纪二)

后周太祖郭威,认为小吏曹翰精明强干,所以非常喜欢他,让他侍奉自己的世子晋王柴荣(后周世宗)。柴荣镇守澶州的时候,任命曹翰为牙将。等他调到京城任开封府尹时,没有带曹翰一起走。有一天,曹翰却突然自己来了。柴荣很奇怪,问他原因。曹翰说:“您是国家的储君,现在皇上病重,您不在宫里伺候,怎么还在外面办公啊!”柴荣恍然大悟,当天就住进宫里,并下令各部门全部停止奏报,有重大事情先向自己禀报,再由自己向太祖禀报,予以定夺。

点评:曹翰精明而有权谋,对柴荣的提醒非常及时到位。在面临继承大统的关键时刻,占据禁中重地,守候在皇帝身边才是当务之急,否则就有可能变生于肘腋之间。至于外面的具体事务,处不处理无足轻重。

第三辑　治国理念（管理理念）

一、礼教治国

匡衡论正家

原文：臣又闻室家之道修，则天下之理得，故《诗》始《国风》，《礼》本冠、婚。始乎《国风》，原情性以明人伦也；本乎冠、婚，正基兆以防未然也；故圣王必慎妃后之际，别适长之位，礼之于内也。卑不逾尊，新不先故，所以统人情而理阴气也；其尊适而卑庶也，适子冠乎阼，礼之用醴，众子不得与列，所以贵正体而明嫌疑也。非虚加其礼文而已，乃中心与之殊异，故礼探其情而见之外也。圣人动静游燕所亲，物得其序，则海内自修，百姓从化。如当亲者疏，当尊者卑，则佞巧之奸因时而动，以乱国家。故圣人慎防其端，禁于未然，不以私恩害公义。《传》曰："正家而天下定矣！"

(第二十九卷　汉纪二十一)

汉元帝曾经对傅昭仪和她的儿子济阳王刘康特别宠爱，其宠爱程度超过了对待皇后和皇太子刘骜。太子少傅匡衡因此上书说："我听说，家庭如果和睦，天下就能治理好。所以《诗经》开篇就是'关关雎鸠，在河之洲'的《国风》。《礼记》开头讲的就是冠礼、婚礼。以《国风》开头，就是要还原性情的本真，以明确人伦之间的关系。用冠礼、婚礼正本，就是为和谐的家庭奠定基础，防患于未然。所以圣明的君主会谨慎处理家庭成员的关系，严格区分皇后和妃子、嫡子和庶子的地位，使家庭秩序合乎礼仪。嫡子成年举行加冠礼时,仪式之所以特别隆重,就是为了显示嫡子的尊贵,确立嫡子的地位,并通过礼仪的形式来表明父亲对嫡子特殊的感情。圣人对他人表达亲疏远近时都是符合秩序、含有深意的,如果颠倒错乱,就会使别有用心的奸邪之徒乘虚而入,扰乱国家。所以圣人在开始做事情时都会特别小心谨慎,唯恐开不好头。绝不以私人的感情妨害大义。诚如《易传》所说:'端正家庭,然后天下就会安定。'"

点评:本段引经据典、追本溯源,说明家庭作为社会的基本单位对于维护国家礼教的重要性。所以全社会都要注重家庭伦理规则的建立和维护,统治者更应率先垂范,做臣民的表率。万物都有节律,按律运行,才能和谐繁荣,这就是礼的精髓。如果次序颠倒,倾覆必在旦夕之间。反映在家庭中,如长幼无序、嫡庶不分、伦常丧失,则庶民败其家,天子败其国。所谓名分就是区分等级、规范秩序。等级森严、秩序井然,礼也就确立了。如果犯名越分,等级就会被颠覆,秩序就会变混乱,礼教也就丧失了。所以维护统治,必须强化名分、严格等级。礼一旦确立,就要牢牢坚守。守得住则治,守不住则乱。可见礼对于国家政治的重要性。所以孔子说:"去食、去兵,不去礼。"治理国家还是要遵循儒家的"五常",即仁、义、礼、智、信。因为这是中国价值体系中最核心、最被广泛认同的元素,是深得人心的正道。如果凭借一己之聪明玩弄权术,与普遍价值观背道而驰,就偏离了正道,背弃了人心,最终只会走上失道寡助的覆灭歧途。

王朴论礼乐

原文:王朴素晓音律,帝以乐事询之,朴上疏,以为:"礼以检形,乐以治心;形顺于外,心和于内,然而天下不治者未之有也。是以礼乐修于上,万国化于下,圣人之教不肃而成,其政不严而治,用此道也。夫乐生于人心而声成于物,物声既成,复能感人之心。”

（第二百九十四卷　后周纪五）

后周大臣王朴非常精通音律,周世宗向他询问有关雅乐之事,王朴回答说:“礼仪可以规范人的形体,音乐可以陶冶人的心灵。形体恭顺了,心灵就会平和,如此天下怎能不太平呢。所以朝廷修成并实行礼乐,就会令万邦来贺,天下归心。圣人的教化和政令并不峻急,但天下却能够大治,就是这个道理。物体振动产生了声音,美妙和谐的声音与心灵共鸣就产生了音乐。”

点评:《诗》《书》《礼》《乐》同属儒家“六经”,都是用来教化人心的。《诗》教人温柔敦厚,《书》教人疏通知远,《乐》教人广博易良,《礼》教人恭俭庄敬。王朴特别谈到礼仪对人形体的规范,音乐对人心灵的陶冶。一个人如果外表恭顺而内心平和,就是一位谦谦君子。如果社会都是由这样的人组成的,天下哪能不太平呢。所以古代圣人治理国家没有不重视礼乐的。礼乐既成并予以推行,人的内心和行为就会得到教化而变得美好,国家就会大治。关于礼乐对人心的教化,司马光说:古代有个名叫垂的能工巧匠,通过眼睛就能够测量方圆曲直,但是这种意会的本领无法传授给别人,只能传授给人圆规和尺子,让人们用这两样工具去进行测量。圣人靠自己的本心就能够感知事物的根本,明了治国之道,但他也无法把这个本领传授给别人,能传授给人的只能是礼乐。礼乐是圣人通过实践验证了的能够使人心万物达到和谐的一种表现方式。三皇五帝等往圣先贤虽然已经离世很久了,但他们创造的礼乐却流传下来,使后世君主有迹可循,通过礼乐来了解他们的思想并治理国家。

可见,内容是通过形式来表现的。天赋和灵感虽不能授人,但规则和知识却可以代代相传。天才把他们的思想和感悟制定成规则或演变成知识供后人研习,后人通过研习这些规则和知识来了解先贤们的思想。于

是薪火相传,人类文明得以延续。

二、仁德治国

国固在德不在险

原文:武侯浮西河而下,中流顾谓吴起曰:“美哉山河之固,此魏国之宝也!”对曰:“在德不在险。昔三苗氏,左洞庭,右彭蠡;德义不修,禹灭之。夏桀之居,左河济,右泰华,伊阙在其南,羊肠在其北;修政不仁,汤放之。商纣之国,左孟门,右太行,常山在其北,大河经其南;修政不德,武王杀之。由此观之,在德不在险。若君不修德,舟中之人皆敌国也。”武侯曰:“善。”

(第一卷　周纪一)

魏武侯有一次带领大臣视察西河前线,泛舟黄河,看到两岸壮美的风光,不由得感慨道:“我们的山河如此坚固,这真是魏国之宝啊!”吴起回答说:“国家稳固在于德行而不在山河的险峻。当初三苗氏部落的所在地,夏朝君主桀的居住地,商朝纣王的都城,哪一个不是险峻异常?但由于他们不修德政,最终不是都灭亡了吗?所以说,治理国家的关键在于德政而不在于山河险要。如果大王您不修德政,就连这条船上的臣子,最后也会成为您的敌人。”魏武侯听罢连声称好。

点评:国家稳固在于民心归附,民心归附在于修明德政。如果君王暴虐无道,荼毒黎民,导致众叛亲离,人人视其如仇寇,那么即使他的都城固若金汤,宫墙巍峨万仞,哪里又有容身之地呢?

唐太宗不恃甲兵

原文:房玄龄奏:"阅府库甲兵,远胜隋世。"上曰:"甲兵武备,诚不可阙;然炀帝甲兵岂不足邪!卒亡天下。若公等尽力,使百姓乂安,此乃朕之甲兵也。"

(第一百九十三卷　唐纪九)

唐朝名相房玄龄有一次视察完朝廷的府库后对唐太宗说:"现在我们府库的武器装备,远胜隋朝。"唐太宗说:"难道隋炀帝的武器装备不够吗?最后还不是丢掉了江山。兵械虽然必不可少,但你们能让老百姓人心安定,才是朕最好的兵械啊。"

点评:国家安定不在于武力强大,而在于修德安民。如果政通人和,百姓安居乐业,武器的用途除了国防还能派上什么用场?如果苛政如虎,民不聊生,全国各地都像秦末、隋末一样烽烟四起,武器再多又有什么用呢!

孟子见梁惠王

原文:邹人孟轲见魏惠王,王曰:"叟,不远千里而来,亦有以利吾国乎?"孟子曰:"君何必曰利,仁义而已矣!君曰何以利吾国,大夫曰何以利吾家,士庶人曰何以利吾身,上下交征利而国危矣。未有仁而遗其亲者也,未有义而后其君者也。”王曰:“善。”

初,孟子师子思,尝问牧民之道何先。子思曰:“先利之。”孟子曰:“君子所以教民者,亦仁义而已矣,何必利?”子思曰:“仁义固所以利之也。上不仁则下不得其所,上不义则下乐为诈也,此为不利大矣。故《易》曰:‘利者,义之和也。’又曰:‘利用安身,以崇德也。’此皆利之大者也。”

(第二卷　周纪二)

孟子有一次去拜见魏惠王,魏惠王问他:“您这么大老远地跑来,是要给我国带来什么利益吗?”孟子说:“您何必张口闭口谈利益,有了仁义就足够了!如果从君主到百姓都追逐利益,国家就危险了。不讲仁爱的人会抛下他的亲人不管的,不讲忠义的人会把他的君主放到次要位置的。

孟子曾经拜孔子的嫡孙孔伋为师,向他请教治理百姓的首要问题。孔伋说:“先给他们利益。”孟子说:“君子都是用仁义来教化民众,您怎么跟我谈利益呢?”孔伋说:“仁义原本就能带来利益!上面的人不仁,下面的人就不知如何处事;上面的人不义,下面的人就乐于伪诈,这就是最大的不利。所以《易经》说:‘要得到利益,就要讲求道义。’又说:‘用利益来安身,以增长自己的道德。’这些都是大的利益所在。”

点评:并不是只有金钱、名誉、地位、占有才是利益,提倡仁义教化才是治理国家使国家获得利益的根本。因为仁义教化可以建立起良性的社会秩序,建立起人们内心的道德法则,使国家得“治”,人民得“安”,这是对国家和个人最大的恩惠。

汉文帝仁爱

原文:夏,六月,己亥,帝崩于未央宫。遗诏曰:“朕闻之:盖天下万物之萌生,靡不有死;死者,天地之理,万物之自然,奚可甚哀!当今之世,咸嘉生而恶死,厚葬以破业,重服以伤生,吾甚不取。且朕既不德,无以佐百姓;今崩,又使重服久临以罹寒暑之数,哀人父子,伤长老之志,损其饮食,绝鬼神之祭祀,以重吾不德,谓天下何!朕获保宗庙,以眇眇之身托于天下君王之上,二十有余年矣。赖天之灵,社稷之福,方内安宁,靡有兵革。朕既不敏,常惧过行以羞先帝之遗德,惟年之久长,惧于不终。今乃幸以天年得复供养于高庙,其奚哀念之有!其令天下吏民:令到,出临三日,皆释服;毋禁取妇、嫁女、祠祀、饮酒、食肉;自当给丧事服临者,皆无跣;绖带毋过三寸,毋布车及兵器;毋发民哭临宫殿中;殿中当临者,皆以旦夕各十五举音,礼毕罢;非旦夕临时,禁毋得擅哭临;已下棺,服大功十五日,小功十四日,纤七日,释服。他不在令中者,皆以此令比类从事。布告天下,使明知朕意。霸陵山川因其故,毋有所改。归夫人以下至少使。”乙巳,葬霸陵。

帝即位二十三年,宫室、苑囿、车骑、服御,无所增益;有不便,辄弛以利民。尝欲作露台,召匠计之,直百金。上曰:“百金,中人十家之产也。吾奉先帝宫室,尝恐羞之,何以台为!”身衣弋绨;所幸慎夫人,衣不曳地;帷帐无文绣;以示敦朴,为天下先。治霸陵,皆瓦器,不得以金、银、铜、锡为饰;因其山,不起坟。吴王诈病不朝,赐以几杖。群臣袁盎等谏说虽切,常假借纳用焉。张武等受赂金钱,觉,更加赏赐以愧其心;专务以德化民。是以海内安宁,家给人足,后世鲜能及之。

(**第十五卷　汉纪七**)

公元前157年,汉文帝在未央宫驾崩。死前留下一封遗诏,大意是说：生死是自然规律，我得以尽享天年，已经很幸运了，所以没什么可悲哀的。我依靠上天和祖先的庇护，做了二十多年君主，所幸国泰民安，没有使祖先蒙羞。我死以后，丧事一切从简，不要劳民伤财，叨扰百姓。否则就是加重我的过失，让我死后也愧对天下臣民。接着对丧礼做了详细规定，所有细节都是替他人考虑。汉文帝死后，葬于霸陵。

汉文帝在位二十三年，吃穿用度、衣食住行都力求节俭。有一次，他想修建一座露台，招来工匠一算，需要花费一百斤黄金，相当于十户中等人家的财产总和，就打消了念头。他自己穿粗丝衣服，用没有刺绣的帷帐，为天下人做出节俭的表率。修建霸陵时，全部使用陶器，不用金属装饰。陵墓依照山势的自然形状修建，不大兴土木另建坟冢。吴王欺骗他，他反而对其宽容优待。大臣进谏言辞尖锐，他都予以包容接纳。他用德政去感化百姓，所以使得国家安定，百姓富足。后世很少有君主能比得上他。

点评：汉文帝是一个理性、仁爱的君主，把生死看得透彻而平淡。生前率先节俭、反对奢侈，死后诏令一切从简，唯恐劳民伤财。治国常反躬自省、如履薄冰，待人谦卑克制、宽厚礼敬，始终以德化人，真正称得上是胸怀宽广、厚德载物的君主。

南朝梁禁文锦为仙人鸟兽之形

原文：三月，丙子，敕织官，文锦不得为仙人鸟兽之形，为其裁翦，有乖仁恕。

（第一百四十八卷　梁纪四）

南北朝时，梁朝曾下令给织锦的官吏，让他们在织锦时不能织人和动物的图案,因为裁剪时会剪断这些图案,有违仁恕之德。

点评:《老子》有云:“九层之台,起于累土。合抱之木,生于毫末。”万事万物都起于忽微,但量的积累终会导致质的变化。所以教化人心也应从点滴做起,从人的一念之始开始。

唐太宗不乘颉利之危

原文:颉利益衰,国人离散。会大雪,平地数尺,羊马多死,民大饥,颉利恐唐乘其弊,引兵入朔州境上,扬言会猎,实设备焉。鸿胪卿郑元璹使突厥还,言于上曰:“戎狄兴衰,专以羊马为候。今突厥民饥畜瘦,此将亡之兆也,不过三年。”上然之。群臣多劝上乘间击突厥,上曰:“新与人盟而背之,不信;利人之灾,不仁;乘人之危以取胜,不武。纵使其种落尽叛,六畜无余,朕终不击,必待有罪,然后讨之。”

(第一百九十二卷　唐纪八)

唐太宗时,北方强敌突厥有一年遭遇大雪灾害,牲畜冻死无数,百姓发生饥荒。于是大臣们纷纷劝说唐太宗趁机袭击突厥。唐太宗说:“我们刚刚与突厥结盟,却突然背弃盟约,这是不守信用。利用别人的灾祸去进攻别人,是乘人之危的行为,不是仁义的表现。我一定要等待他们有罪过的时候,再讨伐他们。”

点评:信守承诺,不乘人之危,出师有名,以道义征服天下,这些都是内心强大自信的表现,反映了唐太宗泰然自若的强者心态。

三、宽厚治国

汉文帝无为治国

原文：是时，上既躬修玄默，而将相皆旧功臣，少文多质。惩恶亡秦之政，论议务在宽厚，耻言人之过失；化行天下，告讦之俗易。吏安其官，民乐其业，畜积岁增，户口浸息。风流笃厚，禁罔疏阔，罪疑者予民，是以刑罚大省，至于断狱四百，有刑错之风焉。

（第十五卷　汉纪七）

汉文帝即位后，采取清静无为的治国方略，任用的大臣也都是旧时功臣，这些人质朴实干，不尚浮华。君臣吸取秦朝灭亡的教训，讨论国政务求宽厚，以议论别人的过失为耻，这种教化风行天下，改变了以往人们互相告密、攻击的风气。官民各得其所，国库充实，人口增多，风俗淳厚，法律宽松，以至于一年之内全国仅审理了四百起案件，刑罚一度停用。

点评：上层的导向和榜样作用是巨大的，所以推行政令和教化一定要自上而下才会有效果。宽厚的品质能影响和感化人心，如果执政群体是一批务实宽厚的长者，就可以起到移风易俗的作用。

陈宠请改苛俗

原文:是时承永平故事,吏政尚严切,尚书决事,率近于重。尚书沛国陈宠以帝新即位,宜改前世苛俗,乃上疏曰:"臣闻先王之政,赏不僭,刑不滥;与其不得已,宁僭无滥。往者断狱严明,所以威惩奸慝;奸慝既平,必宜济之以宽。陛下即位,率由此义,数诏群僚,弘崇晏晏,而有司未悉奉承,犹尚深刻;断狱者急于篣格酷烈之痛,执宪者烦于诋欺放滥之文,或因公行私,逞纵威福。夫为政犹张琴瑟,大弦急者小弦绝。陛下宜隆先王之道,荡涤烦苛之法,轻薄棰楚以济群生,全广至德以奉天心!"帝深纳宠言,每事务于宽厚。

(第四十六卷　汉纪三十八)

汉明帝为政苛察,导致官场政风以严苛为主。他的儿子汉章帝即位后,尚书陈宠认为应当纠正这种风气,就上疏说:"自古明君为政,赏罚分明得当。遇到难以抉择的事情时,宁可多奖赏,也不滥惩罚。为政要宽严相济,严刑峻法后,要继之以宽厚仁慈。现在很多官员还在遵循明帝时的严苛风气,对刑狱之人肆意构陷、严刑拷打,这怎么能行呢?为政就像调理琴弦一样,如果大弦太紧,小弦就会崩断。希望您能带头推行德政,废除那些烦苛的法令,削减严刑,拯救苍生。"章帝认为陈宠的意见非常中肯,以后处理政务时总是以宽厚为本。

点评:君主对待臣属应以诚相待,以信相交,以礼相敬。信任是基本的尊重,是共事的前提。要用人不疑,以德服人,有包容之度。要善于营造宽容和谐的工作氛围,摒弃苛察、攻讦、监视、告密等恶劣风气,堵塞小人兴风作浪的源头。汉章帝听从陈宠之言,纠严苛之风,除惨狱之科,行宽厚之政,德被苍生,功德无量。其中"与其不得已,宁僭无滥"的理念具有人

文主义关怀,“夫为政犹张琴瑟,大弦急者小弦绝”的执政妙喻生动传神。遗憾的是,章帝宽厚有余而明断不足。

第五伦谏行仁政

原文:第五伦上疏曰:“光武承王莽之余,颇以严猛为政,后代因之,遂成风化;郡国所举,类多办职俗吏,殊未有宽博之选以应上求者也。陈留令刘豫,冠军令驷协,并以刻薄之姿,务为严苦,吏民愁怨,莫不疾之。而今之议者反以为能,违天心,失经义;非徒应坐豫、协,亦宜谴举者。务进仁贤以任时政,不过数人,则风俗自化矣。臣尝读书记,知秦以酷急亡国,又目见王莽亦以苛法自灭,故勤勤恳恳,实在于此。又闻诸王、主、贵戚,骄奢逾制,京师尚然,何以示远!故曰:‘其身不正,虽令不行。’以身教者从,以言教者讼。”上善之。伦虽天性峭直,然常疾俗吏苛刻,论议每依宽厚云。

(第四十六卷　汉纪三十八)

第五伦给汉章帝上书说:“光武帝消灭王莽后,由于国家经过多年战乱动荡,法律道德遭到了严重破坏,所以需要以严刑峻法来重建国家秩序。但是沿袭到现在,已经成了一种不好的风气。那些百姓痛恨的酷吏,反被舆论认为有能力,这是违背天理和人心的。秦朝和王莽新朝之所以灭亡,就是因为为政太过苛刻暴虐。前车之鉴不远,希望国家多提拔任用仁爱贤能之人为官,以转变社会风气。我还听说皇室宗亲都异常奢侈,这怎么能给全国各地做榜样和表率呢!孔子说:‘身居高位的人自己立身不正,即使下达了命令下面的人也不执行。’身教胜于言教,说的就是这个道理。”章帝很赞赏他的议论。

点评:苛政不得人心,是逼迫人民反抗、威胁国家稳定的直接诱因。以苛政治世,虽见效快却不长远,功德浅而流毒深,是急功近利的方法,为远见卓识者所不取。国家提倡苛政,官场酷吏就会应时而生,百姓就会深受荼毒。国家提倡仁政,宽厚贤能者就会脱颖而出,社会风气就会净化。这是治国理念和用人导向所决定的。所以改变政风的关键取决于最高层的思路和作风。

四、文教兴国

陆贾作《新语》

原文:陆生时时前说称《诗》《书》,帝骂之曰:“乃公居马上而得之,安事《诗》《书》!”陆生曰:“居马上得之,宁可以马上治之乎?且汤、武逆取而以顺守之;文武并用,长久之术也。昔者吴王夫差、智伯、秦始皇,皆以极武而亡。乡使秦已并天下,行仁义,法先圣,陛下安得而有之!”帝有惭色,曰:“试为我著秦所以失天下、吾所以得之者及古成败之国。”陆生乃粗述存亡之征,凡著十二篇。每奏一篇,帝未尝不称善,左右呼万岁。号其书曰《新语》。

(第十二卷　汉纪四)

汉高祖刘邦得了天下后,儒生出身的大臣陆贾经常在刘邦面前称颂

《诗经》《尚书》等儒家经典。刘邦一辈子讨厌儒生，就大骂道：“老子是在马上得的天下，哪里用得着什么《诗经》《尚书》！”陆贾毫不畏惧，反驳道：“可以在马上打天下，但是可以在马上治天下吗？商汤王、周武王都是靠武力夺取天下的，然后以文治治理天下。文武并用，才是长久之计啊！假如秦始皇统一六国后推行仁政，您怎么会坐到这里呢！”刘邦听后面有惭色，就命陆贾著书论述秦亡汉兴以及古今成败的道理。陆贾于是著书十二篇呈给刘邦，刘邦非常高兴。这本书的名字叫《新语》。

点评：推翻旧政权建立新王朝基本上都是以武力实现的，但立国之后一定要以文教治国，推行德政、牧养百姓、感化人心，如此才能长治久安。如果还停留在战时思维，一味崇尚武力、推行暴政、采取高压政策，势必会引起新的反抗，导致新的覆灭。

樊准奏人君不可不学

原文：尚书郎南阳樊准以儒风浸衰，上疏曰：“臣闻人君不可以不学。光武皇帝受命中兴，东西诛战，不遑启处，然犹投戈讲艺，息马论道。孝明皇帝庶政万机，无不简心，而垂情古典，游意经艺，每飨射礼毕，正坐自讲，诸儒并听，四方欣欣。又多征名儒，布在廊庙，每宴会则论难衎衎，共求政化，期门、羽林介胄之士，悉通《孝经》，化自圣躬，流及蛮荒，是以议者每称盛时，咸言永平。今学者益少，远方尤甚，博士倚席不讲，儒者竞论浮丽，忘蹇蹇之忠，习諓(jiàn)諓之辞。臣愚以为宜下明诏，博求幽隐，宠进儒雅，以俟圣上讲习之期。”太后深纳其言，诏：“公、卿、中二千石各举隐士、大儒，务取高行，以劝后进，妙简博士，必得其人。”

（**第四十九卷　汉纪四十一**）

汉和帝刘肇英年早逝,其子嗣皆幼,所以他的皇后邓绥临朝称制,史称邓太后。这个时期,儒家学风日渐衰颓,尚书郎樊准对此痛心疾首,向邓太后上疏,建议振兴儒教先从皇帝做起,奏疏的大意是说:“君主不能不学习。当年光武帝征讨天下时,仍然在百忙之中与众人研习儒家经典。汉明帝日理万机,却经常亲自为儒生们讲解经书。另外他还广招名儒,经常和他们探讨治国之道。当时受皇帝的影响,全国上下都争相学习儒学,就连期门、羽林的将士,都人人通晓《孝经》。如今钻研学问的学者越来越少,儒生们竞相谈论浮华的理论,忘了儒家忠诚的大道,学那些谄媚巧辩之言。我觉得应当广求隐士,重用大儒,将来为圣上讲解经书。”邓太后深表认同,采纳了他的意见。

点评:圣明的君主深知治国的根本在于教化人心,而教化人心最成体系的学说就是儒家学说,所以莫不自觉研习以完善自我,身体力行以引导风气,尊师重道以树立榜样,实践治国以弘扬大道。如果不重视这个根本,国家就会失去精神纬度,社会就会陷入信仰危机,人心就会走向迷失堕落。

孝文帝好文

原文:魏高祖游华林园,观故景阳山,黄门侍郎郭祚曰:“山水者,仁智之所乐,宜复修之。”帝曰:“魏明帝以奢失之于前,朕岂可袭之于后乎!”帝好读书,手不释卷,在舆、据鞍,不忘讲道。善属文,多于马上口占,既成,不更一字;自太和十年以后,诏策皆自为之。好贤乐善,情如饥渴,所与游接,常寄以布素之意,如李冲、李彪、高闾、王肃、郭祚、宋弁、刘芳、崔光、邢峦之徒,皆以文雅见亲,贵显用事;制礼作乐,郁然可观,有太平之风焉。

(第一百四十卷　齐纪六)

北魏孝文帝有一次游览华林园,路过三国时魏明帝曹叡修筑的景阳山,黄门侍郎郭祚说道:“仁者乐山,智者乐水,您应该重修景阳山。”孝文帝回答说:“我怎么能效仿魏明帝的奢侈呢?”孝文帝喜爱读书,经常手不释卷,即使在旅途中也不忘谈经论道。他还擅长写诗作文,经常亲自撰写策书、诏令。他喜爱人才,求贤若渴,对文人总是以平等之礼相待,如李冲、李彪等都因为温文尔雅的风度得到他的亲近和重用。

点评:历史上文教昌隆的朝代,君主皆是喜爱读书、尊崇贤才之人。孝文帝身为鲜卑族皇帝,深慕汉文化,且博学多才,文化造诣精深,对待文士更是平易谦和、尊崇重用,以同道之心相交,以布衣之礼结纳,其宽襟雅量令人倾倒。

唐太宗论文武之道

原文:丁亥,上宴群臣,奏《秦王破陈乐》,上曰:“朕昔受委专征,民间遂有此曲,虽非文德之雍容,然功业由兹而成,不敢忘本。”封德彝曰:“陛下以神武平海内,岂文德之足比。”上曰:“戡乱以武,守成以文,文武之用,各随其时。卿谓文不及武,斯言过矣!”德彝顿首谢。

(第一百九十二卷　唐纪八)

唐太宗有一次大宴群臣时,命人演奏《秦王破陈乐》。太宗对大臣们解释说:“因为我以前经常带兵打仗,所以民间就有了这个曲子。它虽然没有文德之乐的雍容典雅,但是却成就了我的功业,所以我不敢忘本。”封德彝说:“陛下的赫赫武功,岂是文德所能比的。”太宗说:“打天下靠武力,治国却非用文治不可。文武之道,是根据形势变化来适时运用的。你说文不如武,这话不对!”封德彝立刻叩头谢罪。

点评:封德彝抓住时机奉承唐太宗,但唐太宗却非常清醒理智,并没有被他的歌功颂德之词搞得飘飘然忘乎所以,而是客观公正地论述了文武之道,既暗示了自己今后的治国方向,也在一定程度上抑制了臣属的谄媚之风。

五、正道治国

宣武帝佞佛

原文:十一月,己丑,魏主于式乾殿为诸僧及朝臣讲《维摩诘经》。时魏主专尚释氏,不事经籍,中书侍郎河东裴延儁上疏,以为:“汉光武、魏武帝,虽在戎马之间,未尝废书,先帝迁都行师,手不释卷,良以学问多益,不可暂辍故也。陛下升法座,亲讲大觉,凡在瞻听,尘蔽俱开。然‘五经’治世之模楷,应务之所先,伏愿经书互览,孔、释兼存,则内外俱周,真俗斯畅矣。”

(第一百四十七卷　梁纪三)

北魏的宣武帝不读儒家经典,却非常崇尚佛教,还经常亲自为大臣和僧人们讲解佛经。大臣裴延儁上疏指出:“以前光武帝刘秀、魏武帝曹操,包括先帝孝文帝都酷爱读书,经常手不释卷,是因为他们知道读书的益处。陛下亲自为众生讲解佛法精义,令听者茅塞顿开。但儒家的“五经”

实在是治世的宝典，务实之急需。希望陛下佛经与儒经共读，孔教与释教兼修。这样就能内外周全，玄俗皆畅。”

点评：南北朝时期佛教盛行，世人皆以精通佛法玄学为高明，很多帝王都笃信佛教，喜欢炫耀佛学造诣，并大肆倡导举国信佛，如北魏的宣武帝、南朝的梁武帝。如此一来，儒家的治世之道还怎么推行，修齐治平的政治理想还怎么实现？因此普通人信佛尚可理解，帝王佞佛，实属舍本逐末、不务正业。裴延儁的上疏很有技巧，委婉含蓄，连捧带劝，词意已尽，却又不致冒犯圣颜。

唐玄宗复贞观奏事之制

原文：贞观之制，中书、门下及三品官入奏事，必使谏官、史官随之，有失则匡正，美恶必记之；诸司皆于正牙奏事，御史弹百官，服豸冠，对仗读弹文；故大臣不得专君而小臣不得为谗慝。及许敬宗、李义府用事，政多私僻，奏事官多俟仗下，于御坐前屏左右密奏，监奏御史及待制官远立以俟其退；谏官、御史皆随仗出，仗下后事，不复预闻。武后以法制群下，谏官、御史得以风闻言事，自御史大夫至监察得互相弹奏，率以险诐相倾覆。及宋璟为相，欲复贞观之政，戊申，制：“自今事非的须秘密者，皆令对仗奏闻，史官自依故事。”

（第二百一十一卷　唐纪二十七）

唐朝贞观时期关于奏事有专门的规定：凡是大臣入朝奏事，必须有谏官、史官随同，目的是对大臣的发言进行监督。御史弹劾官员时，必须仪表整肃，对着皇帝的仪仗大声奏报。所以大臣们无法靠谗言蒙蔽君主。到了武则天时期，她为了控制大臣，大兴告密之风，允许官员们互相弹劾，仅靠捕风捉影就可上奏。她又重用许敬宗、李义府两个奸臣,完全废弃了贞观旧制,官员奏事都是等皇帝的仪仗撤下,屏退左右,在皇帝座前秘密进行的,谁也不知道奏事者都说了些什么。到了唐玄宗时期,才又恢复贞观旧制。

点评:议政公开透明,舆论在阳光下发声,人心才能堂堂正正,朝堂之上才会杜绝奸邪谗毁的乱象。如果议事不受监督,专以隐秘幽暗的方式妄议私定政事,则奸险小人就会信口雌黄、兴风作浪。而采取何种方式议政,完全取决于君主的心态、目的和导向。

韩偓推诚待人

原文:上谓韩偓曰:"崔胤虽尽忠,然比卿颇用机数。"对曰:"凡为天下者,万国皆属之耳目,安可以机数欺之!莫若推诚直致,虽日计之不足而岁计之有余也。"

(第二百六十四卷　唐纪八十)

唐昭宗李晔是唐朝倒数第二位皇帝,彼时的唐朝内有宦官专权,外有藩镇割据,已经是风雨飘摇难以为继了。唐昭宗当时最信赖两位大臣,一个是宰相崔胤,一个是翰林学士韩偓。崔胤为人阴险狡诈,工于心计;韩偓则比较忠诚正直。唐昭宗对他们二人的为人心知肚明。有一次唐昭宗对韩偓说:"崔胤虽然对我也很忠诚,但比起你来却多了很多心机权术。"韩偓回答说:"凡是治理天下的人,因身居高位而受到万众瞩目,哪里能够用心机权术蒙蔽天下人的眼睛呢!不如至诚待人、直来直去,这样做,虽然短期看不出效果,长期坚持下去就有功效了。"最后韩偓得以善终,崔胤死于非命。

点评:韩偓说的是道,崔胤用的是术。大道至简,权术繁复。道能及远,术难持久。以简驭繁,靡有不克。《道德经》有言:“大丈夫处其厚,不居其薄;处其实,不居其华。”可见,待人之道,精明不如厚道,让人放心才是最高明的做人之道。太会算计的人,人们就会对其敬而远之,最后的结局大多是“机关算尽太聪明,反误了卿卿性命”。治国也是同样的道理。

赵凤谏勿用周玄豹

原文:初,晋阳相者周玄豹尝言帝贵不可言,帝即位,欲召诣阙。赵凤曰:“玄豹言陛下当为天子,今已验矣,无所复询。若置之京师,则轻躁狂险之人必辐辏其门,争问吉凶。自古术士妄言,致人族灭者多矣,非所以靖国家也。”帝乃就除光禄卿致仁,厚赐金帛而已。

(第二百七十六卷　后唐纪五)

晋阳有个相士叫周玄豹,相面奇准。他曾经说后唐明帝的相貌贵不可言。明帝后来果然当了皇帝。明帝即位后,就想起了这位活神仙,打算把他招到朝廷加以重用。大臣赵凤劝谏道:“周玄豹对陛下的预言已经实现,没有什么可以再询问他的了。若把他安置在京师,那些轻率暴躁狂妄险恶之徒就会聚集到他的门下,争相卜问吉凶。自古术士都喜欢故弄玄虚,说一些虚妄荒诞之言,导致很多人身死族灭,他们不是安定国家的人才。”于是明帝只封了周玄豹一个光禄卿的头衔,并无实权,赐给了他很多金帛罢了。

点评:赵凤的见解非常高明。占卜算卦之流纯属妖言惑众、搬弄是非,是难登大雅之堂的旁门左道。即使卦辞有一时之灵验,又怎么可以用这样

的神棍来安邦治国呢？况且其人因给天子相面而受到封赏，更会名动四方门庭若市，一些自命不凡的狂妄之徒定会与之勾结图谋不轨，成为祸乱的根源。所以对这样的人应进行冷处理，尽量敬而远之。

六、以法治国

(一)制定完善法律

约法三章

原文：初，高祖不修文学，而性明达，好谋，能听，自监门、戍卒，见之如旧。初顺民心作三章之约。天下既定，命萧何次律、令，韩信申军法，张苍定章程，叔孙通制礼仪；又与功臣剖符作誓，丹书、铁契，金匮、石室，藏之宗庙。虽日不暇给，规摹弘远矣。

(第十二卷　汉纪四)

汉高祖刘邦虽然早年不学无术，但生性聪慧豁达，喜欢谋略，又善于倾听别人的意见，即使是对待门吏、戍卒，给人的感觉也是一见如故。当初高祖入咸阳时，为顺应民心与秦地百姓约法三章。待天下平定后，又命令大臣制定国家各项法律、制度章程、礼仪；怕功臣谋反，又与他们立下誓言，制作成丹书铁券，放置于金匮石室，珍藏在宗庙之内。汉高祖虽然日理万机，待处理的各项事务应接不暇，但所创建的制度却规模宏远。

点评：汉高祖天纵帝才，聪明睿智，善于用法令和制度规范国家事务，约束人的行为，而且用人得当，很快就把乱世后各项废置的制度梳理得井井有条，把国家长远发展的战略蓝图规划得经纬有致，开启了各项事务的流脉端绪，为汉朝四百年的国祚奠定了坚实的基础。

郑昌请删定律令

原文：涿郡太守郑昌上疏言："今明主躬垂明听，虽不置廷平，狱将自正；若开后嗣，不若删定律令。律令一定，愚民知所避，奸吏无所弄矣。今不正其本，而置廷平以理其末，政衰听怠，则廷平将召权而为乱首矣。"

（第二十五卷　汉纪十七）

涿郡太守郑昌向汉宣帝上疏说："如今陛下圣明，亲自裁断狱案，司法一定会公正。但若为后世之基着想，不如修订法律。法律一旦确立下来，老百姓就会知道如何规避，奸猾的官吏也就无法弄权了。如果不从根本上解决问题，只是靠设置廷尉来处理一些细枝末节的事务，一旦您有所懈怠，廷尉就会以权乱法。"

点评：人治不如法治，仅仅依靠清官和明主治国是舍本逐末之举，随意性和偏差都很大。只有建立和完善法律制度，国家才会长治久安。

缇萦救父

原文：齐太仓令淳于意有罪，当刑，诏狱逮系长安。其少女缇萦上书曰：

"妾父为吏,齐中皆称其廉平;今坐法当刑。妾伤夫死者不可复生,刑者不可复属,虽后欲改过自新,其道无繇也。妾愿没入为官婢,以赎父刑罪,使得自新。"

天子怜悲其意,五月,诏曰:"《诗》曰:'恺弟君子,民之父母。'今人有过,教未施而刑已加焉,或欲改行为善而道无繇至,朕甚怜之!夫刑至断支体,刻肌肤,终身不息,何其刑之痛而不德也!岂为民父母之意哉!其除肉刑,有以易之;及令罪人各以轻重,不亡逃,有年而免。具为令!"

(第十五卷　汉纪七)

汉文帝时,齐国有个叫淳于意的太仓令犯了罪,应当处以肉刑。他的女儿缇萦向汉文帝上书说:"我父亲一生廉洁公正,不小心犯了罪,被判处肉刑。一旦被执行,则肢体残废不能续接,想改过自新也没有机会了。我甘愿做官府的奴婢,替我父亲赎罪。"

汉文帝可怜缇萦的孝心,于是下诏说:"君主对待百姓,应该像父母那样爱护他们。现在人们犯了罪,没有教育只有刑罚,即使有人想弃恶从善也没有机会了。肉刑动辄断人肢体、刻人肌肤、绝人子嗣,这是多么残酷和没有道德的法律啊!应该废除肉刑,用别的刑罚去代替它。另外,应根据犯罪情节的轻重,规定犯人的服刑年限。服刑期满,就应该释放!"

点评:肉刑,是指对罪犯处以"断肢体,刻肌肤,终身不息"的刑罚。具体包括黥(刺面并着墨)、劓(割鼻)、刖(斩足)、宫(割势)、大辟(死刑)等五种刑罚。起源于"杀人者死,伤人者创"的原始同态复仇论,是中国封建社会前期刑罚体系的主体。统治者有教化民众的责任,也有惩罚罪恶的权力。但惩戒罪恶的出发点应是教人弃恶从善,而不是以恶制恶,报复犯罪,摧残生命。所以对待罪犯应以救赎为宗旨,存一片慈悲之心。

汉文帝可谓是仁慈宽厚的君主,废肉刑(黥、劓、刖)而改笞刑,并使刑罚有了有期徒刑和劳教的影子,这就是历史上有名的文帝刑制改革。

不过最初执行的时候，因为笞刑打的次数很多，结果有人受刑后还是丧了命，因此有人批评说虽然名义上是减轻刑罚，结果却杀人更多，这确实违背了汉文帝的本意。汉景帝即位后，继续刑制改革，两次颁布诏书，将笞刑打的次数大幅度减少，同时，还规定了刑具的长短薄厚以及受刑的部位，行刑中间不许换人等，使刑制得到了完善，活人无数，功德无量。但宫刑在这次改革中没有被废除，导致汉武帝时司马迁依旧身受宫刑之辱。

隋文帝编纂《开皇律》

原文：初，周法比于齐律，烦而不要，隋主命高颎、郑译及上柱国杨素、率更令裴政等更加修定。政练习典故，达于从政，乃采魏、晋旧律，下至齐、梁，沿革重轻，取其折衷。时同修者十余人，凡有疑滞，皆取决于政。于是去前世枭、𫚭及鞭法，自非谋叛以上，无收族之罪。始制死刑二，绞、斩；流刑三，自二千里至三千里；徒刑五，自一年至三年；杖刑五，自六十至百；笞刑五，自十至五十。又制议、请、减、赎、官当之科以优士大夫。除前世讯囚酷法，考掠不得过二百；枷杖大小，咸有程式。民有枉屈，县不为理者，听以次经郡及州；若仍不为理，听诣阙伸诉。

冬，十月，戊子，始行新律。诏曰："夫绞以致毙，斩则殊形，除恶之体，于斯已极。枭首、𫚭身，义无所取，不益惩肃之理，徒表安忍之怀。鞭之为用，残剥肤体，彻骨侵肌，酷均脔切。虽云往古之式，事乖仁者之刑。枭、𫚭及鞭，并令去之。贵带砺之书，不当徒罚；广轩冕之荫，旁及诸亲。流役六年，改为五载；刑徒五岁，变从三祀。其余以轻代重，化死为生，条目甚多，备于简策。杂格、严科，并宜除削。"自是法制遂定，后世多遵用之。

……

帝览刑部奏，断狱数犹至万，以为律尚严密，故人多陷罪。又敕苏威、牛弘等更定新律,除死罪八十一条,流罪一百五十四条,徒杖等千余条,唯定留五百条,凡十二卷。自是刑网简要,疏而不失。仍置律博士弟子员。

(第一百七十五卷　陈纪九)

隋文帝取代北周统一天下后,嫌北周的法令太过烦苛,就命大臣裴政等重修律令。裴政汇集了魏晋以来各朝各代的法律,斟酌轻重宽严,制定了新律。废除了前朝的枭刑、镮刑以及鞭刑等酷刑。规定了死刑、流刑、徒刑、杖刑、笞刑。还制定了专门优待高官士大夫的赎罪之法,对刑具的标准也做了具体的规定,同时还允许老百姓逐级告状上访。

新律开始执行后,隋文帝下诏阐明制定新律的初衷,大意是说:“死刑的目的是剥夺罪犯的生命,但枭首、镮刑等刑罚太过残忍刻毒了,不符合道义和人性。鞭刑肆意摧残罪犯的身体,为推行仁政的君主所不取。所以,这几种极刑一律废除。制定其他的法律也都本着以轻代重、化死为生的原则制定。前朝烦苛的法律一律废除。”

隋文帝审阅刑部奏章时,发现每年仍有数万起案件,于是认为法令制定得还是过于严苛,就责令大臣苏威等再次修订,又删除了旧律令中的大量条款,最后只保留了五百条共十二卷。从此以后,隋朝法律简明扼要,疏而不漏。

点评:隋律有《开皇律》和《大业律》两种。《开皇律》是隋文帝开皇年间制定的,《大业律》是隋炀帝即位后为笼络人心,于大业年间对《开皇律》进行的重新修订,进一步减轻了刑罚。

隋文帝杨坚在北周从政多年,目睹了严刑峻罚之失,故斟酌历代法律轻重宽严的尺度重新制定了法律。《开皇律》的宗旨就是“以轻代重,化死为生”。因此在制定时对以往的刑罚制度进行了人道化的改革,法律条文力求开明宽简,疏而不漏。在内容与形式上,《开皇律》比较准确地掌握了历代刑法的规律,建立了比较完备的诉讼和司法制度,上集六朝刑典之大成，下开唐人律学之先河，承前启后，厥功至伟。它是中国法制史上一个重要的转折点，促进了中国封建法典的定型化，为后来唐朝完备的法律制度奠定了基础，也为后世其他朝代所沿用。

（二）有法必依

张释之公正不阿

原文：是岁，释之为廷尉。上行出中渭桥，有一人从桥下走，乘舆马惊，于是使骑捕之，属廷尉。释之奏当："此人犯跸，当罚金。"上怒曰："此人亲惊吾马；马赖和柔，令他马，固不败伤我乎！而廷尉乃当之罚金！"释之曰："法者，天下公共也。今法如是；更重之，是法不信于民也。且方其时，上使使诛之则已。今已下廷尉；廷尉，天下之平也，壹倾，天下用法皆为之轻重，民安所错其手足！唯陛下察之！"上良久曰："廷尉当是也。"

其后人有盗高庙坐前玉环，得；帝怒，下廷尉治。释之按"盗宗庙服御物者"为奏当弃市。上大怒曰："人无道，乃盗先帝器！吾属廷尉者，欲致之族；而君以法奏之，非吾所以共承宗庙意也。"释之免冠顿首谢曰："法如是，足也。且罪等，然以逆顺为差。今盗宗庙器而族之，有如万分一，假令愚民取长陵一抔土，陛下且何以加其法乎？"帝乃白太后，许之。

（第十四卷　汉纪六）

有一次汉文帝的车驾经过渭桥时，突然有一个人从桥下跑出来，惊到了给文帝驾车的马匹。卫士将此人逮捕后送到廷尉治罪。廷尉的最高长官张释之只判了他罚金。文帝大怒，嫌张释之判罚太轻。张释之说："法，是天下人共同遵守的。这件事按照法律规定就应该判罚金，如果随意加重判罚,法律就不能取信于民。此人在惊动车驾时,如果陛下当场把他杀了,也就罢了。现在您把他交给廷尉,我就必须依法办案。廷尉是天下公平执法的表率,稍有倾斜,天下用法就没有了尺度,老百姓就无所适从了。请陛下三思!"文帝沉吟半晌,说:"你判得对。"

后来,又有人偷盗了高祖庙神位前的玉环,被抓住后,送往廷尉治罪。张释之给出的判决是:在街市公开斩首。汉文帝勃然大怒,说:"偷盗先帝器物属大逆不道之罪,我是想让你将他灭族,你却只判他斩首,这怎么能体现出我供奉宗庙的孝心呢!"张释之见皇帝震怒,赶紧磕头谢罪说:"按照法律规定,这样判已经足够了。另外,即使同样的罪名,也应该根据情节的轻重予以区分。现在此人因为偷盗宗庙器物就被灭族,万一哪天有愚蠢狂妄之徒动了高祖长陵上的土,陛下将如何再给他往上加刑呢?"最后,文帝将此事禀报了太后,同意了张释之的意见。

点评:封建社会是家国同构的体系,君主往往把国家视为自己的私有产业,所以常常随心所欲处理国家事务。但英明的君主,如汉文帝,却能以天下大治为己任,克制情绪,尊崇法律,不滥用威权,以此为天下人做出表率。张释之身为廷尉,具有很强的法治精神。既然有法可依就坚决以法律为准绳处理案件,不谄媚人主,不屈从皇权,通过对律条的坚守维护了法律的公平和严肃。

赵憙严格护法

原文:春,正月,赵孝公良薨。初,怀县大姓李子春二孙杀人,怀令赵憙穷治其奸,二孙自杀,收系子春。京师贵戚为请者数十,憙终不听。及良病,上临视之,问所欲言,良曰:"素与李子春厚,今犯罪,怀令赵憙欲杀之,愿乞其命。"帝曰:"吏奉法律,不可枉也。更道他所欲。"良无复言。既薨,上追思良，乃贳出子春。迁憙为平原太守。

（第四十三卷　汉纪三十五）

光武帝时，怀县有个豪强叫李子春，以前担任过琅琊相，结交了京城中很多权贵。他的两个孙子杀了人，怀县县令赵憙彻查凶犯，他的两个孙子畏罪自杀，李子春被赵憙收捕入狱。后来京城中有很多皇亲国戚替李子春求情，赵憙就是不答应。赵孝公刘良病重时，刘秀去探望他，问他还有什么事要交代。刘良说："我和李子春交情深厚，求您让赵憙饶他一命。"刘秀说："官吏按国法办事，不能枉纵。请说别的事。"刘良便闭目不言。刘良死后，刘秀怀念刘良，心生恻隐，于是赦免了李子春。但为了表彰赵憙，特提拔他为平原太守。

点评：法不容情，但谁又能没有私情，所以面临抉择时确实很难。但圣明的君主能够克制私情，以国法为先，这一点确实令人钦佩。光武帝感念刘良的遗愿，法外施恩，也属人之常情。但为了勉励赵憙严格执法的精神，特别予以提拔重用。

赵绰犯颜执法

原文：大理掌固来旷上言大理官司太宽，帝以旷为忠直，遣每旦于五品行中参见。旷又告少卿赵绰滥免徒囚，帝使信臣推验，初无阿曲，帝怒，命斩之。绰固争，以为旷不合死，帝拂衣入阁。绰矫言："臣更不理旷，自有他事，未及奏闻。"帝命引入阁，绰再拜请曰："臣有死罪三，臣为大理少卿，不能制御掌固，使旷触挂天刑，一也。囚不合死，而臣不能死争，二也。臣本无他事，而妄言求入，三也。"帝解颜。会独孤后在坐，命赐绰二金杯酒，并杯赐之。旷因免死，徙广州。

……

刑部侍郎辛亶(dǎn)尝衣绯裈,俗云利官;上以为厌蛊,将斩之。绰曰:“法不当死,臣不敢奉诏。”上怒甚,曰:“卿惜辛亶而不自惜也!”命引绰斩之。绰曰:“陛下宁杀臣,不可杀辛亶。”至朝堂,解衣当斩,上使人谓绰曰:“竟何如?”对曰:“执法一心,不敢惜死。”上拂衣而入,良久,乃释之。明日谢绰,劳勉之,赐物三百段。

时上禁行恶钱,有二人在市,以恶钱易好者,武候执以闻,上令悉斩之,绰进谏曰:“此人所坐当杖,杀之非法。”上曰:“不关卿事。”绰曰:“陛下不以臣愚暗,置在法司,欲妄杀人,岂得不关臣事!”上曰:“撼大木,不动者当退。”对曰:“臣望感天心,何论动木。”上复曰:“啜羹者热则置之,天子之威,欲相挫邪!”绰拜而益前,诃之,不肯退,上遂入。治书侍御史柳彧复上奏切谏,上乃止。

上以绰有诚直之心,每引入阁中,或遇上与皇后同榻,即呼绰坐,评论得失,前后赏赐万计。与大理卿薛胄同时,俱名平恕;然胄断狱以情而绰守法,俱为称职。

(第一百七十八卷　隋纪二)

大理寺掌固来旷为了谄媚隋文帝,就向文帝打小报告说大理寺执法太宽,文帝因此认为来旷忠诚正直,于是就很欣赏信任他。不久来旷又诬告其长官大理寺少卿赵绰私放囚犯,文帝派人去调查,发现此事纯属来旷子虚乌有的胡说,不禁勃然大怒,下令将来旷斩首。赵绰听说后,认为来旷罪不至死,就向文帝苦苦哀求。文帝不听,拂袖而去。赵绰又让人通报,说自己不再管来旷的事了,还有其他事情要向文帝禀奏。文帝命人把他引入后阁,赵绰拜倒请罪说:“我犯了三项死罪:身为大理寺少卿,却不能管理来旷,致使他触犯法律,这是一;来旷罪不至死,但我却不能以死相争,这是二;我本来没有其他事情奏报,却编造谎言欺骗您,这是三。”文帝听完,脸色才有所缓和。正好独孤皇后在座,就命人赐给赵绰两金杯酒,并且连金杯一并赐给了他。来旷因此免于一死,被流放到广州。

民间传说官员穿红色的裤子就可以平步青云,刑部侍郎辛亶就穿了一条。文帝认为这是妖言惑众,要将辛亶斩首。赵绰说:"辛亶罪不至死,我不敢接受命令。"文帝非常恼怒,说:"你珍惜辛亶的命,就不珍惜你自己的命吗?"命人把赵绰拉出去斩了。赵绰说:"宁可让您杀了我,也不能杀辛亶。"马上要行刑时,文帝问他:"事到如今怎么样?"赵绰回答:"我一心一意执行法律,不敢珍惜自己的生命。"文帝气得拂衣进入后阁,过了半天,才释放了赵绰。第二天又向赵绰道歉,慰问勉励他,赐给他三百匹绸缎。

有一个阶段,隋文帝严禁使用民间铸造的质量粗劣的钱币,有两个人在市场上用劣币换好币,被巡查的官员抓获,文帝命令把他们都斩了,赵绰进谏说:"这两个人犯的罪应当处以杖刑,杀他们不符合法律。"文帝说:"这不关你的事。"赵绰说:"您不因我愚昧糊涂,而把我放到掌管司法的位置上,现在想随便杀人,怎么能不关我的事!"文帝说:"摇撼参天大树时,如果难以撼动就应该知难而退。"赵绰回答说:"臣希望能感动上天的心,何况是撼动树木呢。"文帝又说:"喝汤时汤太热就应该先放到一边,天子的威严,你也想挫折吗?"赵绰还想上前分辩,文帝大声呵斥他,赵绰仍不肯退让,文帝于是转身进入后阁。治书侍御史柳彧也上奏恳切劝谏,文帝才没有杀那两个人。

文帝因为赵绰忠诚正直,经常召他到后阁,有时遇上文帝和独孤皇后同坐,就让赵绰一起坐,跟他议论朝政得失,前后赏赐的财物数以万计。赵绰与大理寺卿薛胄同时为官,两人都以公正宽恕而闻名。但薛胄断案参考人情事理,赵绰却只依据法律。两人都很称职。

点评:来旷是一个专以迎合上意、搬弄是非来谄媚君主的小人,而隋文帝又一向以明察秋毫自居,这样的领导最讨厌的就是别人的蒙蔽和欺骗,所以来旷遇到隋文帝活该倒霉。

在古代家国同构的治理体系中,君主总觉得国家是他个人的,法律都

是为皇权统治服务的,因此认为法律都是给别人制定的,他的意志则可以任意凌驾于法律之上,行为也可不受法律的制约。君主随心所欲从来不觉得有所逾越,臣民们也都认为理所当然。只有极少数通晓治世之道的大臣才敢于引经据典、极言直谏,恳请君主带头尊重和执行法律,以取信于民。如果遇到明智的君主也许会采纳其谏言并对其赏识重用,如果遇到残暴的君主则大抵凶多吉少。

赵绰很多时候都是死磕到底,和文帝争执起来不卑不亢、寸步不让,常令文帝恼羞成怒,无以应答。但有时他也很讲究技巧,如为来旷说情时采用的就是迂回战术,先欺骗文帝说还有其他事情上奏,等见面后又自领三项死罪缓解文帝的愤怒并打好预防针,然后娓娓道来以柔克刚,收到了很好的效果。另外,从赵绰对来旷以直报怨的态度,也可看出其磊落正直的品格。

隋文帝被逼无奈,用撼树与喝汤的比喻来暗示赵绰应见机行事、知难而退,堪称妙趣横生,令人忍俊不禁。

李直臣坐赃当死

原文:宿州刺史李直臣坐赃当死,宦官受其赂,为之请,御史中丞牛僧孺固请诛之。上曰:“直臣有才,可惜!”僧孺对曰:“彼不才者,无过温衣饱食以足妻子,安足虑!本设法令,所以擒制有才之人。安禄山、朱泚皆才过于人,法不能制者也。”上从之。

(第二百四十二卷 唐纪五十八)

唐穆宗时期,宿州刺史李直臣贪赃枉法,按照法律应当处死。有一个宦官接受了他的贿赂,替他活动。御史中丞牛僧孺坚决请求杀了他。唐穆宗说:“李直臣是个很有才干的人,杀了他很可惜啊!”牛僧孺回答说:“那些没有才能的人,不过是求得衣食温饱来养活妻子儿女,有什么值得担忧的呢！设置法律，本来就是为了限制那些有才能的人。安禄山、朱泚都才智过人，正是因为法律不能禁止他们，才使得他们犯上作乱啊！”唐穆宗采纳了他的意见。

点评：法律面前人人平等，岂能因为各种所谓的特殊原因而网开一面！如果对不同的人有不同的执行标准，那么法律究竟是给谁制定的呢？它的公平公正性又体现在哪里呢？如果有才能的人犯法就可以宽恕，那天底下多的是才胜于德、作奸犯科的小人，法律能宽恕得过来吗？宽恕之后的后果又如何呢？

光州民逐刺史

原文：光州民逐刺史李弱翁，弱翁奔新息。左补阙杨堪等上言：“刺史不道，百姓负冤，当诉于朝廷，置诸典刑，岂得群党相聚，擅自斥逐，乱上下之分！此风殆不可长，宜加严诛以惩来者。”

（第二百五十二卷　唐纪六十八）

唐懿宗时期，光州刺史李弱翁贪婪残暴，欺压百姓。光州百姓聚众驱逐他。大臣杨堪向朝廷上奏称：“刺史无道，百姓应向朝廷申诉，朝廷会按照法律来进行惩处。百姓怎么可以聚众闹事，擅自驱逐朝廷命官呢！这种风气不能助长，应当严厉诛杀这些人以惩戒后来者。”

点评：俗话说“国有国法，家有家规”，“没有规矩，不成方圆”。不管任何人犯罪，都应由国家按照法律规定进行惩处，岂能由民众按照自己的意愿随便乱来！

(三)法理人情

汉景帝重审疑案

原文:九月,诏:“诸狱疑,若虽文致于法而于人心不厌者,辄谳之。”

(第十六卷　汉纪八)

汉景帝下诏说:“各个存疑案件,如果根据法律条文虽然可以定罪,但却无法使人心服的,就要向朝廷上报,重新审议。”

点评:汉景帝强调办案时要注重人文关怀。他明白法律的社会功能就是惩恶扬善,所以在办案时不仅要依法依规,还要关注法律背后的价值诉求、人心所向,要通过公平正义的审判塑造伦理道德,引导社会风气。当法理与人情存在冲突时,要回应好人心的诉求,把握好条文与人性的关系。不能死搬教条,漠视人心,激起民愤。

(四)法外开恩

王伽纵囚

原文:齐州行参军章武王伽送流囚李参等七十余人诣京师,行至荥阳,哀其辛苦,悉呼谓曰:“卿辈自犯国刑,身婴缧绁,固其职也;重劳援卒,岂不愧心哉!”参等辞谢。伽乃悉脱其枷锁,停援卒,与约曰:“某日当至京师,如致前却，吾当为汝受死。”遂舍之而去。流人感悦，如期而至，一无离叛。上闻而惊喜，召见与语，称善久之。于是悉召流人，令携负妻子俱入，赐宴于殿庭而赦之。因下诏曰：“凡在有生，含灵禀性，咸知善恶，并识是非。若临以至诚，明加劝导，则俗必从化，人皆迁善。往以海内乱离，德教废绝，吏无慈爱之心，民怀奸诈之意。朕思遵圣法，以德化民，而伽深识朕意，诚心宣导，参等感寤，自赴宪司；明是率土之人，非为难教。若使官尽王伽之俦，民皆李参之辈，刑厝不用，其何远哉！”乃擢伽为雍令。

（第一百七十九卷　隋纪三）

齐州行参军王伽有一次押送李参等七十多个犯人去京师，走到半路，王伽觉得犯人们身戴枷锁非常辛苦，就对他们说：“你们披枷带锁本是罪有应得，但连累我跟你们一起受苦，难道不惭愧吗？现在我把你们都放了，咱们约好日期在京师会合，如果你们不能按期到达，那我只好替你们受死。”说完解开他们的枷锁就走了。犯人们深受感动，都如期到达京师，没有一个人逃走。隋文帝听说此事后非常惊喜，召见王伽并对他大加赞赏。随后命令犯人们带上自己的妻子儿女一起进宫，在大殿上赏赐他们宴席，吃完之后全部赦免了他们。文帝对此事非常感慨，下诏说：“世上之人，都是有灵性、懂善恶的，如果以至诚之心去对待他们，人人都会变得善良。以前兵荒马乱动荡不安，德教都废弛了。我想学习古圣先贤的做法，用道德来感化人民。王伽理解我的苦心，勉力推行教化，李参等人幡然醒悟，主动归案。由此看来，普天下的老百姓并不难教化。如果官吏都像王伽那样，百姓都像李参那样，那么不用刑罚的日子就不会遥远了。”于是提拔王伽为雍县县令。

点评：法律的作用就是通过惩罚罪恶来警示人。惩罚是手段，警示才是目的。如果人心能够自觉向善，道德能够得以弘扬，那么惩罚还有什么意义呢？王伽豪迈磊落，犯人们也都是血性义士，两者相遇才成就了一段千古

佳话。隋文帝被此事深深打动,不但从中看出了人性的美好,也对国家推行教化充满了希望。赦免罪犯,奖赏王伽,是对向善的劝勉,也是对教化的引导,这正是君主该做的事情。唐太宗也有过类似的行为。

(五)不避权贵

鲍永弹劾刘良

原文:赵王良从帝送歙(xī)丧还,入夏城门,与中郎将张邯争道,叱邯旋车;又诘责门候,使前走数十步。司隶校尉鲍永劾奏:"良无藩臣礼,大不敬。"良尊戚贵重,而永劾之,朝廷肃然。永辟扶风鲍恢为都官从事,恢亦抗直,不避强御。帝常曰:"贵戚且敛手以避二鲍。"

(第四十二卷　汉纪三十四)

东汉初,赵王刘良当着光武帝刘秀的面和中郎将张邯争夺道路,他又是斥责张邯,又是责骂守城的门吏,态度十分嚣张。司隶校尉鲍永因此弹劾刘良,认为他不守藩臣礼节,犯了大不敬之罪。刘良是刘秀的叔叔,地位十分尊贵,鲍永竟然敢弹劾他,朝廷上下因此都对鲍永肃然起敬。鲍永又任命鲍恢当自己的助手,这个鲍恢也是个不畏强权的刚直之人。刘秀常说:"皇亲贵戚们暂且收敛一些,不要去招惹二鲍。"

点评:鲍永、鲍恢两人刚直不阿,不避权贵,朝廷纲纪为之整肃。刘秀的评语流露出对"二鲍"行为的认可和鼓励,其实是在给"二鲍"严格执法做舆论后盾。

王猛治京兆

原文：秦王坚自河东还，以骁骑将军邓羌为御史中丞。八月，以咸阳内史王猛为侍中、中书令，领京兆尹。特进、光禄大夫强德，太后之弟也，酗酒，豪横，掠人财货、子女，为百姓患。猛下车收德，奏未及报，已陈尸于市；坚驰使赦之，不及。与邓羌同志，疾恶纠案，无所顾忌，数旬之间，权豪、贵戚，杀戮、刑免者二十余人，朝廷震栗，奸猾屏气，路不拾遗。坚叹曰："吾始今知天下之有法也！"

（第一百卷　晋纪二十二）

前秦王苻坚任命骁骑将军邓羌为御史中丞，任命王猛兼任京兆尹。强太后的弟弟强德骄纵不法，为害一方。王猛刚上任就把他抓了起来，然后上疏请求惩处强德，还没等诏令回复，就把强德就地正法了。苻坚见到奏章，马上派人要赦免强德，但已经来不及了。王猛与邓羌同心协力、大刀阔斧地惩治豪强，短短几十天时间，就依法废黜、处死了二十多名王公贵族，朝野上下为之震动，奸猾凶恶之徒连大气都不敢出，境内夜不闭户，路不拾遗。苻坚感叹地说："我今天才知道法律的威严！"

点评：法律必须具有公平性和严肃性才能起到治世的作用，而破坏法律的恰恰都是特权阶层。所以要维护法律的尊严，必须选择权贵中具有代表性的人物开刀，才能起到杀一儆百的震慑作用。奏报后不等批示立即执行，这是下属通常耍的一个花招儿，目的是推卸没有履行上报程序的责任。但依法办事无可厚非，且既成事实，明智的领导也就不去追究了。

(六)忌执法不一

晋武帝避重就轻

原文:司隶校尉上党李憙劾故立进令刘友、前尚书山涛、中山王睦、尚书仆射武陔各占官稻田,请免涛、睦等官,陔已亡,请贬其谥。诏曰:"友侵剥百姓以缪惑朝士,其考竟以惩邪佞。涛等不贰其过,皆勿有所问。憙亢志在公,当官而行,可谓邦之司直矣。光武有云:'贵戚且敛手以避二鲍。'其申敕群僚,各慎所司,宽宥之恩,不可数遇也!"睦,宣帝之弟子也。

(第七十九卷　晋纪一)

司隶校尉李憙弹劾四位官员霸占官田,请求晋武帝对他们做出处理。但晋武帝却只处死了职位最低的县令刘友,宽恕了山涛等三位高官。为了避免舆论批评,还不忘对李憙进行冠冕堂皇的口头表扬。

点评:司马光说:政之大本,在于刑赏,刑赏不明,政何以成。晋武帝的做法,赏与罚都失去了。如果李憙的话是对的,那么就应该惩罚山涛等人。如果李憙的话是错的,那就不该对他进行褒奖。现在既褒奖李憙,又赦免山涛等人,岂不是自相矛盾?四位大臣所犯罪行相同,处理结果却大相径庭,难道法律就是避开权贵,专门实施在普通人身上的吗?这难道符合为政之道吗?法律贵在公平,只处死职位最低的刘友而宽恕身居高位的山涛等人,是典型的避重就轻,徇私枉法。而此决定又出自皇帝,那以后法律还怎么取信于人?民众将如何看待朝廷?公平和正义将如何保障?社会又怎能长治久安?至于褒奖李憙,完全是欲盖弥彰的权术。知其所行

正道却又不能采纳,徒以褒奖示安慰、蔽视听而已。

梁武帝为法不公

原文:上敦睦九族,优借朝士,有犯罪者,皆屈法申之。百姓有罪,则案之如法,其缘坐则老幼不免,一人逃亡,举家质作,民既穷窘,奸宄益深。尝因郊祀,有秣陵老人遮车驾言曰:“陛下为法,急于庶民,缓于权贵,非长久之道。诚能反是,天下幸甚。”上于是思有以宽之。

(第一百四十七卷　梁纪三)

梁武帝对宗亲、权贵、高官、士大夫都非常宽容优待,这些人犯了法,他都想办法予以开脱。而老百姓一旦犯罪,就严惩不贷,并且还实行连坐。百姓苦不堪言、无路可逃。有一次,梁武帝去郊祀,碰到一个秣陵老头,老头拦住他的车驾进言道:“您对老百姓执法太严,而对权贵执法太宽,这不是长久的治国之道。如果能反过来,则是天下的福音。”梁武帝于是开始考虑对百姓放宽执法力度。

点评:法律是天下之准绳,体现至公之原则。梁武帝的做法,是向宗族权贵市恩卖好,欺凌轻贱庶民百姓,这是权术,不是治国之道。一代帝王,却是这种思维方式,只能说格局太小。

(七)忌以权乱法

孝文帝赐不死之诏

原文:初,丕、睿与仆射李冲、领军于烈俱受不死之诏。睿既诛,帝赐冲、烈诏曰:"睿反逆之志,自负幽冥;违誓在彼,不关朕也。反逆既异余犯,虽欲矜恕,如何可得?然犹不忘前言,听自死别府,免其拿戮。元丕二子、一弟,首为贼端,连坐应死,特恕为民,朕本期始终而彼自弃绝,违心乖念,一何可悲!故此别示,想无致怪。谋反之外,皎如白日耳。"冲、烈皆上表谢。

(第一百四十一卷　齐纪七)

北魏孝文帝曾经给元丕、陆睿、李冲、于烈等皇室宗亲和朝廷重臣赐予过不死之诏,后陆睿因谋逆罪被赐自尽。孝文帝于是向李冲等人解释道:我虽然赐予过不死之诏,但陆睿犯的是谋反罪,是他先违背了誓言,所以处死他不能怪我负约。我本来想与你们共享富贵、善始善终,但没想到他会产生这样的念头,真是可悲啊!除谋反以外,我对你们的任何行为都会原谅,我的真心日月可鉴!

点评:依法治国,应是古今同制。如果法律之外另设一套体系,就会赏罚混乱,进退失据。赐大臣不死之诏,是君主的个人承诺。对罪犯依法制裁,却是法律的职责。当二者发生矛盾时该如何处置?如果兑现了君主的承诺,则法律就形同虚设。如果依法处置,则君主的信誉又荡然无存。所以作为君主,臣下有功则赏,有过就罚,千万别为了笼络人心,一时兴起发什么免死铁券。历史上得到免死铁券的功臣很多,但没有几个有好下场的。君主也因此背负背信弃义之名,遭人诟病。司马光说:君主虽然拥有生杀予夺的权力,但臣子犯了罪,也都要通过司法部门审理裁定,实事求是做出判决,该怎样就怎样。但到了北魏,君主往往对功臣贵戚许诺终生免死,可这些人一旦犯了重罪,又不得不处死。这就显得君主言而无信,像是用谎言唆使别人犯罪。

七、勤勉治国

刘邦卧禁中

原文:帝有疾,恶见人,卧禁中,诏户者无得入群臣,群臣绛、灌等莫敢入,十余日。舞阳侯樊哙排闼直入,大臣随之。上独枕一宦者卧。哙等见上,流涕曰:“始,陛下与臣等起丰、沛,定天下,何其壮也!今天下已定,又何惫也!且陛下病甚,大臣震恐;不见臣等计事,顾独与一宦者绝乎!且陛下独不见赵高之事乎?”帝笑而起。

(第十二卷　汉纪四)

汉高祖争夺天下时,殚精竭虑。天下初定,百废待兴,又日夜操劳,确实有些疲惫厌倦了。有一次高祖生了病,谁也不想见,一个人在宫中躺了十几天。后来樊哙等人不顾守门官吏的阻拦,强行闯入高祖的寝宫,看到高祖正枕在一个宦官身上,孤零零地躺着。樊哙流着泪说:“想当年,您带领我们一起打天下时,是何等的意气风发啊!如今天下已经安定,您又显得多么疲惫不堪啊!您身体欠佳,不接见群臣,大臣们都惶恐不安、六神无主。您难道以后也不和我们共商国是,就这么守着一个宦官一直到死吗?您难道不知道赵高乱秦的旧事吗?”高祖一笑起身。

点评:治理国家很苦、很累,但责任在肩,不容懈怠,更不能随性,有时甚至不能照顾自己的心情,必须夙夜在公、孜孜不倦,才能有所建树。同理,在任何领域做到优秀甚至合格都不容易,风光的背后往往有很多艰辛和无奈。

汉宣帝励精图治

原文:帝兴于闾阎,知民事之艰难。霍光既薨,始亲政事,厉精为治,五日一听事。自丞相以下各奉职奏事,敷奏其言,考试功能。侍中、尚书功劳当迁及有异善,厚加赏赐,至于子孙,终不改易。枢机周密,品式备具,上下相安,莫有苟且之意。及拜刺史、守、相,辄亲见问,观其所由,退而考察所行以质其言,有名实不相应,必知其所以然。常称曰:“庶民所以安其田里而亡叹息愁恨之心者,政平讼理也。与我共此者,其唯良二千石乎!”以为太守,吏民之本,数变易则下不安;民知其将久,不可欺罔,乃服从其教化。故二千石有治理效,辄以玺书勉厉,增秩、赐金,或爵至关内侯;公卿缺,则选诸所表,以次用之。是以汉世良吏,于是为盛,称中兴焉。

(第二十四卷　汉纪十六)

汉宣帝出身民间,知道老百姓生活的艰难。霍光死后,汉宣帝才开始亲政,他励精图治,每隔五天就召集群臣一次,听取他们对于政务的意见。自丞相以下,各自按照自己的职责奏报事务,然后下达执行,并考察成效。尚书、侍中因功应当升迁或者有特殊贡献的,就厚加赏赐,甚至恩泽到他们的子孙,这一政策始终不变。中枢机构严密健全,功能编制完备,上下相安,没有人抱着苟且度日的想法。任命刺史、太守,封国相时,汉宣帝一定亲自接见问话,了解他的施政纲领,然后再考察他的所作所为,来印证他所说的话,如果言行不一,一定要弄明原因。汉宣帝常说:“百姓之所以能安心种田而没有叹息愁怨的原因,就在于为政公平,诉讼合理。能与我共同实现这个目标的,只有那些优秀的两千石官员。”他认为太守是治理人民的关键,经常变换就会令百姓不安,人民知道他会长久任职,不能够欺骗,就会服从他的管理和教化。所以两千石官员治理地方有成效,宣帝就会以诏书进行勉励,同时提升官职、赐给金银,或者封他们为关内侯。如果公卿大臣有缺额,就会从这些受过表彰的官员里面依次进行选拔。所以整个汉朝优秀的官吏以这个时期最多,号称中兴之世。

点评:这一段文字是君主励精图治、殚精竭虑的典范。要治理好国家:第一,要勤政;第二,工作方法要得当、高效,要善于提纲挈领,总揽全局;第三,要建立良性的选拔用人机制和晋升机制;第四,要有好的激励机制和监督机制;第五,要有好的治国理念,即深知治国就是治吏,治吏是为治民,民为邦本,本固邦宁的道理。所以在治国中尤其要重视对地方大员的选拔任用。总体来说,汉宣帝治理国家的成就高于汉文帝。

光武帝身致太平

原文:二月,戊戌,帝崩于南宫前殿,年六十二。帝每旦视朝,日昃乃罢,数引公卿、郎将讲论经理,夜分乃寐。皇太子见帝勤劳不怠,承间谏曰:“陛下有禹、汤之明,而失黄、老养性之福,愿颐爱精神,优游自宁。”帝曰:“我自乐此,不为疲也!”虽以征伐济大业,及天下既定,乃退功臣而进文吏,明慎政体,总揽权纲,量时度力,举无过事,故能恢复前烈,身致太平。

(第四十四卷　汉纪三十六)

汉光武帝六十二岁驾崩。光武帝生前,每天上早朝都是直到午后方散。他经常召见大臣讲经论道,直到深夜才睡。皇太子见光武帝勤政不辍,就找机会劝谏道:“陛下有大禹、商汤的英明,却丢掉了黄帝、老子修心养性的福气,希望您颐养精神,悠游度日,寻求自我安宁之道。”光武帝说:“我喜欢做这些事,并不感到疲惫!”光武帝虽然靠南征北战成就了大业,等到天下安定,却劝退并优待那些打天下的功臣而重用文官治国,他明智而谨慎地制定国家政策,总揽朝政大权,根据时机、能力行事,决策没有什么失误,所以能恢复西汉时的功业,在自己这一代就实现了太平。

点评:做任何事情,首先都要勤勉,勤勉是成就事业的基础,所谓“一勤天下无难事”。如果没有勤勉的精神,纵有千条妙计、万般灵感,也会成为华而不实的无本之木,最终一事无成。其次要有方法,能够张弛有度,纲举目张。开国用武将,治国用文官,这是由不同历史时期的使命决定的,即所谓逆取而顺守。英明的君主都深谙此道。正如陆贾反驳刘邦所说:“在马上得天下,难道可以在马上治天下吗?”

唐太宗重上书

原文:上谓裴寂曰:“比多上书言事者,朕皆粘之屋壁,得出入省览,每思治道,或深夜方寝。公辈亦当恪勤职业,副朕此意。”

(第一百九十二卷　唐纪八)

唐太宗对大臣裴寂说:“我最近把很多奏章都粘贴在寝宫的墙上,以方便进出时随时观看。我常常思考治国之道,有时要到很晚才能入睡。希望你们也都恪尽职守、勤勉不怠,与我同心同德。”

点评：唐太宗为实现天下大治，可谓夙兴夜寐，殚精竭虑。对裴寂言说自己耗尽心力思考治国为政之道，是希望通过自己的表率作用，激励臣子们共同为国效力。

八、一心谋国

汉明帝遵奉光武旧制

原文：帝遵奉建武制度，无所变更，后妃之家不得封侯与政。馆陶公主为子求郎，不许，而赐钱千万，谓群臣曰："郎官上应列宿，出宰百里，苟非其人，则民受其殃，是以难之。"公车以反支日不受章奏，帝闻而怪曰："民废农桑，远来诣阙，而复拘以禁忌，岂为政之意乎！"于是遂蠲其制。尚书阎章二妹为贵人，章精力晓旧典，久次当迁重职，帝为后宫亲属，竟不用。是以吏得其人，民乐其业，远近畏服，户口滋殖焉。

（第四十五卷　汉纪三十七）

汉明帝遵奉光武帝时的旧制，不进行改动。外戚之家都不允许封侯参政。他的姐姐馆陶公主为儿子求取郎官的职务，他没有答应，只是赐给她一千万钱。他对群臣说："郎官与天上的星宿对应，出了朝廷宰制方圆百里的地盘，如果用人不当，老百姓就会蒙受灾殃，所以我才感到为难，没有答应姐姐的请求。"负责接待上访的官署，每逢禁忌之日就不接受奏章。

汉明帝听说后责怪道:“人民荒废了农桑本业,远道而来上访投诉,又被禁忌所限制,这难道是国家为政的本意吗?”于是就废除了这项制度。尚书阎章有两个妹妹都是贵人,他本人精通旧的典章制度,很早就该升迁要职了,汉明帝因为他是外戚,最后就没升迁他。由于汉明帝为政得法,所以官吏能选到合适的人,人民都安居乐业,远近各国都畏惧敬服,百姓繁衍生息,国家人口增长。

点评:好的制度要有延续性和稳定性,变与不变要看是否适应当前的形势。不胡乱折腾方能休养生息。鉴于皇亲国戚的特殊地位,一旦用人不当则危害巨大,所以汉明帝对外戚、宗族的权力严加控制。对没有才能的亲属,宁可让其富贵也不让其执政。当政者要善于体恤人民疾苦,改变唯我独尊、高高在上的衙门作风。举贤避亲虽对亲属不公,但可杜天下之口,以牺牲一人的仕途来换取风清气正的政治风气,也是值得的。

九、应对灾年

文帝下诏救灾

原文:夏,四月,大旱,蝗。令诸侯无入贡;弛山泽,减诸服御,损郎吏员;发仓庾以振民;民得卖爵。

(第十五卷　汉纪七)

公元前158年夏季,天大旱,出现了蝗灾。汉文帝下令:各诸侯封国不要再向朝廷进贡;百姓可以自由进入深山大泽进行渔猎,减少各项服饰、车马等皇家用度,裁减郎官人数;打开粮仓赈济灾民;老百姓有爵位的可以售卖。

点评:遇到灾荒之年,领导人要积极采取应对措施,并带头厉行节俭,率先垂范。政府应压缩各项多余开支,开辟各条救济之路,以救灾活人为第一要务。如此才能安定凝聚人心,共同抵御灾难。

十、外交政策

魏文侯善韩赵

原文:韩借师于魏以伐赵。文侯曰:"寡人与赵,兄弟也,不敢闻命。"赵借师于魏以伐韩,文侯应之亦然。二国皆怒而去。已而知文侯以讲于己也,皆朝于魏。魏于是始大于三晋,诸侯莫能与之争。

(第一卷 周纪一)

战国时,韩国和赵国交恶,韩国想向魏国借兵攻打赵国。魏文侯说:"我与赵国是兄弟之邦,不敢从命。"不久,赵国也去向魏国借兵攻打韩国,魏文侯用同样的话回复。韩、赵两国的使臣都气冲冲地走了。后来两国知道魏文侯替自己说话,就都来魏国朝拜。魏国于是开始成为三晋之首,各诸侯国没有能与它争锋的。

点评:无论是私人相处,还是国与国相交,和事而不挑事,以亲善之心居中调停才是王道。

十一、治乱见解

(一)推行教化

唐太宗与王珪论儒法

原文:上问王珪曰:“近世为国者益不及前古,何也?”对曰:“汉世尚儒术,宰相多用经术士,故风俗淳厚;近世重文轻儒,参以法律,此治化之所以益衰也。”上然之。

(第一百九十三卷　唐纪九)

唐太宗问王珪:“近代以来治理国家的成就越来越不如古代,这是什么原因呢?”王珪回答说:“汉朝崇尚儒教,宰相多选用饱读儒家经典的士人,所以能使风俗淳厚。近代以来重视文艺而轻视儒教,并辅之以法律治国,这就是治世化民之道日益衰败的原因。”太宗认为他说得很对。

点评:政治就是治世化民之道,治理的是人心。而这正是儒家最擅长的理

论,是儒家的本质和核心。文艺只是术,重视的是技巧和手段,不是道,缺乏化育的功效。法律更是治世的末端,是教化人心的辅助工具,是用来给道德兜底的。道德让人沐浴光明,而法律让人警惕黑暗。如果社会没有道德基础,法律就是无本之木。所以治世应以教化人心为主,法律惩戒为辅。

唐太宗与群臣论教化

原文:上之初即位也,尝与群臣语及教化,上曰:"今承大乱之后,恐斯民未易化也。"魏徵对曰:"不然。久安之民骄佚,骄佚则难教;经乱之民愁苦,愁苦则易化。譬犹饥者易为食,渴者易为饮也。"上深然之。封德彝非之曰:"三代以还,人渐浇讹,故秦任法律,汉杂霸道,盖欲化而不能,岂能之而不欲邪!魏徵书生,未识时务,若信其虚论,必败国家。"徵曰:"五帝、三王不易民而化,昔黄帝征蚩尤,颛顼诛九黎,汤放桀,武王伐纣,皆能身致太平,岂非承大乱之后邪!若谓古人淳朴,渐至浇讹,则至于今日,当悉化为鬼魅矣,人主安得而治之!"上卒从徵言。

元年,关中饥,米斗直绢一匹;二年,天下蝗;三年,大水。上勤而抚之,民虽东西就食,未尝嗟怨。是岁,天下大稔,流散者咸归乡里,米斗不过三四钱,终岁断死刑才二十九人。东至于海,南极五岭,皆外户不闭,行旅不赍粮,取给于道路焉。上谓长孙无忌曰:"贞观之初,上书者皆云:'人主当独运威权,不可委之臣下。'又云:'宜震耀威武,征讨四夷。'唯魏徵劝朕:'偃武修文,中国既安,四夷自服。'朕用其言。今颉利成擒,其酋长并带刀宿卫,部落皆袭衣冠,徵之力也,但恨不使封德彝见之耳!"徵再拜谢曰:"突厥破灭,海内康宁,皆陛下威德,臣何力焉!"上曰:"朕能任公,公能称所任,则其功岂独在朕乎!"

(第一百九十三卷　唐纪九)

唐太宗刚即位时,曾和群臣有过一场关于教化的讨论。唐太宗认为,刚经过隋末战乱,老百姓恐怕不易教化。魏徵认为,百姓长久安定就会变得骄逸,骄逸则难以教化;战乱年代百姓饱经忧患,忧患则容易教化,这就如同饥不择食的道理一样。封德彝对此表示反对,他认为,夏、商、周三代以后,人心逐渐变得薄凉奸诈了,所以秦朝才专用严苛的法律进行治理,汉代则采取王霸并用的手段进行治理,哪里是能推行教化却不去推行啊!魏徵是一介书生,不识时务,纯属空谈误国。魏徵说:"古代的三皇五帝并不是换掉原来的百姓才推行教化,各个王朝的兴起,不都是在承接了大乱之后吗?如果说人心一代不如一代,现在的人不都变成鬼魅了吗?君主还怎么统治他们?"太宗最终听取了魏徵的意见。

贞观初期,连年灾荒。但太宗勤政爱民,百姓虽流离乞讨,也未曾叹怨。灾年过后,全国大丰收,流离失所的人都回到了家乡,物价低廉,治安谐洽,民风淳朴,一派国泰民安的景象。太宗对长孙无忌说:"当初,大臣们都劝我独运威权,不要委托给臣下。又说应当炫耀威武,征讨四夷。唯独魏徵劝我偃武修文,说中原安定之后,四夷自然宾服。我采纳了他的意见,如今颉利可汗成了俘虏,他的酋长成了我的带刀宿卫,各部落都承袭了我华夏文化,这都是魏徵的功劳啊,遗憾的是封德彝看不到了。"魏徵赶紧拜谢,说:"这些都是陛下的威德,我有什么功劳啊。"太宗说:"我能任用你,而你又十分称职,那么功劳就不只是我一个人的。"

点评:人性的善恶论是一个千古话题。但无论人性如何,都需要道德的规范和法律的制约,二者相辅相成。教化引导人性走向光明,法律防止人性堕入黑暗。如果一个政权放弃对民众教化的责任,一味用法律和强权压制民众,就是一个残暴的没有道德的政权,是不会长久的。唐太宗贞观之初克服重重困难推行仁政,固本培元,积累国力,坚持不懈教化民众,终于使天下大治,四海宾服,开启了中国历史上文治武功最鼎盛的时代。

唐玄宗置丽正书院

原文:上置丽正书院,聚文学之士秘书监徐坚、太常博士会稽贺知章、监察御使鼓城赵冬曦等,或修书,或侍讲;以张说为修书使以总之。有司供给优厚。中书舍人洛阳陆坚以为此属无益于国,徒为糜费,欲悉奏罢之。张说曰:"自古帝王于国家无事之时,莫不崇宫室,广声色,今天子独延礼文儒,发挥典籍,所益者大,所损者微。陆子之言,何不达也!"上闻之,重说而薄坚。

(第二百一十二卷　唐纪二十八)

唐玄宗设置丽正书院,招纳了一批文学之士,这些人有的整理汇编书籍,有的给皇帝讲解经史,有关部门对这些人的供给十分优厚。中书舍人陆坚认为这些人干的事对国家毫无益处,只是白白浪费钱,打算上呈奏书把他们都罢免了。宰相张说道:"自古以来大多数帝王在太平盛世都喜欢大兴土木,过着声色犬马的生活,唯独当今天子尊文崇儒,弘扬经典,这样做对国家的益处很大,而损失极其微小。陆坚的话,是多么的不明智啊!"唐玄宗听说后,越发看重张说而轻视陆坚。

点评:陆坚是典型的实用主义者,缺乏人文素养,不懂文化对心灵的塑造和熏陶。其实继承和学习前人的优秀文化成果,对个人来说可以陶冶情操、愉悦精神、滋养灵性、增长学识、丰富思想、提高修养,对国家和社会来说则可以引领时代潮流、塑造国民精神,对教化人心、传播推动文明乃至统治管理国家都大有裨益,怎么能说没用呢?所谓无用论,只是无知浅陋之人的短见罢了。

(二)治乱在君

唐太宗问君乱臣治

原文:上问侍臣曰:"自古或君乱而臣治,或君治而臣乱,二者孰愈?"魏徵对曰:"君治则善恶赏罚当,臣安得而乱之!苟为不治,纵暴愎谏,虽有良臣,将安所施!"上曰:"齐文宣得杨遵彦,非君乱而臣治乎?"对曰:"彼才能救亡耳,乌足为治哉!"

(第一百九十六卷　唐纪十二)

唐太宗有一次问身边的大臣:"自古以来有的是君主昏庸而大臣明智,有的是君主英明而大臣昏乱,二者相比哪个危害更大?"魏徵回答说:"君主英明则善恶赏罚得当,臣子怎么能够乱得起来呢!如果不英明,放纵自己的暴虐而又刚愎自用,即使有良臣,又能有什么作为!"太宗说:"北齐文宣帝得到了杨遵彦,难道不是君主昏庸而臣子明智吗?"魏徵回答说:"他也只是能暂时挽救国家衰亡而已,谈何治理天下呢!"

点评:太宗的说法是个伪命题,根本不成立,所以魏徵对此进行了批驳论证。其实国家治理得好坏,朝廷风气如何,用人导向怎样,臣子如何作为,完全取决于君主一人。因为君主是整个国家的大脑,所有政治活动都围绕他一人进行,可谓牵一发而动全身。如果这个部位出现了问题,肢体再如何健壮也只是苟延残喘而已,绝难续命。

（三）守革之见

萧规曹随

原文：癸巳，以曹参为相国。参闻何薨，告舍人："趣治行！吾将入相。"居无何，使者果召参。始，参微时，与萧何善；及为将相，有隙；至何且死，所推贤惟参。参代何为相，举事无所变更，一遵何约束。择郡国吏木讷于文辞、重厚长者，即召除为丞相史；吏之言文刻深、欲务声名者，辄斥去之。日夜饮醇酒；卿、大夫以下吏及宾客见参不事事，来者皆欲有言，参辄饮以醇酒；间欲有所言，复饮之，醉而后去，终莫得开说，以为常。见人有细过，专掩匿覆盖之；府中无事。

参子窋为中大夫，帝怪相国不治事，以为："岂少朕与？"使窋归，以其私问参。参怒，笞窋二百，曰："趣入侍！天下事非若所当言也！"至朝时，帝让参曰："乃者我使谏君也。"参免冠谢曰："陛下自察圣武孰与高帝？"上曰："朕乃安敢望先帝！"又曰："陛下观臣能孰与萧何贤？"上曰："君似不及也。"参曰："陛下言之是也。高帝与萧何定天下，法令既明。今陛下垂拱，参等守职，遵而勿失，不亦可乎！"帝曰："善！"

参为相国，出入三年，百姓歌之曰："萧何为法，较若画一。曹参代之，守而勿失；载其清净，民以宁壹。"

（第十二卷　汉纪四）

汉初两大名臣萧何和曹参，既是同乡又是同事，年轻时关系非常要好。后来两人都成了西汉的开国元勋，身居将相之职，反而有了嫌隙，但两人又始终相知。丞相萧何临死时，向汉惠帝推荐的接班人只有曹参。当时曹参正在齐国为相，听说萧何去世后，马上对手下人说："赶快打点行装,我要进京去做丞相了。”不久之后,使者果然来宣旨,召曹参入朝为相。曹参继任丞相后,对萧何原来制定的法令不作任何变更,完全遵照执行。丞相府的属官,只任用那些不善言辞的忠厚长者,而把那些言行苛刻、追名逐利的官吏全部斥退。自己每天只管饮酒,不问政事。有人想劝他勤于政事,都被他劝酒灌醉,始终找不到说话的机会。因此,相府整日无事。

曹参的儿子曹窋在汉惠帝身边任职,汉惠帝向他埋怨曹参不理政事,怀疑曹参是不是认为他年轻而轻视他,让曹窋回家探问一下曹参的意思。结果曹参大怒,抽了曹窋一顿鞭子,对他说:“赶快回宫里干你自己的事,国家大事岂是你能过问的!”等到下一次上朝时,惠帝责备曹参说:“那天是我让曹窋问你的。”曹参于是向惠帝谢罪道:“您认为您的英明神武比高帝如何?”惠帝说:“我哪里敢跟高帝比。”曹参又问:“您认为我的才干比萧何如何?”惠帝说:“似乎不如。”曹参便说:“陛下圣明!既然咱俩都不如他们,那他们制定的法令,咱们遵照执行,不就够了吗!”惠帝说:“你说得对!”

曹参一共做了三年丞相,百姓编了一首歌谣赞颂他:“萧何制定法律,简单明了。曹参接替他,守而不失。执行清净无为的政策,百姓内心安宁!”

点评:这个故事就是著名的“萧规曹随”,说明萧何、曹参都是心地光明之人,他们把国家利益看得远高于个人恩怨。曹参知己知彼,很有自知之明,所以对萧何制定的法令严格遵照执行。因为他深知,好的政策需要连续性和稳定性。另外,不折腾、不扰民,无为而治胜过胡乱作为。曹参任用官吏的眼光非常独到,起用忠厚质朴的长者,斥逐巧言令色之徒。因为一群干实事的人在一起,不但能使政令得到高效的贯彻执行,也避免了尔虞我诈、无事生非。所以相府内风气和谐,相安无事。

举贤良对策

原文：冬，十月，诏举贤良方正直言极谏之士，上亲策问以古今治道，对者百余人。广川董仲舒对曰："……窃譬之：琴瑟不调。甚者必解而更张之，乃可鼓也；为政而不行，甚者必变而更化之，乃可理也，故汉得天下以来，常欲治而至今不可善治者，失之于当更化而不更化也。……"

（第十七卷　汉纪九）

汉武帝即位之初，为选拔治国人才，特召集天下贤良方正、直言极谏之士进行了一场考试。考试的题目是"治理天下之道"。大儒董仲舒围绕这一命题，进行了全方位论述，即著名的《举贤良对策》。其中有这样一段话："我私下有过这样一个比喻：琴瑟声音如果不和谐，严重时必须解下旧弦换上新弦，才能再弹奏。政令如果行不通，严重时必须加以改变调整，才可以继续实施。汉朝自从得到天下以来，一直想治理好国家，但至今也没治理好的原因，就在于应当变革的时候没有变革。"

点评：这段话表达的思想与《吕氏春秋·察今》相似。就是说治理国家要与时俱进，根据时代特点与具体情况变更前朝遗留下来的制度和法令，使制度更加贴合实际，能够切中时弊要害，而不是生搬硬套、墨守成规。《吕氏春秋·察今》有言"时不与法俱在""世易时移，变法宜矣"，说的就是这个道理。

汉元帝改宣帝之政

原文：上好儒术、文辞，颇改宣帝之政；言事者多进见，人人以为得上意。

又傅昭仪及子济阳王康爱幸,逾于皇后、太子。太子少傅匡衡上疏曰:“臣闻治乱安危之机,在乎审所用心。盖受命之王,务在创业垂统,传之无穷;继体之君,心存于承宣先王之德而褒大其功。昔者成王之嗣位,思述文、武之道以养其心,休烈盛美归之二后,而不敢专其名,是以上天歆享,鬼神佑焉。陛下圣德天覆,子爱海内,然而阴阳未和、奸邪未禁者,殆议者未丕扬先帝之盛功,争言制度不可用也,务变更之,所更或不可行而复复之,是以群下更相是非,吏民无所信。臣窃恨国家释乐成之业而虚为此纷纷也!愿陛下详览统业之事,留神于遵制扬功,以定群下之心。《诗·大雅》曰‘无念尔祖,聿修厥德’,盖至德之本也。《传》曰:‘审好恶,理情性,而王道毕矣。’治性之道,必审已之所有余而强其所不足,盖聪明疏通者戒于太察,寡闻少见者戒于壅蔽,勇猛刚强者戒于太暴,仁爱温良者戒于无断,湛静安舒者戒于后时,广心浩大者戒于遗忘。必审己之所当戒而齐之以义,然后中和之化应,而巧伪之徒不敢比周而望进。唯陛下戒之,所以崇圣德也!”

(第二十九卷　汉纪二十一)

汉宣帝采用王霸并用的方法治理国家,汉元帝却唯独喜好儒家学说,对汉宣帝遗留下来的法令制度多有变更。只要有人提出新的思路和见解,他都会召见,每个人都自以为得到了君主的重视。太子少傅匡衡上书说:“治乱安危的要领,在于君主是否殚精竭虑。开国之君的任务在于开创万世之基,继任之君的责任在于继承发扬祖先的美德,光大他们的功业。周成王继承王位之后,把功劳都归于先王,自己不敢居功,因此受到了上天的护佑。如今阴阳失调,奸邪难禁,大概是因为臣子们不但没有发扬先帝盛大的功德,反而争相批评先帝的制度不能再用,务求变更。结果,很多制度变了以后,根本行不通,只好再变回去。最后弄得官吏和百姓无所适从。我常常痛心国家放着现成而美好的制度不用,却白白去做那些纷纷扰扰的事情。希望陛下在尊奉先帝制度、弘扬先帝功德上多留神费心,以此来安定臣子们的心。修炼性情之道,一定要发扬自己的优点,弥补自己的不足。每一种性格,都兼具优劣特性,只有知道在哪方面下功夫,才能达到圆满的境界。果真如此,那些奸邪之徒就无法乘虚而入了。请陛下慎之又慎,务必光大自己的圣德!”

点评:汉元帝好高骛远、志大才疏,做事轻率虚浮,缺乏严谨务实的作风。摆出一副奋发有为的架式,却没有思路和才干,只好靠擅改法令胡乱折腾来显示有为。岂不知作为人君最重要的是有自知之明,其次是对时局和政策有深刻的认识,当能力和时机不具备时,不要瞎折腾乱改革,而应该效法曹参的“萧规曹随”,达到无为而治。谨记乱作为不如不作为,胡闹不如守成。否则只会劳民伤财,使政局日益混乱。

唐太宗论治天下如建屋

原文:丙子,上指殿屋谓侍臣曰:“治天下如建此屋,营构既成,勿数改移;苟易一椽,正一瓦,践履动摇,必有所损。若慕奇功,变法度,不恒其德,劳扰实多。”

(第一百九十六卷　唐纪十二)

有一次,唐太宗指着殿宇的房屋对身边的大臣说,治理天下就如同盖房子,已经盖好了,就不要屡次改造移动。即使是换一根椽子,或者正一片屋瓦,都要上房踩踏震动,这样对房子一定有损害。治理天下也一样,如果急功近利,屡次变换法度,不恒守固有的规律和准则,就会给老百姓带来劳苦和烦扰。

点评:好的政策要有稳定性和连续性。治国要减少折腾、休养生息、积淀

成果、夯实基础，这样才能有所成就。尤其在大动乱之后更应如此。西汉初年就是奉行了“无为而治”的道家思想，与民休息、蓄养国力，才开创了著名的“文景之治”，为汉武帝连年用兵打击匈奴奠定了坚实的经济基础。

唐玄宗破坏边将制度

原文：自唐兴以来，边帅皆用忠厚名臣，不久任，不遥领，不兼统，功名卓著者往往入为宰相。其四夷之将，虽才略如阿史那社尔、契苾何力犹不专大将之任，皆以大臣为使以制之。及开元中，天子有吞四夷之志，为边将者十余年不易，始久任矣；皇子则庆、忠诸王，宰相则萧嵩、牛仙客，始遥领矣；盖嘉运、王忠嗣专制数道，始兼统矣。李林甫欲杜边帅入相之路，以胡人不知书，乃奏言：“文臣为将，怯当矢石，不若用寒畯胡人；胡人则勇决习战，寒族则孤立无党，陛下诚以恩洽其心，彼必能为朝廷尽死。”上悦其言，始用安禄山。至是，诸道节度尽用胡人，精兵咸戍北边，天下之势偏重，卒使禄山倾覆天下，皆出于林甫专宠固位之谋也。

（第二百一十六卷　唐纪三十二）

自唐王朝兴起以来，边防将帅用的都是忠厚名臣，而且不能久任，不能在朝中遥领，不能同时统领数支军队，那些功勋卓著的边防将帅常常入朝为相，这些都是控制军队的办法。为了控制异族将领，不让他们出任镇守一方的大将，并且还要派朝廷大臣节制他们，这是担心他们“非我族类，其心必异”。到了开元中期，唐玄宗有吞并周边四夷之志，做边将的人往往十多年都不更换，从这个时候起，边将可以久任。皇亲贵族和宰相开始遥领边将之职，有的大臣一人节制数支军队。李林甫想要杜绝边将入朝为相之路，因为胡人不懂汉文化，不能做宰相，于是就力劝玄宗任用胡人为边将。说文臣为将，胆小不敢打仗；胡人勇敢果决，熟悉战事，而且出身低贱，不会和朝中大臣结党，如果皇上能够对他们施以恩惠，他们一定能为朝廷尽死力效忠。玄宗听信了李林甫的建议，开始重用安禄山。到这时，各道节度使用的都是胡人，精兵全部驻扎在北部边疆，天下的兵力布局严重失衡，最终导致安禄山叛乱，几乎倾覆了天下。这些都是出于李林甫为了实现专宠、巩固地位的一己私心。

点评：顶层的制度设计直接关系到国家的长治久安，所以建立和废除都要慎之又慎。尤其是军队的控制权，必须牢牢掌握在君主手中。一旦军权旁落，将领们拥兵自重，就会形成尾大不掉之势，对皇权形成巨大的威胁。唐朝前期，任用边防将帅十分谨慎，既要考察人品，又要限定任职期限，还要防范其权力过大，而且不给异族将领独当一面的机会。到了开元时期，唐玄宗好大喜功，奸相李林甫心怀鬼胎，严谨的制度全部被破坏，这才导致了"安史之乱"。而在平定"安史之乱"的过程中，唐朝的许多节度使权力加重，不再听命于朝廷，藩镇割据日益加剧，统一的唐王朝被肢解，从此四分五裂、战祸迭起。所以在打算改变重大的制度时，一定要经过全面严谨的论证，把利弊分析清楚，提前考虑危害和风险。

（四）亲贤远佞

唐太宗重用告密之人

原文：权万纪与侍御史李仁发，俱以告讦有宠于上，由是诸大臣数被谴怒。魏徵谏曰："万纪等小人，不识大体，以讦为直，以谗为忠。陛下非不知其无堪，盖取其无所避忌，欲以警策群臣耳。而万纪等挟恩依势，逞其奸谋，凡所弹射,皆非有罪。陛下纵未能举善以厉俗,奈何昵奸以自损乎!”上默然,赐绢五百匹。久之,万纪等奸状自露,皆得罪。

(第一百九十三卷　唐纪九)

唐太宗为了警示各位大臣,重用权万纪等喜欢告密之人。从此大臣们多次遭到太宗斥责。一时间搞得人心惶惶,无所适从。魏徵因此劝谏道:“权万纪等都是小人,不识大体,以攻击别人的隐私为正直,以进献谗言为忠诚。陛下宠信他们,他们就会借机挟私报复,以实现个人目的。仔细推验他们所弹劾的人和事,均非属实。陛下即使不能倡导为善去恶以教化风俗,也不应该反过来亲近奸佞来损害自己的圣明啊!”太宗默然不语,赐给魏徵五百匹绢。后来,权万纪等人的奸行暴露,均获罪。

点评:自古以来,甘愿充当君主耳目或依靠进谗言告发别人的人多是无耻小人。试想哪个正人君子愿意干这种勾当呢?可是君主往往不明白这一点,总认为那些像苍蝇一样围在自己身边嗡嗡乱叫、飞短流长的人才是真正的忠臣。殊不知这样的人大多没有治国的才干,只是为了寻求进身之路,才投君主之所好,窥探别人隐私,告发不实之事,哪里是为国家着想?也许他们一开始为了取信于君主,所说的话还有些许真实,但一旦获宠之后,就会肆无忌惮、为所欲为,捕风捉影构陷中伤他人。如果君主纵容这些奸邪之徒,就会极大败坏朝廷的风气。所以说“亲贤臣,远小人”是历代君主面临的一个千古课题。英明的君主能够亲贤臣远小人,惩恶扬善,清理队伍,从而营造风清气正的政治环境,最终成就事业。反之,昏庸的君主易被小人所迷惑,疏远君子和贤臣,从而导致纲纪败坏,政治紊乱,朝政日衰。

魏徵谏信用君子

原文：魏徵上疏，以为："《文子》曰：'同言而信，信在言前；同令而行，诚在令外。'自王道休明，十有余年，然而德化未洽者，由待下之情未尽诚信故也。今立政致治，必委之君子；事有得失，或访之小人。其待君子也敬而疏，遇小人也轻而狎；狎则言无不尽，疏则情不上通。夫中智之人，岂无小慧！然才非经国，虑不及远，虽竭力尽诚，犹未免有败，况内怀奸宄，其祸岂不深乎！夫虽君子不能无小过，苟不害于正道，斯可略矣。既谓之君子而复疑其不信，何异立直木而疑其影之曲乎！陛下诚能慎选君子，以礼信用之，何忧不治！不然，危亡之期，未可保也。"上赐手诏褒美曰："昔晋武帝平吴之后，志意骄怠，何曾位极台司，不能直谏，乃私语子孙，自矜明智，此不忠之大者也。得公之谏，朕知过矣。当置之几案以比弦、韦。"

……

魏徵上疏，以为："在朝群臣，当枢机之寄者，任之虽重，信之未笃，是以人或自疑，心怀苟且。陛下宽于大事，急于小罪，临时责怒，未免爱憎。夫委大臣以大体，责小臣以小事，为治之道也。今委之以职，则重大臣而轻小臣；至于有事，则信小臣而疑大臣。信其所轻，疑其所重，将求致治，其可得乎！若任以大官，求其细过，刀笔之吏，顺旨成风，舞文弄法，曲成其罪。自陈也，则以为心不伏辜；不言也，则以为所犯皆实；进退惟谷，莫能自明，则苟求免祸，矫伪成俗矣！"上纳之。

（第一百九十五卷　唐纪十一）

魏徵上疏说："《文子》说：'同样的言语，有时被信任，有时不被信任，可见信任在前，言语在后；同样的命令，真诚待人时就会被执行，否则就不一定被执行，可见真诚待人在前，命令在后。'治理天下，实行德化，社会没有和谐融洽，是因为君主对待臣子没有做到完全诚信的缘故。治理国家的重任，一般都会委托给君子，但事情得失成败的原因，有时却要询问小人。君子庄重，所以君主对待君子一般会敬而远之；小人谐谑，所以君主对待小人一般会轻佻狎昵。疏远则实情难以上达，狎昵则会言无不尽。君子即使犯了小错，也应该忽略不计。如果把某人视为君子却又怀疑他的真诚，这跟立一根直木却又怀疑它的影子歪斜有什么区别呢！陛下如果真能谨慎地选择君子，待之以礼节和诚信，何愁天下不治。否则，国家危亡之日，可以预料。”太宗看了魏徵的奏疏，夸赞道：“当年晋武帝平定了吴国后，骄傲怠惰，何曾位极人臣，却不能直言极谏，而是私下里跟子孙谈论，还自我夸耀是明智之举，这是大不忠的行为。今天得到你的劝谏，朕知道过错了。我会把你的奏疏放到几案上自我警醒，就像董安于佩带弓弦、西门豹佩带熟皮一样。”

魏徵再次上疏认为：“陛下对委以重任的大臣，还不能够完全信任，导致有的人自我猜疑，抱着苟且敷衍的态度办事。您对大事比较宽容，却对小过比较苛求，一时发怒，情绪过于外露。现在委托大臣办理宏观大事，责成小臣处理细微小事，这是治理之道，没有问题，也表现出重视大臣而轻视小臣。可一旦有了事，却又信任小臣而怀疑大臣。信任所轻视的，怀疑所重视的，想要求得天下大治，怎么可能呢！如果委任高级官员，却去苛求他细小的过失，那些刀笔小吏就会迎合上意，舞文弄墨，玩弄法律条文，罗织不实罪名。如果自我陈述，则担心被认为心有不服；不去辩解，则又担心被认为确有其事。如此进退两难，不能自我申明，那么大家为了免于灾祸，就会弄虚作假，掩盖真相！”太宗采纳了他的建议。

点评：魏徵的意思是劝谏太宗对待大臣要推心置腹，以诚相待，不要无端猜忌，自起狐疑。当然，前提是能够辨别君子与小人，然后慎择君子为臣属。因为君子于治国有益，小人对正道有害。所以平日里应亲君子远小人，委君子以重任，且对待君子能够信任宽容，不求全责备，更不听小人挑拨离间，搬弄是非。如此则可以实现天下大治。太宗欣然纳谏，并回顾历

史,将明哲保身、不肯犯颜直谏的臣子定义为大不忠。

(五)君臣相得

君明臣贤话相得

原文:荆南节度使高从诲,性明达,亲礼贤士,委任梁震,以兄事之;震常谓从诲为郎君。

楚王希范好奢靡,游谈者共夸其盛。从诲谓僚佐曰:“如马王可谓大丈夫矣。”孙光宪对曰:“天子诸侯,礼有等差。彼乳臭子骄侈僭忲,取快一时,不为远虑,危亡无日,又足慕乎!”从诲久而悟,曰:“公言是也。”他日,谓梁震曰:“吾自念平生奉养,固已过矣。”乃捐去玩好,以经史自娱,省刑薄赋,境内以安。

梁震曰:“先王待我如布衣交,以嗣王属我。今嗣王能自立,不坠其业,吾老矣,不复事人矣。”遂固请退居。从诲不能留,乃为之筑室于土洲。震披鹤氅,自称荆台隐士,每诣府,跨黄牛至听事。从诲时过其家,四时赐与甚厚。自是悉以政事属孙光宪。

(第二百七十九卷　后唐纪八)

五代十国时,梁震是荆南节度使高季兴的首席智囊。高季兴死后,其子高从诲继任。梁震继续辅佐高从诲。高从诲为人聪明通达,礼贤下士,对梁震非常尊敬,把他当作兄长看待。

南楚的第三任君主马希范即位后,奢侈无度,见识过的人都夸赞他的风光。高从诲听说后非常羡慕。大臣孙光宪劝谏道:“马希范年少无知,作为一个诸侯,不懂节制,奢侈僭越,是不会长久的,这有什么可羡慕的。”

高从诲听后幡然醒悟,从此摒弃玩乐,每以经史砥砺自娱,而且对治下百姓放宽刑罚,减轻徭役,境内一派安宁。

梁震看到高从诲已经长大成人,能够自立了,就要求告老还乡。高从诲挽留不住,就在土洲给他建造了别墅,并且经常去看望与赏赐他。梁震闲居时,身披鹤氅,自称荆台隐士。

点评:高从诲少年心性,羡慕马希范那种奢侈靡费、纵情恣意的高调生活。孙光宪作为一位有着丰富阅历和从政经验的智者,不失时机地对高从诲进行教导和点拨,令其幡然醒悟,开始重新认识和思考人生,并主动克制物质欲望,通过阅读经史提升自己,推行仁政保境安民。梁震功成身退,悠然自得。高从诲不忘旧恩,礼遇有加。他们的事迹构成了一幅明君贤臣的和谐画卷,充满了其乐融融的祥和氛围,令人悠然神往。司马光说:“孙光宪见微知著,及时进谏;高从诲虚心纳谏,闻过则改;梁震功成名就,急流勇退。”自古掌握国家权力的人如果都能这样,还怎么会有亡国、败家、丧身这些事发生呢?

(六)顺应民心

唐太宗与侍臣论周、秦修短

原文:戊申,上与侍臣论周、秦修短,萧瑀对曰:“纣为不道,武王征之。周及六国无罪,始皇灭之。得天下虽同,人心则异。”上曰:“公知其一,未知其二。周得天下,增修仁义;秦得天下,益尚诈力:此修短之所以殊也。盖取之或可以逆得,守之不可以不顺故也。”瑀谢不及。

(第一百九十二卷　唐纪八)

一天，唐太宗与大臣们议论周朝、秦朝国运的长短，萧瑀说："纣王无道，所以周武王讨伐他。周朝和六国无罪，秦始皇却灭了它们。周朝和秦朝得天下的方式虽然相同，但人心的向背却不同。所以周朝的国运长，秦朝的国运短。"太宗说："你只知其一，不知其二。周朝得到天下后，越发修明仁义；秦朝得到天下，越发崇尚诈术和武力。这就是他们国运长短之所以不同的原因。所以取天下的时候或许还可以依靠武力，守天下的时候却不可以不顺应民心。"萧瑀谢罪，对太宗的高明见解自愧不如。

点评：新政权的统治能否长久，不仅仅在于取得政权的时机和方式是否合理、合法、合德，顺应人心，更在于取得政权后的政治举措是否顺民心合民意，使人心归附。其实对于老百姓来说，谁是君主都一样，关键是要解决好民生问题，让老百姓有生存权和幸福感。

唐宪宗问为政宽猛何先

原文：乙巳，上问宰相："为政宽猛何先？"权德舆对曰："秦以惨刻而亡，汉以宽大而兴。太宗观《明堂图》，禁抶人背；是故安、史以来，屡有悖逆之臣，皆旋踵自亡，由祖宗仁政结于人心，人不能忘故也。然则宽猛之先后可见矣。"上善其言。

（第二百三十八卷　唐纪五十四）

一天，唐宪宗问宰相："为政之道宽容和严苛哪个为先？"权德舆回答说："秦朝因为残忍苛刻而灭亡，汉朝因为宽容大度而兴起。本朝太宗观看研究人体经脉、穴位的《明堂图》，因心生怜悯而禁止鞭打犯人的后背。所以安史之乱以来，虽屡有悖逆作乱的臣子，都转瞬就灭亡了，是因为祖宗的仁政深入人心，人们不能忘怀的缘故啊。由此就可以看出宽容和严苛的先后顺序了。”宪宗嘉许了他说的话。

点评:宽和之政可以教化人心,使民众感恩和悦服,因此民众愿意顺从并维护这个政权。严苛之政是一种强制和压迫,容易使民众产生对立情绪,民众总想找机会反抗或推翻这个政权。所谓“得道多助,失道寡助”,道即人心,那么施行仁政和苛政的结果也就不言而喻了。

(七)居安思危

唐太宗日慎一日

原文:上谓侍臣曰:“治国如治病,病虽愈,犹宜将护,傥遽自放纵,病复作,则不可救矣。今中国幸安,四夷俱服,诚自古所希,然朕日慎一日,唯惧不终,故欲数闻卿辈谏争也。”魏徵曰:“内外治安,臣不以为喜,唯喜陛下居安思危耳。”

(第一百九十三卷　唐纪九)

唐太宗对身边的大臣说:“治国就如同治病,病即使痊愈了,仍然应当养护一段时间,倘若自我放纵,病情再度复发,就难以挽救了。如今国内有幸平安,四夷外族俱都宾服,确实是自古少有,可是朕每日都小心谨慎,唯恐难以得到善终,所以想多次听到你们的直言极谏。”魏徵说:“朝廷内外得到治理安定,臣并不为此而高兴,唯独高兴陛下能够居安思危。”

点评:俗话说:“得病如山倒,去病如抽丝。”病人恢复元气需要静养调理,国家去除弊政也非一日之功。夯实基础、积累实力需要稳定持续的好政

策,更需要执政者一以贯之的勤政实干精神,如果得意忘形、骄纵懈怠就会前功尽弃。所以治国理政者要常怀如履薄冰之感,居安思危,不忘初心。

魏徵上疏谏十思

原文:夏,四月,己卯,魏徵上疏,以为:"人主善始者多,克终者寡,岂取之易而守之难乎?盖以殷忧则竭诚以尽下,安逸则骄恣而轻物;尽下则胡、越同心,轻物则六亲离德,虽震之以威怒,亦皆貌从而心不服故也。人主诚能见可欲则思知足,将兴缮则思知止,处高危则思谦降,临满盈则思挹损,遇逸乐则思撙节,在宴安则思后患,防壅蔽则思延纳,疾谗邪则思正己,行爵赏则思因喜而僭,施刑罚则思因怒而滥,兼是十思,而选贤任能,固可以无为而治,又何必劳神苦体以代百司之任哉!"

(第一百九十四卷　唐纪十)

魏徵上疏,认为:"君主善始者多,而善终者少。难道是打天下容易守天下难吗?实在是因为满怀忧虑时就能竭诚尽心对待属下,享受安逸时就会骄纵恣肆、轻慢万物。竭诚待人,即使是异族之人也能同心协力;轻慢万物,即使是至亲好友也会离心离德。君主即使以威严盛怒震服臣下,大家也都是表面顺从而内心不服。君主如果能见到想要的东西就想到知足,将要大兴土木就想到适可而止,身处孤高之处就想到谦抑降尊,面临满盈之状就想到有所减损,遇到安逸享乐就想到约束节制,在平安欢乐时就想到杜绝后患,为防止耳目闭塞就想到延才纳谏,厌恶谗言奸邪就想到端正自己,实施封赏时就想到不因高兴而滥赏,动用刑罚时就想到不因愤怒而滥罚。君主如果能经常思考这十个问题,并且选贤任能,就可以达到无为而治,又何必劳形伤神地代替百官行使职责呢!"

点评:魏徵分析君主难以善始善终的原因,简言之就是“生于忧患,死于安乐”。在忧患时,君主能够俯下身子真诚待人,所以可以团结一切力量赢得胜利。在安乐时,君主骄纵懈怠、傲慢无礼,就会使原来凝聚起来的人心逐渐涣散,最终导致事业倾覆。如何避免不能善终的情况发生呢?这就要求君主时刻提醒自己克制欲望、居安思危、换位思考、不忘初心,以如履薄冰、慎之又慎的心态对待事业,再加上选贤任能授权委派,国家就可以达到无为而治。

唐太宗论创业与守成孰难

原文:甲寅,上问侍臣:“创业与守成孰难?”房玄龄曰:“草昧之初,与群雄并起角力而后臣之,创业难矣!”魏徵曰:“自古帝王,莫不得之于艰难,失之于安逸,守成难矣!”上曰:“玄龄与吾共取天下,出百死,得一生,故知创业之难,徵与吾共安天下,常恐骄奢生于富贵,祸乱生于所忽,故知守成之难。然创业之难,既已往矣;守成之难,方当与诸公慎之。”玄龄等拜曰:“陛下及此言,四海之福也。”

(第一百九十五卷　唐纪十一)

一次,唐太宗问身边的大臣:“创业与守成哪个难?”房玄龄回答:“开创国家之前,与群雄一起斗智角力最后征服他们,应该是创业难!”魏徵说:“自古以来的帝王,莫不是从艰难困苦中取得天下,而在安逸享乐中失掉天下,所以还是守成难!”太宗说:“房玄龄与我一起打天下,九死一生,所以知道创业的艰难。魏徵与我一起安定天下,常常担心因富贵产生骄奢,因疏忽导致祸乱,所以知道守成的艰难。然而创业的艰难,已成为往事;守成的艰难,正当与诸位慎之又慎地对待。”房玄龄等人拜谢道:“陛下能说出这样的话,是天下百姓之福啊!”

点评:有道是“创业艰难百战多”,创业之难自不必说,付出的代价也大;“历览前贤家与国,成由勤俭败由奢”,守成之难难就难在能否坚持下去,抵挡住诱惑。唐太宗之所以抛出这个话题,意在告诫大家要珍惜来之不易的江山,不要因为骄奢淫逸、麻痹放纵而坐失天下。斯时已逝,来日可追。继往开来,任重道远。

冯道以骑马喻治国

原文:九月,上与冯道从容语及年谷屡登,四方无事,道曰:“臣常记昔在先皇幕府,奉使中山,历井陉之险,臣忧马蹶,执辔甚谨,幸而无失;逮至平路,放辔自逸,俄至颠陨。凡为天下者亦犹是也。”上深以为然。上又问道:“今岁虽丰,百姓赡足否?”道曰:“农家岁凶则死于流殍,岁丰则伤于谷贱,丰凶皆病者,惟农家为然。臣记进士聂夷中诗云:‘二月卖新丝,五月粜新谷。医得眼下疮,剜却心头肉。’语虽鄙俚,曲尽田家之情状。农于四人之中最为勤苦,人主不可不知也。”上悦,命左右录其诗,常讽诵之。

(第二百七十六卷　后唐纪五)

一次,后唐明宗李嗣源与宰相冯道聊起近年来粮食丰收、四方安宁。冯道说:“我经常想起在先帝手下任职时,曾奉命出使中山,经过井陉口险要之处时,害怕马摔倒,就紧张地抓紧马缰绳,结果平安无事。等到了平路上,心情放松,信马由缰,结果不一会儿马就摔倒了。治理天下也是这个道理。”后唐明宗觉得他讲得很对。后唐明宗又问冯道:“今年粮食丰收了,老百姓是否能丰衣足食?”冯道说:“农民遇到灾年就死于逃荒之路,遇到丰年又忧虑粮食便宜,无论丰年、灾年都不好过的,唯有农民。农民是士、农、工、商四种人中最辛苦的,作为人主不可以不知啊!”

点评:俗话说:“谨慎能捕千秋蝉,小心使得万年船。”只要小心谨慎,即使道路崎岖也能履险如夷。如果疏忽大意,即使康庄大道也会马失前蹄。所以说,做任何事情都应该怀着谨慎、恭敬、戒惧的心态,居安思危、未雨绸缪,切不可恣意放纵、得意忘形。这是成败的关键。统治者要有“哀民生之多艰”的情怀,懂得关心民间疾苦,体恤百姓艰辛,制定政策时要多替百姓着想,多行功德无量的善政。

(八)取信于民

立木赏金

原文:令既具未布,恐民之不信,乃立三丈之木于国都市南门,募民有能徙置北门者予十金。民怪之,莫敢徙。复曰:“能徙者予五十金!”有一人徙之,辄予五十金。乃下令。

(第二卷　周纪二)

公孙鞅到秦国,准备实施变法。在变法之前,为了取信于民,他特意做了一件有轰动效应的事。公孙鞅命人在南门外立了一根三丈长的木杆,下令说谁要把这根木杆扛到北门去就赏给十金。老百姓都觉得不可思议,也没人相信,所以迟迟没人上前搬运。于是公孙鞅把赏金提高到五十金。这时有个人将信将疑地扛起木杆到了北门,公孙鞅立刻赏了他五十金。然后公孙鞅才下令实施变法。

点评：这就是著名的“立木赏金”的故事。韩非子曰：“小信诚，则大信立。”意思是说做小事情讲信用，就能够建立起大的信用。他的前辈公孙鞅的行为，正是对这句话的实践。通过一个简单易行、有目共睹的事例取信于民，起到了很好的广告宣传效果，让民众相信变法的真实性和严肃性。司马光说：“夫信者，人君之大宝也。”国家靠人民来保有，人民靠信誉来保有，没有信誉就无法使用人民，没有人民就无法守卫国家。所以古代为王者不欺骗天下之人，称霸者不欺骗四方邻国，善于治国者不欺骗他的人民，善于治家者不欺骗他的亲人。不善于经营家国的人恰恰相反，欺骗其邻国，欺骗其百姓，更有甚者欺骗其兄弟乃至父亲和儿子，上下互相不信任，离心离德，以至于一败涂地。所得到的利益无法治愈其所受到的伤害，所获得的不能弥补其所失去的，岂不悲哀！昔日齐桓公、晋文公、魏文侯、秦孝公都曾有恪守信誉的美名。这四位君主治国之道并不算完美，而公孙鞅更是一直遭到非议，他们都处在天下日趋崇尚诈术武力的内乱攻伐年代，尚且不敢忘记用信誉来牧养他们的民众，何况以治理大一统国家为己任的执政者呢！

刘玄遣使者徇郡国

原文：更始北都洛阳，分遣使者徇郡国，曰：“先降者复爵位！”使者至上谷，上谷太守扶风耿况迎，上印绶；使者纳之，一宿，无还意。功曹寇恂勒兵入见使者，请之，使者不与，曰：“天王使者，功曹欲胁之邪！”恂曰：“非敢胁使君，窃伤计之不详也。今天下初定，使君建节衔命，郡国莫不延颈倾耳；今始至上谷而先堕大信，将复何以号令他郡乎！”使者不应。恂叱左右以使者命召况；况至，恂进取印绶带况。使者不得已，乃承制诏之，况受而归。

（第三十九卷　汉纪三十一）

更始帝刘玄定都洛阳后,分派使节到王莽新朝的各郡各封国进行劝降,并且宣布,只要投降,就恢复其爵位。使节到了上谷郡,太守耿况亲自迎接,并主动缴纳印信。可到了第二天,使节却丝毫没有返还印信的意思。郡功曹寇恂带兵进见使节,要求返还印信。使节说:"我是皇帝的使者,你想胁迫我吗?"寇恂说:"我不敢胁迫您,但却对您的做法感到遗憾。现在天下刚刚安定,您代表天子巡行各地,大家都在观望您的所作所为,没想到您刚到上谷,就自毁信誉,以后别的郡国还会再服从皇帝的命令吗?"于是叫来耿况,强行把印信还给了耿况。使节无奈,只好以皇帝的名义下诏归还。

点评:夫信者,人君之大宝也。君主只有一言九鼎,言出必践,才能让人信服,让人信服才能众望所归、得道多助,而背信弃义、出尔反尔、只顾眼前利益的人,只能得利于一时,绝不会走得太远。像刘玄这种一开始就玩弄伎俩自毁信誉的人,怎么可能再取信于观望者,寻求到新的合作伙伴?靠这种小聪明来骗人简直是鼠目寸光,愚蠢至极。

(九)持之以恒

唐太宗与侍臣论安危之本

原文:十二月,癸丑,帝与侍臣论安危之本。中书令温彦博曰:"伏愿陛下常如贞观初,则善矣。"帝曰:"朕比来怠于为政乎?"魏徵曰:"贞观之初,陛下志在节俭,求谏不倦。比来营缮微多,谏者颇有忤旨,此其所以异耳!"帝拊掌大笑曰:"诚有是事。"

(第一百九十四卷　唐纪十)

唐太宗与身边的大臣讨论国家安危的根本。中书令温彦博说:"只愿陛下能经常保持贞观初期那样的干劲就好了。"太宗说:"朕近来处理政事很懈怠吗?"魏徵说:"贞观初期,陛下一心提倡节俭,孜孜不倦求取谏言。近来修缮营建宫殿之事稍微有些多了,进谏者经常会觉得在冒犯陛下,这就是现在与以前的不同之处!"太宗拍掌大笑说:"确实有这样的事。"

点评:《诗经》有云:"靡不有初,鲜克有终。"人在做事情的时候,大多是一开始热情高涨,最后却草草收兵。所以欲成大事者,必须反复告诫自己"不忘初心,方得始终"。只有持之以恒,方能有所成就。

(十)重在治本

汉顺帝问为政之道

原文:丁丑,洛阳宣德亭地坼,长八十五丈;帝引公卿所举敦朴之士,使之对策,及特问以当世之敝,为政所宜。李固对曰:"……夫表曲者景必邪,源清者流必洁,犹叩树本,百枝皆动也。由此言之,本朝号令,岂可蹉跌!天下之纪纲,当今之急务也。夫人君之有政,犹水之有堤防;堤防完全,虽遭雨水霖潦,不能为变,政教一立,暂遭凶年,不足为忧。诚令堤防穿漏,万夫同力,不能复救;政教一坏,贤智驰骛,不能复还;今堤防虽坚,渐有孔穴。譬之一人之身,本朝者,心腹也,州、郡者,四支也,心腹痛则四支不举。故臣之所忧,在腹心之疾,非四支之患也。苟坚堤防,务政教,先安心腹,整理本朝,虽有寇贼、水旱之变,不足介意也;诚令堤防坏漏,心腹有疾,虽无水旱之灾,天下固可以忧矣。……"

（第五十一卷　汉纪四十三）

汉顺帝阳嘉二年(133),京都洛阳发生地裂,汉顺帝召集三公九卿举荐的敦厚质朴之士,向他们询问当代的弊病以及该如何为政。李固回答策问时,说了这样一段话:“如果树立的标杆弯曲,那么它的影子一定歪斜。如果活水的源头清澈,那么它的水流一定清洁。就像敲击树根,所有的枝叶都会震动。君主有治理国家的制度,就像江河有堤坝一样,堤坝完善,即使遭遇连绵大雨,也不会有问题。政治和教化一经确立,即使暂时遇到灾年,也不足为虑。如果堤坝洞穿,洪水倾泻,即使万人同心协力,也无法挽救。政治教化一旦破坏,即使有贤能的智者奔走呼号,也难以恢复。用一个人的身体作比喻,朝廷是心腹,州郡是四肢,如果心腹疼痛则四肢不能行动。所以我所忧虑的,是心腹的疾病,不是四肢的毛病。如果能坚固堤坝,致力于政治教化,像安顿心腹一样整顿朝廷,即使出现盗贼和水旱灾害的变故,也不足为虑。如果堤坝崩坏,心腹有疾,即使没有水旱灾害,天下仍有忧患。”

点评:解决问题要从根本和源头抓起才有成效,舍本逐末只会纷纷扰扰劳而无功。治国的根源是什么?主要在于国家是否具备完善的法令制度。如果制度完善,再加上君主励精图治,一心谋国,那么其他一切细枝末节的问题都可以迎刃而解,即使遇到严峻的挑战也会履险如夷。如果君主骄惰懈怠,法令制度舛谬缺失,那么国家的各项事业就会因无章可循而上不了轨道,国家机器就会陷入瘫痪混乱的状态而无法运行。即使有个别贤能的臣子凭一己之私智奋力查漏补缺,也挽救不了国家整体倾颓的命运。如果外部环境一旦恶化,就会加速崩溃瓦解之势。可见,加强制度建设,才是国家长治久安的基石。

国将亡,必多制

原文:臣光曰:叔向有言,“国将亡,必多制”。明王之政,谨择忠贤而任之,凡中外之臣,有功则赏,有罪则诛,无所阿私,法制不烦而天下大治。所以然者何哉?执其本故也。及其衰也,百官之任不能择人,而禁令益多,防闲益密,有功者以阂文不赏,为奸者以巧法免诛,上下劳扰而天下大乱。所以然者何哉?逐其末故也。

(第五十七卷　汉纪四十九)

东汉末年,风俗败坏,社会动荡。朝廷为了加强统治,制定了很多烦琐苛刻、难以执行的法令。司马光对此议论说:春秋时晋国大夫叔向有言,“国家将要灭亡,制度一定繁多”。圣明君主执政,会谨慎地选择忠诚贤能的人加以任用,不管是朝廷内还是朝廷外的大臣,有功则赏,有罪则罚,没有什么偏私,所以法令制度并不烦琐,天下却能够得以大治。为什么会这样呢?是因为抓住了事情的根本。等到了衰败的末世,百官的任用选不到合适的人选,禁令越来越多,防范措施越来越严密,有功者因为条文限制得不到赏赐,作奸犯科者运用法律技巧而免于诛杀,上下烦劳扰乱导致天下大乱。为什么会这样呢?是因为舍本逐末的缘故。

点评:“法忌烦苛,治贵清约”。治国之道,不在于法网严密,首在于教化人心和任用贤才。人心得到教化,社会风气自然淳朴清平。教化不行,作奸犯科之人就会层出不穷;任用忠厚贤能之人,其在行事时自然会以良心为天平,国家就会得到治理。任用奸邪之辈,其在行事时就会抹杀良知,靠玩弄法律条文、利用政策漏洞来谋求私利,国事就会日非。所以,任人唯贤至关重要。因为事在人为,关键看人心摆在什么位置。好人能把坏

事办好,坏人能把好事办坏。

唐太宗与群臣论止盗

原文:丙午,上与群臣论止盗。或请重法以禁之,上哂之曰:"民之所以为盗者,由赋繁役重,官吏贪求,饥寒切身,故不暇顾廉耻耳。朕当去奢省费,轻徭薄赋,选用廉吏,使民衣食有余,则自不为盗,安用重法邪!"自是数年之后,海内升平,路不拾遗,外户不闭,商旅野宿焉。

(第一百九十二卷　唐纪八)

一次,唐太宗与群臣讨论如何禁止盗贼的问题。有人提出使用严刑峻法来禁止。太宗微微一笑,说:"老百姓之所以做强盗,是因为赋税徭役繁重,官吏贪得无厌,他们饥寒交迫,所以就顾不得礼义廉耻了。朕要杜绝奢侈浪费,节省费用,对老百姓采取轻徭薄赋的政策,选取廉洁的官吏,使百姓衣食有余,那他们自然就不去做强盗了,哪里用得着严刑峻法!"数年之后,海内升平,路不拾遗,夜不闭户,商旅行人都可以放心地在野外露宿。

点评:《管子》有言:"仓廪实而知礼节,衣食足而知荣辱。"如果老百姓都丰衣足食,安居乐业,就乐于接受文治教化,社会就会清平安定。反之,社会矛盾就会尖锐激化,国家就会动荡不安。所以,治国就像治病,要找准病因,注重治本、头痛医头,脚痛医脚的治标之法是解决不了根本问题的。

（十一）综合论道

于瑾论道

原文：帝北面立而访道。谨起，立于席后，对曰："木受绳则正，后从谏则圣。明王虚心纳谏以知得失，天下乃安。"又曰："去食去兵，信不可去；愿陛下守信勿失。"又曰："有功必赏，有罪必罚，则为善者日进，为恶者日止。"又曰："言行者，立身之基，愿陛下三思而言，九虑而行，勿使有过。天子之过，如日月之食，人莫不知，愿陛下慎之。"帝再拜受言，谨答拜。

（第一百六十九卷　陈纪三）

北周武帝为表示尊师重道，特任命太傅燕国公于谨为掌管国家教化的"三老"，然后巡视太学。在举行了一系列表示尊崇"三老"的礼仪后，武帝面朝北站着向于谨请教治国之道。于谨起身回答说："木头被墨绳校正后才直，帝王听从谏言才能圣明。圣明的帝王通过虚心纳谏能知道为政的得失，因此天下才能安定；帝王可以没有饭吃，没有军队，但信义不能丢失。希望陛下能够恪守信义，有功必赏，有罪必罚，那么行善之人就会一天比一天多，作恶之人就会一天比一天少。人的言行，是立身的根本。希望陛下每次都要在慎重考虑之后再说话做事，不要有失误。天子的过错，就像日食和月食，没有人看不见，希望陛下慎之又慎。"武帝向于谨拜了两拜表示接受，于谨回礼答谢。

点评：于瑾话虽不多，但字字珠玑、句句精警，都是帝王治国执政的箴言。

张蕴古上《大宝箴》

原文:前幽州记室直中书省张蕴古上《大宝箴》,其略曰:“圣人受命,拯溺亨屯,故以一人治天下,不以天下奉一人。”又曰:“壮九重于内,所居不过容膝;彼昏不知,瑶其台而琼其室。罗八珍于前,所食不过适口;惟狂罔念,丘其糟而池其酒。”又曰:“勿没没而暗,勿察察而明,虽冕旒蔽目而视于未形,虽黈纩塞耳而听于无声。”上嘉之,赐以束帛,除大理丞。

(第一百九十二卷　唐纪八)

唐太宗即位之初,有一个叫张蕴古的大臣向太宗进献了一篇名为《大宝箴》的文章,大意是说:“君主是上天派下来拯救万民的,所以他的职责应该是以一人来治理天下,而不是以天下来奉养一人。君主和普通人一样,吃和住都非常有限,但为了满足欲望,却大兴土木,靡费无度;君主不应该得过且过、稀里糊涂、无所作为,但是也不能自作聪明,总是纠缠于细枝末节的小事。应该洞察事务的先机,处置事务于萌芽之中。”太宗很赞许他的话,赐给他一束帛,任命他为大理寺丞。

点评:张蕴古文章的第一层意思是提醒皇帝不要穷奢极欲,用无止境的欲望去盘剥天下黎民,而要以牧养百姓为使命,实现天下大治;第二层意思是提醒皇帝既不要懦弱无断以至糊涂,也不要精明苛察以至狭隘,而要有英明厚重的大气象、洞察先机的大智慧。

马周上疏论治国

原文:侍御史马周上疏,以为:“三代及汉,历年多者八百,少者不减四百,良以恩结人心,人不能忘故也。自是以降,多者六十年,少者才二十余年,皆无恩于人,本根不固故也。陛下当隆禹、汤、文、武之业,为子孙立万代之基,岂得但持当年而已!今之户口不及隋之什一,而给役者兄去弟还,道路相继。陛下虽加恩诏,使之裁损,然营缮不休,民安得息!故有司徒行文书,曾无事实。昔汉之文、景,恭俭养民,武帝承其丰富之资,故能穷奢极欲而不至于乱。向使高祖之后即传武帝,汉室安得久存乎!又,京师及四方所造乘舆器用及诸王、妃、主服饰,议者皆不以为俭。夫昧爽丕显,后世犹怠,陛下少居民间,知民疾苦,尚复如此,况皇太子生长深宫,不更外事,万岁之后,固圣虑所当忧也。臣观自古以来,百姓愁怨,聚为盗贼,其国未有不亡者,人主虽欲追改,不能复全。故当修于可修之时,不可悔之于已失之后也。盖幽、厉尝笑桀、纣矣,炀帝亦笑周、齐矣,不可使后之笑今如今之笑炀帝也!贞观之初,天下饥歉,斗米直匹绢,而百姓不怨者,知陛下忧念不忘故也。今比年丰穰,匹绢得粟十余斛,而百姓怨咨者,知陛下不复念之,多营不急之务故也。自古以来,国之兴亡,不以畜积多少,在于百姓苦乐。且以近事验之,隋贮洛口仓而李密因之,东都积布帛而世充资之,西京府库亦为国家之用,至今未尽。夫畜积固不可无,要当人有余力,然后收之,不可强敛以资寇敌也。夫俭以息人,陛下已于贞观之初亲所履行,在于今日为之,固不难也。陛下必欲为久长之谋,不必远求上古,但如贞观之初,则天下幸甚。陛下宠遇诸王,颇有过厚者,万代之后,不可不深思也。且魏武帝爱陈思王,及文帝即世,囚禁诸王,但无缧绁耳。然则武帝爱之,适所以苦之也。又,百姓所以治安,唯在刺史、县令,苟选用得人,则陛下可以端拱无为。今朝廷唯重内官而轻州县之选,刺史多用武人,或京官不称职始补外任,边远之处,用人更轻。所以百姓未安,殆由于此。"疏奏,上称善久之,谓侍臣曰:"刺史朕当自选;县令,宜诏京官已上各举一人。"

(第一百九十五卷　唐纪十一)

侍御史马周给唐太宗上疏说:“夏、商、周及汉朝,统治时间上到八百年,下到四百年,都属于长寿的王朝。这是因为当时君主给予民众恩惠,赢得了人心,使人们难以忘怀。汉朝以后的各个王朝,都只有几十年的国祚,就是因为对百姓没有恩德,根基不牢固。希望陛下学习上古的帝王,开创万世的基业。现在全国人口不及隋朝的十分之一,但陛下却不停地大兴土木,让百姓如何休养生息?当初汉武帝之所以能够穷奢极欲、穷兵黩武而天下不乱,正是因为文帝和景帝勤俭爱民给他打下了良好的基础。现在,皇室的用度都很靡费铺张。陛下小时候身处民间,深知百姓的疾苦,尚且如此,皇子们生长于深宫之中,不了解外面的情况,令人堪忧。百姓无路可走,就会成为盗贼,颠覆国家。到那时,悔之晚矣。所以趁现在还来得及,应勤修德政,不要让后人取笑我们就像我们取笑隋炀帝一样。贞观初年,全国闹饥荒,但老百姓毫无怨言,是因为他们知道陛下一直担心他们。如今连年丰收,但百姓却嗟叹怨恨,是因为他们知道陛下不再顾念他们,却去做一些不急之事。自古以来,国家的兴亡,不在于积蓄的多少,而在于百姓的苦乐。隋朝建立的府库和粮仓,后来全部被敌人所用,这就相当于辛苦聚敛的资财却用来资助敌人啊。陛下如果想为国家谋划长久之计,不必从三代学习经验,只要像贞观初年那样行事,就是天下的大幸。陛下宠爱诸位皇子,要经常想到魏武帝宠爱曹植的教训,不要留下后患。另外,百姓能否安定,只在于刺史和县令是否称职,如果选对了人,陛下就可以拱手端坐而治了。如今朝廷只重视朝官的任用而轻视州县官员的选拔,刺史大多选用武官出身的人,或者京官不称职才补充到地方,边远之地,用人就更不成样子。所以百姓不得安定,大概都是因此。”奏疏奏上后,太宗称赞了很久,对左右大臣说:“刺史朕要亲自选拔,县令应该让京官以上官员各推举一人。”

点评:马周上疏的内容比较驳杂,包罗广泛,但赤诚忧患之心见诸笔端。可归纳为以下几点:一、要想国家长治久安,帝王应推行仁政,以恩惠凝聚

民心,应带头厉行节俭,杜绝奢靡浪费,减少劳役,休养生息,并以此为子孙树立榜样。二、居安思危,及早不间断地修德以防患于未然,不要像隋炀帝一样国破身亡沦为后人的笑柄。三、与民众同甘共苦、同心同德才能赢得民心。四、国家富足不能建立在对老百姓的敲骨吸髓上,要藏富于民,蓄养民力。因为赢得民心远比国库充实重要。如果官逼民反,以致国家倾覆,国库的积蓄都是替他人作嫁衣裳。五、好的政策要有连续性。六、吸取历史教训,不要过分宠爱诸位皇子,以免遗留后患。七、民惟邦本,本固邦宁。刺史和县令是帮着君主治理百姓的关键人物,所以要严格选拔优秀的人才任职。如果重中央而轻地方,国家统治就会头重脚轻,根基不稳。

杨相如上疏言时政

原文:晋陵尉杨相如上疏言时政,其略曰:"炀帝自恃其强,不忧时政,虽制敕交行,而声实舛谬,言同尧、舜,迹如桀、纣,举天下之大,一掷而弃之。"又曰:"隋氏纵欲而亡,太宗抑欲而昌,愿陛下详择之!"又曰:"人主莫不好忠正而恶佞邪,然忠正者常疏,佞邪者常亲,以至于覆国危身而不寤者,何哉?诚由忠正者多忤意,佞邪者多顺指,积忤生憎,积顺生爱,此亲疏之所以分也。明主则不然。受其忤以收忠贤,恶其顺以去佞邪,则太宗太平之业,将何远哉!"又曰:"夫法贵简而能禁,罚贵轻而必行;陛下方兴崇至德,大布新政,请一切除去碎密,不察小过。小过不察则无烦苛,大罪不漏则止奸慝,使简而难犯,宽而能制,则善矣。"上览而善之。

(第二百一十卷　唐纪二十六)

晋陵尉杨相如给唐玄宗上疏议论时政,大意是说:"隋炀帝自恃国力强盛,不理时政,说一套做一套,最后把大好江山白白弄丢了。隋炀帝因纵欲而亡国,而我大唐太宗皇帝却克制欲望,一心求治,终使国家走向昌盛,其中的道理希望陛下认真借鉴取舍。忠直的臣子为了国家利益经常会违背君主的意旨,奸佞之臣为了个人利益总是迎合君主的心思。时间长了,忠臣就会遭到君主记恨,慢慢就被疏远了,佞臣就会得到君主喜爱,渐渐就亲近了。明君则不这样,他们能够接受忠臣的违逆,目的是把忠臣留在身边;厌恶总是顺从自己的大臣,目的是远离奸佞。如果能做到这一点,重现太宗皇帝开创的太平大业,就离我们不远了。法律贵在简单而能禁止犯罪,刑罚贵在轻缓但能贯彻执行。希望陛下能够去除琐碎的法令,不去苛察臣子细小的过失。不苛察小过就可以抑制烦苛的法律,不疏漏大罪就能制止奸恶的发生。如果能使法律简明却难以触犯,宽大却能够控制,就太好了。"玄宗看完他的奏疏后非常赞赏。

点评:杨相如通过对比隋炀帝和唐太宗的作为来论述为政之道:一是君主要兢兢业业,殚精竭虑,言行一致,表里如一。因为群众的眼睛是雪亮的,他们不听你说了什么,而是看你做了什么。如果君主口是心非、言行不一,穷奢极欲,倒行逆施,百姓就会失望。一旦百姓对君主出现了信任危机,政权也就岌岌可危了。二是君主要懂得克制欲望。欲望人人有,但不能无止境地纵欲,否则欲望就会变成脱缰的野马,把人带向毁灭的深渊。三是君主要知道如何辨别忠正之士和奸邪小人,其实方法很简单,就是看他身边的人是敢于犯颜直谏还是一味曲意逢迎。敢于犯颜直谏的大多是直臣,一味曲意逢迎的一般是佞臣。辨明忠奸之后就要亲贤臣远小人,营造良好的政风。四是废除烦琐苛刻的法律,制定简明扼要的律令。这样刑罚实施起来就能抓大放小、宽严适度。

李吉甫、李绛论强谏

原文：李吉甫尝言："人臣不当强谏，使君悦臣安，不亦美乎！"李绛曰："人臣当犯颜苦口，指陈得失，若陷君于恶，岂得为忠！"上曰："绛言是也。"吉甫至中书，卧不视事，长吁而已。李绛或久不谏，上辄诘之曰："岂朕不能容受邪，将无事可谏也？"

李吉甫又尝言于上曰："赏罚，人主之二柄，不可偏废。陛下践阼以来，惠泽深矣；而威刑未振，中外懈惰，愿加严以振之。"上顾李绛曰："何如？"对曰："王者之政，尚德不尚刑，岂可舍成、康、文、景而效秦始皇父子乎！"上曰："然。"后旬余，于頔入对，亦劝上峻刑。又数日，上谓宰相曰："于頔大是奸臣，劝朕峻刑，卿知其意乎？"皆对曰："不知也。"上曰："此欲使朕失人心耳。"吉甫失色，退而抑首不言笑竟日。

（第二百三十八卷　唐纪五十四）

唐宪宗时，宰相李吉甫和李绛经常因政见不一在宪宗面前辩论。有一次，李吉甫说："做臣子的不应该强谏，营造一个君主高兴、臣子安宁的祥和局面，不也挺好吗！"李绛说："臣子应当苦口婆心地犯言直谏，指出君主的为政得失，如果因为知而不言陷君主于不义之中，这岂是尽忠的表现！"宪宗说："还是李绛的话有道理啊。"李吉甫回到中书省，心情很不好，直挺挺躺着不办公，一个劲儿地长吁短叹。李绛有时候很长时间没有进谏，宪宗就会问他："你怎么不进谏啊？是朕不能采纳你的建议，还是无事可谏啊？"

又有一次，李吉甫对宪宗说："赏与罚，是君主的两大权柄，不可以偏废。自陛下登基以来，对臣子和百姓的恩惠已经很多了，但威严和刑罚还不够，现在朝廷内外松懈怠惰，希望陛下采取严厉的措施，以提振大臣们的精神面貌。"宪宗问李绛的意见，李绛说："王者治国，崇尚德行而不崇尚刑罚,您岂能舍弃周成王、周康王、汉文帝、汉景帝的榜样,而效法秦始皇父子的做法呢!”宪宗说:“你说的对。”过了一段时间,大臣于頔入朝接受皇帝的垂询,也劝宪宗施行严厉的刑罚。几天后,宪宗对宰相们说:“于頔是个大奸臣,他劝朕施行严厉的刑罚,你们知道他的意图吗?他是想让朕失掉天下的人心啊!”李吉甫吓得大惊失色,退朝后一整天都闷闷不乐,低着头不说不笑。

点评:李吉甫和李绛都是唐宪宗时的宰相,也都是一代名臣,共同辅佐宪宗开创了“元和中兴”的局面。先是李吉甫为宰相,宪宗为制衡李吉甫,特意将李绛也擢升为宰相。二人常在御前争论,唐宪宗认为李绛耿直,常听从他的主张。关于进谏和赏罚的议论,李吉甫和李绛二人见仁见智,观点虽不同,但都是为国进言,并没有掺杂个人私心。在进谏问题上,李绛的见解更胜一筹。在赏罚问题上,其实该赏则赏、该罚则罚,二者不可偏废,恩威并施、刚柔相济才是王者之道,关键是把握好度。李吉甫认为一味宽容容易导致政风懈怠,应该同时加强刑罚以提振官员的精神面貌,这个观点并无不妥。而李绛一味强调仁德却排斥刑罚反倒有失偏颇,他所列举的四位明君也并非只有仁政没有刑罚。但宪宗更信任李绛,所以借批判于頔来打压李吉甫。

十二、亡国镜鉴

（一）严苛暴政

董仲舒论秦暴政

原文：广川董仲舒对曰："……秦灭先圣之道，为苟且之治，故立十四年而亡，其遗毒余烈至今未灭，使习俗薄恶，人民顽，抵冒殊捍，熟烂如此之甚者也。……"

（第十七卷　汉纪九）

汉武帝下诏征求治国方略，大儒董仲舒在回答策问时说："秦朝废弃往圣先贤的治国之道，推行目光短浅的治国之道，所以立国仅十四年就灭亡了。可是它的遗毒余害到现在都没有消除，使得社会风俗浇薄险恶，人民顽劣难治，违背法令，不惜以死维护个人私利，道德人心败坏到无以复加的地步。"

点评：秦朝废弃儒家教义，尊崇法家理论，蔑视、摒弃教化，一味强推法令，不治心而治形，只治标而废本，急功近利、透支国运，所以导致积弊丛生、外强中干。遇一人发难，便呈摧枯拉朽、土崩瓦解之势。国家虽灭，但其苛政对世道人心的影响可谓流毒深远。

(二)权位空缺

魏武侯不立太子

原文:魏武侯薨,不立太子,子罃与公中缓争立,国内乱。

……

魏大夫王错出奔韩。公孙颀谓韩懿侯曰:"魏乱,可取也。"懿侯乃与赵成侯合兵伐魏,战于浊泽,大破之,遂围魏。成侯曰:"杀罃,立公中缓,割地而退,我二国之利也。"懿侯曰:"不可。杀魏君,暴也;割地而退,贪也。不如两分之。魏分为两,不强于宋、卫,则我终无魏患矣。"赵人不听。懿侯不悦,以其兵夜去。赵成侯亦去。罃遂杀公中缓而立,是为惠王。

(第一卷　周纪一)

战国时期,魏武侯去世时没有立太子,于是他的两个儿子魏罃和魏缓争夺魏国王位,导致国内大乱。

韩国大臣公孙颀对韩懿侯说:"魏国内乱,我们可以乘机攻取它。"韩懿侯于是与赵成侯共同出兵攻打魏国,大败魏军后,又趁势包围了魏国都城。但这时韩、赵两国产生了分歧。赵成侯认为应该杀掉魏罃,立魏缓为魏国国君,然后割地退兵,这样比较实惠。韩懿侯认为应该把魏国一分为二,让魏罃和魏缓两人分治魏国,从而削弱魏国的实力,减少魏国对韩、赵两国的威胁。两人争执不下,最后各自退兵回国。魏罃于是杀了弟弟魏缓即位,这就是魏惠王。

点评:中国古代国家内乱的三个主要原因是:国有共君,君无后嗣,朋党擅权。国家提前确立接班人及辅政大臣并昭告天下,就会对内堵塞奸人的

谋逆之心，对外使敌国无机可乘，否则必然会发生内乱。秦二世和赵高的奸谋能够得逞，也是因为秦始皇没有提前确立接班人的缘故。司马迁说：魏惠王之所以能够保全自己，国家也没被瓜分的原因，是韩、赵两国的意见不统一。如果两国听从了任何一家的意见，魏国必定被瓜分。所以说："国君去世后，如果没有继承人，他的国家就有可能被打败。"

（三）误信佞臣

虞世基欺君

原文：内史侍郎虞世基以帝恶闻贼盗，诸将及郡县有告败求救者，世基皆抑损表状，不以实闻，但云："鼠窃狗盗，郡县捕逐，行当殄尽，愿陛下勿以介怀！"帝良以为然。或杖其使者，以为妄言，由是盗贼遍海内，陷没郡县，帝皆弗之知也。杨义臣破降河北贼数十万，列状上闻，帝叹曰："我初不闻贼顿如此，义臣降贼何多也！"世基对曰："小窃虽多，未足为虑，义臣克之，拥兵不少，久在阃外，此最非宜。"帝曰："卿言是也。"遽追义臣，放散其兵，贼由是复盛。

（第一百八十三卷　隋纪七）

隋朝末年，天下大乱。虞世基知道隋炀帝不喜欢听到盗贼的消息，就把全国各地有关盗贼的奏表全部压下或者篡改，只对隋炀帝说："现在天下太平，闹事的都是一帮鼠窃狗盗的乌合之众，成不了什么气候，郡县官吏正在搜捕，很快就平定了，陛下不必多虑！"隋炀帝听了很高兴。有时候有使者据实上报，隋炀帝就杖责他们，认为他们在说谎话。后来就没有人敢上报了，以至于盗贼横行，攻城略地，隋炀帝都不知道。再后来，杨义臣平定河北的盗贼,收降了几十万人,然后据实上报,隋炀帝这才惊讶地说:“怎么盗贼会有这么多!”虞世基回答:“这些都是些小蟊贼,不足为虑,然而杨义臣长期拥兵在外,陛下不能不防。”隋炀帝说:“你的话很对。”于是把杨义臣招回,还遣散了他的部队,于是盗贼再次猖獗起来。

点评:君主好大喜功、逃避现实,不喜听逆耳之言,就会被别有用心的谄媚之徒利用,投其所好以求宠弄权。君主这时就等于自绝言路、堵塞视听,从而变成了真正的孤家寡人。隋炀帝和秦二世一样,都是自欺欺人之辈,所以才会被虞世基和赵高之流欺瞒蒙蔽。观其对杨义臣的调遣,不担心频仍的外患,却玩弄猜忌防人的权术,真是自毁长城,自断臂膀,实在令人扼腕叹息。以虞世基之奸佞,隋炀帝之昏聩,隋朝不灭亡都没有天理。

京房讽元帝

原文:是时,中书令石显颛权,显友人五鹿充宗为尚书令,二人用事。房尝宴见,问上曰:“幽、厉之君何以危?所任者何人也?”上曰:“君不明而所任者巧佞。”房曰:“知其巧佞而用之邪,将以为贤也?”上曰:“贤之。”房曰:“然则今何以知其不贤也?”上曰:“以其时乱而君危知之。”房曰:“若是,任贤必治,任不肖必乱,必然之道也。幽、厉何不觉悟而更求贤,曷为卒任不肖以至于是?”上曰:“临乱之君,各贤其臣;令皆觉寤,天下安得危亡之君!”房曰:“齐桓公、秦二世亦尝闻此君而非笑之;然则任竖刁、赵高,政治日乱,盗贼满山,何不以幽、厉卜之而觉寤乎?”上曰:“唯有道者能以往知来耳。”房因免冠顿首曰:“《春秋》纪二百四十二年灾异,以示万世之君。今陛下即位以来,日月失明,星辰逆行,山崩,泉涌,地震,石陨,夏霜,冬雷,春凋,秋荣,陨霜不杀,水、旱、螟虫,民人饥、疫,盗贼不禁,刑人满市,《春秋》所记灾异尽备。陛下视今为治邪,乱邪?”上曰:“亦极乱耳,尚何道!"房曰:"今所任用者谁与?"上曰:"然,幸其愈于彼,又以为不在此人也。"房曰:"夫前世之君,亦皆然矣。臣恐后之视今,犹今之视前也!"上良久,乃曰:"今为乱者谁哉?"房曰:"明主宜自知之。"上曰:"不知也;如知,何故用之!"房曰:"上最所信任,与图事帷幄之中,进退天下之士者是矣。"房指谓石显,上亦知之,谓房曰:"已谕。"房罢出,后上亦不能退显也。

（第二十九卷　汉纪二十一）

汉元帝时,宦官中书令石显独揽大权,与尚书令五鹿充宗等人沆瀣一气,结党营私,打击异己,扰乱朝政,引得朝廷内外一片怨言。当时,有一位研究易学的学者京房,善于用天变灾异来分析政治。后来,京房入宫当了郎官。有一次,汉元帝与京房闲聊,京房就问元帝:"周幽王、周厉王为什么会使国家陷入危机?他们任用的都是什么样的人?"元帝说:"他们两个人都不算英明,任用的也都是巧诈奸佞之人。"京房说:"那他们是明知任用的人巧诈奸佞还要任用呢,还是本来认为他们是贤能的?"元帝说:"是认为他们是贤能的。"京房说:"可是现在我们怎么又知道他们不贤能呢?"元帝说:"是根据当时政治的混乱和君主陷入危险知道的。"京房说:"如果是这样,那么也就是说,任用贤能之人国家一定会大治,任用不肖之徒国家一定会混乱,这是必然的规律喽!那周幽王、周厉王为何不因此觉悟而访求贤才,最终却任用不肖之徒以至于到了那个地步呢?"元帝说:"临近乱世的君主,都认为自己的臣子很贤能,如果他们都能觉悟,天下哪还有亡国之君!"京房说:"齐桓公、秦二世也曾非议嘲笑过周幽王、周厉王,可是他们任用竖刁、赵高,以致朝政日非,盗贼遍地,他们为何不以周幽王、周厉王之旧事为鉴而有所觉悟呢?"元帝说:"只有有道的明君才能够根据历史经验知道以后该怎么做。"京房于是摘下帽子叩头说:"《春秋》记录了二百四十二年的灾异,用来警示后世的君主。自从陛下即位以来,《春秋》上所记录的各种灾异已经全部出现了。陛下看当今是治世还是乱世?"元帝说:"简直乱到了极点,还有什么可说的!"京房说:"那么现今陛下任用的是谁?"元帝岔开话题说:"今天的现状,幸亏比前代强,而且我认为责任并不在那些人身上。"京房说:"以前的君主,也都是这样想的。我怕后人看待今天的我们,就像我们看待前人一样。"过了很久,元帝才问:"现在乱政的人是谁?"京房说:"英明的君主自己应该知道。"元帝说:"我不知道,如果知道的话,怎么还会用他们!"京房说:"就是陛下最信任的,与他一起运筹,共同协商任免天下官吏的人。"京房指的是石显,元帝知道,他对京房说:"我已经明白你的意思了。"但最终也没有罢黜石显。

点评:京房对汉元帝的提醒可谓苦口婆心、循循善诱,道理已经讲得再明白不过了。但元帝仍然执迷不悟或故作糊涂,拒绝改变和反思,真是顽固到了极点。以这样愚钝的悟性和优柔寡断的性格去治理国家,其结果可想而知。司马光说:"人君之德不明,则臣下虽欲竭忠,何自而入乎!"观察京房对汉元帝的提醒,可以说明白而又贴切,可是汉元帝始终不能醒悟,真是悲哀啊!《诗经》说:"匪面命之,言提其耳。匪手携之,言示之事。"又说:"诲尔谆谆,听我藐藐。"说的就是汉元帝这样的人啊!

张钧请斩十常侍

原文:郎中中山张钧上书曰:"窃惟张角所以能兴兵作乱,万民所以乐附之者,其源皆由十常侍多放父兄、子弟、婚亲、宾客典据州郡,辜榷财利,侵掠百姓,百姓之冤,无所告诉,故谋议不轨,聚为盗贼。宜斩十常侍,县头南郊,以谢百姓,遣使者布告天下,可不须师旅而大寇自消。"帝以钧章示诸常侍,皆免冠徒跣顿首,乞自致雒阳诏狱,并出家财以助军费。有诏,皆冠履视事如故。帝怒钧曰:"此真狂子也!十常侍固当有一人善者不!"御史承旨，遂诬奏钧学黄巾道，收掠，死狱中。

（第五十八卷　汉纪五十）

郎中张钧向汉灵帝上书说："张角之所以能够兴兵作乱，而老百姓还乐意归附追随他，原因就在于十常侍安排自己的亲属、亲信担任各州郡的长官，欺压百姓，为害一方，百姓无处申冤，所以才沦为盗贼。您应该将十常侍斩首，向百姓谢罪，然后派使者将这个消息布告天下，这样不动用军队就能令贼寇自行消失。"灵帝把张钧的奏章拿给十常侍看，这些人都吓得脱掉官帽和鞋子叩头请罪，请求到雒阳监狱投案自首，并拿出家财资助军费。灵帝让他们都站起来，穿好鞋帽，和平时一样接着上班。灵帝对张钧的上书非常愤怒，说："这真是个狂人，十常侍里面难道连一个好人都没有吗？"御史迎合灵帝的旨意，诬陷张钧学黄巾道，把他抓起来关在监狱里，还不断拷打他，张钧最后死在狱中。

点评：君主最重要的素质在于明察，明察则下属不敢欺罔。十常侍祸乱国政导致天怒人怨，黄巾军趁势揭竿而起，使国家陷入风雨飘摇之中。朝中正直的大臣对此无不痛心疾首，多次对汉灵帝直言极谏，但仍不能使其觉悟，有人甚至惨遭杀害。可见汉灵帝是多么的昏庸暗弱。

薛珝使蜀

原文：吴主使五官中郎将薛珝聘于汉，及还，吴主问汉政得失，对曰："主暗而不知其过，臣下容身以求免罪，入其朝不闻直言，经其野民皆菜色。臣闻燕雀处堂，子母相乐，以为至安也，突决栋焚，而燕雀怡然不知祸之将及，其是之谓乎！"

（第七十七卷　魏纪九）

吴王孙权派五官中郎将薛珝出使蜀国,等薛珝回来,孙权向他询问蜀国政治的得失。薛珝回答说:"君主暗弱却不知道自己的过错,臣下只求能够安身免罪而毫无作为。我进入他们的朝廷,听不到正直的言论;路过他们的乡村,看到人民都面有菜色。我听说燕雀在堂屋屋檐搭窝,子母嬉戏为乐,以为这里是最安全的地方,突然有一天屋子着火,燕雀仍然怡然自乐,不知大祸马上就要临头,说的就是蜀国君臣啊。"

点评:君主昏庸暗弱还自以为是,臣子就得过且过蒙混度日。貌似一团和气、相安无事,实则江河日下、危机四伏。但局内人却陶陶然自得其乐,不知祸之将至。政治的混乱一至于斯,真可谓盲人骑瞎马,祸福都由天,令局外人观之心寒!

李义府笑里藏刀

原文:中书侍郎李义府参知政事。义府容貌温恭,与人语,必嬉怡微笑,而狡险忌克,故时人谓义府笑中有刀;又以其柔而害物,谓之李猫。

……

李义府恃宠用事。洛州妇人淳于氏,美色,系大理狱,义府属大理寺丞毕正义枉法出之,将纳为妾,大理卿段宝玄疑而奏之。上命给事中刘仁轨等鞫之,义府恐事泄,逼正义自缢于狱中。上知之,原义府罪不问。

侍御史涟水王义方欲奏弹之,先白其母曰:"义方为御史,视奸臣不纠则不忠,纠之则身危而忧及于亲为不孝,二者不能自决,奈何?"母曰:"昔王陵之母,杀身以成子之名。汝能尽忠以事君,吾死不恨!"义方乃奏:"义府于辇毂之下,擅杀六品寺丞;就云正义自杀,亦由畏义府威,杀身以灭口。如此,则生杀之威,不由上出,渐不可长,请更加勘当!"于是对仗,叱义府令下;义府顾望不退。义方三叱,上既无言,义府始趋出,义方乃读弹文。上释义府不问，而谓义方毁辱大臣，言辞不逊，贬莱州司户。

（第二百卷 唐纪十六）

唐高宗宠信奸臣李义府。李义府这个人，外表温和，模样恭顺，跟人谈话总是满脸微笑，但内心却狡诈阴险，所以当时的人说李义府笑里藏刀。又因为他喜欢用下作的手段害人，所以叫他“李猫”。

李义府仗着高宗的宠信为所欲为。有一个叫淳于氏的女子，长得很漂亮，被关押在大理寺狱中。李义府想纳她为妾，就让大理寺丞毕正义将她释放。大理寺卿段宝玄听说了这件事，就上奏高宗。高宗命给事中刘仁轨调查此事，李义府怕事实泄露，就逼着毕正义上吊自杀。高宗最后知道了事情的真相，但却不再过问。

侍御史王义方准备弹劾李义府，他对母亲说：“我身为御史，看到奸臣作恶不去弹劾就是不忠，弹劾了则自身危险，而且让亲人担忧，是为不孝，两者之间难以取舍，该怎么办？”他母亲说：“汉初王陵的母亲，为了成就儿子的名声而杀身。你能尽忠侍奉君王，我死而无恨！”王义方于是大义凛然弹劾李义府。在宣读弹劾的奏章之前，按照朝廷规定李义府应退下回避，但李义府徘徊不退，王义方呵斥了他三遍，高宗始终不说话，李义府才快步走出。王义方于是对着仪仗大声宣读弹劾奏章。但高宗放着李义府的罪行不问，却说王义方诋毁侮辱大臣，出言不逊，将他贬为莱州司户。

点评：有这么一类人，口蜜腹剑，笑里藏刀，专以害人为能事，令人防不胜防。但日久见人心，时间久了其人品自会曝光。不但人们会对其敬而远之，他自己也会一步步走到山穷水尽的地步。所谓多行不义必自毙，时辰一到，一切都报。李义府最终因作恶多端，被高宗贬官流放，忧愤而死。

奸佞之臣之所以能够横行无忌，根源就在于皇帝昏庸暗弱。段宝玄、王义方不可谓不忠直，事实真相不可谓不清楚，奈何高宗一味庇护纵容李义府，不但不惩处奸佞，反而降罪于忠臣。如此一来，忠直之士谁还敢开

口?奸佞之臣岂不更加嚣张?朝廷的法度何在?正气何存?长此以往,朝政岂能不衰?王义方的母亲可谓是知书达理、深明大义的贤母。

武则天垂帘听政

原文:初,武后能屈身忍辱,奉顺上意,故上排群议而立之;及得志,专作威福,上欲有所为,动为后所制,上不胜其忿。有道士敦行真,出入禁中,尝为厌胜之术,宦者王伏胜发之。上大怒,密召西台侍郎、同东西台三品上官仪议之。仪因言:"皇后专恣,海内所不与,请废之。"上意亦以为然,即命仪草诏。

左右奔告于后,后遽诣上自诉。诏草犹在上所,上羞缩不忍,复待之如初;犹恐后怨怒,因绐之曰:"我初无此心,皆上官仪教我。"仪先为陈王谘议,与王伏胜俱事故太子忠,后于是使许敬宗诬奏仪、伏胜与忠谋大逆。十二月,丙戌,仪下狱,与其子庭芝、王伏胜皆死,籍没其家。戊子,赐忠死于流所。右相刘祥道坐与仪善,罢政事,为司礼太常伯,左肃机郑钦泰等朝士流贬者甚众,皆坐与仪交通故也。

自是上每视事,则后垂帘于后,政无大小,皆与闻之。天下大权,悉归中宫,黜陟、杀生,决于其口,天子拱手而已,中外谓之二圣。

(第二百零一卷　唐纪十七)

武则天在没有当上皇后之前,能够忍辱负重,对唐高宗百依百顺,所以高宗不顾一切把她立为皇后。等她当了皇后,就开始威福自用,并经常干政,高宗对此非常恼火。恰好武后找了一个道士进宫施展咒人的邪术,被一名太监告发。高宗大怒,就召来大臣上官仪密谋废黜武后,并命上官仪起草诏令。

武后安排在高宗身边的眼线把这一消息告诉了武后,武后赶忙去找高宗解释。结果高宗见了武后,立马表现出一副心虚理亏的样子,一个劲儿地说好话,还讨好地对武后说:“我本来没这个意思,都是上官仪出的馊主意。”于是,武后就指使许敬宗诬告上官仪谋反。最后上官仪被处死,家产被没收,凡是跟上官仪有交往的大臣都受到了不同程度的牵连。

从此以后,高宗每次上朝,武后都在后边垂帘听政。所有的政事,她都要参与,生杀予夺的大权全部掌握在她手中,高宗只是闲人一个。因此,朝野上下都把他们俩称为“二圣”。

点评:有这么一类人,为达到目的不惜忍辱负重、委曲求全。一旦目标达成,就会纵情恣意、为所欲为。武则天就是这种能屈能伸、专横跋扈的权欲女人。可怜高宗昏庸懦弱,对她既爱又怕,一时情绪发作不但没有解决任何问题,反而搭上了一干大臣的性命,自此以后更是无原则地处处让步,君主的威权一步步落入武则天手中。

颜真卿谏宰相弄权

原文:元载专权,恐奏事者攻讦其私,乃请:“百官凡论事,皆先白长官,长官白宰相,然后奏闻。”仍以上旨谕百官曰:“比日诸司奏事烦多,所言多谗毁,故委长官、宰相先定其可否。”

刑部尚书颜真卿上疏,以为:“郎官、御史,陛下之耳目。今使论事者先白宰相,是自掩其耳目也。陛下患群臣之为谗,何不察其言之虚实!若所言果虚宜诛之,果实宜赏之。不务为此,而使天下谓陛下厌听览之烦,托此为辞以塞谏争之路,臣窃为陛下惜之!太宗著《门司式》云:‘其无门籍人,有急奏者,皆令门司与仗家引奏,无得关碍。’所以防壅蔽也。天宝以后,李林甫为相,深疾言者,道路以目。上意不下逮,下情不上达,蒙蔽喑呜,卒成幸蜀之祸。陵夷至于今日,其所从来者渐矣。夫人主大开不讳之路,群臣犹莫敢尽言,况令宰相大臣裁而抑之,则陛下所闻见者不过三数人耳。天下之士从此钳口结舌,陛下见无复言者,以为天下无事可论,是林甫复起于今日也!昔林甫虽擅权,群臣有不谘宰相辄奏事者,则托以他事阴中伤之,犹不敢明令百司奏事皆先白宰相也。陛下傥不早寤,渐成孤立,后虽悔之,亦无及矣!”载闻而恨之,奏真卿诽谤;乙未,贬峡州别驾。

(第二百二十四卷　唐纪四十)

唐代宗时,宰相元载专权恣肆,想方设法排除异己。他怕大臣们上奏弹劾他的所作所为,就向唐代宗奏请:“百官奏事应该层层上报,最后再由宰相呈奏给皇上。”然后他又假传圣旨告诉百官:“近来各部门上奏,所论之事太过繁杂,而且多是谗毁之言,以后应逐级上报,最后由宰相确定是否可以呈奏给皇上。”

刑部尚书颜真卿因此上疏说:“郎官、御史都是陛下的耳目。现在让上奏论事的人先告诉宰相,是陛下自己堵塞自己的耳目,而且大家会认为这是陛下在为自己懒于听政、回避劝谏找借口。太宗所著《门司式》说:‘如果有人有急事要上奏朝廷,而又没有通行证,就命掌管宫门的人直接带入,不许阻拦。’之所以这样做,就是为了防止闭塞视听。李林甫当了宰相后,就开始阻断玄宗和大臣上下沟通的渠道。结果玄宗在上被蒙蔽,臣子在下都沉默,导致了安史之乱。陛下即使广开言路,群臣也未必敢言无不尽,何况还要让宰相先行裁断打压呢。如果这样,陛下能见到并听取意见的不过就几个人了。陛下看到无人奏事,还以为天下太平无事,这种状况不就像李林甫又复活了一样吗?过去李林甫虽然擅权,但群臣也有不通过宰相直接奏事的。对此,李林甫也不敢公开责难,只能寻找其他借口暗中伤害这些人罢了,但也没敢明目张胆命令百官奏事先通过宰相。陛下如果不及早觉悟,就会渐渐被孤立,到最后后悔也来不及了。”元载听说颜真卿的上疏后,非常恨他,于是向代宗上奏颜真卿诽谤。最后,颜真卿被贬为峡州别驾。

点评：权臣蒙蔽皇帝的手法无非是对上堵塞言路，使下情不能上达，然后在皇帝面前任由自己信口雌黄而无人揭露，实现一手遮天的目的；对下歪曲或篡改圣意，把自己的意志借皇帝之口表达出来并予以贯彻，或者干脆把自己包装成皇帝唯一的代言人而令群臣忌惮，从而肆意弄权。皇帝和群臣被隔离开来难以交互，自己就可在中间翻云覆雨、为所欲为。大多权奸堵塞言路的手段是用权谋之术暗箱操作，而元载居然明目张胆以制度设计的方式层层设卡加以阻挠。其胆大妄为、贪婪跋扈可见一斑。唐代宗在颜真卿苦口婆心、条分缕析后仍不觉悟，其糊涂昏聩也是到了极点。上昏下佞，国家焉能不乱？

（四）臣强君弱

郭威处置王守恩

原文：八月，甲申，郭威自河中还，过洛阳；守恩自恃位兼将相，肩舆出迎。威怒，以为慢己，辞以浴，不见，即以头子命保义节度使、同平章事白文珂代守恩为留守，文珂不敢违。守恩犹坐客次，吏白："新留守已视事于府矣。"守恩大惊，狼狈而归，见家属数百已逐出府，在通衢矣。朝廷不之问，以文珂兼侍中，充西京留守。

（第二百八十八卷　后汉纪三）

后汉隐帝时期，河中、永兴、凤翔三个藩镇拥兵造反，隐帝派枢密使郭威（后周太祖）率兵讨伐。平定三藩后，郭威从河中返回，路过西京洛阳，西京留守、同平章事王守恩自恃自己位兼将相，坐在轿子里出城迎接郭威。郭威勃然大怒,认为王守恩慢待自己,以正在沐浴为由辞谢不见,随即写了个堂帖,命保义节度使、同平章事白文珂代替王守恩做西京留守,白文珂不敢违命。这时,王守恩还坐在客厅等待郭威,忽然有人来通报他,说新任的西京留守已经在府里办公了。王守恩惊慌失措,狼狈而归,看见几百名家属已经被赶出府门,正在大街之上。对此,朝廷不闻不问,并任命白文珂兼任侍中,充任西京留守。

点评:郭威平定藩镇之乱,功高盖世,连后汉隐帝都深感震恐。偏偏王守恩不识时务,自恃官高爵显想要摆谱抗衡一下,结果立刻就被郭威施以颜色无情碾压。郭威之所以敢这样做,就是因为其手握重兵,恃功而骄,根本没有把朝廷的法度和规矩放在眼里。虽然他当时并没有背叛君主的他志,但是在行为上已经表现出对皇权的不敬。而他凭借一纸堂帖就可以任免将相,朝廷对此又集体噤声并曲意顺从,说明臣强君弱的局面已经形成。当此之时,国家哪里还有什么法纪可言?谁拥有强权谁就可以随心所欲主宰一切。国事到了这种地步,动乱只是早晚的事情。欧阳修说:“自古乱亡之国,一定是先破坏了其法纪,然后动乱才随之而来,这是事所必然的,五代时期正是这样。白文珂、王守恩都是后汉的大臣,而郭威凭借枢密使的一纸堂帖就可以随便更换,就像更换士兵一样。当时郭威并没有目无君主的不臣之心,之所以这样做,是因为习以为常,根本没把这当回事。所以白文珂不敢违命,王守恩不敢拒绝,郭威自己觉得并没有什么不妥,后汉君臣对此也置之不问,因为朝廷的纲纪已经败坏到极点,才导致了这样的后果。所以善于为天下大事谋虑的人,不敢忽略细小之事,并常常防微杜渐。”

（五）庸才执政

三语掾

原文：戎为三公，与时浮沈，无所匡救，委事僚采，轻出游放。性复贪吝，园田遍天下，每自执牙筹，昼夜会计，常若不足。家有好李，卖之恐人得种，常钻其核。凡所赏拔，专事虚名。阮咸之子瞻尝见戎，戎问曰："圣人贵名教，老、庄明自然，其旨同异？"瞻曰："将无同！"戎咨嗟良久，遂辟之。时人谓之"三语掾"。

（第八十二卷　晋纪四）

王戎担任西晋司徒，位列三公。他随波逐流，对于国事并没有什么匡正和裨益。他把政事都委托给下面的僚属，自己则经常轻车简从外出游玩放纵。王戎性格贪婪吝啬，园林田产遍布天下，却经常手持算筹，昼夜计算，常常表现出一副不满足的样子。他家中有品种优良的李子树，卖了李子怕别人得到种子，就经常把李子的核钻坏。凡是他所赏识提拔的人，都是专慕虚名之辈。阮咸之子阮瞻曾经拜见王戎，王戎问他："圣人看重名教，老、庄崇尚自然，他们的要旨是同还是异？"阮瞻回答："将无同（大概没有什么不同）！"王戎赞叹良久，于是延聘阮瞻。当时的人把这件事称作"三语掾"（因三个字而被任命为官员）。

点评：王戎是一个典型的随波逐流的官场混子，这种人没有什么政治主张和理想信念，就是一个纯粹的利己主义者。他的全部关注点都在追求出人头地的虚荣和物质享乐的快感上，而且性情贪鄙、见识低俗。让这样的人身居高位，国家怎么可能治理得好？国家政治混乱的原因有很多，但由

于庸才执政或乱臣当道引发的官场腐败是一个重要原因。

桓温北伐

原文:桓温自江陵北伐,遣督护高武据鲁阳,辅国将军戴施屯河上,自帅大兵继进。与寮属登平乘楼望中原,叹曰:“遂使神州陆沈,百年丘墟,王夷甫诸人不得不任其责!”记室陈郡袁宏曰:“运有兴废,岂必诸人之过!”温作色曰:“昔刘景升有千斤大牛,啖刍豆十倍于常牛,负重致远,曾不若一羸牸,魏武入荆州,杀以享军。”

(第一百卷　晋纪二十二)

东晋桓温率军北伐,在江中遥望中原,感慨道:“使神州大地沉沦,成为百年废墟,王衍等人负有不可推卸的责任!”记室袁宏说:“时运有兴废,难道一定是这几个人的罪过吗?”桓温勃然变色说:“当年刘表有一头重达千斤的大牛,吃的草料是普通牛的十倍,可是让它拉东西走远路,竟连一头瘦弱的母牛都不如,曹操进入荆州后,就把它杀了,用来犒赏三军。”

点评:王衍、王戎等人位列三公,却只知清谈,不理国政,并将此标榜为洒脱放达。一时间朝野上下竞相效仿,致使国家风气败坏、政务废弛。而这些尸位素餐的邦国蛀虫,在其位不谋其政,却享受着高官厚禄,与刘表那头光吃饭不干活的肥牛何异?国家由这样的大臣主政,怎能不祸国殃民,败亡丧乱?袁宏还大谈什么时运兴废,并非人祸,简直是一派胡言。

（六）近侍弄权

蒋济谏勿使亲信弄权

原文:初,太祖为魏公,以赞令刘放、参军事孙资皆为秘书郎。文帝即位,更名秘书曰中书,以放为监,资为令,遂掌机密。帝即位,尤见宠任,皆加侍中、光禄大夫,封本县侯。是时,帝亲览万机,数兴军旅,腹心之任,皆二人管之;每有大事,朝臣会议时,常令决其是非,择而行之。中护军蒋济上疏曰:"臣闻大臣太重者国危,左右太亲者身蔽,古之至戒也。往者大臣秉事,外内扇动;陛下卓然自览万机,莫不祗肃。夫大臣非不忠也,然威权在下,则众心慢上,势之常也。陛下既已察之于大臣,愿无忘之于左右,左右忠正远虑,未必贤于人臣,至于便辟取合,或能工之。今外所言,辄云'中书',虽使恭慎,不敢外交,但有此名,犹惑世俗。况实握事要,日在目前,傥因疲倦之间,有所割制,众臣见其能推移于事,即亦因时而向之。一有此端,私招朋援……不使圣明之朝有专吏之名也!"帝不听。

（第七十四卷　魏纪六）

曹魏明帝重用中书监刘放、中书令孙资,每次自己带兵出征时,都委托他俩掌管中枢机要。每当朝臣在一起举行会议时,常命他俩决断是非,择定方案行事。中护军蒋济因此上疏说:"我听说大臣权力太重国家就会危险,左右之人太过亲近君主就会遭受蒙蔽,这是古人最为戒备的。以前大臣掌管朝政,内外人心不稳,现在陛下亲自处理政务,上下无不肃然恭敬。大臣不是不忠心,但任由威权在下位,那么众人的心思就会怠慢主上,这是势之常理。陛下既然对大臣专权之事已经有所明察,希望不要忘记左右亲信弄权的弊病。左右亲信的忠诚正直、深谋远虑,未必比大臣更强,但谄媚逢迎之术却非常擅长。如今外面议论政事,言必称‘中书’,虽然陛下平常严格地约束他们,使他们不敢擅自与外界交往,但仅仅凭借‘中书’这两个字,对外就有很大的迷惑和震慑作用。如果他们趁着陛下疲倦或疏忽之时有所裁断,大臣们见他们能够左右政事,也顺势趋附他们。如此弊端一开,就会形成结党擅权、扰乱朝政的局面。我希望在圣明的朝廷,不要出现近侍专权的恶名!”魏明帝不听。

点评:君主治国,第一不能将权柄授予他人,第二不能被近臣蒙蔽。人臣权力过重,君主的权威就会被动摇。左右亲信太近,就会结党营私、欺上瞒下、扰乱视听。所以君主一定要保持清醒,处理好与臣子的各种关系,节制大臣的权力,防范近臣僭越。而且要多方面听取意见,明辨是非。

宋明帝失国

原文:沈约论曰:“夫人君南面,九重奥绝,陪奉朝夕,义隔卿士,阶闼之任,宜有司存。既而恩以狎生,信由恩固,无可惮之姿,有易亲之色。孝建、泰始,主威独运,而刑政纠杂,理难遍通,耳目所寄,事归近习。及觇欢愠,候惨舒,动中主情,举无谬旨;人主谓其身卑位薄,以为权不得重。曾不知鼠凭社贵,狐借虎威,外无逼主之嫌,内有专用之效,势倾天下,未之或悟。及太宗晚运,虑经盛衰,权幸之徒,慑惮宗威,欲使幼主孤立,永窃国权,构造同异,兴树祸隙,帝弟宗王,相继屠剿。宝祚夙倾,实由于此矣。”

(第一百三十四卷　宋纪十六)

南朝宋明帝刘彧,晚年害怕自己死后儿子的皇位不稳,于是就听信幸臣王道隆和阮佃夫的建议,大肆屠杀皇室宗亲和功臣名将,导致统治力量衰败,武将萧道成趁势崛起,篡宋建齐。对此,南朝史学家沈约说:“君主坐于深宫之中，与外界隔绝，身边陪着的都是左右侍从，而与公卿大臣相隔甚远。这些侍从因为每天接近君主而受到宠爱，渐渐就变成了君主的耳目和亲信。他们善于观察君主的喜怒哀乐，总是迎合君主的心意说话、办事，所以君主逐渐就把权柄委托给他们操控，对他们言听计从，倚为腹心。于是这些人借机狐假虎威、作威作福，为了个人利益欺上瞒下、无所不为，直至把国家搞得危机四伏，濒临灭亡，但君主往往仍不能觉悟。祸乱的根源，多在于此。”

点评：历来宦官或侍从受宠的原因，就是利用久在君主身边侍奉的便利条件，对君主的秉性习惯、喜怒哀乐了如指掌，因此说话办事总能迎合君主的心意，一言一行都能令君主心里舒服。久而久之，君主便觉得只有身边这帮人才是真正对自己贴心忠诚的人，于是乎忘掉了职责的分工，忘掉了历史的教训，把本该由朝中大臣和职能机构处理的国家大事也交由他们处理。殊不知这些人大多是不学无术之辈，平日所为无非是伺候君主饮食起居等生活琐事，哪里有治国理政的器局和才干？一旦得势，只知道对外争权夺利，对内迷惑君主，甚至为了保住其权力地位，不惜一切手段铲除异己。于是把国家搞得乌烟瘴气、朝政日衰。历史上君主宠幸宦官近侍而导致亡国的例子比比皆是。

（七）奸佞当权

程元振弄权

原文：骠骑大将军、判元帅行军司马程元振专权自恣，人畏之甚于李辅国。诸将有大功者，元振皆忌疾欲害之。吐蕃入寇，元振不以时奏，致上狼狈出幸。上发诏征诸道兵,李光弼等皆忌元振居中,莫有至者,中外咸切齿而莫敢发言。太常博士柳伉上疏,以为:"犬戎犯关度陇,不血刃而入京师,劫宫闱,焚陵寝,武士无一人力战者,此将帅叛陛下也。陛下疏元功,委近习,日引月长,以成大祸,群臣在廷,无一人犯颜回虑者,此公卿叛陛下也。陛下始出都,百姓填然,夺府库,相杀戮,此三辅叛陛下也。自十月朔召诸道兵,尽四十日,无只轮入关,此四方叛陛下也。内外离叛,陛下以今日之势为安邪,危邪?若以为危,岂得高枕,不为天下讨罪人乎!臣闻良医疗疾,当病饮药,药不当病,犹无益也。陛下视今日之病,何由至此乎?必欲存宗庙社稷,独斩元振首,驰告天下,悉出内使隶诸州,持神策兵付大臣,然后削尊号,下诏引咎,曰:'天下其许朕自新改过,宜即募士西赴朝廷;若以朕恶不悛,则帝王大器,敢妨圣贤,其听天下所往。'如此,而兵不至,人不感,天下不服,臣请阖门寸斩以谢陛下。"上以元振尝有保护功,十一月,辛丑,削元振官爵,放归田里。

(第二百二十三卷　唐纪三十九)

程元振是唐肃宗、唐代宗两朝的宦官,曾与李辅国拥立太子李豫即位,是为代宗。后与李辅国内斗胜出,大权独揽,官至骠骑将军、判元帅行军司马。当权后,他陷害忠良、用事弄权,引得朝野上下一片怨愤。吐蕃入侵唐朝时,程元振不及时上奏,致使代宗狼狈出逃。代宗发诏书征调各道军队,李光弼等将领都忌恨程元振在朝内为所欲为,竟然没有一个人前来救驾。朝廷内外恨他恨得咬牙切齿,却没人敢说一句话。太常博士柳伉上疏说:"吐蕃长驱直入京师,而士兵无一人力战,这是将帅背叛陛下。陛下长期以来疏远功臣,亲近小人,导致今日大祸,朝中大臣却无一人犯言直谏,这是公卿大臣背叛陛下。陛下刚离开京师,百姓就抢夺府库,互相残杀,这是三辅地区背叛陛下。从颁下诏书之日到现在,已经过了四十天,却没有一辆战车入关,这是四方背叛陛下。今天这种众叛亲离的局面,如果陛下认为危险,就不应该再高枕无忧,而应该为天下人讨伐罪人。

我认为治病要对症下药，陛下看今日之病，是什么原因导致的呢？如果陛下想保存宗庙社稷，就请将程元振斩首，然后布告天下。随后再颁下诏书，引咎悔过。如此一来，天下人一定会心悦诚服，军队一定会前来救驾。”代宗因为程元振曾经有保驾之功，只是将他削去官爵，放归田里，并没有杀他。

点评：任用一个奸佞，就会伤害一批忠良。如果奸佞当权、横行无忌，大家就会把愤怒的矛头指向君主，认为正是由于君主的昏庸无道，才酿成了祸乱的根源。如果君主继续执迷不悟，就会导致天怒人怨、众叛亲离。文中柳伉通过列举现象，推断出四方内外与君主离心离德的结论，并追根溯源找到问题的症结，直至开出挽救时局的良方，可谓苦心孤诣，用心良苦。可惜代宗出于私情只部分采纳了他的建议，最后仓促起用郭子仪才击退吐蕃，收复了长安。

（八）朋党之争

唐宪宗问朋党

原文：上问宰相：“人言外间朋党大盛，何也？”李绛对曰：“自古人君所甚恶者，莫若人臣为朋党，故小人谮君子必曰朋党。何则？朋党言之则可恶，寻之则无迹故也。东汉之末，凡天下贤人君子，宦臣皆谓之党人而禁锢之，遂以亡国。此皆群小欲害善人之言，愿陛下深察之！夫君子固与君子合，岂可必使之与小人合，然后谓之非党邪！”

（第二百三十九卷　唐纪五十五）

上常语宰相：“人臣当力为善，何乃好立朋党！朕甚恶之。”裴度对曰:“方以类聚,物以群分,君子、小人志趣同者,势必相合。君子为徒,谓之同德;小人为徒,谓之朋党;外虽相似,内实悬殊,在圣主辨其所为邪正耳。”

(第二百四十卷　唐纪五十六)

唐宪宗询问宰相说:“有人说外面朋党兴起,这是什么原因?”李绛回答说:“自古君主特别厌恶的,没有比臣子结为朋党更甚的。所以小人中伤君子,一定说他是朋党。为什么呢?因为朋党说起来很可恶,可寻找它的踪迹却无迹可寻。东汉末年,凡是天下的贤人君子,宦官一律说他们是党人而加以禁锢,东汉因此而亡国。这都是小人打算陷害善人的说辞,希望陛下深深地体察!君子肯定与君子相合,难道一定让他们与小人相合,才不算朋党吗?”

唐宪宗曾经对宰相说:“人臣应当努力做善事,为什么喜欢私立朋党呢?朕很不喜欢这样。”裴度回答说:“物以类聚,人以群分。君子与君子志趣相同,小人与小人志趣相同,他们势必要各自走到一起。君子走到一起,称之为同德,小人走到一起,称之为朋党。这两种人从表象上看虽然相似,但内核实际上却有天壤之别。如何判断,就在于圣明的君主分辨其所作所为是正还是邪。”

点评:俗话说:“物以类聚,人以群分。”君子周而不比,小人比而不周。君子之间彼此欣赏、相互砥砺是为了分担国事为国尽忠,一般是公心至上、国家利益第一,行事也坦坦荡荡、光明磊落,这就是同德。而小人之间相互勾结、沆瀣一气是为了排斥异己以遂私图,大多是因私废公、个人利益第一,行事奸邪阴暗见不得光,这就是同党。两者的出发点、志趣理念、思维和行为方式截然不同,所以必然会水火难容、势不两立。君子看不上小人,一般只停留在精神层面,很少展开实质性的攻击,顶多是对其嗤之以鼻,拒绝与其同流合污。而小人憎恨君子,却大都暗藏杀机,处心积虑必

欲置对方于死地而后快。套路之一就是把君主一向痛恨而又难以取证的事情强加到君子头上,然后来一番捕风捉影、添油加醋的诬陷诋毁,从而挑动君主的情绪,引起君主的震怒,达到剪除对手的目的。

李德裕论致理之要

原文:庚辰,德裕入谢,言于上曰:"致理之要,在于辨群臣之邪正。夫邪正二者,势不相容,正人指邪人为邪,邪人亦指正人为邪,人主辨之甚难。臣以为正人如松柏,特立不倚;邪人如藤萝,非附他物不能自起。故正人一心事君,而邪人竞为朋党。先帝深知朋党之患,然所用卒皆朋党之人,良由执心不定,故奸人得乘间而入也。夫宰相不能人人忠良,或为欺罔,主心始疑,于是旁询小臣以察执政。如德宗末年,所听任者惟裴延龄辈,宰相署敕而已,此政事所以日乱也。陛下诚能慎择贤才以为宰相,有奸罔者立黜去,常令政事皆出中书,推心委任,坚定不移,则天下何忧不理哉!"又曰:"先帝于大臣好为形迹,小过皆含容不言,日累月积,以至祸败。兹事大误,愿陛下以为戒!臣等有罪,陛下当面诘之。事苟无实,得以辨明;若其有实,辞理自穷。小过则容其悛改,大罪则加之诛谴,如此,君臣之际无疑间矣。"上嘉纳之。

(第二百四十六卷　唐纪六十二)

宰相李德裕对唐武宗说:"君主治理国家的要务,在于辩别群臣的正邪忠奸。自古正邪不两立,就如同水火不相容。他们互相指责,真伪难辨。我认为,正人君子就像松柏一样傲然独立,不倚靠外物;邪恶小人就像藤萝一样柔软无骨,不依附他物就不能自立。所以正人君子一心侍奉君主,邪恶小人争相朋比为奸。先帝文宗所用之人多是朋党,是因为他自身没有定力,被奸人乘虚而入。德宗晚年,只信任裴延龄一个宰相,猜疑其他宰相,导致政事一天比一天混乱。希望陛下能谨慎地选择贤才担任宰相,对他们推心置腹,如此天下何愁得不到治理!陛下如果对宰相处理事务有疑问,就当面质询,允许他们辩解。如果能解释清楚或者是小的过失,就予以原谅。如果理屈词穷、欺君罔上或犯有大罪,就根据情节轻重予以惩罚,乃至诛杀。这样,君臣之间就没有猜忌了。"唐武宗嘉许并采纳了他的意见。

点评:司马光认为:"为政之要,莫先于用人,而知人之道,圣人所难也。"那么如何辨别臣子中谁是君子谁是小人,就是君主面临的最大难题。李德裕建议先从臣子的行事风格上进行判断,因为君子依靠健全独立的人格立于世上,光明磊落不必依附他人,所以虽然合群但不结党营私,即孔子所说的:"君子矜而不争,群而不党。"而小人因为没有独立生存的能力和底气,需要沆瀣一气相互勾结,所以喜欢彼此亲昵朋比为奸,即所谓的"松柏特独立,藤萝依他物"。因此结为朋党的人大多是小人。区分出君子和小人之后,就要谨慎选拔德才兼备者担任宰相,而且一旦委任就要用人不疑、充分授权,如此则天下可治。另外君主要有王者之威、驾驭之道,对臣子恩威并施、赏罚分明,让臣子懂规矩、知敬畏,如此才能严守君臣名分。